Financiación Internacional

COMERCIO Y MARKETING
Comercio Internacional

Financiación Internacional

Pedro Isaías García Crespo

Paraninfo

Paraninfo

Financiación internacional
© Pedro Isaías García Crespo

Gerente Editorial
María José López Raso

Editora de Producción
Clara M.ª de la Fuente Rojo

Diseño de cubierta
Montytexto

Preimpresión
Montytexto

Impresión
Cimapress

COPYRIGHT © 2008 International
Thomson Editores Spain
Paraninfo, S.A.
Velázquez 31, 3º Dcha. / 28001 Madrid, ESPAÑA
Teléfono: 902 995 240 / Fax: 914 456 218
clientes@paraninfo.es / www.paraninfo.es

ISBN: 978-84-9732-361-1
Depósito legal: M-31.430-2007

(17130)

Impreso en España / *Printed in Spain*

Índice

Bloque I. La gestión financiera

© Ediciones Paraninfo

Bloque II. El mercado de divisas

5. El euromercado y normativa reguladora 157

6. Elementos básicos del mercado de divisas (FOREX) 173

7. La gestión del riesgo de cambio 211

8. Contratos de futuros y opciones 239

Bloque III. Alternativas de financiación y seguro de crédito a la exportación

11. El seguro de crédito a la exportación 355

12. Gestión financiera informatizada 373

Apéndice 385

A mi familia, Lourdes, Sara y Jairo.

Prólogo

El título de Técnico superior en Comercio Internacional y sus correspondientes enseñanzas mínimas se recogen en el Real Decreto 1653/1994, de 22 de julio, publicado en el BOE número 233 (29-09-1994), y concretamente establece entre otras capacidades profesionales para este técnico, las siguientes:

- *Planificar la financiación de las transacciones internacionales de mercancías, analizando las diferentes vías y los posibles riesgos financieros, gestionando el proceso completo de un modo seguro para la empresa y/o sus clientes.*
- *Capacidad de autonomía en la evaluación de costes y riesgos de divisas en las operaciones de financiación internacional.*

Se desarrolla en cuatro unidades de competencia; la cuarta es gestionar las operaciones de financiación para transacciones internacionales de mercancías, y a ella se asocia el módulo profesional 5.º (gestión financiera internacional), cuyas realizaciones profesionales y capacidades terminales más significativas son:

- *Analizar la información relacionada con el mercado de divisas y las implicaciones en el comercio internacional, determinando los riesgos financieros y la cobertura de éstos para asegurar la certeza económica de la transacción comercial internacional de la empresa.*
- *Realizar la gestión integrada del riesgo de cambio más favorable a la empresa en el marco de las reglamentaciones legales vigentes.*
- *Determinar las posibles vías de financiación internacional adecuadas a las operaciones comerciales de mercancías, servicios o proyectos.*
- *Gestionar los créditos a las exportaciones para facilitar la venta de productos en los mercados exteriores, analizando las distintas modalidades de crédito o medios de pago para financiar operaciones de venta internacional.*
- *Obtener información sobre posibles ayudas y consorcios de exportación para facilitar las operaciones de comercialización de productos.*

- *Gestionar la documentación necesaria en la financiación de proyectos o suministros internacionales para que la empresa pueda participar en licitaciones internacionales.*
- *Utilización adecuada de paquetes informáticos integrados de gestión financiera.*

Para dar cumplimiento a la normativa se ha pensado en este libro, cuyos capítulos y contenidos se han elaborado teniendo en cuenta lo establecido en el Real Decreto 1668/1994, de 22 de julio, publicado en el BOE número 237 (04-10-1994), que determina el currículo del ciclo formativo de grado superior correspondiente al título de Técnico superior en Comercio Internacional.

El libro está estructurado en **tres bloques de cuatro capítulos** cada uno, claramente diferenciados por su contenido. La exposición de cada capítulo tiene un orden común: introducción, detalle del contenido, objetivos, desarrollo, ejemplos y actividades, potenciando la parte práctica con esquemas, tablas y ejercicios y reduciendo en la medida de lo posible la exposición teórica.

En el **BLOQUE I** se instrumentan los contenidos necesarios para adquirir una visión amplia sobre los elementos primarios de una operación financiera, y aportando procedimientos del cálculo financiero, cuyo objetivo es proporcionar una base sólida de conocimientos aplicables posteriormente a las operaciones financieras (interés simple y compuesto, descuento, rentas, préstamos).

En el **BLOQUE II** se abordan las cuestiones relacionadas propiamente con los mercados internacionales de divisas, con objeto de facilitar un amplio conocimiento de tales mercados, cuestionando la necesidad de instrumentar la cobertura del riesgo financiero en sus diferentes modalidades (seguro de cambio, opciones, futuros, *swap*, etc.) inherente al mercado.

Y el **BLOQUE III** está enfocado al análisis concreto de los sistemas de financiación tanto de las importaciones como de las exportaciones. Se estudian las relaciones a nivel institucional, junto con los organismos que intervienen en el apoyo o ayuda oficial, el seguro de crédito y las licitaciones en la exportación (ICO, CESCE S.A., IFMAD...), para terminar con un capítulo de actividades mediante aplicaciones informáticas.

Las actividades están divididas en tres niveles:

- **Actividades de Apoyo**: Son ejercicios y/o cuestiones para realizar en el aula, dirigidas y resueltas por el profesor/a, como complemento al aprendizaje teórico y referencia o modelo para otras actividades.
- **Actividades de Refuerzo**: Son ejercicios y/o cuestiones de resolución individualizada y personal por el alumno/a, bien en el aula o fuera de ella, y corrección posterior junto con el profesor/a, para propiciar su iniciativa en el autoaprendizaje desarrollando capacidades de comprensión, relación, análisis, crítica, razonamiento y búsqueda y manejo de información tanto teórica y otros modelos resueltos, y conectando en la medida de lo posible el aula con el mundo real mediante documentos y visitas.
- **Actividades complementarias**: Se plantean en algunos capítulos, para ser desarrolladas individualmente, en pareja o en grupo, y revisadas posteriormente por el profesor/a.

La gestión financiera

1

La capitalización simple y compuesta

Introducción

Cuando se dispone de una cantidad de dinero (capital) se puede destinar, o bien a gastarlo, como satisfacción de una necesidad, o bien a invertirlo para recuperarlo en un momento posterior acordado. En este sentido, el principio básico de la preferencia de liquidez establece que el capital a corto plazo será preferible al disponible a largo plazo o más alejado en el tiempo.

Por tanto, el aprecio a la liquidez hace que el mercado de dinero le asigne un valor objetivo fijando un precio por la financiación que se llama interés, el cual se podrá calcular según los distintos sistemas de capitalización a estudiar en este capítulo, y dependerá de tres variables: la cuantía del capital invertido, la duración de la operación (tiempo de no disponibilidad del dinero) y el tanto o tasa de interés acordado.

Contenido

Objetivos

▶ *Adquisición de los principales conceptos de operación financiera, capitalización, interés, tanto o tasa de interés porcentual y unitaria, como base para los siguientes capítulos.*

▶ *Diferenciar y analizar los procedimientos y formulación asociados a la capitalización simple y compuesta con obtención de todas sus magnitudes como respuesta a la diversidad de problemas y casos que se planteen.*

▶ *Distinguir perfectamente las magnitudes de interés, tasa de interés porcentual, nominal y efectivo (TAE) y su relación.*

1.1 Operaciones financieras

Antes de profundizar en los sistemas de capitalización conviene introducir el concepto de operación financiera como soporte de las relaciones comerciales y financieras entre personas tanto físicas como jurídicas.

Toda operación financiera está sujeta a una ley financiera, que será el conjunto de reglas, condiciones, postulados y principios que darán lugar a los distintos sistemas o regímenes de capitalización, determinando el modo de obtener las distintas magnitudes o variables y sus combinaciones formularias. Los dos sistemas o regímenes más usuales son el de capitalización simple y capitalización compuesta. Se pueden mencionar indistintamente los términos **ley**, **régimen** o **sistema** de capitalización.

Se entiende por operación financiera la sustitución o intercambio de uno o más capitales por otro u otros equivalentes en distintos momentos de tiempo, mediante la aplicación de una ley financiera. Por tanto, de dicha definición se desprenden tres aspectos principales a cumplir:

1. La sustitución no es simultánea sino con distintos vencimientos.
2. Los capitales de intercambio han de ser equivalentes; financieramente, es decir, ha de ser indiferente la elección del importe de las cantidades entregadas a las recibidas al valorarlas según una ley financiera.
3. La aplicación de la ley financiera debe ser de mutuo acuerdo y establecida a priori con determinación de todas las magnitudes que compongan la operación (prestación, intereses, cuotas, etc.).

Los elementos de una operación financiera, conforme a la Figura 1.1, pueden distribuirse en tres grupos: elementos temporales, elementos personales y elementos contractuales formales.

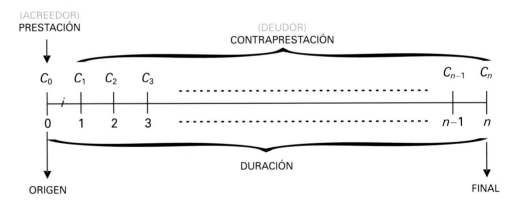

Figura 1.1. **Elementos de una operación financiera.**

a) Elementos temporales:

En este grupo de elementos incorporamos los que hacen referencia al tiempo y al orden cronológico de la operación.

- **Origen.** Es el momento de tiempo o vencimiento en que comienza la prestación de la operación financiera (0).
- **Final.** Es el momento de tiempo o vencimiento en que termina la contraprestación de la operación financiera (n).
- **Duración.** Es el intervalo de tiempo que transcurre entre el final y el origen durante el cual se generan los intereses.

b) Elementos personales:

En este grupo nos referimos a las personas, tanto físicas como jurídicas (empresas), que intervienen en la operación.

- **Acreedor.** Es la persona que presta o pone a disposición de otra (deudor) uno o más capitales que recuperará incrementados en el importe de los intereses producidos.
- **Deudor.** Es la persona que recibe el capital (prestación) y a cambio tiene que efectuar la contraprestación.

c) Elementos contractuales formales:

En este tercer grupo incluimos a las condiciones intrínsecas, primarias y fundamentales que constarán en cualquier operación financiera. Son las que se refieren, normalmente, a las cláusulas fijadas en un contrato.

- **Ley financiera aplicable o régimen de capitalización.** Es el modelo matemático y la formulación aplicable para el cálculo de las magnitudes.
- **Tanto (tipo o tasa) de interés.** Es la relación coste/ganancia unitario acordado.
- **Cuantía del capital de partida,** llamado capital inicial del préstamo o depósito al inicio en el origen de la operación, cuya denominación abreviada será C_0.

Como se puede observar en la Figura 1.2, existen tres criterios (I, II, III) o puntos de vista de clasificación de las operaciones financieras, desdoblándose el primero, a su vez, en otros dos. Según la combinación o combinaciones que se realicen, podemos tener distintas situaciones de ejercicios o problemas de *operaciones financieras,* y viceversa: toda operación mercantil real financiera con base jurídica (préstamo simple, francés, depósito financiero, descuento de letras, etc.) responderá con alguna de estas combinaciones.

Figura 1.2. **Clasificación de las operaciones financieras.**

Como ejemplos de operaciones financieras tenemos la operación financiera de capitalización compuesta o compleja a largo plazo (préstamo francés a 10 años), la operación financiera de capitalización simple, con un único capital (simple) a corto plazo (compraventa a crédito trimestral), y la operación financiera de descuento simple, con un único capital (simple) a corto plazo (descuento de letra 120 días).

1.1.1. Rédito y tanto de interés

Postulado: Supuesto que se establece para fundamentar una demostración.

El fundamento de toda operación financiera es la obtención de un rédito, cuya medida se analiza a continuación, partiendo de los siguientes postulados o principios:

- El rédito (R), que es el rendimiento o interés en términos absolutos (I) generado (bien como coste o bien como ganancia, según la operación) por un capital (C_0), que puede expresarse en tanto por ciento (r) o en tanto por uno (i), y en este último caso se denomina tanto, tipo o tasa de interés unitaria.

- Cuando la duración de la operación financiera es la unidad (1 año), el concepto de rédito y el de tanto de interés coinciden. En períodos superiores, es distinto hablar de ambos conceptos. Normalmente, el rédito se asocia al resultado total por toda la duración de la operación y el tanto al período anual o fracción de año, como puede comprobarse en los siguientes ejemplos.

Supongamos que en el momento actual 0 disponemos de un capital inicial (C_0) y se convierte en un capital final (C_n) en un determinado momento n, como muestra la Figura 1.3.

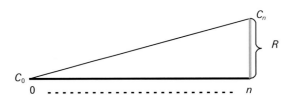

Figura 1.3. **Evolución del capital de inicial a final.**

La ganancia o rendimiento (R) obtenido será:

$$R = C_n - C_0$$

es decir, la diferencia entre el capital final, C_n, y el inicial, C_0; por tanto, el rédito expresado en tanto por ciento será:

$$r = \frac{C_n - C_0}{C_0} \cdot 100$$

No obstante, en este caso no se tiene en cuenta el aspecto temporal, con lo cual surge la necesidad de incorporar el tanto de interés unitario (i) que medirá en cuánto tiempo se ha generado dicho rendimiento, y lo expresaremos:

$$i = \frac{\dfrac{C_n - C_0}{C_0}}{n - 0}$$

Concluyendo, diremos que el *rédito permanece constante* ante variaciones del horizonte temporal, midiendo la rentabilidad de toda la operación. No ocurre lo mismo con el tipo de interés unitario, que, permaneciendo invariable el resto de los elementos (ley financiera, capi-

Actividad resuelta 1.1

Tenemos un capital de 100 € del que, dentro de un año, podremos disponer u obtener otro de 110 €. ¿Cuál es el rendimiento, y el rédito en tanto por ciento y el tanto de interés unitario?

SOLUCIÓN

$$R = 110 - 100 = 10 \text{ €}$$

$$r = \frac{110 - 100}{100} \cdot 100 = 10\%$$

$$i = \frac{\dfrac{110 - 100}{100}}{1 - 0} = 0,1$$

que coincide con r, por ser la duración anual:

$$r = 10/100 = i = 0,1$$

Actividad resuelta 1.2

Del ejemplo anterior, ¿qué resultados se obtendrían si, en cambio, la operación fuera a dos años?

SOLUCIÓN

$$R = 110 - 100 = 10 \text{ €}$$

R no varía; permanece constante con la duración:

$$r = \frac{110 - 100}{100} \cdot 100 = 10\%$$

r tampoco varía:

$$i = \frac{\dfrac{110 - 100}{100}}{2 - 0} = 0,05$$

En períodos superiores al año no coincide rédito con tasa de interés.

tales), es inversamente proporcional al plazo de la operación. En el ejemplo anterior, al aumentar el doble la duración (de 1 a 2 años), disminuye a la mitad la tasa de interés. Nos está indicando el tanto de interés unitario anual, $i = 0,05$, es decir, por cada euro se obtienen 0,05 € en un año. Para obtener el total, debemos multiplicarlo por el número de períodos, $n = 2$, que implicaría un tanto $i = 0,1$, es decir, por cada € se obtienen 0,1 € en dos años.

Rendimiento o interés: fórmula fundamental primaria

Hemos visto que el rendimiento o interés (bruto) se deduce como diferencia entre el capital final (C_n) y el capital inicial (C_0); pero, al introducir las magnitudes del tanto de interés unitario anual (i) y la duración (n), también se puede obtener como el producto del capital inicial por la tasa de interés anual o rendimiento anual y por el número de años (duración) de generación, con lo que se obtiene la fórmula fundamental primaria:

$$I = C_0 \cdot i \cdot n$$

donde, en la práctica real, al enunciar las operaciones, en lugar de hacerlo en tanto de interés unitario se emplea el *tanto de interés porcentual anual (r)* distinto al rédito (y sólo coincide en período anual), pudiendo establecer la siguiente relación de identidad entre tanto porcentual y tanto unitario:

$$i = r/100$$

$$r = i \cdot 100$$

Actividad resuelta 1.3

Calcular el rendimiento o interés de un capital de 100 € colocado en un banco al 5% anual durante dos años.

SOLUCIÓN

$$i = r/100 = 5/100 = 0{,}05$$

$I = C_0 \cdot i \cdot n = 100 \cdot 0{,}05 \cdot 2 = 10$ €, coincidente con la Actividad resuelta 1.2.

En conclusión, no debemos confundir el rédito de una operación con el tanto de interés porcentual y unitario.

Régimen: Modo de gobernarse o regirse en algo.

Ley: Relación necesaria que rige dos o más fenómenos naturales; regla constante que expresa esa relación.

Sistema: Conjunto de reglas o principios sobre una materia racionalmente enlazados entre sí.

1.2 Sistema de capitalización simple

El sistema de capitalización simple es aquel que se basa en los siguientes postulados:

- Generalmente se aplica en operaciones a corto plazo (hasta un año).
- No se acumulan los intereses al capital, lo que implica que la cantidad de intereses producidos en cada período siempre sea la misma (son constantes), calculándolos sobre el mismo capital inicial (C_0).
- Por tanto, los intereses de un período son proporcionales a dicho período y al capital que los genera.

Como se puede observar en la Figura 1.4, la ordenada de los intereses es constante; la función resultante del capital final es una línea recta y el rendimiento o interés en cada período anual es siempre el producto del capital inicial por el tanto de interés unitario anual.

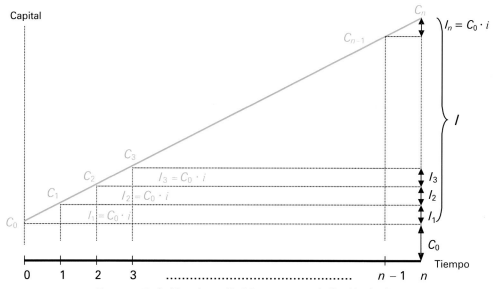

Figura 1.4. **Evolución y desarrollo del montante (capitalización simple).**

Donde:

C_0 es el capital inicial (origen de la operación).

I es la tasa de interés unitaria anual.

0, 1, 2, 3, ..., $n-1$, n son los tiempos o períodos anuales.

$I_1, I_2, I_3, ..., I_{n-1}, I_n$ son los intereses de cada período, siendo iguales entre sí al producto del capital inicial por la tasa de interés unitaria:

$$I_1 = I_2 = I_3 = \cdots = I_n = C_0 \cdot i$$

$C_1, C_2, C_3, ..., C_{n-1}, C_n$ es el capital final de cada período.

$I = I_1 + I_2 + I_3 + \cdots + I_{n-1} + I_n$ son los intereses totales, que se calculan como la suma de los intereses de cada período.

$I = C_n - C_0$ son los intereses totales, que se calculan como la diferencia del montante menos capital inicial.

$I = C_0 \cdot i \cdot n$ son los intereses totales, calculados a través de la fórmula fundamental primaria.

C_n es el montante o capital final del período n, final de la operación.

1.2.1. Montante o capital final

Una vez que sabemos cómo calcular el rendimiento o los intereses totales, nos planteamos la segunda magnitud o variable fundamental, el **montante**, es decir, el *capital que obtendremos al final de la operación*, que, evidentemente, será el capital inicial más los intereses totales generados.

$$C_n = C_0 + I$$

Sin necesidad de calcular los intereses, dicha magnitud se puede obtener a través de la fórmula o expresión resumida en función del capital inicial, para lo que bastará con sustituir los intereses por su fórmula fundamental primaria y sacar factor común del capital inicial:

$$C_n = C_0 \, (1 + i \cdot n)$$

siendo ésta una de las fórmulas fundamentales, cuya operación y demostración puede desarrollarse de dos formas:

a) *Por evolución del montante.* Aplicando para cada momento o período los postulados iniciales y siguiendo la evolución y desarrollo del montante a través del gráfico de la Figura 1.4, tendremos:

En el período 0, el montante será C_0.

En el período 1:

$$C_1 = C_0 + I_1 = C_0 + C_0 \cdot i = C_0 \cdot (1 + i)$$

En el período 2:

$$C_2 = C_0 + I_1 + I_2 = C_0 + C_0 \cdot i + C_0 \cdot i = C_0 (1 + i \cdot 2)$$

En el período 3:

$$C_3 = C_0 + I_1 + I_2 + I_3 = C_0 + C_0 \cdot i + C_0 \cdot i + C_0 \cdot i = C_0 (1 + i \cdot 3)$$

Por analogía, en el período n:

$$C_n = C_0 + I_1 + I_2 + I_3 + \cdots + I_n = C_0 + C_0 \cdot i + C_0 \cdot i + C_0 \cdot i + \cdots + C_0 \cdot i = \boldsymbol{C_0 \, (1 + i \cdot n)}$$

b) *Por diferencia de capitales.* Partiendo de la fórmula del interés total como diferencia de capitales (el montante menos el capital inicial):

$$I = C_n - C_0$$

Despejando C_n:

$$C_n = C_0 + I = C_0 + C_0 \cdot i \cdot n$$

al ser los intereses iguales entre sí a $C_0 \cdot i$ y sacando factor común C_0, queda:

$$\boxed{C_n = C_0 \, (1 + i \cdot n)}$$

expresión que permite calcular el capital final. Dicha fórmula consta de 4 variables (C_0, i, n, C_n). Conociendo tres datos cualesquiera, simplemente despejando, se puede obtener la fórmula correspondiente a la incógnita del problema planteado, dando lugar a las fórmulas denominadas derivadas (véase el Cuadro 1.1).

Actividad resuelta 1.4

Calcular el capital final o montante de una imposición a **interés simple** de 1.000 €:

a) Durante un año al tipo de interés del 5% anual.

b) Durante tres años al tipo de interés del 10% anual.

c) Durante tres años, habiendo producido un rendimiento, interés (rédito) de 300 €.

Solución

a) $C_n = 1.000 \, (1 + 0,05 \cdot 1) = \mathbf{1.050 \ €}$

b) $C_n = 1.000 \, (1 + 0,1 \cdot 3) = \mathbf{1.300 \ €}$

c) $C_n = C_0 + I = 1.000 + 300 = \mathbf{1.300 \ €}$

INCÓGNITA	CAPITALIZACIÓN SIMPLE	CAPITALIZACIÓN COMPUESTA
CAPITAL INICIAL	$C_0 = \dfrac{C_n}{1 + i \cdot n}$ $C_0 = \dfrac{I}{i \cdot n}$; $C_0 = C_n - I$	$C_0 = \dfrac{C_n}{(1 + i)^n}$
TASA (TIPO) DE INTERÉS	$i = \dfrac{\dfrac{C_n}{C_0} - 1}{n} = \dfrac{I}{C_0 \cdot n}$	$\sqrt[n]{\dfrac{C_n}{C_0}} = \sqrt[n]{(1 + i)^n}$ $i = \sqrt[n]{\dfrac{C_n}{C_0}} - 1$
TIEMPO (DURACIÓN)	$n = \dfrac{\dfrac{C_n}{C_0} - 1}{i} = \dfrac{I}{C_0 \cdot i}$	$\log \dfrac{C_n}{C_0} = \log (1 + i)^n$ $n = \dfrac{\log C_n - \log C_0}{\log (1 + i)}$

INTERESES TOTALES:

- Por diferencia de capitales: $I = C_n - C_0$
- Suma de intereses de cada período: $I = I_1 + I_2 + I_3 + \cdots + I_n$

Cuadro 1.1. **Fórmulas derivadas en períodos no fraccionados.**

1.3 Sistema de capitalización compuesta

El sistema de capitalización compuesta es aquel que se basa en los siguientes postulados:

- Generalmente, se aplica en operaciones a largo plazo (superior al año).
- Los intereses generados en cada período se acumulan al capital existente al inicio de dicho período para producir nuevos intereses, siendo en cada período mayores que el anterior. Por tanto, la variación del capital es acumulativa.

Como se puede observar en la Figura 1.5, la ordenada de los intereses no es constante. La función resultante del capital final es una línea exponencial, y el rendimiento o interés en cada período anual es el producto del capital del período anterior por el tanto de interés unitario anual.

En la citada figura se tiene que:

C_0 es el capital inicial (origen de la operación).

i es la tasa unitaria de interés anual.

$0, 1, 2, 3, ..., n - 1, n$ son los tiempos o períodos anuales.

$I_1, I_2, I_3, ..., I_{n-1}, I_n$ son los intereses de cada período, siendo distintos entre sí:

$$I_1 \neq I_2 \neq I_3 \neq \cdots \neq I_n$$

$C_1, C_2, C_3, ..., C_{n-1}, C_n$ representan el capital final de cada período.

$I = I_1 + I_2 + I_3 + \cdots + I_{n-1} + I_n$ es el interés total, como suma de los intereses de cada período.

$I = C_n - C_0$ es el interés total, como diferencia del montante menos el capital inicial.

C_n es el montante o capital final del período n (final de la operación).

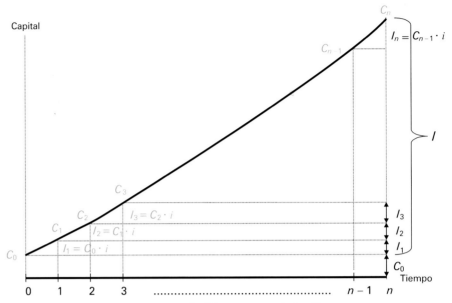

Figura 1.5. **Evolución y desarrollo del montante (capitalización compuesta).**

1.3.1. Montante o capital final

Al igual que en el sistema simple, una vez que sabemos cómo calcular el rendimiento o los intereses totales, nos planteamos la segunda magnitud o variable fundamental del montante, es decir, el capital que obtendremos al final de la operación, que, evidentemente, será el capital inicial más los intereses totales generados. El procedimiento o proceso de obtención es similar al sistema simple visto en el Epígrafe 1.2.1, pero el resultado y las fórmulas finales son distintos, debido a la diferencia de postulado, y, por consiguiente, también es distinta la evolución del montante. No es lo mismo un proceso acumulativo de intereses (sistema compuesto) que otro no acumulativo (sistema simple), aunque el orden de planteamiento y desarrollo sea parecido. Al final, el valor de la magnitud del capital final será diferente.

$$C_n = C_0 + I$$

Sin necesidad de calcular los intereses, dicha magnitud se puede obtener a través de la fórmula o expresión, en función del capital inicial:

$$C_n = C_0 (1 + i)^n$$

siendo ésta una de las fórmulas fundamentales, cuya operación y demostración puede desarrollarse de dos formas:

a) *Por evolución del montante.* Aplicando para cada momento o período los postulados del Epígrafe 1.3 y siguiendo la evolución y desarrollo del montante a través de la Figura 1.5, tendremos:

En el período 0 el montante será C_0.

En el período 1,

$$C_1 = C_0 + I_1 = C_0 + C_0 \cdot i = C_0 (1 + i)$$

En el período 2,

$$C_2 = C_1 + I_2 = C_1 + C_1 \cdot i = C_1 (1 + i) = C_0 (1 + i) \cdot (1 + i) = C_0 (1 + i)^2$$

En el período 3,

$$C_3 = C_2 + I_3 = C_2 + C_2 \cdot i = C_2 (1 + i) = C_0 (1 + i)^2 (1 + i) = C_0 (1 + i)^3$$

Por analogía, en el período n,

$$C_n = C_{n-1} + I_n = C_{n-1} + C_{n-1} \cdot i = C_{n-1} (1 + i) = C_0 (1 + i)^{n-1} (1 + i) = \boldsymbol{C_0 (1 + i)^n}$$

b) *Por diferencia de capitales*. Partiendo de la fórmula del interés total como diferencia de capitales (el montante menos el capital inicial):

$$I = C_n - C_0$$

Despejando C_n:

$$C_0 = C_0 + I = C_0 + I_1 + I_2 + I_3 + \cdots + I_n$$

al ser los intereses distintos entre sí.

Sustituyendo sucesivamente cada magnitud y sacando factor común:

$$C_n = C_0 + C_0 \cdot i + C_1 \cdot i + C_2 \cdot i + C_3 \cdot i + \cdots + C_{n-1} \cdot i = C_0 + C_0 \cdot i + (C_0 + I_1) \cdot i + (C_1 + I_2) \cdot$$
$$\cdot i + (C_2 + I_3) \cdot i + (C_{n-2} + I_{n-1}) \cdot i = C_0 \underbrace{(1 + i)(1 + i)...(1 + i)}_{n - 1 \ (\text{veces})} + C_0 \underbrace{(1 + i)(1 + i)...(1 + i)}_{n - 1 \ (\text{veces})} \cdot i$$

Tenemos:

$$C_n = C_0 (1 + i)^{n-1} (1 + i) = \boxed{C_0 (1 + i)^n}$$

expresión que permite calcular el capital final, dicha fórmula consta de cuatro variables, conociendo tres datos cualesquiera, simplemente despejando se puede obtener la fórmula correspondiente a la incógnita del problema planteado, dando lugar a las demás fórmulas denominadas derivadas (véase el Cuadro 1.1).

Actividad resuelta 1.5

Calcular el capital final o montante de una imposición a **interés compuesto** de 1.000 €:

a) Durante un año al tipo de interés del 5% anual.

b) Durante tres años al tipo de interés del 10% anual.

c) Durante tres años, habiendo producido un rendimiento, interés (rédito) de 300 €.

Solución

a) $C_n = 1.000 (1 + 0,05)^1 = 1.050$ €. Para período anual coincide con la capitalización simple.

b) $C_n = 1.000 (1 + 0,1)^3 = 1.331$ €. Para períodos superiores al año no coincide con la capitalización simple.

c) $C_n = C_0 + I = 1.000 + 300 = 1.300$ €.

1.3.2. Comparación entre capitalización simple y compuesta

De forma conceptual, en la capitalización compuesta, los intereses se van acumulando de unos períodos a otros, y en la simple, los intereses no son acumulativos. La fórmula del montante o capital final en la capitalización simple es una función lineal y en la compuesta, una función exponencial. Dando valores distintos a n, manteniendo constante la tasa de interés (i) y el capital inicial (C_0) en las dos funciones, obtendremos la Figura 1.6, donde podremos observar estas diferencias gráficamente.

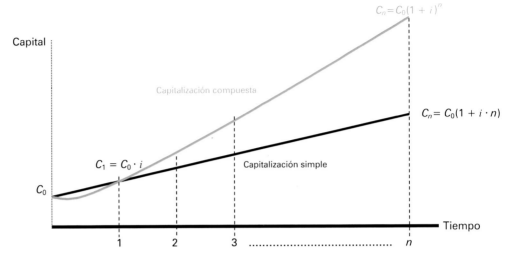

Figura 1.6. **Comparación entre capitalización simple y compuesta.**

Como conclusión, diremos que las expresiones o fórmulas se diferencian fundamentalmente entre sí en lo que se denomina factores de capitalización, que son los que multiplican al capital inicial (C_0) para obtener el capital final. En la capitalización simple es:

$$(1 + i \cdot n)$$

En la capitalización compuesta es:

$$(1 + i)^n$$

En períodos menores de un año, resulta que:

$$(1 + i \cdot n) > (1 + i)^n$$

Por tanto, el montante obtenido en la capitalización simple es superior al obtenido en la capitalización compuesta.

En períodos iguales al año, resulta:

$$(1 + i \cdot n) = (1 + i)^n$$

Por tanto, el montante en ambos sistemas de capitalización es el mismo o igual.

En períodos superiores al año, resulta:

$$(1 + i \cdot n) < (1 + i)^n$$

Por tanto, el montante obtenido en la capitalización simple es inferior al obtenido en la capitalización compuesta.

En la práctica mercantil-financiera, surge el convenio de utilizar la capitalización simple en operaciones financieras a corto plazo y la compuesta en operaciones financieras a largo plazo.

1.4 Períodos no fraccionados

Llamamos *períodos no fraccionados* a operaciones financieras con una duración completa anual, o bien liquidación o pago de intereses completos anuales (un año, dos años, tres años, etcétera) representado por n y en la que el tanto de interés i, también debe estar referido al año es decir, la duración y el interés deben expresarse en la misma unidad de tiempo anual, para dar cumplimiento al principio de homogeneidad de magnitudes.

1.4.1. Capital inicial, tasa de interés y duración

Partiendo de la fórmula fundamental primaria del interés:

$$I = C_0 \cdot i \cdot n$$

y las siguientes del montante o capital final, obtenidas en los epígrafes anteriores 1.2.1 y 1.3.1, siendo en capitalización simple:

$$C_n = C_0 (1 + i \cdot n)$$

Y en capitalización compuesta:

$$C_n = C_0 (1 + i)^n$$

Despejando en cada una de ellas la variable incógnita, surgen las siguientes fórmulas derivadas (Cuadro 1.1), dando lugar a una gran variedad de casos, problemas y ejercicios que se planteen, de obtención del capital inicial, tasa de interés y duración para ambos sistemas. Las denominaremos fórmulas derivadas, porque son consecuencia y resultado de la simple operación aritmética de despejar las fórmulas fundamentales.

> Recuerda:
> - Fórmulas fundamentales:
>
> $$I = C_0 \cdot i \cdot n$$
> $$C_n = C_0 (1 + i \cdot n)$$
> $$C_n = C_0 (1 + i)^n$$
>
> - Fórmulas derivadas: Despejando de las fórmulas fundamentales.

Actividad resuelta 1.6

Con los datos de las siguientes magnitudes:

$C_n = 1.200$ €

$i = 0,1$

$n = 2$ años

determinar a **interés simple** cada una de las siguientes variables como incógnita (comprobando la correspondencia del resultado).

SOLUCIÓN

a) Capital inicial: $C_0 = \dfrac{C_n}{1 + i \cdot n} = \dfrac{1.200}{1 + 0,1 \cdot 2} = 1.000$ €

b) Tasa de interés: $i = \dfrac{I}{C_0 \cdot n} = \dfrac{C_0 \cdot i \cdot n}{C_0 \cdot n} = \dfrac{1.000 \cdot 0,1 \cdot 2}{1.000 \cdot 2} = 0,1$

c) Duración: $n = \dfrac{I}{C_0 \cdot i} = \dfrac{C_0 \cdot i \cdot n}{C_0 \cdot i} = \dfrac{1.000 \cdot 0,1 \cdot 2}{1.000 \cdot 0,1} = 2$ años

1.4.2. El interés en función del montante

Aparte de obtener el interés en función del capital inicial, también podemos expresarlo en función del montante o capital final; es decir, una vez conocido éste, calcular los intereses.

a) En capitalización simple:

Partiendo de la expresión del rendimiento o interés como diferencia de capitales:

$$I = C_n - C_0$$

Sustituyendo el capital inicial por su expresión derivada:

$$I = C_n - \frac{C_n}{(1 + i \cdot n)}$$

Sacando factor común del capital final (C_n), queda:

$$I = C_n \left(1 - \frac{1}{(1 + i \cdot n)}\right) = C_n \left(\frac{1 + i \cdot n - 1}{1 + i \cdot n}\right) = C_n \left(\frac{i \cdot n}{1 + i \cdot n}\right)$$

b) En capitalización compuesta:

Partiendo de la expresión del rendimiento o interés como diferencia de capitales:

$$I = C_n - C_0$$

Sustituyendo el capital inicial por su expresión derivada:

$$I = C_n - \frac{C_n}{(1 + i)^n}$$

Sacando factor común del capital final (C_n), queda:

$$I = C_n \left(1 - \frac{C_n}{(1 + i)^n}\right) = C_n \left(\frac{(1 + i)^n - 1}{(1 + i)^n}\right)$$

Actividad resuelta 1.7

Con los datos de las siguientes magnitudes:

$C_n = 1.200 €$
$i = 0,1$
$n = 2$ años

Determinar a **interés compuesto** cada una de las siguientes variables como incógnita (comprobando la correspondencia del resultado).

SOLUCIÓN

a) Capital inicial: $C_0 = \dfrac{C_n}{(1 + i)^n} = \dfrac{1.200}{(1 + 0,1)^2} = 991,73 €$

b) Tasa de interés: $i = \sqrt[n]{\dfrac{C_n}{C_0}} - 1 = \sqrt{\dfrac{1.200}{991,73}} - 1 = 0,1$

c) Duración: $n = \dfrac{\log C_n - \log C_0}{\log (1 + i)} = \dfrac{\log 1.200 - \log 991,73}{\log (1 + 0,1)} = 2$ años

Actividad resuelta 1.8

Calcular los intereses totales obtenidos de un capital al 10% anual de interés compuesto durante dos años, sabiendo que el capital final retirado ha sido de 1.200 €.

SOLUCIÓN

$$I = C_n \left(\frac{(1 + i)^n - 1}{(1 + i)^n} \right) = 1.200 \left(\frac{(1 + 0,1)^2 - 1}{(1 + 0,1)^2} \right) = 208,26 \text{ €}$$

1.5 Períodos fraccionados

Llamamos *períodos fraccionados* a operaciones financieras donde la duración y el tanto de interés vienen expresados en unidades de tiempo diferentes. Por regla general son períodos inferiores o no completos de año (días, meses, trimestres, semestres, etc.) debido a la aplicación del sistema de capitalización simple (operaciones a corto plazo) e información del tanto de interés anual. En otros supuestos, en cambio, pueden ser operaciones a largo plazo en sistema de capitalización compuesta (préstamos) con información de tanto de interés referido a período no anual (mensual, trimestral, etc.) y a duración anual.

1.5.1. Principio general de homogeneidad de magnitudes

El principio general es que la tasa de interés y el período de generación de intereses deben expresarse en la misma unidad de tiempo.

En los epígrafes anteriores se han tratado tasas de interés y períodos anuales, pero en la práctica real de las operaciones financieras esto no suele ocurrir, pudiendo tener los siguientes casos:

1.º Período no fraccionado, anual (n) y tasa de interés fraccionada ($i_{(m)}$).

2.º Período fraccionado (t) y tasa dc interés anual (i).

3.º Período fraccionado (t) y tasa de interés ($i_{(m)}$) fraccionada.

Por tanto, la solución de los anteriores casos consistirá, unas veces, en la transformación de la tasa de interés fraccionada en anual (tantos equivalentes) y, otras, en el cambio de variable del período o de ambas magnitudes a la vez, que veremos en los Epígrafes 1.5.2 y 1.5.3.

Los períodos de fraccionamiento (generación de intereses) del año más frecuentes se recogen en el Cuadro 1.2.

Períodos	*m* (constante de frecuencia de fracción del año, también denominada *K*)
Años	1
Semestres	2
Cuatrimestres	3
Trimestres	4
Bimestres	6
Meses	12
Semanas	52
Días (año comercial)	360 (30 días por mes)
Días (año civil-natural)	365

Cuadro 1.2. **Períodos de fraccionamiento anual.**

1.5.2. Fraccionamiento del tanto de interés (tantos equivalentes)

Partimos de los posibles casos 1.º y 3.º, cuya solución consiste en determinar el tanto equivalente, bien en régimen de capitalización simple o en régimen de capitalización compuesta. Por consiguiente los tantos equivalentes deben cumplir la condición de que al aplicarlos indistintamente sobre dos capitales de igual cuantía durante el mismo período de tiempo, pero expresados en distintas periodicidades de liquidación o generación de intereses, por ejemplo uno anual y otro fraccionado (mensual, trimestral, etc.), producen el mismo montante, con lo que los capitales finales se dice también que son equivalentes.

a) En capitalización simple

Caso 1.º: Período no fraccionado, anual (n) y tasa de interés fraccionada ($i_{(m)}$)

- *Magnitudes*:

  i: Tasa de interés anual.

  $i_{(m)}$: Tasa de interés o tanto equivalente de un período fraccionado (días, meses, trimestres, etc.).

  m: Frecuencia de fraccionamiento o número de veces que está incluido el $i_{(m)}$ en la tasa de interés anual (i), constante.

- *Solución/planteamiento*: Atendiendo a la condición anterior y a la equivalencia de capitales finales o montantes, igualando las dos fórmulas del montante, tendremos:

$$C_n = C_0 (1 + i \cdot n) = C_0 (1 + i_{(m)} \cdot m)$$

donde, si $n = 1$ año, implica:

$$(1 + i) = (1 + i_{(m)} \cdot m)$$

Despejando i e $i_{(m)}$ tenemos las dos fórmulas de transformación de tasas:

- La de tasa fraccionada a tasa anual:

$$\boxed{i = i_{(m)} \cdot m}$$

- La de tasa anual a tasa fraccionada:

$$\boxed{i_{(m)} = i/m}$$

b) En capitalización compuesta

Partiendo de la misma situación (caso 1.º) y variables que en capitalización simple, la solución/planteamiento se basará también en la equivalencia de montantes, obteniendo la siguiente relación de tasas de interés:

$$C_n = C_0 (1 + i)^n = C_0 (1 + i_{(m)})^m$$

donde, si $n = 1$ año, implica:

$$(1 + i) = (1 + i_{(m)})^m$$

Despejando i e $i_{(m)}$ tenemos las dos fórmulas de transformación de tasas:

- La de tasa fraccionada a tasa anual:

$$\boxed{i = (1 + i_{(m)})^m - 1}$$

- La de tasa anual a tasa fraccionada:

$$i_{(m)} = (1 + i)^{1/m} - 1$$

Actividad resuelta 1.9

Determinar el capital final de 1.000 €, colocado durante un año, para las siguientes tasas de interés tanto en capitalización simple como en capitalización compuesta:

a) Tasa mensual: $i_{(12)} = 0,01$

Capitalización simple:

$$i = i_{(12)} \cdot 12 = 0,01 \cdot 12 = 0,12$$
$$C_n = C_0 (1 + i \cdot n) = 1.000 (1 + 0,12) = 1.200 €$$

Capitalización compuesta:

$$i = (1 + i_{(12)})^{12} - 1 = (1 + 0,01)^{12} - 1 = 0,126825$$
$$C_n = C_0 (1 + i)^n = 1.000 (1 + 0,126825)^1 = 1.268,25 €$$

b) Tasa trimestral: $i_{(4)} = 0,03$

Capitalización simple:

$$i = i_{(4)} \cdot 4 = 0,03 \cdot 4 = 0,12$$
$$C_n = C_0 (1 + i \cdot n) = 1.000 (1 + 0,12) = 1.200 €$$

Capitalización compuesta:

$$i = (1 + i_{(4)})^4 - 1 = (1 + 0,03)^4 - 1 = 0,125508$$
$$C_n = C_0 (1 + i)^n = 1.000 (1 + 0,125508)^1 = 1.255,08 €$$

c) Tasa semestral: $i_{(2)} = 0,06$

C. Simple: $i = i_{(2)} \cdot 2 = 0,06 \cdot 2 = 0,12;$ $\qquad C_n = C_0 (1 + i \cdot n) = 1.000 (1 + 0,12) = 1.200 €$

Capitalización compuesta:

$$i = (1 + i_{(2)})^2 - 1 = (1 + 0,06)^2 - 1 = 0,123600$$
$$C_n = C_0 (1 + i)^n = 1.000 (1 + 0,1236)^1 = 1.236 €$$

Conclusión: En capitalización simple, las tasas mensual, trimestral y semestral son equivalentes; en capitalización compuesta no.

1.5.3. Cambio de variable del tiempo

Esta situación es muy típica en las operaciones bancarias, donde los períodos de liquidación de intereses suelen ser inferiores al año y la información de la tasa aplicada es anual, con lo cual no se cumple el principio de homogeneidad de magnitudes, y cuya solución consistirá en el cambio de variable de la magnitud tiempo.

Caso 2.º: Tiempo fraccionado (*t*) y tasa de interés anual (*i*)

- *Magnitudes*:

    t: número de períodos de capitalización inferior al año.

    k: Constante de fraccionamiento o períodos que contiene el año.

• *Solución/planteamiento:* En ambos sistemas de capitalización (simple y compuesto), para expresar el tiempo en años se procede a un cambio de variable de la magnitud (n) en todas las fórmulas del Cuadro 1.1 y fórmulas fundamentales, que consistirá en dividir el tiempo fraccionado (t) entre el número de períodos o constante (k) que contiene el año, es decir, determinar la correspondiente proporción de año.

$$n = \frac{t}{k}$$

Por último, en la situación de tiempo y tasa fraccionados (caso 3.º) se procederá aplicando el cambio de variable del tiempo y determinando la tasa equivalente anual.

Para el cambio de variable del tiempo tenemos:

$$n = \frac{t}{k}$$

Para la transformación de tasa fraccionada en anual tenemos:

En capitalización simple:

$$\boxed{i = i_{(m)} \cdot m}$$

En capitalización compuesta:

$$\boxed{i = (1 + i_{(m)})^m - 1}$$

Actividad resuelta 1.10

Determinar el capital final de 1.000 € al 5% anual de interés tanto en capitalización simple (c.s.) y capitalización compuesta (c.c.), colocado durante los siguientes períodos de tiempo:

a) Tres meses:

Capitalización simple:

$$C_n = C_0 \left(1 + i \cdot \frac{t}{k}\right) = 1.000 \left(1 + 0,05 \cdot \frac{3}{12}\right) = 1.012,5 \text{ €}$$

Capitalización compuesta:

$$C_n = C_0 \left(1 + i\right)^{t/k} = 1.000 \left(1 + 0,05\right)^{3/12} = 1.012,27 \text{ €}$$

b) Tres trimestres:

Capitalización simple:

$$C_n = C_0 \left(1 + i \cdot \frac{t}{k}\right) = 1.000 \left(1 + 0,05 \cdot \frac{3}{4}\right) = 1.037,5 \text{ €}$$

Capitalización compuesta:

$$C_n = C_0 \left(1 + i\right)^{t/k} = 1.000 \left(1 + 0,05\right)^{3/4} = 1.037,27 \text{ €}$$

c) Tres semestres:

Capitalización simple:

$$C_n = C_0 \left(1 + i \cdot \frac{t}{k}\right) = 1.000 \left(1 + 0,05 \cdot \frac{3}{2}\right) = 1.075 \ \text{€}$$

Capitalización compuesta:

$$C_n = C_0 \ (1 + i)^{t/k} = 1.000 \ (1 + 0,05)^{3/2} = 1.075,93 \ \text{€}$$

Observación: En períodos inferiores al año, c.s. > c.c., y en períodos superiores al año, c.s. < c.c.

1.5.4. Interés en año comercial y natural

Se trata del caso particular en que la duración o período de fraccionamiento es en días, que puede dar lugar a una doble interpretación y consiguiente resultado, según se considere el año comercial de 360 días (*interés comercial*) o el año civil-natural de 365 días (*interés natural*). La relación que existe entre ambos se puede determinar:

a) Por cociente

Partiendo de la fórmula del interés total y realizando el cambio de variable del tiempo, tenemos que, para año comercial:

$$IC = C_0 \cdot i \cdot \frac{t}{360}$$

Para año natural:

$$IN = C_0 \cdot i \cdot \frac{t}{365}$$

Relación por cociente:

$$\frac{IC}{IN} = \frac{C_0 \cdot i \cdot \dfrac{t}{360}}{C_0 \cdot i \cdot \dfrac{t}{365}} = \frac{365}{360} = \frac{73}{72}$$

$$IC = IN \ \frac{73}{72} \quad ; \quad IN = IC \ \frac{72}{73}$$

que implica:

$$\boxed{IC > IN}$$

b) Por diferencia

$$IN = IC \ \frac{73 - 1}{73} = IC \left(1 - \frac{1}{73}\right) = IC - \frac{IC}{73}$$

que implica:

$$IC - IN = \frac{IC}{73}$$

$$IN = IC \ \frac{72 + 1}{72} = IC \left(1 + \frac{1}{72}\right) = IN + \frac{IN}{72}$$

de donde:

$$IC - IN = \frac{IN}{72}$$

donde el incremento de I:

$$\Delta I = \frac{IN}{72} = \frac{IC}{73}$$

Actividad resuelta 1.11

Determinar el interés comercial correspondiente a un interés natural de 100 €.

SOLUCIÓN

$$IC = (IN \cdot 73)/72 = (100 \cdot 73)/72 = 101,39 €$$

Observación: $IC > IN$, ya que la base (denominador) diaria es menor: 360 días.

1.5.5. Procedimiento abreviado del cálculo de intereses

Cuando son varios los capitales aplazados al mismo tipo o tasa de interés y con distinta temporalidad (en días) de capitalización, resultaría lento, dificultoso y contraproducente el tener que calcular el interés por cada uno de los capitales y al final sumarlos; por consiguiente, para abreviar el cálculo surgen los siguientes conceptos:

1. **Números comerciales**, que son el producto del capital por el tiempo, representado por **N**.

   De la fórmula fundamental:

   $$I = C_0 \cdot i \cdot t/k$$

   el número comercial es:

   $$\mathcal{N} = C_0 \cdot t$$

   donde t se expresa en días.

2. **Multiplicador fijo**, que es el cociente entre la tasa o tipo de interés y la constante o base diaria de fraccionamiento del año, representado por **M**, donde:

   $$\mathcal{M} = i/k$$

3. **Divisor fijo**, que es la inversa del multiplicador fijo, representado por **D**, donde:

   $$\mathbf{D} = 1/\mathbf{M} = 1/(1/k)$$

   $$\mathcal{D} = k/i$$

Cálculo del interés por método abreviado para un capital

Partiendo de la fórmula fundamental del interés:

$$I = C_0 \cdot i \cdot t/k$$

y agrupando magnitudes:

$$I = \underbrace{C_0 \cdot t}_{\mathscr{N}} \cdot \underbrace{i/k}_{\mathscr{M}}$$

Tendremos:

$$\boxed{I = \mathscr{N} \cdot \mathscr{M}}$$

que es el interés como producto de los números comerciales por el multiplicador fijo.

O bien:

$$\boxed{I = \mathscr{N} / \mathscr{D}}$$

que es el interés como cociente de los números comerciales entre el divisor fijo.

Cálculo de intereses por método abreviado para varios capitales

Sean los siguientes capitales a la misma tasa y con distinto período de capitalización:

$$(C_1, i, t_1) \;;\; (C_2, i, t_2) \;;\; (C_3, i, t_3), \dots, (C_n, i, t_n)$$

El interés de cada capital, según lo visto en el apartado anterior, será:

$$I_1 = \mathscr{N}_1 \cdot \mathscr{M}, I_2 = \mathscr{N}_2 \cdot \mathscr{M}, I_3 = \mathscr{N}_3 \cdot \mathscr{M}, \dots, I_n = \mathscr{N}_n \cdot \mathscr{M}$$

de donde el interés total será:

$$IT = I_1 + I_2 + I_3 + \cdots + I_n$$

sustituyendo por su expresión:

$$IT = \mathscr{N}_1 \cdot \mathscr{M} + \mathscr{N}_2 \cdot \mathscr{M} + \mathscr{N}_3 \cdot \mathscr{M} + \cdots + \mathscr{N}_n \cdot \mathscr{M}$$

Sacando factor común, queda:

$$IT = \mathscr{M}(\mathscr{N}_1 + \mathscr{N}_2 + \mathscr{N}_3 + \cdots + \mathscr{N}_n)$$

En resumen:

$$\boxed{IT = \mathscr{M} \cdot \sum_{k=1}^{n} \mathscr{N}_k}$$

Actividad resuelta 1.12

Determinar el interés total a pagar de tres capitales de 1.000, 2.000 y 3.000 euros, impuestos a una tasa de interés anual del 10% colocado durante un trimestre, cuatro meses y un semestre, respectivamente, utilizando el método abreviado del multiplicador fijo y año comercial.

SOLUCIÓN

Fórmula aplicable: $IT = \mathscr{M} \cdot \sum\limits_{k=1}^{n} \mathscr{N}_k$

$$\mathscr{M} = i/k = 0,10/360$$

$\sum\limits_{k=1}^{n} \mathscr{N}_k = C_1 \cdot t_1 + C_2 \cdot t_2 + C_3 \cdot t_3 = 1.000 \cdot 90 \text{ días} + 2.000 \cdot 120 \text{ días} + 3.000 \cdot 180 \text{ días} = 870.000 €$

Tendremos: $IT = (0,10/360)\ 870.000 =$ **241,67 €**

Comprobación: utilizando el método del divisor fijo: $\mathscr{D} = 1/\mathscr{M} = 1/(i/k) = 360/0,10$

$$IT = \sum\limits_{k=1}^{n} \mathscr{N}_k / \mathscr{D} = 870.000/(360/0,10) = \textbf{241,67 €}$$

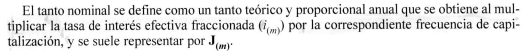

1.6 Interés nominal y efectivo o tasa anual equivalente

Oficina del Banco Santander. Madrid

El tanto nominal se define como un tanto teórico y proporcional anual que se obtiene al multiplicar la tasa de interés efectiva fraccionada $(i_{(m)})$ por la correspondiente frecuencia de capitalización, y se suele representar por $\mathbf{J}_{(m)}$.

Las entidades financieras están obligadas a informar sobre la TAE de sus operaciones en la publicidad que hagan de sus productos, en los contratos que formalicen con sus clientes, en los documentos de liquidación de operaciones activas y pasivas y en las ofertas vinculantes que realicen.

De esta manera la TAE nos permitirá comparar distintos productos u opciones de inversión y financiación, con independencia de sus condiciones particulares, en cuanto a la periodicidad de liquidaciones, expresiones del tanto de interés, gastos, etc. Esto es especialmente útil entre productos de igual naturaleza, ya sean préstamos, créditos, descuentos de letras, depósitos, fondos de inversión, etc., en los que los restantes factores, y en particular el riesgo en que se incurre, son idénticos.

1.6.1. Características del tanto nominal y TAE

En capitalización simple, el tanto nominal anual permitirá pasar fácilmente a un tanto efectivo fraccionado K-esimal, pues al ser aquél proporcional bastará con dividirlo por el número de veces o frecuencia de pago de intereses. En el sistema simple puede ser operativo en la determinación de cualquier magnitud, pero en capitalización compuesta el tanto nominal no es un tanto que se emplee para operar; a partir de él se obtienen los tantos efectivos (TAE y efectivos fraccionados) con los que sí se harán los cálculos necesarios.

Los tipos de interés que las entidades financieras suelen dar a conocer con más énfasis por medios publicitarios son los tantos de interés anual (el nominal) y, en cambio, en las operaciones financieras suelen realizarse los pagos y cobros en períodos fraccionados del año (días, meses, trimestres, etc.), siendo interesante y necesario calcular la TAE (tasa anual equivalente), cuyas aplicaciones servirán para poder comparar distintas tasas efectivas en una misma operación y seleccionar distintas alternativas de operaciones (por ejemplo, en préstamos) con diversa información en cuanto a los tantos.

La TAE se calcula de acuerdo con una fórmula matemática normalizada por la normativa bancaria que toma en consideración las variables citadas, cuyo tratamiento, no obstante, puede diferir en función de la naturaleza de la operación. En su cálculo no se incluyen algunos conceptos, como los gastos que el cliente pueda evitar en uso de las facultades que le concede el contrato (por ejemplo, los gastos de transferencia de fondos debidos por el cliente), los gastos a abonar a terceros (corretajes, honorarios notariales e impuestos), los gastos por seguros o garantías (salvo primas destinadas a garantizar a la entidad el reembolso del crédito en caso de fallecimiento, invalidez o desempleo, siempre que la entidad imponga su suscripción para la concesión del crédito). Tampoco se tienen en cuenta los pagos o deducciones por impuestos.

En este epígrafe no tendremos en cuenta los gastos que las entidades financieras suelen cobrar en sus operaciones (comisiones bancarias de estudio, apertura, tasaciones, etc.), que alterarían la TAE, resultando otra más ajustada y mayor, que indica el coste o rendimiento efectivo de un producto, contemplada en el Capítulo 4. Podríamos llamar a la primera *TAE financiera,* donde sólo tenemos en cuenta el tipo de interés y frecuencia o periodicidad de los pagos, y a la segunda, *TAE comercial real,* que incluiría todos los gastos mencionados.

1.6.2. Relación de equivalencia entre tantos

En la parte superior al eje temporal de los gráficos (Figuras 1.7 y 1.8), está representada la evolución del montante para un fraccionamiento semestral; en la parte inferior, sin fraccionamiento (anual).

a) En capitalización simple

Según la evolución del montante, obtenemos al final de la duración de la operación y en sistema simple de *no acumulación de intereses,* las respectivas fórmulas del capital final, tomando como modelo de análisis un período anual y fraccionamiento semestral. Posteriormente, acudiendo al método de recurrencia o criterio lógico, planteamos la expresión genérica para cualquier período de fraccionamiento.

NORMATIVA DE TRANSPARENCIA BANCARIA

- Orden Ministerial de 12-12-89 (BOE 19-12-89): Tipos de interés y comisiones, normas de actuación, información a clientes y publicidad.
- Circular 8/90 del Banco de España de 07-09-90 (BOE 20-09-90).
- Ley 5/1992, de 29 de octubre (BOE 31-10-92).
- Circular 13/93 del Banco de España (BOE 31-12-93).
- Ley 2/1994, de 30 de marzo (BOE 04-04-94).
- Circular 5/94 del Banco de España de 22-07-94 (BOE 03-08-94).
- Orden Ministerial de 05-05-94 (BOE 11-05-94).
- Ley 07/1995 de Crédito de Consumo de 23-03-95 (BOE 25-03-95).
- Orden Ministerial de 25-10-95 (BOE 02-11-95).
- Orden Ministerial 734/2004 de 11-03-04 (BOE 24-03-04): Servicio de atención al cliente.

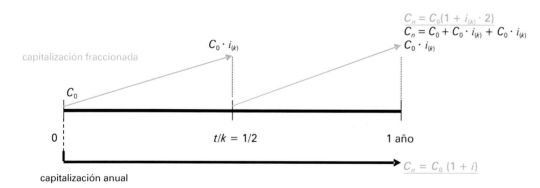

$$C_n = C_0(1 + i_{(k)} \cdot 2)$$
$$C_n = C_0 + C_0 \cdot i_{(k)} + C_0 \cdot i_{(k)}$$

capitalización fraccionada

$C_0 \cdot i_{(k)}$

$C_0 \cdot i_{(k)}$

C_0

0 $t/k = 1/2$ 1 año

$C_n = C_0 (1 + i)$

capitalización anual

Figura 1.7. **Gráfico modelo de análisis para fraccionamiento semestral.**

Partiendo del principio de equivalencia de montantes al final de la operación, igualando ambas fórmulas tenemos:

Para $k = 2$ (fraccionamiento semestral) $\rightarrow$ $C_0(1 + i) = C_0(1 + i_{(2)} \cdot 2)$

Para $k = 3$ (fraccionamiento cuatrimestral) $\rightarrow$ $C_0(1 + i) = C_0(1 + i_{(3)} \cdot 3)$

Para $k = 4$ (fraccionamiento trimestral) $\rightarrow$ $C_0(1 + i) = C_0(1 + i_{(4)} \cdot 4)$

Tipos de referencia (4º T-2005)	NOMINAL	EFECTIVO
Créditos y préstamos a 3 años	8,5%	8,84%
Préstamos al consumo hasta 5 años	13%	13,80%
Préstamos hipotecarios vivienda (tipo variable)	5,66%	5,81%
Descubierto en c.c. consumidores	12,95%	13,75%
Excedidos en cuenta de crédito	29%	33,18%

Por recurrencia, observamos que en la fórmula de capitalización fraccionada, la tasa y tiempo toman el valor de k; por tanto:

Para $k = m$ (fraccionamiento m-esimal) $\quad\rightarrow\quad C_0(1 + i) = C_0(1 + i_{(m)} \cdot m)$

Simplificando, tenemos la relación de tantos efectivos, donde C_0 se anula y queda:

$$(1 + i) = (1 + i_{(m)} \cdot m)$$

donde:

$$i = i_{(m)} \cdot m$$

y también, en función del tanto nominal:

$$i_{(m)} \cdot m = \mathbf{J}_{(m)}$$

Con lo cual se cumple en sistema simple la relación siguiente de igualdad de tasa efectiva con tanto nominal:

$$\boxed{i = i_{(m)} \cdot m = \mathbf{J}_{(m)}}$$

Conclusión: en capitalización simple, se cumple que la tasa efectiva anual es igual al tanto nominal de frecuencia m:

$$\boxed{i = \mathbf{J}_{(m)}}$$

b) En capitalización compuesta

Según la evolución del montante obtenemos al final de la duración de la operación, y en sistema compuesto, donde *sí se acumulan* los intereses, las respectivas fórmulas del capital final, tomando como modelo de análisis un período anual y fraccionamiento semestral. Posteriormente, acudiendo al método de recurrencia o criterio lógico, planteamos la expresión genérica para cualquier período de fraccionamiento

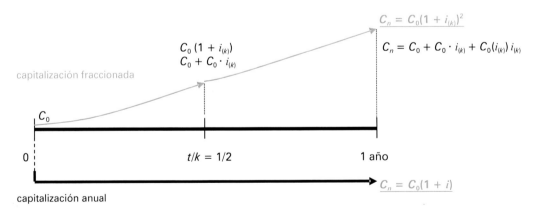

Figura 1.8. **Gráfico modelo de análisis para fraccionamiento semestral.**

Partiendo del principio de equivalencia de montantes al final de la operación, igualando ambas fórmulas tenemos:

Para $k = 2$ (fraccionamiento semestral) $\quad\rightarrow\quad C_0(1 + i) = C_0(1 + i_{(2)})^2$

Para $k = 3$ (fraccionamiento cuatrimestral) $\quad\rightarrow\quad C_0(1 + i) = C_0(1 + i_{(3)})^3$

Para $k = 4$ (fraccionamiento trimestral) $\quad\rightarrow\quad C_0(1 + i) = C_0(1 + i_{(4)})^4$

....

Por recurrencia, observamos que en la fórmula de capitalización fraccionada la tasa y tiempo toman el valor de k; por tanto:

Para $k = m$ (fraccionamiento m-esimal) $\longrightarrow$ $C_0(1 + i) = C_0(1 + i_{(m)})^m$

Simplificando, nos queda la relación de tantos efectivos:

$$(1 + i) = (1 + i_{(m)})^m$$

Despejando i:

$$i = (1 + i_{(m)})^m - 1$$

Si

$$\mathbf{J}_{(m)} = i_{(m)} \cdot m$$

implica que:

$$i_{(m)} = \mathbf{J}_{(m)}/m$$

Sustituyendo, tenemos la relación de tantos efectivos con el tanto nominal y nos queda la siguiente igualdad:

$$i = (1 + i_{(m)})^m - 1 = \left(1 + \frac{\mathbf{J}_m}{m}\right)^m - 1$$

La fórmula de conversión de tanto nominal a tanto efectivo (TAE) se obtiene de la siguiente forma:

Despejando $\mathbf{J}_{(m)}$, tenemos:

$$\sqrt[m]{(1 + i)} = \sqrt{\left(1 + \frac{\mathbf{J}_{(m)}}{m}\right)^m}$$

que implica:

$$(1 + i)^{1/m} = \left(\frac{m + \mathbf{J}_{(m)}}{m}\right)$$

donde nos queda la igualdad:

$$\mathbf{J}_{(m)} = m\,(1 + i)^{1/m} - m = m\left[(1 + i)^{1/m} - 1\right] = i_{(m)} \cdot m$$

Conversión de tantos efectivos a tanto nominal

En períodos enteros de años (operaciones sin fraccionamiento de intereses), donde $m = 1$ implica que el $\mathbf{J}_{(m)} = i$, el tanto nominal es igual al tanto efectivo (TAE).

En períodos fraccionados (operaciones con fraccionamiento de intereses, días, meses, trimestres, semestres, etc.), donde $m > 1$ implica que el $\mathbf{J}_{(m)} < i$, el tanto nominal es menor que el tanto efectivo (TAE). La relación de equivalencia de los tres tantos es:

$$(1 + i) = (1 + i_{(m)})^m = \left(1 + \frac{\mathbf{J}_m}{m}\right)^m$$

Actividad resuelta 1.13

Determinar el montante resultante (en capitalización compuesta) de invertir 1.000 euros durante 1 año a un tanto del 12% efectivo anual para los siguientes casos de liquidación de intereses (aplicando los tantos equivalentes).

a) Devengo mensual de intereses

Primero calculamos el tanto efectivo mensual equivalente al anual conocido, a través de la relación:

$$(1 + i) = (1 + i_{(m)})^m$$

y cambio de variable del tiempo anual en meses:

$$t = n \cdot k = 1 \cdot 12 = 12 \text{ meses}$$

$$i_{(12)} = (1 + i)^{1/12} - 1 = (1 + 0,12)^{1/12} - 1 = 0,009488$$

$$C_n = C_0 (1 + i_{(12)})^{12} = 1.000 (1 + 0,009488)^{12} = \mathbf{1.120 \text{ €}}$$

b) Devengo trimestral de intereses

Procediendo al igual que en el caso anterior, tenemos:

$$i_{(4)} = (1 + i)^{1/4} - 1 = (1 + 0,12)^{1/4} - 1 = 0,028737$$

$$C_n = C_0 (1 + i_{(4)})^4 = 1.000 (1 + 0,028737)^4 = \mathbf{1.120 \text{ €}}$$

c) Devengo semestral de intereses

Igual que los casos anteriores

$$C_{(2)} = (1 + i)^{1/2} - 1 = (1 + 0,12)^{1/2} - 1 = 0,058300$$

$$C_n = C_0 (1 + i_{(2)})^2 = 1.000 (1 + 0,058300)^2 = \mathbf{1.120 \text{ €}}$$

d) Devengo anual de intereses

$$C_n = C_0 (1 + i) = 1.000 (1 + 0,12) = \mathbf{1.120 \text{ €}}$$

Observación: En todos los casos se obtiene el mismo resultado; esto es debido a la utilización de tantos anuales efectivos equivalentes.

Actividad resuelta 1.14

Determinar el tanto nominal capitalizable por cuatrimestres, bimestres y semanas, a un tanto efectivo anual del 12% en capitalización compuesta.

Solución

Partiremos de la fórmula de conversión de tantos efectivos a tanto nominal:

$$\mathbf{J}_{(m)} = i_{(m)} \cdot m = m (1 + i)^{1/m} - 1$$

En un primer paso calculamos la tasa efectiva fraccionada y luego el tanto nominal equivalente.

a) Cuatrimestres

$$i_{(3)} = (1 + i)^{1/3} - 1 = (1 + 0,12)^{1/3} - 1 = 0,038498$$

$$\mathbf{J}_{(3)} = i_{(3)} \cdot 3 = 0,038948 \cdot 3 = \mathbf{0,115494} \rightarrow \textbf{en porcentaje: 11,55\%}$$

b) Bimestres

$$i_{(6)} = (1 + i)^{1/6} - 1 = (1 + 0,12)^{1/6} - 1 = 0,019067$$

$$\mathbf{J}_{(6)} = i_{(3)} \cdot 3 = 0,019067 \cdot 6 = \mathbf{0,114402} \qquad \rightarrow \qquad \mathbf{11,44\%}$$

c) Semanas

$$i_{(52)} = (1 + i)^{1/52} - 1 = (1 + 0,12)^{1/52} - 1 = 0,002181$$

$$\mathbf{J}_{(52)} = i_{(52)} \cdot 52 = 0,002181 \cdot 52 = \mathbf{0,113412} \qquad \rightarrow \qquad \mathbf{11,34\%}$$

Observación: El tanto nominal es menor que el tanto efectivo, disminuyendo a medida que aumenta la frecuencia de capitalización.

Actividad resuelta 1.15

Determinar el tanto de interés efectivo anual, semestral y trimestral correspondiente al 12% de interés nominal, en capitalización simple y compuesta.

SOLUCIÓN

a) Capitalización simple

Tomando la relación de tantos:

$$i = i_{(m)} \cdot m = \mathbf{J}_{(m)}$$

- Anual: $\quad i_{(1)} = \mathbf{J}_{(1)}/1 = 0,12$ $\qquad \rightarrow \qquad$ **12%**
- Semestral: $\quad i_{(2)} = \mathbf{J}_{(2)}/2 = 0,12/2 = 0,06$ $\qquad \rightarrow \qquad$ **6%**
- Trimestral: $\quad i_{(4)} = \mathbf{J}_{(4)}/4 = 0,12/4 = 0,03$ $\qquad \rightarrow \qquad$ **3%**

b) Capitalización compuesta

Tomando la relación de tantos:

$$(1 + i_{(m)})^m = (1 + \mathbf{J}_{(m)}/m)^m = (1 + i)$$

- Anual: $\quad i = (1 + \mathbf{J}_{(m)}/m)^m - 1 = (1 + 0,12/12)^{12} - 1 = 0,126825$ $\quad \rightarrow \quad$ **12,68%**
- Semestral: $\quad i_{(2)} = (1 + i)^{1/2} - 1 = (1 + 0,126825)^{1/2} - 1 = 0,061250$ $\quad \rightarrow \quad$ **6,15%**
- Trimestral: $\quad i_{(4)} = (1 + i)^{1/4} - 1 = (1 + 0,126825)^{1/4} - 1 = 0,03030$ $\quad \rightarrow \quad$ **3,03%**

Actividad resuelta 1.16

Calcular el capital final producido por 1.000 €, durante un año, capitalizado al 1% mensual compuesto.

Datos: $C_0 = 1.000$ €; $i_{(12)} = 0,01$; $n = 1$ año

SOLUCIÓN

Podemos optar por dos alternativas:

a) Transformar la duración anual (n) a la misma unidad de tiempo del tipo o tanto de interés mensual, a través de un cambio de variable de la temporalidad.

$$t = n \cdot k = 1 \cdot 12 = 12 \text{ meses}$$

$$C_n = C_0 (1 + i_{(12)})^{12} = 1.000 (1 + 0,01)^{12} = \mathbf{1.126,82 \ €}$$

b) Calcular el tanto efectivo anual equivalente al mensual, a través de la relación vista en el ejemplo anterior.

$$i = (1 + i_{(m)})^m - 1 = (1 + 0,01)^{12} - 1 = 0,126825$$

$$C_n = C_0 (1 + i) = 1.000 (1 + 0,126825) = \mathbf{1.126,82 \ €}$$

Observación: Comprobamos que el resultado es el mismo por una u otra alternativa.

Capitalización simple

1.1 Calcular los intereses de un capital de 12.000 € al 7,85% anual en 3 años.

1.2 Calcular el capital final o montante obtenido con 1.000 €, al 6,5% anual en 2 años.

1.3 Calcular lo que deberá devolverse de un préstamo de 6.000 €, al 12,25% anual en 5 años.

1.4 Un capital de 3.000 €, prestado al 8,5% anual, dio unos intereses de 500 €. ¿Cuántos años duró el préstamo?

1.5 Calcular el capital final obtenido con 2.000 €, al 9% anual en once meses.

1.6 Calcular los intereses de un capital de 2.500 €, al 8,5% anual en dos trimestres.

1.7 Un capital colocado al 3,45% al cabo de 6 meses se convirtió en 4.000 €. Calcular el capital inicial.

1.8 Calcular el montante obtenido con 1.200 € al 1,5% mensual en 24 meses.

1.9 Un capital de 3.500 € prestado durante 6 meses produjo unos intereses de 60 €. ¿A qué tasa unitaria anual y porcentual se prestó?

1.10 Si los intereses de un capital al 9,5% durante 2 años fueron 80 €, ¿cuál fue el capital inicial?

1.11 Los intereses de un capital al 9,85% durante 5 meses han sido de 150 €. ¿Cuál fue el capital inicial?

1.12 Calcular los intereses de un capital de 15.000 €, colocado durante 3 meses y a una tasa unitaria anual de 0,09.

1.13 ¿Cuál es el capital inicial que impuesto al 10% de interés simple anual se ha convertido en 5 años en 15.000 €?

1.14 ¿Cuánto tiempo ha estado colocado un capital sabiendo que el capital final o montante es de 12.000 €, los intereses ascienden a 2.000 € y el tipo de interés es del 5% anual?

1.15 ¿Cuál será el montante de un capital de 10.000 € al 12% de interés colocado durante los siguientes períodos de tiempo?:

a) 6 meses,

b) 5 cuatrimestres,

c) 2 trimestres,

d) 3 bimestres,

e) 8 meses,

f) 13 semanas,

g) 150 días.

Nota: Resolución, bien por tantos equivalentes o bien por transformación del tiempo.

Capitalización compuesta

1.16 Determinar el montante sabiendo que el capital inicial es de 3.200 €, la duración dos años y el interés de mercado es del 11% anual.

1.17 Determinar el interés producido por un capital de 900 €, prestado a un interés anual del 12% durante 3 años.

1.18 Calcular el capital inicial que impuesto al 0,12 unitario de interés compuesto durante 4 años se ha convertido en 5.500 €.

1.19 Determinar el importe de un préstamo, sabiendo que su montante es de 2.600 €, y los intereses generados ascienden a 850 €.

1.20 Determinar el rédito anual al que ha estado impuesto un capital de 2.800 € si el montante al cabo de 6 años ha sido de 5.700 €.

1.21 Determinar el tiempo que ha estado impuesto un capital de 2.400 € si el montante constituido al 10,5% anual ha sido de 3.500 € (aplicando logaritmos).

1.22 Calcular el capital que se impuso al 8% anual si a los 10 años se devolvieron 6.100 € como capital más intereses.

1.23 Calcular los intereses de 8.000 € al 11% anual en 13 años.

1.24 ¿Cuál es el capital inicial que impuesto al 12% de interés compuesto anual, durante 5 años, se ha convertido en 1.200 €?

1.25 ¿Qué tipo de interés anual se le ha aplicado a un capital de 1.000 € si el montante al cabo de 6 años ha sido de 1.750 €?

1.26 ¿Cuánto tiempo ha estado impuesto un capital de 1.500 €, si el montante constituido al 5% anual ha sido de 1.820 €?

1.27 Calcular el capital final producido por 1.000 € durante un año capitalizado al 2% bimestral.

1.28 ¿Cuál es el tipo de interés efectivo bimestral correspondiente al 10% efectivo anual?

Capitalización simple

1.1 Calcular el montante obtenido al invertir 2.000 € al 8% anual durante 4 años en régimen de capitalización simple.

1.2 ¿Cuánto deberemos invertir hoy si queremos disponer dentro de 2 años de 2.000 € para comprar una moto, si nos aseguran un 6% de interés anual para ese plazo?

1.3 ¿Qué intereses producirán 300 € invertidos 4 años al 7% simple anual?

1.4 ¿Qué interés producirán 6.000 € invertidos 8 meses al 1% simple mensual?

1.5 Determinar el tanto de interés anual a que deben invertirse 1.000 € para que en 5 años se obtenga un montante de 1.500 €.

1.6 Un capital de 2.000 € colocado a interés simple al 4% anual asciende a 2.640 €. Determinar el tiempo que estuvo impuesto.

1.7 Determinar el montante resultante de invertir 700 € durante 3 años a los siguientes tipos de interés:

a) interés anual del 12%,

b) interés semestral del 6%,

c) interés mensual del 1%.

1.8 Calcular el capital final o montante obtenido en una imposición a interés simple de 20.000 €, sabiendo que la duración es un año y el tipo de interés aplicado el 5% anual.

1.9 Calcular el capital inicial de un préstamo sabiendo que su montante es de 12.000 € y los intereses ascienden a 2.000 €.

1.10 Hallar los intereses producidos por un capital de 10.000 € prestado, mediante capitalización simple, a un interés anual del 10% durante un año.

Capitalización compuesta

1.11 Calcular el montante obtenido al invertir 200 € al 5% anual durante 10 años en régimen de capitalización compuesta.

1.12 ¿Cuánto deberemos invertir hoy si queremos disponer dentro de 2 años de 1.500 € para comprar un ordenador, si nos aseguran un 6% de interés anual compuesto para ese período?

1.13 ¿Qué intereses producirán 600 € invertidos 4 años al 7% compuesto anual?

1.14 Determinar el tanto de interés anual al que deben invertirse 1.000 € para que en 12 años se obtenga un montante de 1.600 €.

1.15 Un capital de 2.000 € colocado a interés compuesto al 4% anual asciende a 3.000 €. Determinar el tiempo que estuvo impuesto.

1.16 Hallar el interés producido por un capital de 6.000 € prestado a un tipo de interés anual del 12% durante 2 años.

1.17 Determinar el importe de un préstamo, sabiendo que su montante es de 4.000 € y los intereses generados ascienden a 1.000 €.

1.18 Determinar el capital final producido por 1.000 € durante 6 trimestres, sabiendo que el interés efectivo anual es del 5%.

1.19 Hallar el tanto efectivo anual correspondiente a un 3% efectivo semestral.

1.20 ¿Qué tanto efectivo cuatrimestral corresponde a un 1% efectivo bimestral?

1.1 Calcular el interés producido por 4 capitales, de 2.000 €, 3.000 €, 8.000 € y 10.000 €, colocados al 12% durante 30, 90, 120 y 160 días, utilizando el método del multiplicador fijo y divisor fijo (año comercial).

1.2 Calcular el interés producido por 3 capitales de 1.000 €, 2.000 € y 5.000 €, colocados al 5% durante 20, 30 y 60 días, utilizando el método del multiplicador fijo y divisor fijo (año comercial).

1.3 La empresa X tiene tres facturas pendientes de pago: una de 500 € de hace 3 días, otra de 1.000 € de hace 90 días y otra de 2.000 € de hace 180 días. ¿Qué cantidad tendrá que pagar (capital final o montante) si el proveedor le aplica un 18% de interés anual? Utilizar el método del multiplicador fijo (año comercial).

1.4 Tenemos abierta una cuenta de ahorro con el banco BBXA el cual liquida intereses a un 3,45% anual. Calcular los intereses producidos (año comercial) si se han realizado las siguientes aportaciones, permaneciendo en la cuenta durante los días indicados:

Aportación (€)	Duración (días)
200	220
150	125
210	98
165	60
100	35
55	10

1.5 Calcular los intereses de la siguiente cuenta corriente al 4,05% (anotar los importes en cada recuadro).

BBXA, S.A.
C/XXXX
Madrid
D.xxxxx
C/yyyyy
Madrid

A continuación, le abonamos en cuenta los intereses producidos de la C/C. 1078-1000-58-1234567890 del primer trimestre del año x:

CONCEPTO	F. OPERAC.	F. VALOR	DÍAS	IMPORTE	N. COMERCIALES
Transferencia x	01.01.x	02.01.x		5.000	
Ingreso caja	30.01.x	31.01.x		2.500	
Abono de haberes	01.03.x	01.03.x		20.000	

INTERESES AL 31-03-x

Retención del R.C.M.   INTERESES NETOS

Capitalización simple

1.6 Calcular el tiempo que tardará un capital en triplicarse al 6,5% anual.

1.7 Calcular los intereses de un capital de 700,65 € al 6,25% anual, durante 30 días, tomando el año natural y el año comercial.

1.8 Calcular el capital financieramente equivalente a 10.000,85 €, mediante capitalización simple dentro de 5 años, sabiendo que el interés es del 5,25% anual.

1.9 ¿Cuántos años tardará un capital de 1.450,45 € para convertirse en 2.650,58 € al 9,85% anual?

1.10 Un capital de 840,56 $ (dólares) durante 10 años se convirtió en 1.300,54 $. ¿A qué tanto por ciento se colocó?

1.11 Si los intereses de un capital al 4,65% durante un trimestre fueron de 120,45 $, ¿cuál fue el capital?

1.12 Realizamos una imposición de cuantía C_0 en un banco que opera al 3,45% de interés simple trimestral, durante 42 meses. Transcurrido dicho plazo, el capital final o montante obtenido es de C_n €. Esta cantidad obtenida la volvemos a depositar en otro banco durante 15 meses a un tipo de interés simple cuatrimestral del 3,45%. Sabiendo que el montante final obtenido es de 1.525,65 €, determinar la cantidad depositada en el primer banco.

1.13 Hace un año, la señora Fuentes para diversificar riesgos invirtió sus ahorros en una cesta de inversión con diferente rentabilidad. Colocó la cuarta parte en una inversión de alto riesgo, de la cual ha obtenido una rentabilidad del 25%, otra cuarta parte en una inversión de medio riesgo, que le ha generado una rentabilidad del 10%, y el resto, la otra mitad, la invirtió en una imposición a plazo fijo al 5,25% de interés simple anual. Sabiendo que el capital final obtenido mediante dicha cesta de inversión ha sido de 10.580,45 €, hallar el importe de los ahorros de la señora Fuentes.

Capitalización compuesta

1.14 Determinar los años necesarios para que un capital colocado al 7,85% anual se duplique.

1.15 La suma de los montantes constituidos de dos capitales iguales colocados al 11,5% durante 3 y 4 años, respectivamente, asciende a 10.450,65 €. Calcular el importe de ambos capitales.

1.16 Calcular el capital final o montante correspondiente a un capital inicial de 5.000,85 $ (dólares) sabiendo que la duración es de 5 años y el tipo de interés aplicado del 10,25% anual en capitalización compuesta.

1.17 Determinar el capital final correspondiente a un capital inicial de 1.000,50 $ sabiendo que los intereses producidos han sido de 200,50 $.

1.18 Calcular el tipo de interés nominal correspondiente al 3,5% efectivo trimestral.

1.19 Determinar el tanto de interés efectivo mensual correspondiente al 11,45% de interés nominal.

1.20 La suma de dos capitales que han estado impuestos a interés compuesto anual durante el mismo tiempo y al mismo tipo de interés, es de 6.000 $ (dólares). Sabiendo que los montantes son 4.600 y 3.400 $, ¿cuáles eran las cuantías de dichos capitales?

1.21 ¿Qué tanto de interés efectivo cuatrimestral y trimestral corresponde al 8,75% de interés nominal?

1.23 La señora Fuentes ingresa 6.000 € a plazo fijo en un banco por un período de 24 meses. Durante el primer año le abonan intereses al 2,45% efectivo semestral, durante los 6 meses siguientes, al 1,5% efectivo trimestral, y durante los 6 últimos meses, al 0,75% efectivo bimestral. Calcular el importe del capital final que retirará la señora Fuentes una vez finalizada la operación.

1.24 ¿Qué operación de las siguientes es la más rentable?:

a) Un capital de 1.000 $ que ha producido 150 $ de intereses en dos años.

b) Un capital de 500 $ que ha producido 10 $ en 3 meses.

c) Un capital de 700 € que ha producido 30 € de intereses en 6 meses.

d) Un capital de 300 yenes que ha producido 12 yenes en 4 meses.

(Determinar la correspondiente TAE de cada operación en su resolución).

1.25 La diferencia entre dos capitales es de 1.000 $ y la de sus respectivos intereses es de 100 $. Sabiendo que el primero estuvo impuesto al 5,75% de interés compuesto anual durante 11 meses, calcular el tanto de interés compuesto anual del otro si el tiempo en el que estuvo impuesto fue el mismo.

1.26 En el Cuadro 1.3 contestar a las siguientes cuestiones:

a) ¿En qué tipo de productos la TAE es mayor que el tanto nominal? ¿Y en cuáles es al contrario?

b) ¿Puede ser un tanto nominal mayor que la TAE? Razonar la respuesta.

c) Comprobar en los préstamos consumo nómina si se cumple que a una tasa nominal del 6,75% le corresponde una TAE del 7,63%. Razonar la respuesta.

TABLA DE PRODUCTOS Y PRECIOS

openbank

| 3 de 3 | **AGOSTO DE 2006** |

SELECCION DE PRODUCTOS

Para este mes le sugerimos los siguientes productos:

FONDOS DE INVERSION

Fondo	Gestora	Inversión mínima	Rentabilidad últimos 12 meses	*Rendimiento en euros
OPENBANK DINERO FIM	SANTANDER GESTION DE ACTIVOS	100,00	2,17%	130,42
DWS CAPITAL DOS FIM	DWS INVESTMENTS SGIIC	6,01	4,21%	253,03
SANTANDER BANIF INMOBILIARIO F	SANTANDER REAL ESTATE S.A.G.I.	3.005,06	7,24%	435,13
OPENBANK IBEX 35 FI	SANTANDER GESTION DE ACTIVOS	100,00	18,93%	1.137,72
BK DIVIDENDO	GESBANKINTER	600,00	12,59%	756,67

* Calculado para una suscripción de 6.010,12 euros hace 12 meses. Rentabilidades pasadas no garantizan rentabilidades futuras.

CUENTAS AHORRO

Producto		saldo	Tipo nominal	TAE
CUENTA OPEN	MAS DE	0,00	2,28%	2,30%
CUENTA VIVIENDA	MAS DE	0,00	2,47%	2,50%

DEPOSITOS PLAZO

Producto	Plazo	Tipo nominal	TAE
DEPOSITO FISCAL OPENBANK	5 años y 1 dia (liq. al vto.)	4,04 %	3.75 %
DEPOSITO FISCAL OPENBANK	2 años y 2 dias (liq. al vto.)	3,56 %	3.50 %
DEPOSITO FLEXIBLE	sin plazo	2,50 %	

PRESTAMO CONSUMO NOMINA

	Importe mínimo	Importe máximo	Plazo máximo	Tipo nominal	TAE *	Cuota por 6000 euros
	1.500	30.000	7 años	6,75%	7,63%	89,82

* TAE calculado para 6.000,00 euros a 7 años, con liquidación mensual de intereses. Comisión de apertura 2,00% con un minimo de 72,00 euros.

PRESTAMOS HIPOTECARIOS

	Periodo inicial		Resto de periodo			
Préstamo	Duración	Tipo nominal	Diferencial ** Sobre el Euribor	Tipo nominal	TAE *	Cuota por 6000 euros
HIPOT.V.H.80%	anual	3,79	0,39	3,79%	3,86%	35,69

* TAE calculado para 120.000,00 euros a 20 años, con liquidación mensual de intereses.

** Euribor BOE. a 12 meses. Sin redondeo.

PRODUCTOS BASICOS

Aquí tiene la información de sus productos básicos para el mes en curso.

EURIBOR DE REFERENCIA	A UN MES	2,94 %	A TRES MESES	3,10 %	A SEIS MESES	3,28 %	A UN AÑO	3,54 %

INT.LEG. DINERO	4,00 %

CUENTA CORRIENTE OPERATIVA

Saldo Medio		% de Euribor	Tipo nominal	TAE
MAS DE	0,01	2,50	0,07 %	0,07 %

El porcentaje de EURIBOR DE REFERENCIA aumenta un 5,00 % con la domiciliación de la nómina o 3 recibos y en un 5,00 % manteniendo un capital de más de 15.000,00 euros en Fondos de Inversión, Planes de Pensiones y Valores vinculados a la Cuenta Corriente Operativa.

OTROS PRODUCTOS

Producto	Referencia	Porcentaje	Tipo nominal	TAE
PRECONCEDIDO			5,84 %	6,00 %
EXCEDIDO			7,25 %	7,50 %
DESCUBIERTO	INT.LEG. DINERO	220,00	8,80 %	9,16 %

TARJETA VISA. PAGO APLAZADO

	% Euribor	Tipo nominal	TAE
		15,00 %	16,08%

OPEN BANK SANTANDER CONSUMER, S.A. Registro Mercantil de Madrid, Hoja n.° 78.974, Folio I, Tomo 8.269. C.I.F.: A/28021079

Cuadro 1.3. **Productos financieros, tanto nominal como TAE.**

El descuento simple y compuesto

Introducción

Cuando una persona física o jurídica puede disponer de un capital futuro (derecho de crédito), materializado en un documento (contrato, letras, pagarés, etc.), a veces le surge la necesidad de liquidez, de recibir de forma anticipada dicho capital descontada una cantidad (intereses más gastos) por su traslación en el tiempo. También ocurre cuando se paga por anticipado (en metálico, dinero) una deuda futura, cuyo importe será menor por la minoración o descuento de una cantidad y su intercambio en distinto momento o período.

Este instrumento de financiación recibe el nombre de actualización o descuento, consistente en la sustitución de un capital futuro por otro con vencimiento actual, siendo por tanto la operación inversa a la capitalización (sustitución de un capital actual por otro con vencimiento futuro), y cuando exactamente se emplean las mismas variables que la capitalización recibe el nombre de descuento racional, matemático o lógico.

Contenido

Objetivos

▶ *Distinguir correcta y conceptualmente el descuento racional del comercial, y forma de calcularlos, comprendiendo la operación de descuento.*

▶ *Obtener razonadamente la sustitución de capitales empleando las fórmulas correspondientes en sendas modalidades de descuento simple y compuesto.*

▶ *Aplicar el descuento bancario o comercial en operaciones de letras de cambio o efectos comerciales.*

2.1 Operaciones de descuento

Si en el capítulo anterior hemos analizado las operaciones financieras para una ley de capitalización en sus dos modalidades de simple y compuesta, en este capítulo trataremos operaciones financieras para una ley de actualización o descuento también en sus dos formas (véanse las Figuras 2.1 y 2.2).

La ley de actualización es básicamente la operación contraria o inversa a la ley de capitalización: en ésta, realizábamos la valoración al final de la operación; en la de actualización, la valoración se realiza en el origen (momento actual).

Al hablar de descuento, también nos referimos al instrumento financiero práctico que pueden utilizar tanto personas físicas como jurídicas para obtener financiación, es decir, percibir de forma anticipada los cobros pendientes antes del vencimiento, y está basado en una ley de actualización.

Las características más importantes de una operación financiera son las siguientes:

- El descuento es una operación financiera que tiene por objeto la sustitución o intercambio de un capital futuro por otro equivalente con vencimiento presente (bien como pago por anticipado de una deuda, bien como obtención de financiación de un derecho de crédito) a través de la ley financiera de descuento simple o la ley financiera de descuento compuesto.

- Cuando se aplica la ley financiera de descuento simple los intereses no son productivos, lo que significa o implica que:

  - A medida que se generan no se restan del capital de partida, para producir nuevos intereses en el período sucesivo e inmediato anterior.

  - Los intereses de cualquier período siempre los genera el mismo capital al tanto de interés vigente en dicho período.

- Cuando se aplica la ley financiera de descuento compuesto los intereses son productivos, lo que significa o implica que:

  - A medida que se generan, se restan del capital de partida para producir nuevos intereses en el período sucesivo e inmediato anterior.

  - Los intereses de cualquier período siempre los genera el capital del período anterior al tanto de interés vigente en dicho período.

- En ambas leyes se distinguen dos clases de descuento, según cuál sea el capital de partida considerado: el descuento racional y el descuento comercial.

En la Figura 2.1 observamos en la evolución del descuento (intereses que van restando del nominal N) que los intereses son constantes, respondiendo a una función rectilínea, cuyo principio, al igual que en capitalización simple, se basa en el mantenimiento del mismo capital originario de intereses de descuento. Por tanto, lo denominaremos **sistema simple de descuento**.

En cambio, en la Figura 2.2 observamos en la evolución del descuento (intereses que van restando del nominal N) que los intereses son variables, respondiendo a una función exponencial decreciente, cuyo principio, al igual que en capitalización compuesta, se basa en la resta o minorización sucesiva de intereses, con lo cual el capital generador de intereses de descuento es variable. Por tanto, lo denominaremos **sistema compuesto de descuento**.

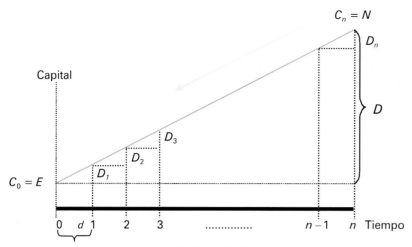

Figura 2.1. **Descuento simple.**

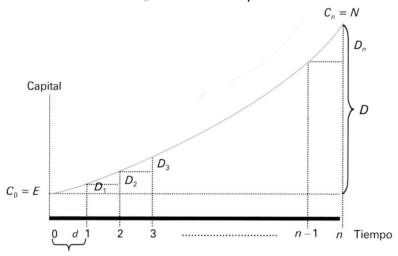

Figura 2.2. **Descuento compuesto.**

Las magnitudes fundamentales de la operación financiera son:

- C_0: Capital, valor actual o efectivo (E).
- $0, 1, 2, 3, ..., n - 1, n$: Períodos (anuales).
- d: Tanto o tasa de interés de descuento anual unitaria (distinta a la de capitalización)
- D: Intereses de descuento (o rebaja) totales.
- $D_1, D_2, D_3, ..., D_{n-1}, D_n$: Intereses de descuento para cada período.
- DC: Descuento comercial.
- DR: Descuento racional, matemático o lógico.
- C_n: Capital, valor final o nominal (N).

El interés de descuento total como suma de los intereses de descuento de cada período será:

$$D = D_1 + D_2 + D_3 + \cdots + D_{n-1} + D_n$$

El interés de descuento total como diferencia entre el valor final (nominal) menos el valor inicial (efectivo).

$$\boxed{D = C_n - C_0}$$

$$\boxed{D = N - E}$$

2.2 Sistemas y clases de descuento

Hemos visto anteriormente que podemos tener dos sistemas de descuento según el proceso de acumulación de intereses; ahora bien, en ambos sistemas tendremos dos clases o tipos de descuento según qué capital se tome como originario generador de intereses de descuento, que son: el **descuento racional** y el **descuento comercial**.

Ambos descuentos se basan en una ley de actualización con valoración de capitales en el origen, pero el cálculo de intereses de descuento, así como el resto de las magnitudes, pueden diferir según se considere un capital u otro el generador de intereses.

El aplicar el capital inicial o final dependerá del análisis matemático-racional o comercial que se quiera realizar, dando lugar en el primer caso al **descuento racional** y en el segundo al **descuento comercial**. Finalmente ambos descuentos, según el sistema o ley de aplicación (simple o compuesta), dependiendo de la acumulación de intereses, darán lugar a las distintas alternativas de formulación.

Según el capital de partida considerado en el cómputo de intereses que se generan en la operación, tenemos que en descuento racional o matemático se toma el capital, valor actual o *efectivo*, y en descuento comercial o *bancario* el capital, valor final o *nominal* (empleado genéricamente en la práctica comercial-financiera).

Además, los intereses en descuento comercial son mayores que en descuento racional, por ser mayor el valor final (nominal) que el inicial o actual (efectivo).

Por otra parte, el descuento racional es exactamente la operación inversa de la capitalización; el descuento comercial no.

Finalmente, el descuento comercial es el utilizado genéricamente por las entidades financieras en las operaciones típicas de descuento de letras de cambio como anticipo del nominal.

2.2.1. Sistema de descuento simple

Este sistema se fundamenta en la *no acumulación de intereses*. Realizamos su análisis para cada una de las clases o tipos de descuento y período sin fraccionamiento (anual).

Descuento racional

Comenzamos con este tipo por ser la inversa del sistema de capitalización simple y resultar, por tanto, el más comprensible.

Al ser (C_0), el capital inicial o valor actual, el que genera los intereses, por analogía partimos de las fórmulas fundamentales de la capitalización simple (del montante e interés); sustituyendo (i), la tasa de interés unitaria de capitalización, por (d), la tasa de interés unitaria de descuento, tendremos que, aplicando esta tasa, el capital final sería:

$$C_n = C_0 \, (1 + d \cdot n)$$

Despejando el capital inicial:

$$C_0 = \frac{C_n}{1 + d \cdot n}$$

Por tanto, los intereses de descuento, por diferencia de capitales, serán:

$$DR = C_n - C_0 = C_n - \frac{C_n}{1 + d \cdot n} = \frac{C_n \cdot d \cdot n}{1 + d \cdot n}$$

o también:

$$DR = C_0 \cdot d \cdot n = \frac{C_n}{1 + d \cdot n} \cdot d \cdot n = \frac{C_n \cdot d \cdot n}{1 + d \cdot n}$$

$$\boxed{DR = \frac{C_n \cdot d \cdot n}{1 + d \cdot n}}$$

Concluiremos diciendo que, si ambas tasas coinciden,

$$i = d$$

los intereses de descuento serían iguales a los intereses de capitalización:

$$DR = I$$

Descuento comercial

Este tipo responde más a la lógica de una operación de descuento, ya que por regla general el capital conocido es el final o de futuro vencimiento, con anticipo de una parte en el momento actual, previo descuento o resta de unos intereses. Es el empleado habitualmente en las operaciones comerciales-financieras, en concreto en el descuento bancario de letras comerciales a corto plazo, que veremos en el Epígrafe 2.4.

Al ser (C_n), el capital final o valor final, el que genera los intereses, aplicamos por analogía la fórmula del interés simple $(I = C_0 \cdot i \cdot n)$ con cambio del capital y tasa. Tenemos los intereses de descuento comercial:

$$DC = C_n \cdot d \cdot n$$

También, por diferencia de capitales serán:

$$DC = C_n - C_0$$

Igualando:

$$DC = C_n - C_0 = C_n \cdot d \cdot n$$

Despejando:

$$DC = C_0 = C_n - C_n \cdot d \cdot n$$

Sacando factor común, nos queda la fórmula de cálculo de intereses de descuento comercial en sistema simple, coincidiendo con (C_0) el valor actual:

$$\boxed{DC = C_n (1 - d \cdot n)}$$

Actividad resuelta 2.1

Si pretendemos anticipar al momento actual el vencimiento de un capital de 1.000 € con vencimiento dentro de 2 años, a un tanto anual de **interés simple** de descuento del 10%, calcular los intereses de descuento totales en:

a) Descuento racional

b) Descuento comercial

SOLUCIÓN

a) $DR = \dfrac{C_n \cdot d \cdot n}{1 + d \cdot n} = (1.000 \cdot 0,1 \cdot 2)/(1 + 0,1 \cdot 2) = \mathbf{166,67 \; €}$

b) $DC = C_n \cdot d \cdot n = 100 \cdot 0,1 \cdot 2 = \mathbf{200 \; €}$

Observación: Descuento comercial > descuento racional.

2.2.2. Sistema de descuento compuesto

Este sistema se fundamenta en la *acumulación de intereses*. Realizamos su análisis para cada una de las clases o tipos de descuento y período sin fraccionamiento (anual).

Descuento racional

Al igual que en el sistema simple, comenzamos con este tipo por ser la inversa del sistema de capitalización compuesto y resultar, por tanto, el más comprensible.

Partiendo de la expresión fundamental del montante en capitalización compuesta y al tratarse de la operación inversa, sustituimos (i) por (d) y tendremos:

$$C_n = C_0 (1 + d)^n$$

Despejando (C_0):

$$C_0 = \frac{C_n}{(1 + d)^n}$$

Sustituyendo en la expresión del descuento como diferencia de capitales, obtenemos el descuento racional en función del valor final:

$$DR = C_n - C_0 = C_n - \frac{C_n}{(1 + d)^n} = C_n \left[1 - \frac{1}{(1 + d)^n} \right] =$$

$$= C_n \left[\frac{(1 + d)^n}{(1 + d)^n} - \frac{1}{(1 + d)^n} \right] = C_n \left[1 - (1 + d)^{-n} \right]$$

También podemos llegar a la misma fórmula siguiendo la evolución y desarrollo de la operación; obtenemos (C_0):

Período n C_n

Período $n - 1$ $C_{n-1} = C_n - D_n = C_n - C_{n-1} \cdot d$

    implica:

$$C_n = C_{n-1} + C_{n-1} \cdot d = C_{n-1} (1 + d)$$

    donde:

$$C_{n-1} = \frac{C_n}{(1 + d)}$$

Período $n - 2$:
$$C_{n-2} = C_{n-1} - D_{n-1} = C_{n-1} - C_{n-2} \cdot d$$

implica:

$$C_{n-1} = C_{n-2} + C_{n-2} \cdot d = C_{n-2}(1 + d)$$

donde:

$$C_{n-2} = \frac{C_{n-1}}{(1 + d)} = \frac{\dfrac{C_n}{(1 + d)}}{(1 + d)} = \frac{C_n}{(1 + d)^2}$$

Análogamente (por recurrencia):

Período $n - 3$:
$$C_{n-3} = \frac{C_{n-2}}{(1 + d)} = \frac{\dfrac{C_n}{(1 + d)^2}}{(1 + d)} = \frac{C_n}{(1 + d)^3}$$

Período 0:
$$C_0 = \frac{C_1}{(1 + d)} = \frac{\dfrac{C_n}{(1 + d)^{n-1}}}{(1 + d)} = \frac{C_n}{(1 + d)^n}$$

Despejando en la expresión del descuento como diferencia de capitales, llegamos a la misma fórmula.

$$DR = C_n - C_0 = C_n - \frac{C_n}{(1 + d)^n} = C_n \left[1 - \frac{1}{(1 + d)^n} \right] =$$

$$= C_n \left[\frac{(1 + d)^n}{(1 + d)^n} - \frac{1}{(1 + d)^n} \right] = C_n \left[1 - (1 + d)^{-n} \right]$$

Descuento comercial

Este tipo responde más a la lógica de una operación de descuento, ya que por regla general el capital conocido es el final o de futuro vencimiento, con anticipo de una parte en el momento actual, previo descuento o resta de unos intereses. Y, a diferencia del sistema simple, es el empleado habitualmente en las operaciones comerciales-financieras a *largo plazo* (más de un año). Siguiendo la evolución y desarrollo de la operación, tenemos:

Período n:
$$C_n$$

Período $n - 1$:
$$C_{n-1} = C_n - D_n = C_n - C_n \cdot d = C_n(1 - d)$$

Período $n - 2$:
$$C_{n-2} = C_{n-1} - D_{n-1} = C_{n-1} - C_{n-1} \cdot d = C_{n-1}(1 - d) =$$
$$= C_n(1 - d)(1 - d) = C_n(1 - d)^2$$

Análogamente:

Período $n - 3$:
$$C_{n-3} = C_{n-2} - D_{n-2} = C_{n-2} - C_{n-2} \cdot d = C_{n-2}(1 - d) =$$
$$= C_n(1 - d)^2(1 - d) = C_n(1 - d)^3$$

Período 0:
$$C_0 = C_n(1 - d)^{n-1}(1 - d) = C_n(1 - d)^n$$

Sustituyendo y sacando factor común en la expresión del descuento como diferencia de capitales, obtenemos:

$$DC = C_n - C_0 = C_n - C_n(1 - d)^n = C_n\left[1 - (1 - d)^n\right]$$

Por tanto, la fórmula del descuento comercial en función del valor final (Nominal) será:

$$DC = C_n\left[1 - (1 - d)^n\right]$$

Actividad resuelta 2.2

Si pretendemos anticipar al momento actual el vencimiento de un capital de 1.000 € con vencimiento dentro de 2 años, a un tanto anual de **interés compuesto** de descuento del 10%, calcular los intereses de descuento totales en:

a) Descuento racional

b) Descuento comercial

SOLUCIÓN

a) $DR = C_n\left[1 - (1 + d)^{-n}\right] = 1.000\left[1 - (1 + 0{,}1)^{-2}\right] = \mathbf{173{,}55\ €}$

b) $DC = C_n\left[1 - (1 - d)^n\right] = 1.000\left[1 - (1 - 0{,}1)^2\right] = \mathbf{190\ €}$

Observación: Descuento comercial > descuento racional.

Comparando los resultados de la Actividad resuelta 2.1 con los de la 2.2, observamos que el descuento racional en sistema compuesto es mayor que en sistema simple, por ser la operación inversa a la de capitalización; que el descuento comercial es menor en sistema compuesto que en sistema simple, debido a la minoración sucesiva del capital generador de intereses, y que en ambos casos se cumple siempre que el descuento comercial es mayor que el descuento racional.

2.3 El descuento en períodos fraccionados

Cuando el período de liquidación de intereses o la tasa de interés son fraccionados, es decir, no anuales, se procederá, al igual que en el Capítulo 1 de capitalización, bien al cambio de la variable del tiempo o bien a la transformación de la tasa fraccionada en anual, atendiendo al principio de homogeneidad de magnitudes. El cambio de la variable tiempo se hará a través de la relación:

$$n = t/k$$

donde t es el número de períodos de liquidación y k es la constante de fraccionamiento del año (meses, trimestres, semestres, etc.).

La transformación de la tasa o tipo de interés de descuento se hará a través de la relación de igualdad:

$$(1 + d) = (1 + d_{(m)})^m$$

siempre que se utilice la tasa d de descuento unitario anual y la tasa de descuento unitaria fraccionada, o bien a través de la relación de la igualdad:

$$(1 + i) = (1 + i_{(m)})^m$$

si se utiliza la tasa i de interés unitaria anual y la tasa de interés unitaria fraccionada. Por tanto, para el cambio de la variable tiempo, las fórmulas quedarían resumidas según se puede observar en el Cuadro 2.1.

	DESCUENTO SIMPLE		DESCUENTO COMPUESTO
DESCUENTO RACIONAL	$C_n = C_0\left(1 + d \cdot \dfrac{t}{k}\right)$		$C_n = C_0(1+d)^{\frac{t}{k}}$
	$DR = \dfrac{C_n \cdot d \cdot \dfrac{t}{k}}{1 + d \cdot \dfrac{t}{k}}$		$DR = C_n\left[1 - (1+d)^{-\frac{t}{k}}\right]$
	$C_0 = \dfrac{C_n}{1 + d \cdot \dfrac{t}{k}}$		$C_0 = \dfrac{C_n}{(1+d)^{\frac{t}{k}}}$
	GENÉRICO	**BANCARIO**	
DESCUENTO COMERCIAL	$DC = C_n \cdot d \cdot \dfrac{t}{k}$	$DC = N \cdot d \cdot \dfrac{t}{360}$	$DC = C_n\left[1 - (1-d)^{\frac{t}{k}}\right]$
	$C_0 = C_n\left(1 - d \cdot \dfrac{t}{k}\right)$	$E = N\left(1 - d \cdot \dfrac{t}{360}\right)$	$C_0 = C_n(1-d)^{\frac{t}{k}}$

Cuadro 2.1. **Resumen de fórmulas en períodos fraccionados.**

Recuerda:

Fórmulas en período no fraccionado

D. Simple

Descuento Racional

$$DR = \frac{C_n \cdot d \cdot n}{1 + d \cdot n}$$

Descuento Comercial

$$DC = C_n\left(1 - d \cdot n\right)$$

D. Compuesto

Descuento Racional

$$DR = C_n\left[1 - \left(1 + d\right)^{-n}\right]$$

Descuento Comercial

$$DC = C_n\left[1 - \left(1 - d\right)^n\right]$$

2.4 La negociación de letras de cambio

La letra de cambio está regulada por la Ley 19/1985 Cambiaria y del cheque. Es un título o documento (véase el modelo de letra en la Figura 2.3) de crédito formal y completo, por medio del cual una persona (librador) manda u ordena a otra (librado) el pago de una cierta cantidad de dinero en lugar y fecha de vencimiento determinado, a la orden de sí mismo (mandante-librador) o de un tercero (tomador o tenedor), quedando obligados solidariamente todos los firmantes.

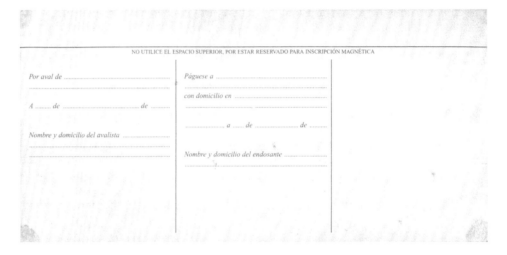

Figura 2.3. **Modelo de letra de cambio (anverso y reverso).**

Se considera vencimiento de una letra la llegada de la fecha señalada en ella por el librador para realizar el pago, y puede ser:

- *A fecha fija*: el pago deberá hacerse en la fecha indicada en la letra (ejemplo: 1 de enero de 2005).

- *A un plazo contado desde la fecha* (días, mes fecha; d/f, m/f): el día en que vence el pago de la letra habrá de contarse tomando como referencia la fecha de emisión o libramiento del título.

- *A un plazo contado desde la vista* (días, mes visto; d/v, m/v): el plazo empezará a contar a partir de la fecha de aceptación.

- *A la vista*: el pago deberá efectuarse por el librado en el momento en que le sea presentada la letra por el poseedor de ésta. El plazo máximo para la presentación será de un año contado desde la emisión.

Cuando el librado se niega a la aceptación de la letra o no la paga al vencimiento, según la Ley deberá hacerse constar mediante la figura jurídica del *protesto*, salvo en el caso de que figure la cláusula *sin gastos*. El *protesto* es una de las formas legales de acreditar el impago de la letra o la no aceptación por el librado y cumple una función probatoria, acreditativa, de que el tomador presentó la letra a la aceptación o al cobro y que el principal obligado no la pagó o no la aceptó.

La declaración de que la letra queda protestada la hará el notario mediante acta en la que se copiará o reproducirá la letra. Posteriormente la remitirá al librado. El notario retendrá la letra durante 48 horas hábiles desde la notificación. En ese plazo el aceptante o pagador puede llegar a un acuerdo, cancelando el *protesto*, o en caso contrario se abrirá la vía de reclamación ejecutiva (judicial), y en cualquier caso los gastos del protesto son por cuenta del librado por no haber pagado o aceptado la letra en su momento.

En el reverso del impreso oficial (véase la Figura 2.3) existen unos espacios destinados a:

- **Aval.** Es una declaración que tiene como finalidad garantizar el cumplimiento total o parcial del pago de la letra de cambio, en la que intervienen el avalista, que es la persona que adquiere el compromiso de pagar en el caso de que no lo haga el librado, y el avalado, que es la persona a la que se afianza.

- **Endoso.** Es la cesión de la letra por el endosante o cedente, transmitiendo en este caso todos los derechos resultantes de la misma al endosatario o adquiriente. Una letra de cambio puede ser endosada tantas veces como se desee, salvo en el caso de que contenga la cláusula *no a la orden*.

2.4.1. El descuento bancario o comercial

El descuento bancario es una operación financiera que consiste en presentar y negociar un título de crédito, normalmente letras de cambio, con una entidad financiera con el fin de que anticipe su importe y gestione su cobro. El tenedor propietario del título lo cede mediante el banco y éste le abona su importe en dinero, descontando las cantidades cobradas por los servicios prestados (intereses de descuento más gastos). Partimos de los siguientes postulados:

- Se trata de un caso particular del descuento comercial en capitalización compuesta.

- Se sustituyen las variables y conceptos:

  - $C_n = N$ (Nominal de la letra, importe a pagar al vencimiento)
  - $C_0 = E$ (Efectivo de la letra, importe recibido por anticipar el nominal)

- Además de los intereses de descuento, se tienen en cuenta una serie de gastos, tales como comisiones, timbre, correo, etc.

- El efectivo recibido siempre será menor que el nominal de la letra.

En la Figura 2.4 podemos ver gráficamente la operativa del descuento bancario, mediante el traspaso de los derechos del título a través de la figura jurídica del **endoso**.

Figura 2.4. **Operativa del descuento bancario.**

Según el título de crédito presentado, distinguimos los siguientes tipos de descuento:

a) Descuento bancario, cuando el título es una letra de cambio; puede ser:

- Descuento comercial: cuando las letras proceden de una venta o prestación de servicios cuyo soporte es una factura comercial.

- Descuento financiero: cuando las letras son la instrumentalización de un préstamo concedido por el banco al cliente, cuyo soporte es una póliza de préstamo.

b) Descuento no cambiario, cuando se trata de cualquier otro derecho de cobro (pagarés, certificaciones de obra).

Para el cálculo financiero del descuento, utilizamos las siguientes magnitudes:

- N: **Nominal de la letra**, que es el importe que figura en ésta como deuda a pagar en un vencimiento, período futuro.

- DC: **Intereses de descuento**, es decir, la cantidad cobrada por la anticipación del importe de la letra. Se calcula en función del nominal descontado, el tiempo del vencimiento y el tipo de interés aplicado por la entidad financiera.

- t: **Número de días** que el banco anticipa el dinero.

- d: **Tipo de descuento anual**, en tanto por uno.

- c: **Comisiones**, esto es, la cantidad cobrada por la gestión del cobro de la letra que realiza el banco; se obtiene tomando la mayor de las siguientes cantidades:

  - Un porcentaje sobre el nominal.
  - Una cantidad fija (mínimo).

- f: **Otros gastos fijos**, denominados suplidos, donde se pueden incluir los conceptos del timbre (correspondiente al impuesto de actos jurídicos documentados –IAJD–) y correo.

- EL: **Efectivo líquido** es el importe anticipado por la entidad al cliente; se obtiene restando del nominal de la letra todos los costes originados por el descuento (intereses, comisiones y otros gastos fijos).

- k: **Constante de fraccionamiento** del año en días (año comercial $k = 360$ días; año civil $k = 365$ días), meses, etc.

Sustituyendo en las expresiones genéricas del descuento comercial en sistema simple según Cuadro 2.1, podremos calcular los intereses de descuento y la comisión.

Intereses de descuento comerciales

Los intereses de descuento los calculamos como producto del nominal (capital de vencimiento) por la tasa de descuento unitaria y por el tiempo como fracción de año según los días de anticipo, tomando como base el año comercial, es decir, 360 días del año.

$$DC = N \cdot d \cdot (t/360)$$

El efectivo líquido o recibido vendrá dado por la resta o minorando del nominal los gastos: por intereses de descuento, la comisión bancaria y otros gastos fijos (correo, timbre, impuestos, etc.):

$$EL = N - DC - c - f$$

Comisión (c)

Es un tanto por mil del nominal o un mínimo en valor absoluto establecido por la entidad financiera (la mayor de ambas).

Actividad resuelta 2.3

Un comerciante desea descontar una letra de 2.000 € de nominal, cuando aún faltan 60 días para su vencimiento en las condiciones siguientes:

- Tipo de descuento: 10% anual.

- Comisión: 3 por mil (mínimo 5 €).

- Otros gastos: 2 €.

Calcular el efectivo líquido recibido, tomando año comercial (360 días).

SOLUCIÓN

Nominal:

$$N = 2.000 \ €$$

Intereses descuento:

$$DC = N \cdot d \cdot (t/360) = 2.000 \cdot 0,1 \cdot (60/360) = 33,33 \ €$$

Comisiones:

$$c = 0,003 \cdot N = 0,003 \cdot 2.000 = 6 \ €$$

Otros gastos:

$$f = 2 \ €$$

Total gastos: 41,33 €

Efectivo líquido:

$$EL = N - DC - c - f = \textbf{1.958,68 €}$$

2.4.2. Letra devuelta y de resaca o renovación

Es aquella que la entidad financiera devuelve al cedente, librador (vendedor), al no ser atendido su pago al vencimiento por parte del librado (comprador). Si la letra había sido descontada previamente, el banco le cargará el nominal en cuenta del cliente, junto con los gastos originados por el impago, que son:

- **Gastos de devolución:** un tanto por mil sobre el nominal, según las tarifas del banco más unos gastos fijos de correo.

- **Gastos o coste de protesto:** originados por la presentación de la letra al notario que da fe del impago, siendo un tanto por mil sobre el nominal.

Si el banco cobra con posterioridad a la fecha de vencimiento de la letra devuelta por impagada, se negociará una letra de renovación *resaca*, cuyo nominal incluirá el nominal de la letra impagada más el importe de todos los gastos anteriores originados por el impago, más los intereses generados desde el vencimiento hasta el pago. Por tanto, la letra de *resaca* o renovación se emite para recuperar otra anterior que ha sido devuelta por impago al vencimiento, junto con los gastos que originó su devolución.

Actividad resuelta 2.4

Llegado el vencimiento de la letra de la Actividad resuelta 2.3, ésta es devuelta por impagada, cargándose en la cuenta del cliente, además del nominal, los siguientes conceptos: comisión de devolución: uno por mil; comisión de *protesto*: dos por mil; correo: 2,5 €.

Determinar el importe total adeudado en la cuenta del cedente, cliente.

SOLUCIÓN

Nominal letra impagada: 2.000 €

Comisión devolución: 2.000 · 0,001 = 2 €

Comisión protesto: 2.000 · 0,002 = 4 €

Correo: 2,50 €

Total gastos de devolución: 8,50 €

Importe adeudado en cuenta corriente: **2.008,50 €**

Actividad resuelta 2.5

Finalmente, el comerciante, para recuperar la letra devuelta por impagada de la actividad anterior, acuerda con el librado girar una nueva letra con vencimiento a 30 días, en las siguientes condiciones:

- Tipo de descuento: 12%.
- Comisión: 3 por mil.
- Otros gastos: 6 €.

Determinar el importe del nominal de la nueva letra (letra de renovación).

SOLUCIÓN

El nuevo efectivo de la letra de renovación es de 2.008,50 €

El nuevo nominal lo calculamos a través de la fórmula del efectivo:

$$EL = N - DC - c - f = N - N \cdot d \cdot (t/360) - x‰ \cdot N - 6$$

Sacando factor común N:

$$EL = N\,(1 - d \cdot (t/360) - 0{,}003) - 6 = N\,(1 - 0{,}12 \cdot (30/360) - 0{,}003) - 6 = N \cdot 0{,}987 - 6$$

Despejando N:

$$N = (EL + 6)/0{,}987 = (2.008{,}50 + 6)/0{,}987 = \mathbf{2.041{,}03}\ €,\text{ nominal de la letra de renovación.}$$

2.4.3. Descuento de una remesa de efectos

Se trata del caso de descuento de un conjunto de efectos (letras), denominada **remesa de efectos**, en lugar de uno en uno. Se acude al banco con la remesa por períodos temporales, para descontarlos conjuntamente en las mismas condiciones generales.

El documento en el que se liquida el descuento de la remesa se denomina factura de negociación, cuyo proceso de liquidación consiste en confeccionar la factura con las características de todos los efectos que componen la remesa (número de efecto, nominal, emisión, vencimiento, días de descuento), determinar las sumas por importes de nominal, intereses, comisiones y gastos fijos y obtener el efectivo líquido, restando del total nominal de la remesa el montante de todos los gastos.

Actividad resuelta 2.6

Se presenta al descuento la siguiente remesa de efectos, con las condiciones genéricas:

- Tipo de descuento: 10%.
- Comisión: 5 por mil (mínimo 10 €).
- Correo: 3 €/efecto.

Determinar el efectivo líquido total a obtener por dicha remesa.

SOLUCIÓN

- Remesa de efectos:

EFECTO (N.º)	NOMINAL (€)	DÍAS DE DESCUENTO
X	3.000	30
Y	2.500	60
Z	1.500	90

- Cuadro resumen de gastos por efecto y total:

EFECTO (N.º)	NOMINAL	DÍAS	TASA	INTERESES	PORCENTAJE	COMISIÓN	CORREO
X	3.000	30	10%	25,00	5‰	15,00	3
Y	2.500	60	10%	41,67	5‰	12,5	3
Z	1.500	90	10%	37,50	mínimo	10,00	3
TOTAL	7.000			104,17		37,50	9

- Efectivo líquido total a percibir:

  - Nominal: 7.000,00 €
  - Intereses de descuento: 104,17 €
  - Comisión: 37,50 €
  - Correo: 9 €
  - Total gastos: 150,67 €
  - Efectivo líquido: **6.849,33 €**

2.5 Equivalencia de capitales y sustitución de efectos

En ocasiones se plantea la posibilidad de sustituir o intercambiar diferentes capitales (remesa de letras, pagarés, etc.) con distintos vencimientos, lo que da lugar a una nueva operación financiera en la que debe prevalecer el principio de equivalencia financiera de capitales, es decir, que ninguna de las partes salga perjudicada financieramente, donde la prestación y contraprestación deben ser equivalentes.

En todas las fórmulas y expresiones, si la valoración se hace con el tanto de interés unitario anual i, eso implica el cambio de variable de la tasa de descuento unitaria anual d por la del interés i.

Diremos que uno o varios capitales son equivalentes a otro u otros cuando en un momento del tiempo dado y a un tanto de interés i el valor de los primeros sea igual al valor de los segundos.

Como norma general, el momento de valoración suele ser el origen (punto de equivalencia); no obstante, se podrá fijar otro (intermedio o final).

La aplicación del principio de equivalencia se utiliza en la sustitución o intercambio de capitales donde el acreedor y el deudor han de estar de acuerdo en las siguientes condiciones fundamentales:

- Momento de tiempo a partir del cual se computan los vencimientos.
- Momento en el cual se realiza la equivalencia, teniendo en cuenta que al variar este dato varía el resultado del problema.
- Tanto de valoración de la operación i o d.
- Decidir si se utiliza la capitalización o el descuento.

Los casos posibles u operación financiera que pueden plantearse son:

a) Determinación del capital común o sustituto: C_S

b) Determinación del vencimiento común: S

c) Determinación del vencimiento medio: S_m

En la práctica comercial y financiera el descuento aplicado es el comercial, sobre todo en el descuento bancario o descuento de efectos.

En el análisis de la sustitución podremos tener capital de prestación múltiple y contraprestación única y contraprestación múltiple; en cualquiera de ellos, el momento en que se realiza la valoración se denomina **época** o fecha de valoración.

Para el planteamiento partimos de un gráfico representativo de la operación, en el cual se plantea la equivalencia financiera en el origen o momento actual, tanto de los capitales de la prestación como de los que forman la contraprestación, los cuales para su identificación como valores actuales van precedidos del símbolo "*", y posteriormente sustituimos por su expresión o fórmula correspondiente.

En este tipo de operación financiera con un conjunto de capitales y respectivos vencimientos de prestación y otros de contraprestación, la equivalencia de dicha operación se representa por la igualdad entre la suma de los valores actuales de los capitales que componen la prestación y la suma de los valores actuales de los capitales que forman la contraprestación, todos ellos valorados al mismo tipo de interés y en el mismo momento del tiempo, por ejemplo en el momento cero, origen.

En la contraprestación múltiple se han tomado unos capitales de referencia, pero podría plantearse la equivalencia para cualquier otra combinación (dependiendo del problema o práctica real) de prestación y contraprestación, siempre manteniendo el principio de equivalencia, con la condición de igualdad de la suma de los valores actuales de uno y otro conjunto de capitales.

2.5.1 Contraprestación única

La contraprestación única trata de varios o un conjunto de capitales con sus respectivos vencimientos y se quieren sustituir por un único capital equivalente, con vencimiento fijado. En este supuesto podemos obtener fórmulas o expresiones simplificadas tanto en descuento racional como en descuento comercial para cualquiera de los dos sistemas, simple y compuesto, y a una tasa de interés de descuento constante en cada período.

Por tanto, en el estudio que realizaremos a continuación tendremos las siguientes variantes:

1. Sistema simple (descuento racional)

2. Sistema simple (descuento comercial)

3. Sistema compuesto (descuento racional)

4. Sistema compuesto (descuento comercial)

En la Figura 2.5 podemos ver representados los capitales que constituyen la prestación (C_1, C_2, C_3, ..., C_t, C_{n-1}, C_n) en diferentes períodos de tiempo, y el capital único de contraprestación, situado en este caso en el último período (n), el cual será el capital de sustitución (C_S) por los que conforman la prestación para una mejor visualización del esquema. No obstante, el capital sustituto se puede situar en cualquier otro momento o período intermedio de la duración.

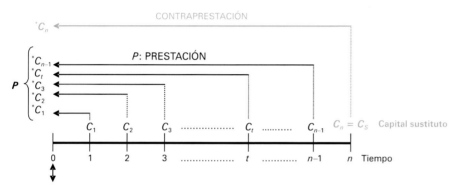

Momento de valoración $C_1, C_2, C_3, ..., C_t$: capitales a sustituir (descuento/actualización)

Figura 2.5. **Equivalencia de capitales en origen (contraprestación única).**

Sistema simple (descuento racional)

En esta variante recordamos que se trata de la no acumulación de intereses, y éstos se generan siempre a partir del *capital o valor inicial*, siendo *constantes*.

Partiendo del principio de equivalencia en el origen, se debe cumplir la igualdad de los capitales o valores actualizados:

$$^*C_n = {}^*C_1 + {}^*C_2 + {}^*C_3 + \cdots + {}^*C_t + \cdots + {}^*C_{n-1}$$

Aplicando la fórmula vista en el Epígrafe 2.2.1 (valor final en función del valor actual):

$$C_n = C_0 (1 + d \cdot n)$$

Despejamos el valor actualizado:

$$C_0 = \frac{C_n}{1 + d \cdot n}$$

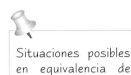

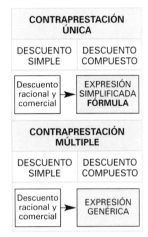

Situaciones posibles en equivalencia de capitales

El capital sustituto será:

$$C_S = {}^*C_n \, (1 + d \cdot n)$$

Donde el valor actualizado en función del valor final, despejando obtenemos:

$${}^*C_n = \frac{C_S}{1 + d \cdot n}$$

Finalmente, de forma análoga, sustituyendo cada valor actualizado de la igualdad primera en función del capital final actualizado en el origen, tanto para el capital sustituto de la contraprestación como los capitales sustituidos que conforman la prestación, tendremos la igualdad:

$$\frac{C_S}{(1 + d \cdot n)} = \frac{C_1}{(1 + d \cdot 1)} + \frac{C_2}{(1 + d \cdot 2)} + \frac{C_3}{(1 + d \cdot 3)} + \cdots + \frac{C_t}{(1 + d \cdot t)} + \cdots + \frac{C_{n-1}}{(1 + d_{(n-1)})}$$

Despejando C_S y simplificando la expresión, tenemos:

$$C_S = (1 + d \cdot n) \sum_{t=1}^{n-1} \frac{C_t}{(1 + d \cdot t)}$$

fórmula que permite calcular el capital sustituto (C_S) con vencimiento en n de todos los demás con sus vencimientos respectivos, a una tasa de interés de descuento d constante.

Sistema simple (descuento comercial)

En esta variante recordamos que se trata de la *no acumulación de intereses*, y éstos se generan siempre a partir del *capital o valor final*, siendo *variables*.

Partiendo del principio de equivalencia en el origen, se debe cumplir la igualdad de valores actuales del capital de la contraprestación y prestación:

$${}^*C_n = {}^*C_1 + {}^*C_2 + {}^*C_3 + \cdots + {}^*C_t + \cdots + {}^*C_{n-1}$$

Sustituyendo cada capital por su expresión a descuento comercial (DC), actualizado en el origen (según lo visto en Epígrafe 2.2.1):

$$C_0 = C_n(1 - d \cdot n)$$

donde:

$$C_S(1 - d \cdot n) = C_1(1 - d \cdot 1) + C_2(1 - d \cdot 2) + C_3(1 - d \cdot 3) + \cdots + C_t(1 - d \cdot t) +$$
$$+ \cdots + C_{n-1}(1 - d(n - 1))$$

Deshaciendo paréntesis y ordenando:

$$C_S(1 - d \cdot n) = C_1 - C_1 \cdot d \cdot 1 + C_2 - C_2 \cdot d \cdot 2 + C_3 - C_3 \cdot d \cdot 3 + \cdots + C_t - C_t \cdot d \cdot t +$$
$$+ \cdots + C_{n-1} - C_{n-1} \cdot d(n - 1)$$

$$C_S(1 - d \cdot n) = C_1 + C_2 + C_3 + \cdots + C_t + \cdots + C_{n-1} - C_1 \cdot d \cdot 1 - C_2 \cdot d \cdot 2 - C_3 \cdot d \cdot 3 - \ldots - C_t \cdot d \cdot t - \ldots - C_{n-1} \cdot d \cdot n - 1)$$

$$C_S(1 - d \cdot n) = \sum_{t=1}^{n-1} C_t - d \cdot \sum_{t=1}^{n-1} C_t \cdot t$$

donde:

$$C_S = \frac{\sum_{t=1}^{n-1} C_t - d \cdot \sum_{t=1}^{n-1} C_t \cdot t}{1 - d \cdot n}$$

fórmula que permite calcular el capital sustituto C_S con vencimiento en n de todos los demás con sus vencimientos respectivos a una tasa de interés de descuento d constante.

Sistema compuesto (descuento racional)

En esta variante recordamos que se trata de la *acumulación de intereses*, y éstos se generan siempre a partir del *capital o valor inicial*, siendo *variables*.

Partimos del principio de equivalencia en el origen (igual que en el sistema simple) y sustituimos cada capital por su expresión, sobre la base del valor actual en función del valor final conforme a lo visto en el Epígrafe 2.2.2:

$$C_0 = \frac{C_n}{(1 + d)^n}$$

Despejando y simplificando, llegamos a la fórmula que permite obtener el capital sustituto:

$$C_S = (1 + d)^n \sum_{t=1}^{n-1} \frac{C_t}{(1 + d)^t}$$

Sistema compuesto (descuento comercial)

Por último, en esta variante recordamos que se trata de la *acumulación de intereses*, y éstos se generan siempre a partir del *capital o valor final*, siendo *variables*.

Se obtiene de la misma forma que el anterior, pero sustituyendo cada capital por su expresión actualizada en el origen a descuento comercial DC y sobre la base de lo estudiado en el Epígrafe 2.2.2:

$$C_0 = C_n(1 - d)^n$$

y tendremos la fórmula que permite obtener el capital sustituto:

$$C_S = \frac{\sum_{t=1}^{n-1} C_t(1 - d)^t}{(1 - d)^n}$$

2.5.2. Contraprestación múltiple

Se trata del intercambio de varios capitales con sus respectivos vencimientos que forman la prestación por otro conjunto con sus respectivos vencimientos que forman la contraprestación. En este supuesto partiremos de una expresión genérica obtenida del planteamiento de equivalencia financiera, donde la incógnita a resolver será uno de los capitales que forman la contraprestación con todas las demás variables conocidas, la cual se obtendrá despejando de dicha expresión. Dado que la operativa de despejar en el sistema compuesto es más compleja, solamente desarrollamos expresiones en el sistema simple tanto en descuento racional como comercial.

En la Figura 2.6 podemos ver representados los capitales que constituyen la prestación (C_1, C_2, C_3, ..., C_t) en diferentes períodos de tiempo, y los capitales de contraprestación (C_2, C_{n-1}, ..., C_n), situado en este caso en el último período (n) el capital de sustitución (C_S) que cumpla la igualdad de equivalencia financiera para una mejor visualización del esquema. No obstante, el capital sustituto podría ser fijado en cualquier otro momento o período intermedio de la duración y otro capital de los que forman la contraprestación. También puede darse o surgir otra combinación de capitales de prestación y contraprestación, cuyo análisis será análogo al desarrollo a continuación, siempre manteniendo el principio de equivalencia financiera en el origen; únicamente cambiaría la estructura de la formulación.

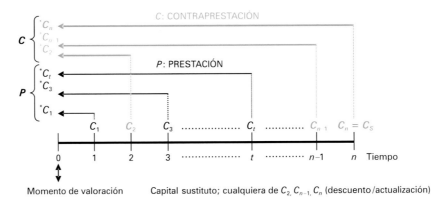

Figura 2.6. **Equivalencia de capitales en origen (contraprestación múltiple).**

Sistema simple (descuento racional)

En esta alternativa, al igual que en contraprestación única, se trata de la *no acumulación de intereses*, y éstos se generan siempre a partir del *capital o valor inicial*, siendo *constantes*.

Partiendo del principio de equivalencia en el origen, igualamos los capitales o valores actualizados de la prestación a los de la contraprestación:

$$^*C_1 + {}^*C_3 + \cdots + {}^*C_t = {}^*C_2 + \cdots + {}^*C_{n-1} + {}^*C_n$$

Sustituyendo cada capital por su expresión a DR, actualizado:

$$\frac{C_1}{1 + d \cdot 1} + \frac{C_3}{1 + d \cdot 3} + \cdots + \frac{C_t}{1 + d \cdot t} = \frac{C_2}{1 + d \cdot 2} + \cdots + \frac{C_{n-1}}{1 + d \cdot (n-1)} + \frac{C_n}{1 + d \cdot n}$$

expresión que nos permite plantear la equivalencia de cualquier operación. Bastará con despejar en dicha ecuación para obtener cualquiera de las variables como capital sustituto de los demás, una vez conocidos los capitales, sus vencimientos y tasa de descuento d constante.

Si se fija o establece como incógnita el capital C_n, éste sería el que hay que despejar de la expresión [siendo uno de los capitales sustitutos de la contraprestación (C_S) que hace cumplir la igualdad de equivalencia]. Este caso no tiene tanta aplicación real como el anterior, aunque más práctico es fijar o determinar el vencimiento S (común) del capital sustituto (C_S) que verifique la equivalencia de capitales.

Sistema simple (descuento comercial)

En esta alternativa, al igual que en contraprestación única, se trata de la *no acumulación de intereses*, y éstos se generan siempre a partir del *capital o valor final*, siendo *constantes*.

Partiendo del principio de equivalencia en origen, al igual que en el caso anterior, y sustituyendo cada capital por su expresión a *DC*, actualizado, tenemos:

$$C_1(1 - d \cdot 1) + C_3(1 - d \cdot 3) + \cdots + C_t(1 - d \cdot t) = C_2(1 - d \cdot 2) +$$
$$+ C_{n-1}(1 - d \cdot (n-1)) + C_n(1 - d \cdot n)$$

expresión que nos permite plantear la equivalencia financiera de cualquier operación. Bastará con despejar en dicha ecuación cualquiera de las variables de la operación financiera que queramos hallar, conocidas todas las demás (capitales, vencimientos y tasa de descuento).

Al igual que antes, si se fija o establece como incógnita el capital C_n, éste sería el que hay que despejar de la expresión [siendo uno de los capitales sustitutos de la contraprestación (C_S) que hace cumplir la igualdad de equivalencia].

Sistema compuesto (descuento racional y descuento comercial)

En estas dos alternativas se trata de la *acumulación de intereses*, siendo *variables*.

El planteamiento y procedimiento se basa en el mismo gráfico (Figura 2.6) del descuento simple, donde sustituyendo cada valor actual por la expresión correspondiente tendremos las expresiones genéricas siguientes.

- Descuento racional: En este caso los intereses se generan a partir del valor o capital inicial.

    Teniendo en cuenta:

    $$C_0 = C_n(1 + d)^{-n}$$

    Por el principio de equivalencia financiera en el origen tenemos la igualdad:

    $$C_1(1+d)^{-1} + C_3(1+d)^{-3} + \cdots + C_t(1+d)^{-t} = C_2(1+d)^{-2} + \cdots +$$
    $$+ C_{n-1}(1+d)^{-(n-1)} + C_n(1+d)^{-n}$$

- Descuento comercial: En este caso los intereses se generan a partir del valor o capital final.

    Teniendo en cuenta:

    $$C_0 = C_n(1 - d)^n$$

    Por el principio de equivalencia financiera en el origen tenemos la igualdad:

    $$C_1(1-d)^1 + C_3(1-d)^3 + \cdots + C_t(1-d)^t = C_2(1-d)^2 + \cdots + C_{n-1}(1-d)^{n-1} + C_n(1-d)^n$$

Paralelamente, al igual que en el sistema simple, si se fija o establece como incógnita el capital C_n, éste sería el que hay que despejar de la expresión [siendo uno de los capitales sustitutos de la contraprestación (C_S) que hace cumplir la igualdad de equivalencia], para ambos descuentos (racional y comercial).

A diferencia de lo que ocurre en el sistema simple, en el compuesto dos o más capitales equivalentes en un momento cualquiera lo son también en cualquier otro momento para un tanto de interés constante fijado. También en el sistema compuesto existe la dificultad de obtener una expresión reducida y simplificada del capital sustituto; por tanto, habrá que calcular parcialmente cada sumando de la expresión genérica y luego despejar.

Actividad resuelta 2.7

Un comerciante tiene tres deudas por importes de 3.000, 2.500 y 1.500 €, cuyos vencimientos son uno, dos y tres años, respectivamente, y quiere sustituirlos por un **único capital** con vencimiento dentro de dos años y medio. Determinar el **capital de sustitución** habiendo pactado una tasa de interés de descuento del 10% anual a **interés compuesto** (comercial).

SOLUCIÓN

Esquema de la operación

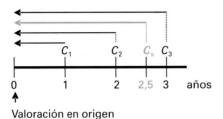

La equivalencia se puede hacer en el origen o al final de la operación según se utilice la tasa de interés d o i.

Aplicando la fórmula correspondiente, tenemos:

$$C_S = \frac{\sum_{t=1}^{n-1} C_t (1-d)^t}{(1-d)^n} = \frac{3.000\,(1-0,1)^1 + 2.500\,(1-0,1)^2 + 1.500\,(1-0,1)^3}{(1-0,1)^{2,5}} = \frac{5.818,5}{0,768433} = 7.571,90 \text{ €}$$

Actividad resuelta 2.8

Un comerciante tiene tres deudas de 1.000, 2.000 y 3.000 €, con vencimientos a 3, 6 y 9 meses, respectivamente. Propone **sustituir las tres deudas por una sola** a pagar a los 10 meses. Calcular el importe a pagar si la operación se concierta al 10% de **interés simple** anual y racional.

SOLUCIÓN

Esquema de la operación

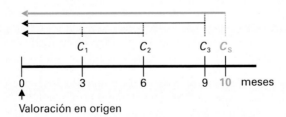

Aplicando la fórmula correspondiente, tenemos:

$$C_S = (1 + d \cdot n) \sum_{t=1}^{n-1} \frac{C_t}{(1 + d \cdot t)} = \left(1 + 0,1 \cdot \frac{10}{12}\right)\left[\frac{1.000}{\left(1 + 0,1\frac{3}{12}\right)} + \frac{2.000}{\left(1 + 0,1\frac{6}{12}\right)} + \frac{3.000}{\left(1 + 0,1\frac{9}{12}\right)}\right] =$$

$$= 1,083333\ (5.671,07) = \textbf{6.143,66 €}$$

Observación: La variable d en este caso no es una tasa de descuento de letras propiamente dicha, sino el tipo de interés aplicable de valoración de capitales en origen, es decir, de actualización o descuento. Al ser período fraccionado (meses), hay que proceder al cambio de variable del tiempo:

$$t = n/k$$

Actividad resuelta 2.9

Un comerciante tiene tres deudas de 1.000, 2.000 y 3.000 €, con vencimientos a 3, 6 y 9 meses, respectivamente. Propone **sustituir las tres deudas por una sola** a pagar a los 10 meses. Calcular el importe a pagar si la operación se concierta al 10% de **interés compuesto** anual y racional.

SOLUCIÓN

Esquema de la operación

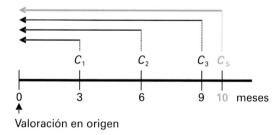

Valoración en origen

Aplicando la fórmula correspondiente, tenemos:

$$C_S = (1 + d)^n \sum_{t=1}^{n-1} \frac{C_t}{(1 + d)^t} = (1 + 0,1)^{\frac{10}{12}}\left[\frac{1.000}{(1 + 0,1)^{\frac{3}{12}}} + \frac{2.000}{(1 + 0,1)^{\frac{6}{12}}} + \frac{3.000}{(1 + 0,1)^{\frac{9}{12}}}\right] =$$

$$= 1,082664\ (5.676,41) = \textbf{6.145,64 €}$$

Observación: La diferencia entre ambas fórmulas está en la colocación de la variable tiempo. Al ser período fraccionado (meses), hay que proceder al cambio de variable del tiempo:

$$t = n/k$$

2.5.3. Vencimiento común y vencimiento medio en sistema simple y compuesto

El vencimiento común y el vencimiento medio son un caso particular de la contraprestación única y múltiple; la única diferencia radica en la determinación del vencimiento o período en el cual se han de sustituir o intercambiar los capitales, en lugar de calcular el capital.

Vencimiento común

Cuando los capitales a sustituir son nominales de letras comerciales, se plantea la operación financiera de intercambio de una remesa (conjunto) de efectos o letras por un solo pago o nominal de letra, el cual es fijado de antemano o conocido; por tanto, lo que tendremos que determinar será el plazo de vencimiento sin que ninguna de las partes salga perjudicada y se cumpla la equivalencia financiera. A dicho vencimiento se lo denomina vencimiento común.

Asimismo, el vencimiento común es el momento de tiempo S en que vence un capital C_S (capital de sustitución) conocido que sustituye a varios capitales: C_1, C_2, C_t, ..., C_n, con vencimientos 1, 2, t, ..., n, respectivamente, todos ellos conocidos, y se tiene que cumplir:

$$C_S \neq C_1 + C_2 + C_t, ..., + C_n$$

donde el capital sustituto no debe ser igual a la suma de los capitales sustituidos.

En la Figura 2.7 podemos observar la composición de los capitales a sustituir (C_1, C_2, C_t, ..., C_n) por el capital sustituto (C_S), el cual se ha fijado en un momento o período intermedio de la duración de la operación, y la incógnita será el momento de vencimiento (S) que cumpla el principio de equivalencia financiera en el origen.

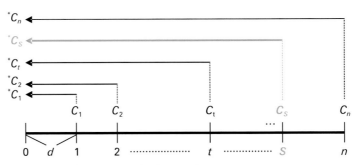

d: tasa de descuento unitaria, anual

Figura 2.7. **Equivalencia de capitales en origen (vencimiento común).**

Contraprestación única

Aplicando el principio de equivalencia en "0" igualdad de valores actualizados:

$$^*C_S = {^*C_1} + {^*C_2} + \cdots + {^*C_n}$$

a) Sustituyendo su valor en *sistema simple/descuento racional*, en función de valores finales, ya conocido, obtenemos:

$$\frac{C_S}{(1 + d \cdot S)} = \frac{C_1}{(1 + d \cdot 1)} + \frac{C_2}{(1 + d \cdot 2)} + \cdots + \frac{C_n}{(1 + d \cdot n)}$$

Simplificando y despejando:

$$\frac{C_S}{(1 + d \cdot S)} = \sum_{t=1}^{n} \frac{C_t}{(1 + d \cdot t)}$$

$$(1 + d \cdot S) = \frac{C_S}{\displaystyle\sum_{t=1}^{n} \frac{C_t}{(1 + d \cdot t)}}$$

donde:

$$S = \frac{\dfrac{C_S}{\displaystyle\sum_{t=1}^{n} \dfrac{C_t}{(1 + d \cdot t)}} - 1}{d}$$

o bien:

$$\boxed{\; S = \frac{\dfrac{C_S}{\displaystyle\sum_{t=1}^{n} C_t (1 + d \cdot t)^{-1}} - 1}{d} \;}$$

obteniendo así la *fórmula del vencimiento común de sustitución genérica.*

b) Sustituyendo su valor en sistema simple/descuento comercial, en función de valores finales, ya conocido, tenemos:

$$C_S (1 - d \cdot S) = C_1 (1 - d \cdot 1) + C_2 (1 - d \cdot 2) + \cdots + C_n (1 - d \cdot n)$$

Quitando paréntesis, reordenando y despejando, tenemos:

$$C_S - C_S \cdot d \cdot S = C_1 - C_1 \cdot d \cdot 1 + C_2 - C_2 \cdot d \cdot 2 + \cdots + C_n - C_n \cdot d \cdot n$$

$$C_S - C \cdot d \cdot S = \underbrace{C_1 + C_2 + \cdots + C_n}_{} \; \underbrace{- d \cdot C_1 \cdot 1 - d \cdot C_2 \cdot 2 - \cdots - d \cdot C_n \cdot n}_{}$$

$$C_S - C_S \cdot d \cdot S = \sum_{t=1}^{n} C_t - d \sum_{t=1}^{n} C_t \cdot t$$

Finalmente, despejando S:

$$\boxed{\; S = \frac{C_S - \displaystyle\sum_{t=1}^{n} C_t + d \cdot \sum_{t=1}^{n} C_t \cdot t}{C_S \cdot d} \;}$$

obteniendo *así la fórmula del vencimiento común de sustitución genérica.*

Finalmente, aplicando las fórmulas genéricas a letras comerciales, sustituiremos C_S por N_S (Nominal de sustitución de la letra) y C_t por N_t (Nominales de cada una de las letras a sustituir); tendremos la fórmula:

$$S = \frac{N_S - \sum_{t=1}^{n} N_t + d \cdot \sum_{t=1}^{n} N_t \cdot t}{N_S \cdot d}$$

c) Actualizando y sustituyendo su valor en sistema compuesto/descuento racional:

$$\frac{C_S}{(1+d)^S} = \frac{C_1}{(1+d)^1} + \frac{C_2}{(1+d)^2} + \cdots + \frac{C_n}{(1+d)^n}$$

Simplificando y aplicando logaritmos:

$$\log \frac{C_S}{(1+d)^S} = \log \sum_{t=1}^{n} \frac{C_t}{(1+d)^t}$$

$$\log C_S - \log (1+d)^S = \log \sum_{t=1}^{n} \frac{C_t}{(1+d)^t}$$

Despejando:

$$S \cdot \log (1+d) = \log C_S - \log \sum_{t=1}^{n} \frac{C_t}{(1+d)^t}$$

Obtenemos:

$$S = \frac{\log C_S - \log \sum_{t=1}^{n} \frac{C_t}{(1+d)^t}}{\log (1+d)}$$

obteniendo así *la fórmula del vencimiento común de sustitución genérica*.

d) Actualizando y sustituyendo su valor en *sistema compuesto/descuento comercial:*

$$C_S (1-d)^S = C_1 (1-d)^1 + C_2 (1-d)^2 + \cdots + C_n(1-d)^n$$

Simplificando y aplicando logaritmos:

$$\log C_S (1-d)^S = \log \sum_{t=1}^{n} C_t (1-d)^t$$

$$\log C_S + \log (1-d)^S = \log \sum_{t=1}^{n} C_t (1-d)^t$$

$$S \cdot \log (1-d) = \log \sum_{t=1}^{n} C_t (1-d)^t - \log C_S$$

queda:

$$S = \frac{\log \sum_{t=1}^{n} C_t (1-d)^t - \log C_S}{\log (1-d)}$$

obteniendo así la fórmula del *vencimiento común de sustitución genérica*.

Finalmente, aplicado a letras procedemos al igual que en el sistema simple, por medio de cambio de variables.

Contraprestación múltiple

La equivalencia de dicha operación será representada por la igualdad entre la suma de los valores actuales de los capitales que forman la prestación y la suma de los valores actuales de los capitales que forman la contraprestación, todos ellos valorados al mismo tipo o tasa de interés de descuento d y en el mismo momento de tiempo, genéricamente el origen (momento "0"). Por tanto, tenemos:

$$^{*}C_1 + ^{*}C_2 + \cdots + ^{*}C_S = ^{*}C_3 + \cdots + ^{*}C_{n-1} + ^{*}C_n$$

Sustituyendo por las expresiones de sus valores actuales, por ejemplo en *sistema compuesto/descuento racional:*

$$\frac{C_1}{(1+d)^1} + \frac{C_2}{(1+d)^2} + \cdots + \frac{C_S}{(1+d)^S} = \frac{C_3}{(1+d)^3} + \cdots + \frac{C_{n-1}}{(1+d)^{n-1}} + \frac{C_n}{(1+d)^n}$$

expresión que nos permite plantear la equivalencia financiera de cualquier operación y bastará con despejar en dicha ecuación cualquiera de las variables S o C_S de la operación, una vez que conozcamos todas las demás.

En la capitalización compuesta y descuento compuesto, a diferencia de la simple, dos o más capitales equivalentes en un momento cualquiera, lo son también en cualquier otro momento, para un tipo de interés dado.

Vencimiento medio

Es el momento de tiempo S_m en el que vence un capital único C_S conocido, que sustituye a varios capitales: C_1, C_2, ..., C_n, con vencimientos 1, 2, ..., n, respectivamente, todos ellos conocidos.

La operativa sería idéntica al vencimiento común; lo único que varía es la cuantía del capital único de sustitución, que debe cumplir la condición de igualdad es decir, la suma de los nominales de los capitales a sustituir, ha de ser igual al nominal del capital que los sustituye o reemplaza, donde:

$$C_S = \sum_{t=1}^{n} C_t$$

o bien:

$$\boxed{N_S = \sum_{t=1}^{n} N_t} \quad \text{(en letras comerciales)}$$

Por tanto, realizando el cambio de variable S por S_m y sustituyendo C_S por $\sum_{t=1}^{n} C_t$ en las fórmulas anteriores del vencimiento común, tendremos por ejemplo en descuento simple/comercial la siguiente fórmula por sustitución:

$$S_m = \frac{\sum_{t=1}^{n} C_t - \sum_{t=1}^{n} C_t + d \cdot \sum_{t=1}^{n} C_t \cdot t}{\sum_{t=1}^{n} C_t \cdot d}$$

donde los $\sum_{t=1}^{n} C_t$ del numerador se anulan, al igual que el tanto de interés d, y nos queda:

$$S_m = \frac{\displaystyle\sum_{t=1}^{n} C_t \cdot t}{\displaystyle\sum_{t=1}^{n} C_t}$$

obteniendo así la *fórmula de vencimiento medio de sustitución*, que resulta ser una media aritmética ponderada de los vencimientos de los capitales de partida, siendo el importe de dichos capitales los factores de ponderación.

Otro caso particular es cuando los nominales de sustitución son iguales entre sí, y la suma igual al nominal sustituido, donde tenemos:

$$N_1 = N_2 = \cdots = N_n = N \;\; \text{y} \;\; N_S = N_1 + N_2 + \cdots + N_n$$

El vencimiento medio, aplicado a letras o efectos, sería:

$$S_m = \frac{\displaystyle\sum_{t=1}^{n} N_t \cdot t}{N_S}$$

donde:

$$S_m = \frac{N \cdot 1 + N \cdot 2 + \cdots + N \cdot n}{N + N + \cdots + N} = \frac{N \displaystyle\sum_{T=1}^{N} t}{N \cdot n} = \frac{\displaystyle\sum_{t=1}^{n} t}{n}$$

En este caso se deduce que el vencimiento medio es la media aritmética de los vencimientos de los capitales sustituidos.

Actividad resuelta 2.10

Un señor tiene tres deudas de 1.000, 2.000 y 3.000 €, con vencimientos 3, 6 y 9 meses, respectivamente. Acuerda con el acreedor sustituirlos por uno solo equivalente a la suma de los tres, es decir, 6.000 €. Determinar el momento de pago **(vencimiento medio)** si la operación se negocia al 10% anual de interés simple, comercial.

SOLUCIÓN

$$S_m = \frac{\displaystyle\sum_{t=1}^{n} C_t \cdot t}{\displaystyle\sum_{t=1}^{n} C_t} = \frac{1.000 \cdot 3 + 2.000 \cdot 6 + 3.000 \cdot 9}{1.000 + 2.000 + 3.000} = (42.000 / 6.000) = 7 \text{ meses}$$

Actividad resuelta 2.11

Un comerciante tiene tres deudas de 1.000, 2.000 y 3.000 €, con vencimientos 3, 6 y 9 meses, respectivamente. De acuerdo con el acreedor pactan sustituir las tres deudas por una sola de 7.000 €. Calcular el momento de pago (**vencimiento común**) si se concierta al 10% de interés anual, **simple y comercial**.

SOLUCIÓN

$$S = \frac{C_S - \sum_{t=1}^{n} C_t + d \cdot \sum_{t=1}^{n} C_t \cdot t}{C_S \cdot d} = \frac{7.000 - 6.000 + 0,1 \cdot 1.000 \cdot (3/12) + 2.000 \cdot (6/12) + 3.000 \cdot (9/12)}{7.000 \cdot 0,1} =$$

$$= (1.000 + 350)/700 = \textbf{1,92 meses}$$

Observación: En la fórmula la tasa de interés utilizada es la tasa de descuento d aplicable en descuento comercial.

También se pueden pasar los meses a días a razón de 30 días por mes (en año comercial) y realizar el cambio de la variable tiempo: $n = t/360$, donde t = días. El resultado final se puede expresar en días, aplicando una regla proporcional:

$$1,92 \cdot 30 = \textbf{57,6 días}$$

Actividad resuelta 2.12

Una señora tiene dos cobros pendientes de 5.000 y 10.000 €, con vencimientos a 3 y 6 años respectivamente. Si quisiera sustituir ambos capitales por uno solo, acordándose la operación a un tipo de **interés compuesto** anual del 10%, calcular el momento de cobro único (**vencimiento común**) en los siguientes casos:

a) Que el importe sustituto a recibir fuera de 14.000 €.

b) Que el importe sustituto a recibir fuera de 15.000 €.

SOLUCIÓN

- Esquema de la operación (valoración en origen "0")

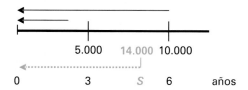

a) Aplicamos la fórmula del vencimiento común por ser:

$$C_S \neq \sum_{t=1}^{n} C_t$$

$$\frac{14.000}{(1 + 0,1)^S} = \frac{5.000}{(1 + 0,1)^3} + \frac{10.000}{(1 + 0,1)^6}$$

Simplificando y aplicando logaritmos:

$$S = \frac{\log C_S - \log \sum_{t=1}^{n} \frac{C_t}{(1 + d)^t}}{\log (1 + d)} = \frac{\log 14.000 - \log \left(\frac{5.000}{(1 + 0,1)^3} + \frac{10.000}{(1 + 0,1)^6} \right)}{\log 1,1} = 4,17 \text{ años}$$

b) Si fuese a interés simple podríamos aplicar la fórmula de media aritmética del vencimiento medio, pero al ser a interés compuesto, no se puede utilizar debido a la potencia del factor de actualización $(1 + d)^t$. Por tanto, debemos recurrir a la expresión anterior del vencimiento común.

$$S = \frac{\log C_S - \log \sum_{t=1}^{n} \frac{C_t}{(1 + d)^t}}{\log (1 + d)} = \frac{\log 15.000 - \log \left(\frac{5.000}{(1 + 0,1)^3} + \frac{10.000}{(1 + 0,1)^6} \right)}{\log 1,1} = 4,90 \text{ años}$$

Actividad resuelta 2.13

Una empresa tiene tres deudas de 2.000, 4.000 y 6.000 €, con vencimientos 2, 4 y 6 años, respectivamente. Acuerda con el acreedor sustituir las tres deudas por una sola a pagar a los 5 años. Determinar el importe a pagar en ese momento si la operación se concierta al 10% de **interés compuesto** anual.

SOLUCIÓN

Podemos plantear el momento de valoración o equivalencia financiera en el origen "0" de la operación o en la fecha de sustitución $S = 5$; en ambos casos el resultado será el mismo.

- Equivalencia en el origen "0"

$$\frac{C_S}{(1 + 0,1)^5} = \frac{2.000}{(1 + 0,1)^2} + \frac{4.000}{(1 + 0,1)^4} + \frac{6.000}{(1 + 0,1)^6}$$

Despejando y simplificando, tenemos:

$$C_S = (1 + 0,1)^5 \left[\frac{2.000}{(1,1)^2} + \frac{4.000}{(1,1)^4} + \frac{6.000}{(1,1)^6} \right] = 1,61051 \, (1.652,89 + 2.732,05 + 3.386,84) = \textbf{12.516,54 €}$$

- Equivalencia en $S = 5$

$$C_S = 2.000 \cdot (1 + 0,1)^3 + 4.000 \cdot (1 + 0,1)^1 + \frac{6.000}{(1 + 0,1)^1} = 2.662 + 4.400 + 5.454,54 = \textbf{12.516,54 €}$$

2.1 Determinar el descuento comercial producido por un efecto comercial cuyo valor nominal es de 1.000 €, la fecha de vencimiento es dentro de 3 meses y el tipo aplicado es del 12% anual.

2.2 Determinar el valor nominal de una letra de cambio descontada en un banco tres meses antes de la fecha de su vencimiento, sabiendo que el tipo de interés de la operación es del 12% anual y el descuento comercial es de 30 €.

2.3 Calcular el efectivo que recibirá una empresa por el descuento en una entidad financiera de una letra de cambio cuyo valor nominal es de 1.500 €, con vencimiento a 3 meses, sabiendo que el tipo de la operación es del 1% mensual.

2.4 Calcular el descuento comercial de un efecto, sabiendo que el valor efectivo a 3 meses de su vencimiento es de 1.200 €, y que el tipo aplicado ha sido del 12% anual.

2.5 Determinar el descuento racional producido por un efecto comercial cuyo valor nominal es de 1.400 €. La fecha de vencimiento es dentro de 3 meses y el tipo aplicado es del 10% anual.

2.6 Determinar el tiempo necesario para que un capital de 1.200 € tenga un descuento racional de 50 €, si el tipo de interés aplicado ha sido de un 9% anual.

2.7 ¿Cuánto hubiera importado el descuento racional de un pagaré si el descuento comercial al 4,5% por 2 años importó 10 €? Hallar también el nominal de dicho pagaré y el efectivo por el descuento comercial y racional.

2.8 Dos letras sumaron 800 € de nominales. La primera fue descontada al 4% anual por 2 años y la segunda al 3% por 3 años, cobrándose 200 € por ambas. Hallar el nominal de cada una.

2.9 La empresa IMPOEXP, S.A. tiene con IBM, S.A. dos deudas, una de 30 €, que debe liquidar dentro de 3 meses, y otra de 6.000 €, que debe hacer efectiva dentro de 7 meses. Reunidos en el día de hoy convienen que ambas deudas se paguen dentro de 5 meses. Calcular qué cantidad deberá pagar IMPOEXP, S.A. si se computan intereses al 8% anual.

2.10 La empresa IMPOEXP, S.A. tiene tres deudas: una de 10.000 €, que debe pagar a los 6 meses; otra de 15.000 €, cuyo pago debe efectuarse a los ocho meses, y una tercera de 20.000 €, que deberá hacer efectiva a los 10 meses. Propone al acreedor sustituir estas tres deudas por una sola a pagar a los 9 meses. Calcular su importe teniendo en cuenta que el cómputo se hace al 8% anual de interés (simple) basándose en el año comercial.

2.11 Calcular el descuento comercial compuesto aplicado a un capital de 12.000 €, a pagar dentro de 3 años, si el tipo de interés aplicado es el 10% anual.

2.12 Calcular el descuento racional de 6.000 € al 7% de interés compuesto en 20 años.

2.13 Calcular el valor actual de 8.000 € pagaderos a los 5 años aplicando el 8% de interés compuesto y en descuento comercial.

2.14 Tenemos tres capitales cuyos importes son de 500, 1.000 y 1.500 €, cuyo vencimiento es uno, dos y tres años respectivamente, y queremos sustituirlos por un único capital con vencimiento dentro de dos años y medio. Calcular el importe de este capital teniendo en cuenta que el tipo de interés aplicado es del 5% de interés compuesto anual.

2.15 Determinar el vencimiento común correspondiente a un capital de importe 6.000 € que sustituye a tres capitales de 500, 1.000 y 1.500 € con vencimientos a uno, dos y tres años, respectivamente, si se van a sustituir por un capital de 6.000 € y sabiendo que el tipo de interés es del 6% anual en capitalización compuesta.

2.16 Un comerciante presenta al descuento una letra de cambio con vencimiento a 180 días, de nominal 6.000 €, tipo de interés de la operación del 16,52% anual, comisión bancaria del

1,5 por mil sobre el nominal e IVA del 16% sobre la comisión, y gastos de correo de 2 € (año comercial). Calcular el dinero que recibe el comerciante o efectivo líquido.

2.17 Calcular el vencimiento común de tres capitales de 1.000, 2.000 y 3.000 €, con vencimientos el 20 de marzo, el 4 de abril y el 30 de junio, respectivamente, sabiendo que se quieren sustituir por otro de 8.000 € y que se aplica un tipo del 10% anual a la operación. La fecha en la que se decide hacer la sustitución es el 19 de enero (considerando año comercial).

2.18 La empresa GESTTEXT, S.A. ha exportado el 1 de septiembre una partida de productos a un país de Centroamérica, acordando el cobro en tres efectos cuyo detalle es el siguiente:

- 6.000 € con vencimiento el 1 de octubre
- 12.000 € con vencimiento el 1 de noviembre
- 12.000 € con vencimiento el 1 de diciembre

Como GESTTEXT, S.A. necesita liquidez para atender pagos corrientes, acuerda con una entidad financiera el 15 de septiembre la sustitución de las tres letras anteriores por una única con fecha de vencimiento el 15 de diciembre, procediendo a su vez al descuento en la misma entidad.

a) El nominal de sustitución para un tipo de interés del mercado del 10% anual.

b) El efectivo líquido que recibirá GESTTEXT, S.A. para un tipo de descuento de efectos de 13% anual y una comisión del 1 por mil sobre el nominal (sin IVA) y gastos de correo de 2 € por efecto (año comercial).

2.19 Calcular el vencimiento común de tres capitales de 1.000, 2.000 y 3.000 €, con vencimientos el 20 de marzo, el 4 de mayo y el 30 de junio, respectivamente, sabiendo que se quieren sustituir por otro de 6.200 € y que se aplica un tipo del 10% anual. La fecha en la que se decide hacer la sustitución es el 19 de enero (considerando año comercial).

2.20 La empresa EXPOIMPO, S.A. tiene dos opciones para cancelar una deuda en 5 años: pagar al final de cada trimestre 300 € o pagar el primer día de cada mes 50 €,. Si el tanto de valoración es el 10% anual, ¿cuál es la opción más ventajosa para el deudor?

2.21 Tres capitales de cuantías 2.000, 3.000 y 5.000 € vencen, respectivamente, dentro de 3, 6 y 8 años. ¿Cuál será el capital único que sustituya a los tres anteriores dentro de 5 años si se utiliza un tipo de interés efectivo anual del 10%? ¿Cuál es el valor actual de dichos capitales?

Actividades de Refuerzo

2.1 Sabiendo que la diferencia entre el descuento comercial y el racional es de 100 €, calcular el descuento comercial si la duración de la operación es de 3 meses y el tanto de interés de descuento anual es del 10%.

2.2 Un comerciante presenta al descuento una letra de cambio con vencimiento a 60 días, de nominal 3.000 €, tanto de interés de descuento de la operación del 10% anual, comisión bancaria del 2 por mil sobre·el nominal e IVA del 16% sobre la comisión. Calcular el dinero que recibe el comerciante o efectivo líquido.

2.3 Calcular el tiempo necesario para que un capital de 200 € tenga un descuento de 30 € si el tipo de interés aplicado ha sido de un 10% anual.

2.4 Determinar el tipo de interés anual aplicado al descuento de una letra de cambio cuyo valor nominal es de 1.000 €, sabiendo que se descontó racionalmente durante un trimestre y que éste ascendió a 40 €.

2.5 Calcular el descuento racional de una deuda sabiendo que el valor efectivo abonado es de 3.000 €, el vencimiento es dentro de 3 meses y el tipo aplicado es del 10% anual.

2.6 La empresa IMPOEXP, S.A. debe 100 € con vencimiento en 2 meses, 200 € con vencimiento en 3 meses y 300 € con vencimiento en 8 meses. Si desea saldar todas las deudas mediante 2 pagos iguales, uno con vencimiento en 6 meses y otro con vencimiento en 10 meses. Determinar el importe de dichos pagos suponiendo un tipo de interés del 6%. Tomar como fecha de equivalencia la fecha final de 10 meses.

2.7 La empresa IMPOEXP, S.A. ha comprado mercancías por valor de 6.500 €, con un crédito de 15 meses, pero si paga antes de tiempo le conceden un descuento comercial del 5% anual. Determinar la fecha en la que tendrá que pagar, si no quiere desembolsar más de 6.000 €.

2.8 Queremos sustituir el pago de tres capitales de 1.500 €, 2.000 € y 3.000 €, con vencimientos el 15 de marzo, el 17 de abril y el 30 de mayo, respectivamente, por otro con vencimiento el 15 de abril. Calcular dicho capital sabiendo que se decide efectuar la sustitución el 15 de enero y el tipo aplicado es del 10% anual.

2.9 Calcular el vencimiento común de tres capitales de 1.500, 2.000 y 3.000 €, con vencimientos el 15 de marzo, el 17 de abril y el 30 de mayo, respectivamente, sabiendo que se quieren sustituir por otro de 7.000 €, y que se aplica un tipo del 10% anual a la operación. La fecha en la que se decide hacer la sustitución es el 15 de enero.

2.10 Queremos sustituir el pago de tres capitales de 1.000, 2.000 y 3.000 €, con vencimientos el 15 de marzo, el 16 de abril y el 30 de mayo, respectivamente, por otro igual a la suma de los tres. Calcular el vencimiento medio. La fecha de realización de la operación es el 15 de enero.

2.11 La empresa EXPOIMPO, S.A. tiene dos opciones para cancelar una deuda en 5 años: pagar al final de cada cuatrimestre 300 € o pagar el primer día de cada mes 50 €. Si el tanto de valoración es el 10% anual, ¿cuál es la opción más ventajosa para el deudor?

2.12 Un comerciante presenta al descuento una letra de cambio con vencimiento a 180 días, de nominal 6.000 €, tipo de interés de la operación del 8,5% anual, comisión bancaria del 1,5 por mil sobre el nominal e IVA del 16% sobre la comisión (año comercial). Calcular el dinero que recibe el comerciante o efectivo líquido.

2.13 Calcular el descuento de 2.500 € al 7% de interés compuesto en 3 años.

2.14 Un crédito de 6.500 €, al ser descontado al 9% de interés compuesto, se redujo a 6.000 €. ¿Cuál era su plazo?

2.15 Calcular el descuento compuesto aplicado a un capital de 12.000 €, ha pagar dentro de 3 años y 6 meses, si el tipo de interés aplicado es el 6,5%.

2.16 Queremos sustituir el pago de tres capitales de 1.000, 1.500 y 2.000 €, con vencimientos el 15 de marzo, el 16 de abril y el 30 de mayo, respectivamente, por otro igual a la suma de los tres. Calcular el vencimiento medio si la fecha de realización de la operación es el 31 de enero.

2.17 Queremos sustituir el pago de cuatro capitales iguales de 500 € cada uno por otro de 3.000 €. Si los vencimientos eran al final de los meses de febrero, marzo, abril y mayo, ¿en qué fecha haremos el único pago si se decide hacer la sustitución el 31 de enero?

2.18 Queremos sustituir tres capitales de 3.000, 4.000 y 5.000 €, con vencimientos el 10 de marzo, el 12 de abril y el 30 de abril, por otro capital con vencimiento el 5 de abril. Calcular dicho capital sabiendo que se decide efectuar la sustitución el 5 de enero y el tipo aplicado es del 10% anual. Considerar el año civil o natural y el descuento comercial.

2.19 Calcular el vencimiento común correspondiente a un efecto cuyo nominal es de 30.000 €, que sustituye a tres efectos de 4.500, 10.500 y 16.000 €, cuyos vencimientos respectivos son el 10 de marzo, el 12 de abril y el 30 de abril. Se sabe que el tipo de interés aplicado es el 10% anual, tomando el año comercial, y la fecha en la que se decide hacer la sustitución es el 5 de enero.

2.20 Si se sustituye el pago de tres capitales de 6.000, 8.000 y 9.000 €, con vencimientos respectivos los días 4 de mayo, 5 de julio y 15 de septiembre, por uno único el día 30 de junio, ¿cuál será el valor de ese único pago que sustituye a los otros tres si se aplica un tipo del 5% a la operación desde el día 1 de mayo (fecha de sustitución), considerando el año natural o civil y el descuento comercial?

2.21 Hallar la liquidación que recibirá una empresa por el descuento en una entidad financiera de una letra de cambio cuyo valor nominal es de 9.000 €, con vencimiento a 4 meses, sabiendo que el tipo de la operación es del 10% anual, y que en la liquidación se incluye una comisión del 3 por mil y 0,5 € de gastos de correo.

2.22 El día 1 de junio se descontó racionalmente un efecto. Si sabemos que el descuento ascendió a 500 €, que el tipo aplicado fue del 10% anual y el efectivo percibido de 50.000 €, ¿cuál será la fecha de vencimiento?

2.23 ¿Cuánto tiempo se necesita para que un capital de 10.000 € tenga un descuento de 500 € si el tipo de interés aplicado es de un 10% anual?

2.24 Hallar el efectivo que recibirá una empresa por el descuento en una entidad financiera de una letra de cambio cuyo valor nominal es de 10.000 €, con vencimiento a 3 meses, sabiendo que el tipo de la operación es del 1% mensual.

2.25 Calcular el tipo de interés anual aplicado al descuento de una letra de cambio cuyo nominal es de 10.000 €, sabiendo que se descontó 3 meses antes de su vencimiento y que éste ascendió a 500 €.

2.26 Determinar el valor nominal de una letra de cambio descontada en un banco 3 meses antes de la fecha de su vencimiento, sabiendo que el tipo de interés de la operación es del 10% anual y el descuento comercial es de 500 €.

2.27 Calcular el descuento comercial aplicado a un efecto comercial cuyo valor nominal es de 10.000 €, si la fecha de vencimiento es dentro de 3 meses y el tipo aplicado es del 10% anual.

2.28 Calcular el descuento comercial de un efecto, sabiendo que el valor efectivo a 3 meses de su vencimiento es de 9.000 € y que el tipo aplicado ha sido del 10% anual.

2.29 ¿Cuál será el valor efectivo de una letra de cambio, sabiendo que el descuento comercial de ésta es de 80 € y el nominal es de 700 €?

2.30 El 15 de abril se sustituyó una letra de 2.000 €, con vencimiento el 28 de mayo, por otra de 2.500 €. Calcular el vencimiento de la nueva letra si el tipo de interés aplicado fue del 3,25% (año civil).

2.31 ¿Qué liquidación recibirá una empresa por el descuento en una entidad financiera de dos letras de cambio cuyos valores nominales son de 3.000 y 6.000 €, con vencimientos respectivos de 4 y 8 meses? Sabemos que el tipo de la operación es del 2% trimestral y que en la liquidación se incluye una comisión del 2 por mil y los gastos de correo, que suponen por cada letra 0,50 €.

2.32 Calcular el vencimiento común correspondiente a un efecto cuyo nominal es de 6.500 €, que sustituye a 2 efectos de 3.000 y 4.000 €, cuyos vencimientos respectivos son 25 de abril y 15 de julio. Se sabe que el tipo de interés aplicado es del 10% anual (año civil) y la fecha en la que se decide hacer la sustitución es el 15 de marzo.

2.1 Sustituir el pago de tres capitales de 4.000, 9.000 y 11.000 €, con vencimientos respectivos a 60, 90 y 120 días, por otro con vencimiento a 180 días (año comercial). ¿Cuál será el valor de ese único pago que sustituye a los otros tres sabiendo que se aplica un tipo de interés del 1% mensual, con descuento comercial?

2.2 El día 26 de febrero de un año no bisiesto (20XX) IMPOEXP, S.A. tenía que pagar 1.000 € y el día 20 de septiembre del año anterior propuso al acreedor cancelar la deuda mediante 5 abonos iguales, a satisfacer los días 15 de octubre, 19 de noviembre, 29 de diciembre, 7 de febrero y 14 de marzo siguiente. Se aceptó la operación fijando como tanto de descuento el 6% (simple) anual. ¿De cuánto fue cada pago?

2.3 Una letra de 2.000 € de nominal fue extendida (librada) el día 15 de junio de 20XX, con vencimiento el 15 de septiembre de 20XX. Sin la aceptación del librado se presentó al descuento en el Banco XXX, S.A., que abonó el importe correspondiente a la fecha de descuento el 15 de agosto de 20XX, calcular el efectivo líquido de la negociación si se aplicó un 10,65% de descuento anual (simple, año comercial) y una comisión del 0,70 por mil sobre el nominal (sin IVA), y los gastos de correo fueron de 0,70 € por letra.

2.4 Con fecha 20 de marzo, acreedor y deudor llegan al acuerdo de intercambiar tres efectos comerciales de 9.000, 4.000 y 2.000 €, cuyos vencimientos respectivos son el 26 de mayo, 17 de junio y 13 de agosto, por otros dos efectos: uno de 5.500 €, cuyo vencimiento es el 2 de junio, y otro de 11.000 €. Determinar el vencimiento de este último efecto sabiendo que el tipo de interés aplicado a la operación es del 10% anual y se utiliza el descuento comercial.

2.5 El día 10 de junio se desea intercambiar tres efectos comerciales de 250, 200 y 500 €, cuyos vencimientos respectivos son el 30 de junio, 6 de agosto y 5 de octubre, por otros dos efectos: uno de 400 € con vencimiento 20 de septiembre y el otro vence el 20 de octubre. ¿Cuál será el nominal de este último efecto sabiendo que el tipo de interés aplicado a la operación es del 7,25% anual y que se utiliza el descuento comercial?

2.6 ¿Cuál es el descuento comercial aplicado a un efecto comercial cuyo valor nominal es de 4.000 $, si la fecha de vencimiento es de 3 meses y 15 días y el tipo aplicado es del 10,25% anual?

2.7 Calcular el tipo de interés anual aplicado al descuento de una letra de cambio cuyo nominal es de 2.500,85 €, sabiendo que se descontó por dos bimestres y que éste ascendió a 85,78 €.

2.8 El señor Pérez tiene contraída una deuda de 10.000 $ con la empresa Ventura, S.L., a pagar el 15 de junio. Pero, ante la falta de liquidez prevista para dicha fecha, el 30 de abril el señor Pérez propone a Ventura, S.L., la siguiente forma de pago: un 25% de la deuda al contado, y el resto mediante tres letras de igual importe cada una, cuyos vencimientos distan una de otra en 30 días. Sabiendo que el tipo de interés aplicado a la operación es del 10,05% anual, ¿cuáles serán las fechas de vencimiento para dichas letras?

2.9 ¿Cuál es el tiempo necesario para que un capital de 3.500 $ tenga un descuento de 250 $ si el tipo de interés aplicado es de un 8,25% anual?

2.10 Queremos sustituir tres capitales de 2.000, 1.500 y 2.500 $, con vencimientos a 60, 90 y 120 días, respectivamente, por otro capital con vencimiento a 100 días. Hallar dicho capital sabiendo que el tipo de descuento aplicado es del 9,35% anual. Considerar el año civil y descuento comercial.

2.11 ¿Cuál será el descuento que se efectuará a un capital de 5.467,85 $ si se adelanta 8 meses y 15 días a un tipo de interés del 2,25% trimestral?

2.12 Determinar el valor actual de una deuda de 1.425,67 yenes descontada al 2,15% de interés efectivo bimestral sabiendo que vence dentro de 7 meses y 25 días.

2.13 Si al anticipar una deuda cuyo vencimiento es dentro de 4 meses y 15 días, mediante el descuento racional, conseguimos un efectivo de 1.267,43 $ con tipo de descuento aplicado de 6,05% anual, ¿cuál es el importe de la deuda?

2.14 GESTTEXT, S.A., con domicilio c/ El Naranjo, 12 (28006-Madrid), el día 12 de junio de 20XX, presenta al Banco Colorado, S.A. la siguiente remesa de efectos para su descuento:

LIBRADO	PLAZA	F. LIBRAMIENTO	F. ACEPTACIÓN	VENCIMIENTO	NOMINAL	LUGAR PAGO
Escoltes, S.L.	Toledo	03-06	Sin aceptar	15-08	3.000	Bco. Sideral
Mimbres, S.A.	Madrid	07-06	08-06	15 d/f	4.000	Caja Soles
Tenería, S.L.	León	09-06	09-06	30 d/v	3.500	——
Sr. Lucas	Burgos	10-06	11-06	2 m/v	4.500	B.B.S.K.

La comisión aplicada es del 2 por mil sobre el nominal, con unos gastos de correo de 0,5 €/letra. Se pide confeccionar un cuadro resumen factura de negociación determinando el efectivo líquido total a percibir.

2.15 Don Félix García Santos, gerente de la empresa IMPOEXP, S.A., mayorista de prendas de vestir, sita en c/ Sol, 5 (28008-Madrid), vendió una partida de camisas a LINOSEDIN, S.L., con domicilio en c/ Portillo, 15, de Valencia, por un total de 5.250,56 €.

Por el importe adeudado, le extendió una letra el día 11 de octubre de 2005 con un vencimiento a 3 meses/fecha, domiciliada en el Banco Occidental, S.A., c/ Tiburón, 5, de Valencia, n.º de cuenta corriente 1000-1500-56-3456782345, en la que figura como tenedor el Banco del Norte, S.A.

Don Carlos Fuentes Ocaña, como propietario de LINOSEDIN, S.L., acepta la letra el día 15 del mismo mes, garantizando su pago con un aval de don Felipe Campos Silvestre, de Valencia.

LINOSEDIN, S.L., descontó la letra el día 15 de octubre en el Banco del Norte, S.A., c/ Sil, 25 (28011-Madrid), indicando que se protestará en caso de que el librado no pague el día de su vencimiento.

El tomador de la letra la endosó el día 25 de octubre a doña Paquita Rico Ramírez, domiciliada en la c/ Limonero, 35 de Valencia.

Se pide:

a) Confeccionar anverso y reverso de la letra de cambio (véase la Figura 2.3).

b) Calcular el efectivo líquido que percibe LINOSEDIN, S.L., si el banco aplica un tipo de interés de descuento del 1,5% mensual, una comisión del 1 por mil, y unos gastos de correo de 1 €/letra.

2.16 Don Jacinto Suárez Fernández, domiciliado en c/ Narváez, n.º 15, de León, compró el día 22 de marzo de 2006 un equipo de música a la empresa Comercial ELECTRONIC, S.L., sita en la c/ Perdiz, n.º 22, de la misma localidad.

El precio del equipo de música ascendía a 900,45 €, de las que don Jacinto abonó en el momento de la compra el 25% y por el resto firmó una letra a 3 meses vista.

La letra será pagada en el mismo domicilio del librado.

El tenedor de la letra es el Banco Central Leonés, S.A., que el día 25 de marzo la endosa al Banco Central Zamorano, S.A.

Se pide confeccionar la correspondiente letra.

Rentas financieras

Introducción

Las operaciones financieras vistas en los capítulos anteriores de capitalización y descuento, genéricamente se componían de un capital único y en ocasiones de varios. En cambio, existe un gran número de operaciones mercantiles y financieras que se componen de un elevado número de capitales: los préstamos, alquileres, planes de jubilación, compraventa a plazos, etc. En todas ellas intervienen muchos capitales y sería difícil, poco práctico y rentable por el tiempo y trabajo empleado aplicar los conocimientos anteriores.

Por consiguiente, surge la necesidad de buscar un método matemático que nos facilite la tarea de desplazar un elevado número de capitales, conocido con el nombre de rentas. Se trata de unas fórmulas, en su mayoría sencillas, que en determinadas operaciones nos permitirán desplazar y calcular valores actuales y finales en el tiempo de un grupo de capitales a la vez de una forma rápida y eficaz.

Contenido

Objetivos

▶ *Dominar los elementos y división de las rentas*

▶ *Saber obtener los valores actuales y finales de rentas constantes y variables.*

▶ *Resolver las distintas operaciones financieras aplicando las rentas.*

▶ *Tomar decisiones entre problemas de inversión y selección de opciones.*

3.1 Renta financiera

Recibe el nombre de renta una sucesión o serie de capitales disponibles o exigibles en épocas equidistantes y fijas. Para que exista renta se deben cumplir los siguientes requisitos:

- Existencia de varios capitales, al menos dos.
- Periodicidad constante entre los capitales; es decir, entre dos capitales consecutivos debe existir siempre el mismo espacio de tiempo.

Partiremos de los siguientes postulados comunes al analizar las distintas rentas y su formulación: en todas las rentas que se analicen se obtendrá un valor actual, y en algunas se podrá obtener un valor final, en otras no. El análisis primario será en términos unitarios (1 €) y posteriormente para rentas en términos cualquiera (C) se obtendrá del producto de la renta unitaria por el término (C).

Los elementos fundamentales de la renta, complementados de forma gráfica en la Figura 3.1, son los siguientes:

- **Fuente de la renta:** fenómeno económico que da origen al nacimiento de la renta (alquileres, inversiones, salarios, pensiones, etc.).
- **Origen:** Fecha de comienzo de las prestaciones o devengo del primer capital.
- **Final:** Fecha en la que termina de devengarse el último capital.
- **Duración:** Tiempo que transcurre desde el origen hasta el final de la renta.
- **Término:** Cada uno de los capitales que componen la renta.
- **Período:** Intervalo de tiempo entre dos capitales consecutivos.
- **Valor actual:** Es el resultado de llevar y valorar financieramente todos los términos en el origen de la renta, mediante operación de descuento.
- **Valor final:** Es el resultado de llevar y valorar financieramente todos los términos al final de la renta, mediante operación de capitalización.
- **Tanto de interés:** Tasa empleada para mover los capitales de renta i.

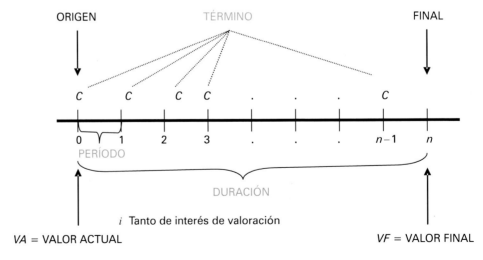

Figura 3.1. **Elementos de renta financiera.**

En la Figura 3.2 podemos ver la clasificación de las rentas financieras.

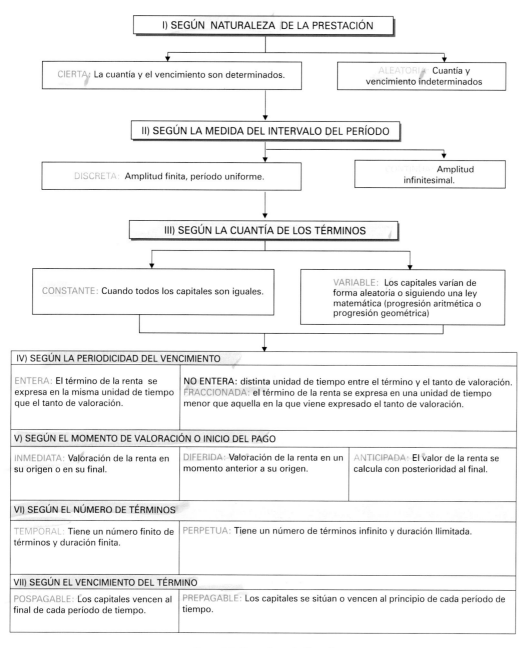

Figura 3.2. **Tipos de renta financiera.**

Como se puede observar, existen siete criterios o puntos de vista de clasificación. En cuanto a los dos primeros, sólo trataremos en esta unidad las rentas ciertas y las rentas discretas en sus dos posibilidades, según el tercer criterio de constantes y variables.

Con los cuatro criterios restantes de la tabla se pueden formar tantas rentas como combinaciones se realicen o problemas de inversión y selección surjan.

Ejemplos: renta: cierta/discreta/*constante*/entera/inmediata/temporal y *pospagable*

renta: cierta/discreta/*variable*/entera/inmediata/temporal y *prepagable*

3.2 Rentas constantes enteras

Son las rentas cuyos términos son iguales entre sí:

$$C_1 = C_2 = \cdots = C_{n-1} = C_n$$

y cuyos períodos son anuales.

3.2.1. Renta inmediata-temporal

Es la renta valorada entre el comienzo de su primer período y el final del último, de duración determinada; si los términos vencen al final del primer período, la renta se denomina pospagable, y si vencen al principio del período, se denomina prepagable. Los esquemas gráficos de estas dos clases de renta respectivamente son, para valores actuales, las Figuras 3.3 y 3.6, y para valores finales, las Figuras 3.4 y 3.7.

Pospagable

Renta cuyo primer término se devenga al final de un período (si es anual, el 31 de diciembre; si es mensual, el 31 de enero, etc.).

VALOR ACTUAL

Es la valoración en el origen de la duración de la operación financiera (renta).

Calculamos el valor de la renta al principio del primer período (en el origen) conforme al esquema de la Figura 3.3. Plantearemos el desarrollo, nomenclatura a emplear y fórmula de la renta.

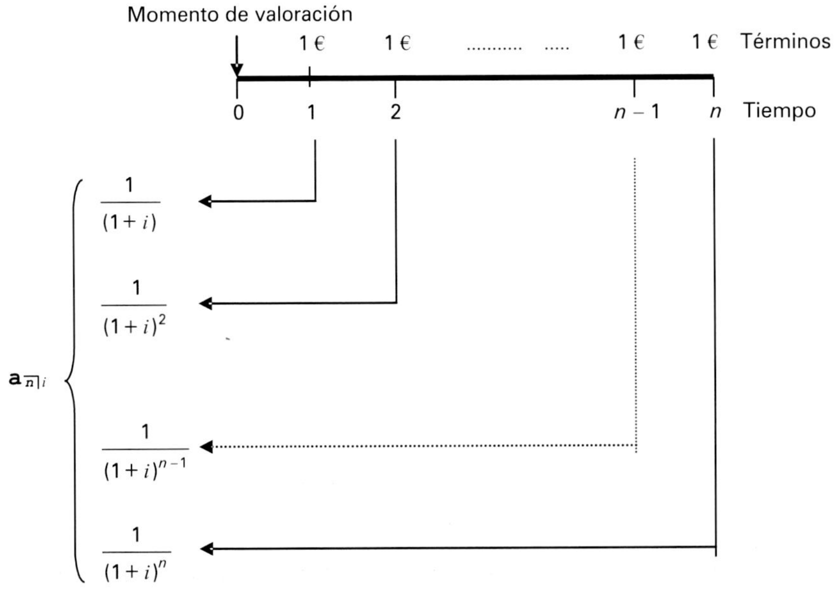

<table>
<tr><td colspan="2" align="center">IDENTIFICACIÓN DE RENTA INMEDIATA-TEMPORAL</td></tr>
<tr><td colspan="2" align="center">**RENTA UNITARIA**</td></tr>
<tr><td align="center">POSPAGABLE</td><td align="center">PREPAGABLE</td></tr>
<tr><td align="center">V. ACTUAL
$\mathbf{a}_{\overline{n}|i}$</td><td align="center">V. ACTUAL
$\mathbf{\ddot{a}}_{\overline{n}|i}$</td></tr>
<tr><td align="center">V. FINAL
$\mathbf{s}_{\overline{n}|i}$</td><td align="center">V. FINAL
$\mathbf{\ddot{s}}_{\overline{n}|i}$</td></tr>
<tr><td colspan="2" align="center">**RENTA TÉRMINO C**</td></tr>
<tr><td align="center">POSPAGABLE</td><td align="center">PREPAGABLE</td></tr>
<tr><td align="center">V. ACTUAL
$\mathbf{VA}_{\overline{n}|i}$</td><td align="center">V. ACTUAL
$\mathbf{V\ddot{A}}_{\overline{n}|i}$</td></tr>
<tr><td align="center">V. FINAL
$\mathbf{VF}_{\overline{n}|i}$</td><td align="center">V. FINAL
$\mathbf{V\ddot{F}}_{\overline{n}|i}$</td></tr>
</table>

Algunos autores utilizan la diéresis encima de las pospagables para identificar las prepagables:

$$\mathbf{\ddot{a}}_{\overline{n}|i}$$

Figura 3.3. **Valor actual renta unitaria, inmediata, temporal y pospagable.**

Para el cálculo del valor actual de cada término unitario, aplicamos la teoría del descuento compuesto racional, y por el principio de equivalencia de capitales, el valor de la renta (de todos los términos) en el origen será la suma de cada término actualizado al momento de valoración (0):

$$a_{\overline{n}|i} = \frac{1}{(1+i)} + \frac{1}{(1+i)^2} + \cdots + \frac{1}{(1+i)^{n-1}} + \frac{1}{(1+i)^n}$$

A la expresión anterior, aplicando la teoría matemática de una suma de términos en progresión geométrica decreciente donde cada uno de los términos de la expresión es el producto del término anterior por una razón constante: los términos van disminuyendo sucesivamente.

El primer término es:

$$a_1 = \frac{1}{(1+i)}$$

El último término es:

$$a_n = \frac{1}{(1+i)^n}$$

La razón es:

$$r = \frac{1}{(1+i)}$$

donde $r < 1$. Por tanto, la suma es:

$$S = \frac{a_1 - a_n \cdot r}{1 - r}$$

Sustituyendo en la expresión de la renta unitaria, tenemos:

$$a_{\overline{n}|i} = \frac{\dfrac{1}{(1+i)} - \dfrac{1}{(1+i)^n} \cdot \dfrac{1}{(1+i)}}{1 - \dfrac{1}{(1+i)}}$$

Multiplicando numerador y denominador por $(1 + i)$, queda:

$$a_{\overline{n}|i} = \frac{\dfrac{1}{(1+i)} \cdot (1+i) - \dfrac{1}{(1+i)^n} \cdot \dfrac{1}{(1+i)} \cdot (1+i)}{1 - \dfrac{1}{(1+i)} \cdot (1+i)} \cdot \frac{1 - \dfrac{1}{(1+i)^n}}{(1+i) - 1}$$

$$\boxed{a_{\overline{n}|i} = \frac{1 - (1+i)^{-n}}{i}}$$

que es la *fórmula principal de una renta unitaria, inmediata, temporal y pospagable*, la cual se aplica a sucesivas rentas.

Generalizando, para cualquier término o capital (C), el valor actual de la renta de duración (n) a una tasa de interés anual (i) será el producto del capital (C) por la renta unitaria.

$$\mathbf{VA}_{\overline{n}|i} = C \cdot \mathbf{a}_{\overline{n}|i}$$

VALOR FINAL

Es la valoración en el final de la duración de la operación financiera (renta). Calculamos el valor de la renta al final del último período, conforme al esquema de la Figura 3.4. Plantearemos el desarrollo, nomenclatura a emplear y fórmula de la renta.

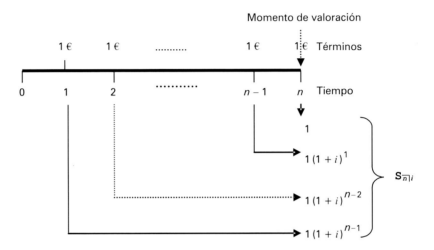

Figura 3.4. **Valor final de una renta unitaria, inmediata, temporal y pospagable.**

Para el cálculo del valor final de cada término unitario aplicamos la teoría del interés simple compuesto:

$$C_n = C_0 (1 + i)^n$$

y por el principio de equivalencia de capitales, el valor de la renta de todos los términos será la suma:

$$\mathbf{S}_{\overline{n}|i} = 1 + (1 + i)^1 + \cdots + (1 + i)^{n-2} + (1 + i)^{n-1}$$

A la expresión anterior aplicando la teoría matemática de una suma de términos en progresión geométrica creciente donde cada uno de los términos de la expresión es el producto del término anterior por una razón constante. Y los términos van aumentando sucesivamente.

El primer término es:

$$a_1 = 1$$

el último término es:

$$a_n = (1 + i)^{n-1}$$

La razón es:

$$r = (1 + i)$$

donde $r > 1$. Por tanto, la suma es:

$$S = \frac{a_n \cdot r - a_1}{r - 1}$$

Sustituyendo en la expresión de la renta unitaria, tendremos:

$$S_{\overline{n}|i} = \frac{(1+i)^{n-1}(1+i)-1}{(1+i)-1} = \frac{(1+i)^n - 1}{i}$$

Generalizando para cualquier término o capital (C), el valor final de la renta de duración (n) a una tasa de interés anual (i) será el producto del capital (C) por la renta unitaria.

$$VF_{\overline{n}|i} = C \cdot S_{\overline{n}|i}$$

RELACIÓN ENTRE EL VALOR ACTUAL Y FINAL

Se puede obtener uno de los dos valores en función del otro; es decir, conocido el valor actual, se puede obtener el final a través de la relación de ambos y viceversa, lo que evita realizar cálculos innecesarios.

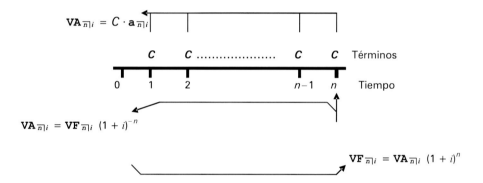

Figura 3.5. **Relación entre valor actual y final: Renta pospagable.**

Observamos en la Figura 3.5 que capitalizando n períodos el valor actual obtenemos el valor final de una renta constante inmediata, temporal y pospagable, y viceversa, actualizando n períodos el valor final se obtiene el valor actual.

Actividad resuelta 3.1

Determinar el valor actual, final y la relación entre ambos, al realizar imposiciones o depósitos de 1.000 € al **finalizar cada año** en un banco, durante 10 años, siendo el interés del 5% anual compuesto.

SOLUCIÓN

Valor actual:

$$VA_{\overline{n}|i} = C \cdot a_{\overline{n}|i} = 1.000 \cdot \frac{1 - (1 + 0,05)^{-10}}{0,05} = \mathbf{7.721,73}$$

Valor final:

$$\mathbf{VF}_{\overline{n}|i} = C \cdot \mathbf{S}_{\overline{n}|i} = 1.000 \cdot \frac{(1 + 0,05)^{10} - 1}{0,05} = \mathbf{12.577,89 \, €}$$

Relación:

$$\mathbf{VF}_{\overline{n}|i} = \mathbf{VA}_{\overline{n}|i} \cdot (1 + i)^{n} = 7.721,73 \cdot (1 + 0,05)^{10} = \mathbf{12.577,89 \, €}$$

Prepagable

Renta cuyo primer término se devenga al principio de un período (si es anual, el 1 de enero; si es mensual, el 1 de enero, también; etc.).

VALOR ACTUAL

Es la valoración en el origen de la duración de la operación financiera (renta).

Calculamos el valor de la renta al principio del primer período (en el origen) conforme al esquema de la Figura 3.6. Plantearemos el desarrollo, nomenclatura a emplear y fórmula de la renta.

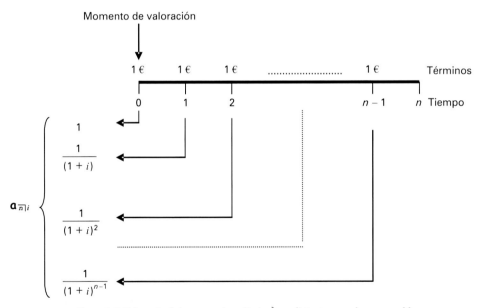

Figura 3.6. **Valor actual de una renta unitaria, inmediata, temporal y prepagable.**

Para el cálculo del valor actual de cada término unitario, aplicamos la teoría del descuento compuesto racional, y por el principio de equivalencia de capitales, el valor de la renta (de todos los términos) en el origen será la suma de cada término actualizado al momento de valoración (0):

$$\mathbf{a}_{\overline{n}|i} = 1 + \frac{1}{(1 + i)} + \frac{1}{(1 + i)} + \cdots + \frac{1}{(1 + i)^{n-1}}$$

Al igual que en la renta pospagable, aplicamos a la expresión anterior la teoría matemática de una suma en progresión geométrica decreciente. Posteriormente sustituimos en la expresión de la renta unitaria y multiplicamos numerador y denominador por $(1 + i)$, con lo que obtenemos la expresión simplificada del valor actual de una renta unitaria. Finalmente, generalizando para cualquier término C, el valor actual de la renta de duración (n) a una tasa de interés anual (i) será el producto del capital (C) por la renta unitaria. Realizando las operaciones tendríamos que el primer término es:

$$a_1 = 1$$

El último término es:

$$a_n = \frac{1}{(1 + i)^{n-1}}$$

La razón es:

$$r = \frac{1}{(1 + i)}$$

donde $r < 1$. Por tanto, la suma es:

$$S = \frac{a_1 - a_n \cdot r}{1 - r}$$

$$\mathbf{a}_{\overline{n}|i} = \frac{1 - \dfrac{1}{(1 + i)^{n-1}} \cdot \dfrac{1}{(1 + i)}}{1 - \dfrac{1}{(1 + i)}} = \frac{[1 - (1 + i)^{-(n-1)} \cdot (1 + i)^{-1}] \cdot (1 + i)}{(1 - (1 + i)^{-1}) \cdot (1 + i)} =$$

$$= \frac{(1 - (1 + i)^{-n}) \cdot (1 + i)}{(1 - (1 + i)^{-1}) \cdot (1 + i)} = \frac{(1 - (1 + i)^{-n}) \cdot (1 + i)}{(1 + i) - 1} = \frac{1 - (1 + i)^{-n} \cdot (1 + i)}{i}$$

Por tanto, nos quedará:

$$\mathbf{a}_{\overline{n}|i} = (1 + i) \cdot \left(\frac{1 - (1 + i)^{-n}}{i} \right) = (1 + i) \cdot \mathbf{a}_{\overline{n}|i}$$

Para término C (cualquier capital):

$$\boxed{\mathbf{VA}_{\overline{n}|i} = C \cdot \mathbf{a}_{\overline{n}|i}}$$

Podemos concluir diciendo que el valor actual de una renta constante, inmediata, temporal y prepagable es igual al producto del valor actual de la renta inmediata, temporal y pospagable por el factor de capitalización $(1 + i)$.

VALOR FINAL

Es la valoración en el final de la duración de la operación financiera (renta)

Calculamos el valor de la renta al final del último período (en n), conforme al esquema gráfico de la Figura 3.7. Plantearemos el desarrollo, nomenclatura a emplear y fórmula de la renta.

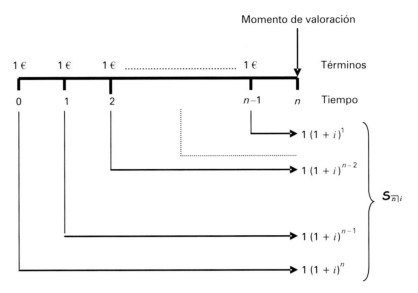

Figura 3.7. **Valor final de una renta unitaria, inmediata, temporal y prepagable.**

Tanto el valor actual como el valor final de una renta **prepagable**, ya sea unitaria o término C, se obtienen del producto de la renta **pospagable** correspondiente por el factor $(1 + i)$: RENTA PREPAGABLE = RENTA POSPAGABLE $(1 + i)$.

Para el cálculo del valor final de cada término unitario aplicamos la teoría del interés simple compuesto: $C_n = C_0(1 + i)^n$, y por el principio de equivalencia de capitales el valor de la renta de todos los términos será la suma de cada término capitalizado al momento de valoración (n):

$$\mathbf{S}_{\overline{n}|i} = (1 + i)^1 + \cdots + (1 + i)^{n-2} + (1 + i)^{n-1} + (1 + i)^n$$

Aplicando la teoría matemática de una suma en proporción geométrica creciente, tenemos:

El primer término es:

$$a_1 = (1 + i)$$

El último término es:

$$a_n = (1 + i)^n$$

La razón es:

$$r = (1 + i)$$

donde r > 1. Por tanto, la suma es:

$$S = \frac{a_n \cdot r - a_1}{r - 1}$$

$$\mathbf{S}_{\overline{n}|i} = \frac{(1 + i)^n \cdot (1 + i) - (1 + i)}{(1 + i) - 1} = (1 + i) \cdot \frac{(1 + i)^n - 1}{i}$$

Nos queda en función del valor final de la renta pospagable:

$$\mathbf{S}_{\overline{n}|i} = (1 + i) \; \frac{(1 + i)^n - 1}{i} = \mathbf{(1 + i)} \; \mathbf{S}_{\overline{n}|i}$$

Para término C (cualquier capital):

$$\boxed{\mathbf{VF}_{\overline{n}|i} = C \cdot \mathbf{S}_{\overline{n}|i}}$$

Podemos concluir diciendo que el valor final de una renta constante, inmediata, temporal y prepagable tanto unitaria como de término C, es igual al producto del valor actual de una renta inmediata, temporal y pospagable por el factor de capitalización $(1 + i)$.

RELACIÓN ENTRE EL VALOR ACTUAL Y FINAL

Se puede obtener uno de los dos valores en función del otro; es decir, conocido el valor actual, se puede obtener el final a través de la relación de ambos y viceversa, lo que evita realizar cálculos innecesarios.

$$\mathbf{VA}_{\overline{n}|i} = C \cdot \mathbf{a}_{\overline{n}|i}$$

Observamos en la Figura 3.8 que capitalizando n períodos el valor actual obtenemos el valor final de una renta constante inmediata, temporal y pospagable, y viceversa, actualizando n períodos el valor final se obtiene el valor actual.

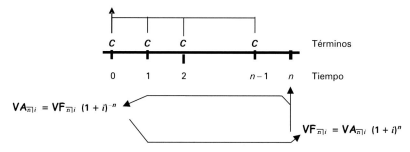

Figura 3.8. **Relación entre valor actual y final: Renta prepagable.**

Actividad resuelta 3.2

Determinar el valor actual, final y relación entre ambos, al realizar imposiciones o depósitos de 1.000 € al **comienzo de cada año** en un banco, durante 10 años, siendo el interés del 5% anual compuesto.

SOLUCIÓN

Valor actual:

$$\mathbf{VA}_{\overline{n}|i} = C \cdot \mathbf{a}_{\overline{n}|i} = 1.000 \cdot (1 + 0,05) \cdot \frac{1 - (1 + 0,05)^{-10}}{0,05} = 8.107,82 \ \text{€}$$

Valor final:

$$\mathbf{VF}_{\overline{n}|i} = C \cdot \mathbf{S}_{\overline{n}|i} = 1.000 \cdot (1 + 0,05) \cdot \frac{(1 + 0,05)^{10} - 1}{0,05} = 13.206,79 \ \text{€}$$

Relación:

$$\mathbf{VF}_{\overline{n}|i} = \mathbf{VA}_{\overline{n}|i} \ (1 + i)^n = 8.107,82 \cdot (1 + 0,05)^{10} = 13.206,79 \ \text{€}$$

Actividad resuelta 3.3

Determinar los valores actual y final de una renta temporal **prepagable** e inmediata, de cuantía constante de 300 €, si la duración de la misma es de 12 períodos y se valora a un rédito compuesto del 6% anual.

Obtener posteriormente dichos valores si fuese una renta **pospagable** a través de la relación de ambas.

SOLUCIÓN

Prepagable

Valor actual:

$$\mathbf{VA}_{\overline{n}|i} = C \cdot \mathbf{\ddot{a}}_{\overline{n}|i} = 300 \cdot (1 + 0{,}06) \frac{1 - (1 + 0{,}06)^{-12}}{0{,}06} = 2.666{,}06 \ €$$

Valor final:

$$\mathbf{VF}_{\overline{n}|i} = C \cdot \mathbf{\ddot{S}}_{\overline{n}|i} = 300 \cdot (1 + 0{,}06) \frac{(1 + 0{,}06)^{12} - 1}{0{,}06} = 5.364{,}64 \ €$$

Pospagable

Valor actual:

$$\mathbf{VA}_{\overline{n}|i} = \mathbf{VA}_{\overline{n}|i} / (1 + i) = 2.666{,}06/(1 + 0{,}06) = 2.515{,}15 \ €$$

Valor final:

$$\mathbf{VF}_{\overline{n}|i} = \mathbf{VF}_{\overline{n}|i} / (1 + i) = 5.364{,}64/(1 + 0{,}06) = 5.060{,}98$$

IDENTIFICACIÓN DE RENTA INMEDIATA-PERPETUA	
SÓLO HAY VALOR ACTUAL	
RENTA UNITARIA	
POSPAGABLE	PREPAGABLE
$a_{\overline{\infty}|i}$	$\ddot{a}_{\overline{\infty}|i}$
RENTA TÉRMINO C	
POSPAGABLE	PREPAGABLE
$VA_{\overline{\infty}|i}$	$VA_{\overline{\infty}|i}$

3.2.2 Renta inmediata-perpetua

En este tipo de rentas no podemos calcular el valor final, dado que no conocemos su terminación, bien porque el número de términos es ilimitado o porque la duración es infinita (∞).

Pospagable

Renta cuyo primer término se devenga al final de un período (si es anual, el 31 de diciembre; si es mensual, el 31 de enero, etc.).

VALOR ACTUAL

Es la valoración en el origen de la duración de la operación financiera (renta). Calculamos el valor de la renta al principio del primer período (en el origen) conforme al esquema de la Figura 3.9. Plantearemos el desarrollo, nomenclatura a emplear y fórmula de la renta.

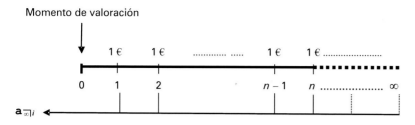

Figura 3.9. **Valor actual de una renta inmediata, perpetua y pospagable.**

Aplicamos el principio de equivalencia en el origen, al igual que en la renta inmediata-temporal, y obtenemos la suma de todos los términos actualizados al momento de valoración (0). Posteriormente, aplicamos a la expresión de la renta unitaria la teoría matemática de límites, para cuando la duración n tiende al infinito: $n \to \infty$.

$$\mathbf{a}_{\overline{\infty}|i} = \frac{1}{(1+i)} + \frac{1}{(1+i)^2} + \cdots + \frac{1}{(1+i)^{n-1}} + \frac{1}{(1+i)^n} + \cdots + \frac{1}{(1+i)^{\infty}}$$

$$\mathbf{a}_{\overline{\infty}|i} = \lim_{n \to \infty} \mathbf{a}_{\overline{n}|i} = \lim_{n \to \infty} \frac{1 - (1+i)^{-n}}{i} = \frac{1}{i}\left(1 - \lim_{n \to \infty}(1+i)^{-n}\right) =$$

$$= \frac{1}{i}\left(1 - \frac{1}{\lim_{n \to \infty}(1+i)^n}\right) = \frac{1}{i}\left(1 - \frac{1}{\infty}\right) = \frac{1}{i}$$

Generalizando, para cualquier término o capital (C), el valor actual de la renta de duración (∞) a una tasa de interés anual (i) será el producto del capital (C) por la renta unitaria.

$$\mathbf{VA}_{\overline{\infty}|i} = C \cdot \mathbf{a}_{\overline{\infty}|i}$$

Prepagable

Renta cuyo primer término se devenga al principio de un período (si es anual, el 1 de enero; si es mensual, el 1 de enero, también; etc.).

VALOR ACTUAL

Es la valoración en el origen de la duración de la operación financiera (renta). Calculamos el valor de la renta al principio del primer período (en el origen) conforme al esquema de la Figura 3.10. Plantearemos el desarrollo, nomenclatura a emplear y fórmula de la renta.

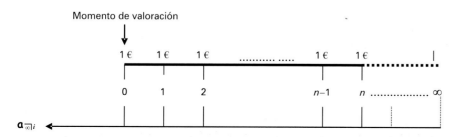

Figura 3.10. **Valor actual de una renta unitaria, inmediata, perpetua y prepagable.**

Aplicamos el principio de equivalencia en el origen, al igual que en la renta inmediata-temporal, y obtenemos la suma de todos los términos actualizados al momento de valoración (0). Posteriormente, aplicamos a la expresión de la renta unitaria la teoría matemática de límites, para cuando n tiende a infinito: $n \to \infty$.

$$a_{\overline{\infty}|i} = 1 + \frac{1}{(1+i)} + \frac{1}{(1+i)^2} + \cdots + \frac{1}{(1+i)^{n-1}} + \frac{1}{(1+i)^n} + \cdots + \frac{1}{(1+i)^{\infty-1}}$$

$$a_{\overline{\infty}|i} = \lim_{n \to \infty} a_{\overline{n}|i} = \lim_{n \to \infty} (1+i) \, a_{\overline{n}|i} = (1+i) \lim_{n \to \infty} a_{\overline{n}|i} = \frac{1+i}{i}$$

Generalizando, para cualquier término o capital (C), el valor actual de la renta de duración (∞) a una tasa de interés anual (i) será el producto del capital (C) por la renta unitaria.

$$VA_{\overline{\infty}|i} = C \cdot a_{\overline{\infty}|i}$$

Actividad resuelta 3.4

Determinar el capital que debemos depositar en un banco que nos abona el 5% de interés compuesto anual, si pretendemos obtener 1.000 € **al final** de cada año en forma de pensión vitalicia o perpetua.

SOLUCIÓN

Valor actual:

$$VA_{\overline{\infty}|i} = C \cdot a_{\overline{\infty}|i} = 1.000 \cdot \frac{1}{0,05} = \mathbf{20.000\ €}$$

Actividad resuelta 3.5

Determinar el capital que debemos depositar en un banco que nos abona el 5% de interés compuesto anual, si pretendemos obtener 1.000 € **al comienzo** de cada año en forma de pensión vitalicia o perpetua.

SOLUCIÓN

Valor actual:

$$VA_{\overline{\infty}|i} = C \cdot a_{\overline{\infty}|i} = 1.000 \cdot \frac{1+0,05}{0,05} = \mathbf{21.000\ €}$$

3.2.3 Rentas diferidas

Diferir significa *aplazar d* períodos entre el momento de valoración y el primer período en el que se produce el primer pago o cobro. Consiste en dejar *transcurrir* un tiempo *d* entre el origen y el inicio de la renta.

El símbolo gráfico de identificación empleado será: $^d/$ seguido de la renta que se pretenda analizar.

En las rentas diferidas-temporales, de duración *n*, el valor final es el mismo que las inmediatas, vistas anteriormente; no afecta el diferimiento. En las rentas diferidas-perpetuas, de duración "∞", el valor final no existe.

Los valores actuales se pueden determinar multiplicando la renta temporal o perpetua, según el caso, por el factor de actualización $(1 + i)^{-d}$, conforme al Cuadro 3.1.

Podemos obtener otro cuadro paralelo para rentas anticipadas (con otros ocho tipos) cuyos valores actuales serán los mismos que para las inmediatas; sólo habrá que obtener los valores finales, determinados por el producto de la renta temporal o perpetua por el factor de anticipación: $(1 + i)^a$, donde *a* es el número de períodos de anticipación.

Ejemplo:

$$^a/\mathsf{S}_{\overline{n}|i} = (1 + i)^a \, \mathsf{S}_{\overline{n}|i}$$

Valor final de renta unitaria, temporal, pospagable y anticipada

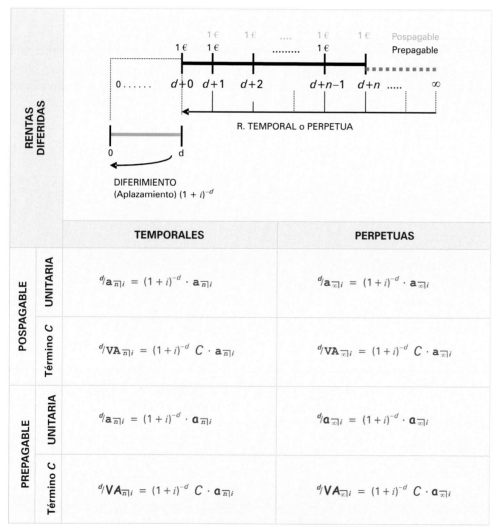

		TEMPORALES	PERPETUAS
POSPAGABLE	UNITARIA	$^d/\mathbf{a}_{\overline{n}|i} = (1 + i)^{-d} \cdot \mathbf{a}_{\overline{n}|i}$	$^d/\mathbf{a}_{\overline{\infty}|i} = (1 + i)^{-d} \cdot \mathbf{a}_{\overline{\infty}|i}$
	Término C	$^d/\mathbf{VA}_{\overline{n}|i} = (1+i)^{-d} \, C \cdot \mathbf{a}_{\overline{n}|i}$	$^d/\mathbf{VA}_{\overline{\infty}|i} = (1+i)^{-d} \, C \cdot \mathbf{a}_{\overline{\infty}|i}$
PREPAGABLE	UNITARIA	$^d/\mathbf{\ddot{a}}_{\overline{n}|i} = (1 + i)^{-d} \cdot \mathbf{\ddot{a}}_{\overline{n}|i}$	$^d/\mathbf{\ddot{a}}_{\overline{\infty}|i} = (1 + i)^{-d} \cdot \mathbf{\ddot{a}}_{\overline{\infty}|i}$
	Término C	$^d/\mathbf{V\ddot{A}}_{\overline{n}|i} = (1+i)^{-d} \, C \cdot \mathbf{\ddot{a}}_{\overline{n}|i}$	$^d/\mathbf{V\ddot{A}}_{\overline{\infty}|i} = (1+i)^{-d} \, C \cdot \mathbf{\ddot{a}}_{\overline{\infty}|i}$

Cuadro 3.1. **Resumen de rentas diferidas.**

Actividad resuelta 3.6

Determinar el valor actual de una **renta pospagable** de cuantía constante, siendo la anualidad de 1.000 €, la duración 10 años, el tipo de interés anual del 5%, con un aplazamiento o **diferimiento** de 2 años.

SOLUCIÓN

Valor actual:

$$^{d/}\mathbf{VA}_{\overline{n}|i} = (1+i)^{-d}\ C \cdot \mathbf{a}_{\overline{n}|i} = (1+0,05)^{-2} \cdot 1.000\ \frac{1-(1+0,05)^{-10}}{0,05} = \mathbf{7.003,84\ €}$$

Actividad resuelta 3.7

Determinar el valor actual de una **renta prepagable** de cuantía constante, siendo la anualidad de 1.000 €, la duración 10 años, el tipo de interés anual del 5%, con un aplazamiento o **diferimiento** de 2 años. Posteriormente, comprobar su valor a través de la relación con la renta pospagable de la actividad anterior.

SOLUCIÓN

Valor actual:

$$^{d/}\mathbf{V\ddot{A}}_{\overline{n}|i} = (1+i)^{-d}\ C \cdot \ddot{\mathbf{a}}_{\overline{n}|i} = (1+0,05)^{-2} \cdot 1.000 \cdot (1+0,05) \cdot \frac{1-(1+0,05)^{-10}}{0,05} = \mathbf{7.354,03\ €}$$

Relación:

$$^{d/}\mathbf{V\ddot{A}}_{\overline{n}|i} = (1+i) \cdot {}^{d/}\mathbf{VA}_{\overline{n}|i} = (1+0,05) \cdot 7.003,84 = \mathbf{7.354,03\ €}$$

Actividad resuelta 3.8

Determinar el valor actual de una **renta pospagable** de cuantía constante, de importe 1.000€, perpetua, al tipo de interés anual del 5%, con un aplazamiento o **diferimiento** de 2 años. Posteriormente para una renta **pregrabable** a través de la relación de ambas.

SOLUCIÓN

Valor actual:

$$^{d/}\mathbf{VA}_{\overline{\infty}|i} = (1+i)^{-d}\ C \cdot \mathbf{a}_{\overline{\infty}|i} = (1+0,05)^{-2} \cdot 1.000 \cdot (1/0,05) = \mathbf{18.140,59\ €}$$

Relación:

$$^{d/}\mathbf{V\ddot{A}}_{\overline{\infty}|i} = (1+i) \cdot {}^{d/}\mathbf{VA}_{\overline{\infty}|i} = (1+0,05) \cdot 18.140,59 = \mathbf{19.047,62\ €}$$

3.3 Rentas constantes fraccionadas

En este tipo de rentas el período de capitalización del tanto no coincide con el período de pago o cobro del término de la renta. Por tanto, se pueden dar las siguientes situaciones:

a) Término de pago o cobro anual n y tanto de capitalización $i_{(m)}$ inferior al año o fraccionado.

b) Término de pago o cobro inferior al año, fraccionado de frecuencia m (para meses, $m = 12$; trimestres, $m = 4$; cuatrimestres, $m = 3$; semestres, $m = 2$, etc.) y tanto de capitalización anual i.

c) Término de pago o cobro fraccionado de frecuencia m y tanto de capitalización $i_{(m)}$ fraccionado.

Uno de los principios utilizados para efectuar la valoración es que el *término* (cada uno de los capitales que compone la renta, pudiendo ser unitario o C) y la *tasa de interés* deben estar referidos en la *misma unidad de tiempo,* y en caso contrario realizar las oportunas transformaciones. Por tanto, para las situaciones a) y b) se aplica el principio de equivalencia de tasas visto en el Capítulo 1:

$$(1 + i) = (1 + i_{(m)})^m$$

con las siguientes transformaciones:

- Para a) se calcula la tasa anual:

$$i = (1 + i_{(m)})^m - 1$$

quedando una renta constante entera.

- Para b) se calcula la tasa fraccionada:

$$i_{(m)} = (1 + i)^{1/m} - 1$$

quedando una renta constante fraccionada al igual que la situación c).

Para el desarrollo de las rentas constantes fraccionadas partimos de un esquema genérico financiero (véase la Figura 3.11) y aplicamos el mismo proceso de desarrollo que las rentas constantes, enteras, inmediatas, temporales, perpetuas, etc., tratadas en los epígrafes anteriores, y por analogía llegamos a las fórmulas y nomenclatura expuestas en el Cuadro 3.2. Dicho proceso de desarrollo consiste en lo siguiente:

- Aplicar el principio de equivalencia en el origen para el valor actual y en el final para el valor final.

- Suma de todos los términos actualizados para obtener el valor actual y capitalizados para obtener el valor final.

- Aplicar a la expresión resultante la teoría matemática de una suma de términos en progresión geométrica y sustituir en la renta.

- Para simplificar el valor actual de la renta, multiplicamos numerador y denominador primero por $(1 + i_{(m)})$.

- Finalmente, en la renta unitaria obtenida, generalizamos para término C simplemente multiplicando la renta unitaria por C.

FORMULACIÓN PARA TÉRMINO UNITARIO

POSPAGABLE

V. actual: $a_{\overline{n}|i} = \dfrac{1-(1+i)^{-n}}{i}$ $\qquad$ $a_{\overline{n}|i_{(m)}}^{(m)} = \dfrac{1-(1+i_{(m)})^{-n\cdot m}}{i_{(m)}}$

V. final: $S_{\overline{n}|i} = \dfrac{(1+i)^n - 1}{i}$ $\qquad$ $S_{\overline{n}|i_{(m)}}^{(m)} = \dfrac{(1+i_{(m)})^{n\cdot m} - 1}{i_{(m)}}$

PREPAGABLE

V. actual: $\ddot{a}_{\overline{n}|i} = (1+i)\cdot a_{\overline{n}|i}$ $\qquad$ $\ddot{a}_{\overline{n}|i_{(m)}}^{(m)} = (1+i_{(m)})\cdot a_{\overline{n}|i_{(m)}}^{(m)}$

V. final: $\ddot{S}_{\overline{n}|i} = (1+i)\cdot S_{\overline{n}|i}$ $\qquad$ $\ddot{S}_{\overline{n}|i_{(m)}}^{(m)} = (1+i_{(m)})\cdot S_{\overline{n}|i_{(m)}}^{(m)}$

POSPAGABLE

V. actual: $a_{\overline{\infty}|i} = 1/i$ $\qquad$ $a_{\overline{\infty}|i_{(m)}} = 1/i_{(m)}$

PREPAGABLE

V. actual: $\ddot{a}_{\overline{\infty}|i} = (1+i)/i$ $\qquad$ $\ddot{a}_{\overline{\infty}|i_{(m)}} = (1+i_{(m)})/i_{(m)}$

POSPAGABLE-PREPAGABLE

$^{d/}$R. entera $= (1+i)^{-d}\cdot$ R. inmediata $\qquad$ $^{d/}$R. fraccionada $= (1+i_{(m)})^{-d}\cdot$ R. inmediata fraccionada

Se obtienen al multiplicar la inmediata por el factor $(1+i)^{-d}$. El valor final = Renta inmediata

RENTAS CONSTANTES ENTERAS · *INMEDIATA-TEMPORAL* · *INMEDIATA PERPETUA* · *DIFERIDA*

INMEDIATA-TEMPORAL · *INMEDIATA PERPETUA* · *DIFERIDA* · *RENTAS CONSTANTES FRACCIONADAS*

Para las rentas en función del tanto nominal anual J_m se realizará el cambio de variable o determinación del tanto fraccionado $i_{(m)}$ a través de la relación de tasas: $i_{(m)} = J_m/m$.

Los valores actuales y finales para término C se obtienen del producto de las rentas unitarias por el término C, y la simbología gráfica es la misma que en las enteras, con el cambio del tanto de interés y la duración m, al igual que hemos visto anteriormente en el desarrollo de la renta pospagable.

Cuadro 3.2. **Rentas constantes fraccionadas (parte derecha sombreada). Tabla resumen.**

Vamos a tomar como ejemplo el desarrollo del valor actual de una renta unitaria, constante, inmediata, fraccionada, temporal y pospagable, cuyo esquema gráfico para un fraccionamiento semestral lo podemos observar en la Figura 3.11.

La suma de los términos actualizados, una vez aplicada la equivalencia en el origen, será:

$$a_{\overline{n}|i_{(m)}}^{(m)} = \frac{1}{(1+i_{(m)})} + \frac{1}{(1+i_{(m)})^m} + \frac{1}{(1+i_{(m)})^{2m}} + \cdots + \frac{1}{(1+i_{(m)})^{(n-1)m}} + \frac{1}{(1+i_{(m)})^{n.m}}$$

Aplicando la teoría matemática, sabemos que de una suma de términos en progresión geométrica, por analogía con la renta entera, tenemos:

$$a\frac{(m)}{n|}i_{(m)} = \frac{\dfrac{1}{(1+i_{(m)})} - \dfrac{1}{(1+i_{(m)})^{n \cdot m}} \cdot \dfrac{1}{(1+i_{(m)})}}{1 - \dfrac{1}{(1+i_{(m)})}}$$

Multiplicando numerador y denominador por $(1 + i_{(m)})$ y simplificando:

$$a\frac{(m)}{n|}i_{(m)} = \frac{\left[\dfrac{1}{(1+i_{(m)})} - \dfrac{1}{(1+i_{(m)})^{n \cdot m}} \cdot \dfrac{1}{(1+i_{(m)})}\right] \cdot (1+i_{(m)})}{\left[1 - \dfrac{1}{(1+i_{(m)})}\right] \cdot (1+i_{(m)})} = \frac{1 - \dfrac{1}{(1+i_{(m)})^{n \cdot m}}}{1 + i_{(m)} - 1}$$

Finalmente nos queda:

$$a\frac{(m)}{n|}i_{(m)} = \frac{1 - (1+i_{(m)})^{-n \cdot m}}{i_{(m)}}$$

que es el valor actual de una renta unitaria, inmediata, fraccionada, temporal y pospagable.

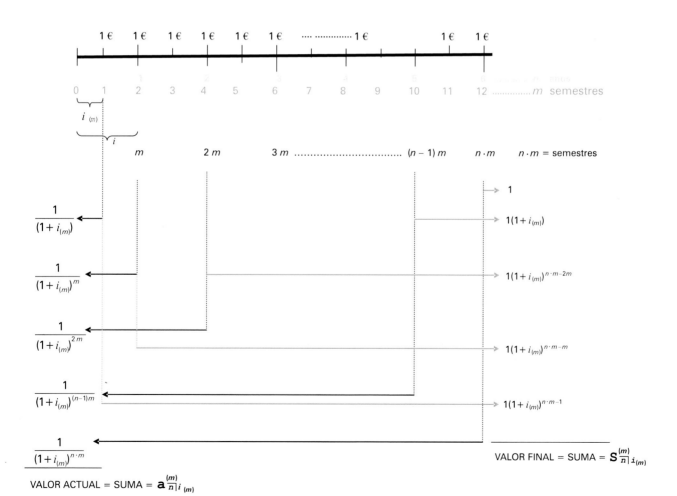

Figura 3.11. Valor actual y final de una renta unitaria, inmediata, fraccionada, temporal y pospagable.

En la renta anticipada fraccionada, el valor actual será el mismo que en la inmediata temporal, y el valor final por analogía igual que en las rentas enteras anticipadas, con la única transformación del tanto anual en tanto fraccionado.

a/ Renta fraccionada anticipada = $(1 + i_{(m)})^a \cdot$ Renta inmediata.

El valor actual para cualquier término C, será el producto de la renta unitaria por C.

$$VA^{(m)}_{\overline{n}|i_{(m)}} = C \cdot a^{(m)}_{\overline{n}|i_{(m)}}$$

Como conclusión, diremos que, por analogía con las rentas enteras, podemos obtener todas las fórmulas de rentas fraccionadas sin necesidad de su desarrollo; simplemente bastará con sustituir en las rentas enteras el tanto i por $i_{(m)}$ y la duración n por $n \cdot m$ (véase el Cuadro 3.2).

Para analizar gráficamente el esquema financiero, consideramos como modelo de análisis un fraccionamiento semestral del tiempo donde $m = 2$, que luego generalizamos para cualquier otra duración y valor actual y final de renta pospagable. Por consiguiente, planteamos el esquema financiero (Figura 3.11) en función del $i_{(m)}$, pero si lo que conocemos es el tanto anual unitario, procedemos a su transformación al tanto fraccionado.

Actividad resuelta 3.9

Determinar el valor actual y final al realizar imposiciones de 1.000 € al **finalizar** cada **semestre**, en un banco durante 10 años, siendo el interés semestral del 2%.

SOLUCIÓN

$$V.\ actual = C \cdot a^{(m)}_{\overline{n}|i_{(m)}} = 1.000\ \frac{(1+0,02)^{-10 \cdot 2}}{0,02} = 16.351,43\ €$$

$$V.\ final = C \cdot S^{(m)}_{\overline{n}|i_{(m)}} = 1.000\ \frac{(1+0,02)^{10 \cdot 2}-1}{0,02} = 24.297,36\ €$$

Actividad resuelta 3.10

Determinar el valor actual y final al realizar imposiciones de 1.000 € al **comienzo** de cada **semestre**, en un banco durante 10 años, siendo el interés semestral del 2%.

SOLUCIÓN

$$V.\ actual = C \cdot a^{(m)}_{\overline{n}|i_{(m)}} = 1.000\ (1+0,02)\ \frac{1-(1+0,02)^{-10 \cdot 2}}{0,02} = 16.678,46\ €$$

$$V.\ final = C \cdot S^{(m)}_{\overline{n}|i_{(m)}} = 1.000\ (1+0,02)\ \frac{(1+0,02)^{10 \cdot 2}-1}{0,02} = 24.783,32\ €$$

Actividad resuelta 3.11

Determinar el capital que debemos depositar en un banco que nos abona el 2% de interés compuesto semestral, si pretendemos obtener 1.000 € al final de cada semestre en forma de pensión perpetua.

SOLUCIÓN

$$\text{V. actual} = C \cdot \mathbf{a}^{(m)}_{\infty|\,i_{(m)}} = 1.000 \cdot (1/0,02) = 50.000\ €$$

Actividad resuelta 3.12

Determinar el valor actual de una renta pospagable de cuantía constante y semestral de 1.000 €, de duración 10 años, a una tasa de interés semestral del 2% y con un aplazamiento o diferenciamiento de 2 años.

SOLUCIÓN

$$\text{V. actual} = C \cdot (1 + i_{(m)})^{-d} \cdot \text{R. inmediata fraccionada} = 1.000 \cdot (1 + 0,02)^{-4} \cdot \mathbf{a}^{(m)}_{n|\,i_{(m)}} =$$

$$= 1.000 \cdot (1 + 0,02)^{-4} \cdot \frac{(1 + 0,02)^{-10\cdot2}}{0,02} = 15.106,19\ €$$

3.4 Rentas variables

En las rentas constantes, el capital de cada período no varía; en cambio, cuando tenemos operaciones financieras donde los términos son distintos, bien de forma aleatoria sin seguir un criterio lógico o bien conforme a una ley matemática de variación, podemos tener con mayor frecuencia dos tipos de leyes, una en progresión aritmética y otra en progresión geométrica, que dan lugar a dos tipos de rentas.

A veces, la utilización de un tipo de renta u otro es debida al paralelismo en la variación justificada de ciertos fenómenos económico-financieros, tales como la planificación y ajuste del presupuesto de las empresas, con incrementos de ingresos y gastos de forma progresiva sumativa y los procesos inflacionistas de forma progresiva acumulativa y multiplicativa. De esta forma, la valoración de los términos o capitales se aproximará al beneficio previsto y al valor real del poder adquisitivo.

En otros fenómenos en los que se produce un crecimiento (salarios, alquileres, pensiones etc.), es conveniente ajustar los términos a una ley de progresión o razón de crecimiento medio, durante todo el período de la operación.

3.4.1. Renta en progresión aritmética

Tendremos una renta en progresión aritmética cuando cualquiera de los términos que la componen es igual al término anterior sumando una razón o cantidad constante de crecimiento, designada por *h*.

El esquema gráfico financiero para el valor actual de una renta variable en progresión aritmética, inmediata, temporal, entera y pospagable es el que se muestra en la Figura 3.12, donde representamos de forma genérica la operación, y luego, por la propiedad disociativa de rentas, descomponemos la operación en n rentas, con el diferimiento correspondiente para cada una de ellas. Según podemos observar, la primera renta es de término C, y las posteriores de término h (razón de progresión o crecimiento) y su correspondiente aplazamiento o diferimiento, valorándolas todas al momento actual (0) u origen.

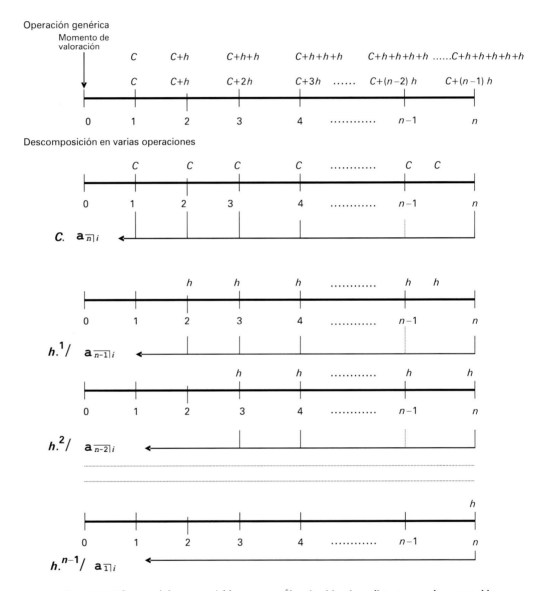

Figura 3.12. **Valor actual de renta variable en progresión aritmética, inmediata, temporal y pospagable.**

En el desarrollo o proceso de la operación para la obtención del valor actual, aplicamos los siguientes pasos:

1. Por el principio de equivalencia en (0), el valor actual será la suma de las rentas y expresiones anteriores.

$$\mathbf{A}_{(C,h)\overline{n}|i} = C \cdot \mathbf{a}_{\overline{n}|i} + h^{1}/\mathbf{a}_{\overline{n-1}|i} + h^{2}/\mathbf{a}_{\overline{n-2}|i} + \cdots + h^{n-1}/\mathbf{a}_{\overline{1}|i}$$

2. Sacamos factor común de h y convertimos la renta diferida en renta inmediata:

$$\mathbf{A}_{(C,h)\overline{n}|i} = C \cdot \mathbf{a}_{\overline{n}|i} + h\left[(1+i)^{-1} \cdot \mathbf{a}_{\overline{n-1}|i} + (1+i)^{-2} \cdot \mathbf{a}_{\overline{n-2}|i} + \cdots + (1+i)^{-(n-1)}\mathbf{a}_{\overline{1}|i}\right]$$

3. Desarrollamos cada una de las rentas temporales y ordenamos los factores; tenemos:

$$\mathbf{A}_{(C,h)\overline{n}|i} = C \cdot \mathbf{a}_{\overline{n}|i} + \frac{h}{i} \cdot \left[\mathbf{a}_{\overline{n}|i} - n(1+i)^{-n}\right] = C \cdot \mathbf{a}_{\overline{n}|i} + \frac{h}{i} \cdot \mathbf{a}_{\overline{n}|i} - \frac{n \cdot h}{i} \cdot (1+i)^{-n}$$

4. Para simplificar la expresión, sumamos y restamos $\dfrac{n \cdot h}{i}$ al último miembro:

$$\mathbf{A}_{(C,h)\overline{n}|i} = C \cdot \mathbf{a}_{\overline{n}|i} + \frac{h}{i} \cdot \mathbf{a}_{\overline{n}|i} - \frac{n \cdot h}{i}(1+i)^{-n} + \underbrace{\frac{n \cdot h}{i} - \frac{n \cdot h}{i}} =$$

$$= C \cdot \mathbf{a}_{\overline{n}|i} + \frac{h}{i}\mathbf{a}_{\overline{n}|i} + n \cdot h\underbrace{\left(\frac{1-(1+i)^n}{i}\right)}_{\mathbf{a}_{\overline{n}|i}} - \frac{n \cdot h}{i}$$

5. Finalmente llegamos a la expresión reducida del valor actual:

$$\boxed{\mathbf{A}_{(C,h)\overline{n}|i} = \left(C + \frac{h}{i} + n \cdot h\right)\mathbf{a}_{\overline{n}|i} - \frac{n \cdot h}{i}}$$

El valor final lo obtenemos a partir del valor actual anterior, capitalizado durante n períodos al tanto de interés i.

$$\mathbf{S}_{(C \cdot h)\overline{n}|i} = \mathbf{A}_{(C,h)\overline{n}|i} \cdot (1+i)^n$$

Sustituyendo el valor actual por la expresión reducida hallada anteriormente y operando:

$$\mathbf{S}_{(C \cdot h)\overline{n}|i} = \left(\left(C + \frac{h}{i} + n \cdot h\right)\mathbf{a}_{\overline{n}|i} - \frac{n \cdot h}{i}\right)(1+i)^n =$$

$$= \left(C + \frac{h}{i} + n \cdot h\right)\underbrace{\mathbf{a}_{\overline{n}|i} \cdot (1+i)^n}_{\mathbf{S}_{\overline{n}|i}} - \frac{n \cdot h}{i} \cdot (1+i)^n =$$

$$= \left(C + \frac{h}{i}\right)\mathbf{S}_{\overline{n}|i} + n \cdot h \cdot \underbrace{\mathbf{S}_{\overline{n}|i}}_{\frac{(1+i)^n - 1}{i}} - \frac{n \cdot h}{i} \cdot (1+i)^n =$$

$$= \left(C + \frac{h}{i}\right)\mathbf{S}_{\overline{n}|i} + \frac{n \cdot h}{i}\left[(1+i)^n - 1 - (1+i)^n\right]$$

Finalmente llegamos a la expresión reducida del valor final:

$$\boxed{\mathbf{S}_{(C \cdot h)\overline{n}|i} = \left(C + \frac{h}{i}\right)\mathbf{S}_{\overline{n}|i} - \frac{n \cdot h}{i}}$$

Ambas expresiones reducidas (valor actual y final) serán el punto de partida o rentas generadoras de todas las demás rentas, tomando un criterio deductivo y por similitud y relación entre todas las rentas, según hemos ido viendo en epígrafes anteriores. Por consiguiente, todas las rentas se pueden expresar en función de las originarias o generadoras, tanto para valores actuales como para valores finales, sin necesidad de desarrollo previo. Pudiendo componer el Cuadro 3.3 con un resumen formulario del resto de las rentas variables en progresión aritmética.

	ENTERAS	
RENTAS	POSPAGABLE	PREPAGABLE
INMEDIATA TEMPORAL	Valor actual: $$\mathbf{A}_{(c,h)\overline{n}|i} = \left(C + \frac{h}{i} + n \cdot h\right) \mathbf{a}_{\overline{n}|i} - \frac{n \cdot h}{i}$$ Valor final: $$\mathbf{S}_{(c \cdot h)\overline{n}|i} = \mathbf{A}_{(c,h)\overline{n}|i} \cdot (1+i)^n$$	Valor actual: $$\mathbf{A}_{(c,h)\overline{n}|i} = (1+i) \cdot \mathbf{A}_{(c,h)\overline{n}|i}$$ Valor final: $$\mathbf{S}_{(c \cdot h)\overline{n}|i} = (1+i) \cdot \mathbf{S}_{(c \cdot h)\overline{n}|i}$$
DIFERIDA TEMPORAL (valor final igual inmediata)	Valor actual: $${}^{d\!/}\mathbf{A}_{(c,h)\overline{n}|i} = (1+i)^{-d} \cdot \mathbf{A}_{(c,h)\overline{n}|i}$$	Valor actual: $${}^{d\!/}\mathbf{A}_{(c,h)\overline{n}|i} = (1+i)^{-d} \cdot \mathbf{A}_{(c,h)\overline{n}|i}$$
ANTICIPADA TEMPORAL (valor actual igual inmediata)	Valor final: $${}^{a\!/}\mathbf{S}_{(c,h)\overline{n}|i} = (1+i)^{a} \cdot \mathbf{S}_{(c,h)\overline{n}|i}$$	Valor final: $${}^{a\!/}\mathbf{S}_{(c,h)\overline{n}|i} = (1+i)^{a} \cdot \mathbf{S}_{(c,h)\overline{n}|i}$$
INMEDIATA PERPETUA (sin valor final)	Valor actual: $$\mathbf{A}_{(c,h)\overline{\infty}|i} = \left(C + \frac{h}{i}\right) \cdot \frac{1}{i}$$	Valor actual: $$\mathbf{A}_{(c,h)\overline{\infty}|i} = (1+i) \cdot \mathbf{A}_{(c,h)\overline{\infty}|i}$$
DIFERIDA PERPETUA (sin valor final)	Valor actual: $${}^{d\!/}\mathbf{A}_{(c,h)\overline{\infty}|i} = (1+i)^{-d} \cdot \mathbf{A}_{(c,h)\overline{\infty}|i}$$	Valor actual: $${}^{d\!/}\mathbf{A}_{(c,h)\overline{\infty}|i} = (1+i)^{-d} \cdot \mathbf{A}_{(c,h)\overline{\infty}|i}$$

Para las rentas fraccionadas habría que sustituir la tasa anual i por la tasa fraccionada $i_{(m)}$ y añadir el símbolo gráfico (m) encima de la renta y aplicar todos los conocimientos anteriores.

Cuadro 3.3. **Rentas variables en progresión aritmética.**

Actividad resuelta 3.13

Deducir y expresar de forma reducida o lo más simplificada posible el valor actual de las siguientes rentas:

a) Renta variable en progresión aritmética, diferida, temporal, entera y prepagable.

b) Renta variable en progresión aritmética, diferida, perpetua, entera y prepagable.

c) Renta variable en progresión aritmética, diferida, temporal, fraccionada y prepagable.

SOLUCIÓN

a) Su símbolo gráfico extendido de identificación será:

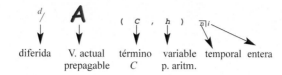

Proceso de desarrollo reducible:

1.º Quitamos el diferimiento, a través del factor $(1+i)^{-d}$.
2.º Pasamos la renta prepagable a pospagable a través del factor $(1 + i)$.
3.º Expresamos la renta pospagable, variable en progresión aritmética originaria.
4.º Expresamos la renta pospagable, inmediata, temporal.

$$^{d}\!/\mathbf{A}_{(C,h)\overline{n}|i} = (1+i)^{-d} \cdot (1+i)\,\mathbf{A}_{(C,h)\overline{n}|i}$$

$$^{d}\!/\mathbf{A}_{(C,h)\overline{n}|i} = (1+i)^{-d} \cdot (1+i)\left(C + \frac{h}{i} + n\cdot h\; \mathbf{a}_{\overline{n}|i} - \frac{n\cdot h}{i}\right)$$

$$^{d}\!/\mathbf{A}_{(C,h)\overline{n}|i} = (1+i)^{-d} \cdot (1+i)\left(\left(C + \frac{h}{i} + n\cdot h\right)\frac{1-(1+i)^{-n}}{i} - \frac{n\cdot h}{i}\right)$$

b) Su símbolo gráfico extendido de identificación será:

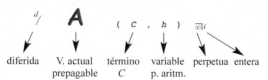

Procediendo de forma similar al caso anterior, llegamos a la expresión simplificada:

$$^{d}\!/\mathbf{A}_{(C,h)\overline{\infty}|i} = (1+i)^{-d} \cdot \mathbf{A}_{(C,h)\overline{\infty}|i} = (1+i)^{-d} \cdot (1+i)\,\mathbf{A}_{(C,h)\overline{\infty}|i} = (1+i)^{-d} \cdot (1+i)\,C + \left(\frac{h}{i}\cdot\frac{1}{i}\right)$$

c) Su símbolo gráfico extendido de identificación será:

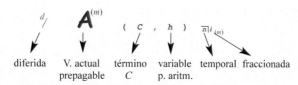

Procediendo de forma similar a los casos anteriores, llegamos a la expresión simplificada:

$$_{d/}\mathbf{A}_{(C,h)\overline{x}|i_{(m)}}^{(m)} = (1+i)^{-d} \cdot (1+i_{(m)}) \ C \ + \ \frac{h}{i_{(m)}} \ + \ n \cdot m \cdot h \ \frac{1-(1+i)^{-n \cdot m}}{i_{(m)}} \ - \ \frac{n \cdot m \cdot h}{i_{(m)}}$$

Actividad resuelta 3.14

Deducir y expresar de forma reducida o lo más simplificada posible el valor final de las siguientes rentas:

a) Renta variable en progresión aritmética, inmediata, temporal, entera y prepagable.

b) Renta variable en progresión aritmética, anticipada, temporal, entera y pospagable.

SOLUCIÓN

a) Su símbolo gráfico extendido de identificación será:

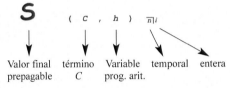

- Proceso de desarrollo reducible:

  1.º Pasamos la renta prepagable a pospagable a través del factor $(1+i)$.

  2.º Pasamos el valor final de la pospagable a valor actual, capitalizado por $(1+i)^n$.

  3.º-4.º Expresamos los valores actuales de la renta pospagable.

$$\mathbf{S}_{(C,h)\overline{n}|i} = (1+i) \ \mathbf{S}_{(C,h)\overline{n}|i} = (1+i) \cdot (1+i)^n \cdot \mathbf{A}_{(C,h)\overline{n}|i}$$

$$\mathbf{S}_{(C,h)\overline{n}|i} = (1+i) \cdot (1+i)^n \cdot \left[C + \frac{h}{i} + n \cdot h \ \mathbf{a}_{\overline{n}|i} - \frac{n \cdot h}{i} \right]$$

$$\mathbf{S}_{(C,h)\overline{n}|i} = (1+i) \cdot (1+i)^n \cdot \left(\left[C + \frac{h}{i} + n \cdot h \right] \frac{1-(1+i)^{-n}}{i} - \frac{n \cdot h}{i} \right)$$

b) Su símbolo gráfico extendido de identificación será

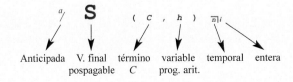

Procediendo de forma similar al caso anterior, llegamos a la expresión simplificada:

1.º Quitamos el anticipo: $(1 + i)^a$.

2.º Pasamos el valor final a valor actual y aplicamos la expresión del valor actual.

$$^{a/}\mathbf{S}_{(C,h)\overline{n}|i} = (1 + i)^a \cdot \mathbf{S}_{(C,h)\overline{n}|i} = (1 + i)^a (1 + i)^n \cdot \mathbf{A}_{(C,h)\overline{n}|i}$$

$$^{a/}\mathbf{S}_{(C,h)\overline{n}|i} = (1 + i)^a (1 + i)^n \cdot \left[\left(C + \frac{h}{i} + n \cdot h \right) \frac{1 - (1 + i)^{-n}}{i} - \frac{n \cdot h}{i} \right]$$

Actividad resuelta 3.15

Calcular el **valor actual** al realizar imposiciones de 1.000 € al finalizar cada año en un banco, durante 10 años, sumando 100 € cada año sobre el anterior, a una tasa de interés del 5% anual.

SOLUCIÓN

$$\text{V. actual} = \mathbf{A}_{(C,h)\overline{n}|i} = \left(C + \frac{h}{i} + n \cdot h \right) \mathbf{a}_{\overline{n}|i} - \frac{n \cdot h}{i} = \left(1.000 + \frac{100}{0,05} + 10.100 \right) \mathbf{a}_{\overline{n}|i} - (10.100/0,05)$$

$$= 4.000 \cdot \frac{1 - (1 + 0,05)^{-10}}{0,05} - (1.000/0,05) = \mathbf{10.886,94\ €}$$

Actividad resuelta 3.16

Con los datos de la actividad anterior, calcular el **valor actual** si las imposiciones se realizan al comienzo de cada año.

SOLUCIÓN

$$\text{V. actual} = \mathbf{\ddot{A}}_{(C,h)\overline{n}|i} = (1 + i) \cdot \mathbf{A}_{(C,h)\overline{n}|i} = (1 + 0,05) \cdot 10.886,94 = \mathbf{11.431,29\ €}$$

Actividad resuelta 3.17

a) Con los datos de la Actividad resuelta 3.15, calcular el **valor actual** suponiendo que hay un **aplazamiento** en el comienzo de las imposiciones de 2 años.

$$\text{V. actual} = {}^{d/}\mathbf{A}_{(C,h)\overline{n}|i} = (1 + i)^{-d} \cdot \mathbf{A}_{(C,h)\overline{n}|i} = (1 + 0,05)^{-2} \cdot 10.886,94 = \mathbf{9.874,77\ €}$$

b) Con los datos de la Actividad resuelta 3.15, calcular el **valor final** suponiendo que hay una **anticipación** en el comienzo de las imposiciones de 2 años.

$$\text{V. final} = {}^{a/}\mathbf{S}_{(C,h)\overline{n}|i} = (1+i)^a \cdot \mathbf{S}_{(C,h)\overline{n}|i} = (1+i)^a (1+i)^n \cdot \mathbf{A}_{(C,h)\overline{n}|i} =$$

$$= (1+0{,}05)^2 \cdot (1+0{,}05)\, 10 \cdot 10.886{,}94 = \mathbf{19.551{,}37\ €}$$

3.4.2. Renta en progresión geométrica

Tendremos una renta en progresión geométrica cuando cualquiera de los términos que la componen es igual término anterior multiplicado por una razón o cantidad constante de crecimiento, designada por q.

El esquema gráfico financiero para el valor actual de una renta variable en progresión geométrica es el que se observa en la Figura 3.13, en el cual representamos de forma genérica toda la operación mediante la actualización de cada término en el origen.

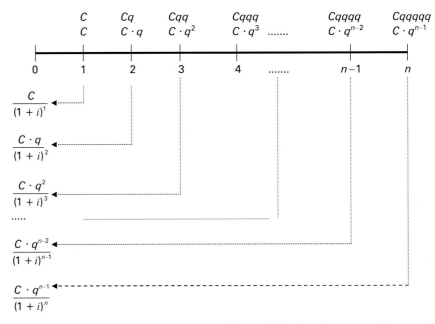

Figura 3.13. **Valor actual de renta variable en progresión geométrica, inmediata, temporal y pospagable.**

Por tanto, para determinar el valor actual partimos del principio de equivalencia, y con la suma de las expresiones anteriores tenemos la renta:

$$\mathbf{A}_{(C,q)\overline{n}|i} = \frac{C}{(1+i)^1} + \frac{C \cdot q}{(1+i)^2} + \frac{C \cdot q^2}{(1+i)^3} + \cdots + \frac{C \cdot q^{n-2}}{(1+i)^{n-1}} + \frac{C \cdot q^{n-1}}{(1+i)^n}$$

$$\mathbf{A}_{(C,q)\overline{n}|i} = C\,(1+i)^{-1} + C \cdot q\,(1+i)^{-2} + C \cdot q^2\,(1+i)^{-3} + \cdots +$$

$$+\ C \cdot q^{n-2}\,(1+i)^{-(n-1)} + C \cdot q^{n-1}\,(1+i)^{-n}$$

Sacando factor común a C:

$$\mathbf{A}_{(C,q)\overline{n}|i} = C\left[(1+i)^{-1} + q\,(1+i)^{-2} + q^2\,(1+i)^{-3} + \cdots + q^{n-2}\,(1+i)^{-(n-1)} + q^{n-1}\,(1+i)^{-n}\right]$$

Sacando factor común de $(1 + i)^{-1}$:

$$\mathbf{A}_{(C, q)\overline{n}|i} = C\,(1 + i)^{-1}\left[1 + q\,(1 + i)^{-1} + q^{2}\,(1 + i)^{-2} + \cdots + q^{n-2}\,(1 + i)^{-(n-2)} + q^{n-1}\,(1 + i)^{-(n-1)}\right]$$

Para el desarrollo de la expresión interna del paréntesis, aplicamos la teoría matemática de la suma de términos en progresión geométrica decreciente donde el primer término será $a_1 = 1$ y el último término, $a_n = q^{n-1}(1 + i)^{-(n-1)}$. La razón de crecimiento es:

$$r = q\,(1 + i)^{-1}$$

La suma será:

$$S = \frac{a_1 - a_n \cdot r}{1 - r}$$

Aplicada a la renta, tendremos:

$$\mathbf{A}_{(C, q)\overline{n}|i} = C\,(1 + i)^{-1}\left[\frac{1 - q^{n-1}(1 + i)^{-(n-1)} \cdot q(1 + i)^{-1}}{1 - q(1 + i)^{-1}}\right] = C\,(1 + i)^{-1} \cdot \left[\frac{1 - q^{n}(1 + i)^{-n}}{1 - \dfrac{q}{1 + i}}\right] =$$

$$= C\,(1 + i)^{-1}\left[\frac{1 - q^{n}(1 + i)^{-n}}{\dfrac{(1 + i) - q}{(1 + i)}}\right] = C\,(1 + i)^{-1} \cdot (1 + i)\left[\frac{1 - q^{n}(1 + i)^{-n}}{(1 + i) - q}\right]$$

siendo el producto de $(1 + i)^{-1} \cdot (1 + i)$ igual a 1, donde finalmente nos queda la expresión reducida y simplificada del valor actual de la renta, que nos va a servir para generar otras más (Cuadro 3.4).

$$\boxed{\mathbf{A}_{(C, q)\overline{n}|i} = C\left[\frac{1 - q^{n}(1 + i)^{-n}}{(1 + i) - q}\right]}$$

El valor final lo obtenemos a partir del valor actual de la renta anterior, capitalizada períodos al tanto i.

$$\mathbf{S}_{(C, q)\overline{n}|i} = (1 + i)^{n}\,\mathbf{A}_{(C, q)\overline{n}|i}$$

Sustituyendo el valor actual de la renta por la expresión reducida obtenida anteriormente y operando:

$$\mathbf{S}_{(C, q)\overline{n}|i} = (1 + i)^{n}\,C\left[\frac{1 - q^{n}(1 + i)^{-n}}{(1 + i) - q}\right]$$

$$\mathbf{S}_{(C, q)\overline{n}|i} = C\left[\frac{(1 + i)^{n} - q^{n}(1 + i)^{-n}(1 + i)^{n}}{(1 + i) - q}\right]$$

Finalmente nos queda la expresión reducida y simplificada del valor final:

$$\boxed{\mathbf{S}_{(C, q)\overline{n}|i} = C\left[\frac{(1 + i)^{n} - q^{n}}{(1 + i) - q}\right]}$$

Ambas expresiones, sobre todo la del valor actual, serán el punto de partida para obtener todas las demás rentas, con lo cual, por analogía y similitud con las rentas variables en progresión aritmética y las constantes, deducimos en el Cuadro 3.4 un formulario para otro tipo de rentas sin necesidad de desarrollo previo.

ENTERAS		
RENTAS	POSPAGABLE	PREPAGABLE
INMEDIATA TEMPORAL	Valor actual: $\mathbf{A}_{(c,q)\overline{n}|i} = C\left(\dfrac{1 - q^n(1+i)^{-n}}{(1+i) - q}\right)$ Valor final: $\mathbf{S}_{(c,q)\overline{n}|i} = \mathbf{A}_{(c,q)\overline{n}|i} \cdot (1+i)^n$	Valor actual: $\mathbf{A}_{(c,q)\overline{n}|i} = (1+i) \cdot \mathbf{A}_{(c,q)\overline{n}|i}$ Valor final: $\mathbf{S}_{(c,q)\overline{n}|i} = (1+i) \cdot \mathbf{S}_{(c,q)\overline{n}|i}$
DIFERIDA TEMPORAL (valor final igual inmediata)	Valor actual: $^{d/}\mathbf{A}_{(c,q)\overline{n}|i} = (1+i)^{-d} \cdot \mathbf{A}_{(c,q)\overline{n}|i}$	Valor actual: $^{a/}\mathbf{A}_{(c,q)\overline{n}|i} = (1+i)^{-d} \cdot \mathbf{A}_{(c,q)\overline{n}|i}$
ANTICIPADA TEMPORAL (valor actual igual inmediata)	Valor final: $^{a/}\mathbf{S}_{(c,q)\overline{n}|i} = (1+i)^a \cdot \mathbf{S}_{(c,q)\overline{n}|i}$	Valor final: $^{a/}\mathbf{S}_{(c,q)\overline{n}|i} = (1+i)^a \cdot \mathbf{S}_{(c,q)\overline{n}|i}$
INMEDIATA PERPETUA (sin valor final)	Valor actual: $\mathbf{A}_{(c,q)\overline{\infty}|i} = \dfrac{C}{(1+i) - q}$	Valor actual: $\mathbf{A}_{(c,q)\overline{\infty}|i} = (1+i)\,\mathbf{A}_{(c,q)\overline{\infty}|i}$
DIFERIDA PERPETUA (sin valor final)	Valor actual: $^{d/}\mathbf{A}_{(c,q)\overline{\infty}|i} = (1+i)^{-d}\dfrac{C}{(1+i) - q}$	Valor actual: $^{d/}\mathbf{A}_{(c,q)\overline{\infty}|i} = (1+i)^{-d}(1+i)\dfrac{C}{(1+i) - q}$

Para las rentas fraccionadas procedemos al igual que en las rentas de progresión aritmética: bastará con sustituir en los símbolos gráficos la tasa anual i por la tasa fraccionada $i_{(m)}$ y añadir el símbolo gráfico (m) a las rentas, tal como vimos en las rentas constantes fraccionadas.

Cuadro 3.4. **Rentas variables en progresión geométrica.**

Actividad resuelta 3.18

Deducir y expresar de forma reducida o lo más simplificada posible el **valor actual** de la siguiente renta:

Renta variable en progresión geométrica, **diferida**, temporal, fraccionada y prepagable.

Solución

- Su símbolo gráfico extendido de identificación será:

$$d/ \quad \mathbf{A}^{(m)} \qquad (\quad C \quad , \quad q \quad) \qquad \overline{n}|i_{(m)}$$

diferida   V. actual   Término   Vble.   Temporal   fraccionada
prepagable C pr. geom.

Procediendo de forma similar que en la renta variable en progresión aritmética:

$$^{d}\!/\mathbf{A}^{(m)}_{(C,q)\overline{n}|i_{(m)}} = (1 + i_{(m)})^{-d}(1 + i_{(m)})\,\mathbf{A}^{(m)}_{(C,q)\overline{n}|i_{(m)}} =$$

$$= (1 + i_{(m)})^{-d} \cdot (1 + i_{(m)}) \cdot C \cdot \left[\frac{1 - q^{n \cdot m}(1 + i_{(m)})^{-n \cdot m}}{(1 + i_{(m)}) - q} \right]$$

Actividad resuelta 3.19

Deducir y expresar de forma reducida o lo más simplificada posible el **valor final** de la siguiente renta:

Renta variable en progresión geométrica, **anticipada,** temporal, fraccionada y prepagable.

SOLUCIÓN

• Su símbolo gráfico extendido de identificación será

$$a/ \quad \mathbf{S}^{(m)} \qquad (\quad C \quad , \quad q \quad) \qquad \overline{n}|i_{(m)}$$

anticipada   V. final   Término   Vble.   Temporal   fraccionada
prepagable C pr. geom.

Procediendo de forma similar que en la renta variable en progresión aritmética:

$$^{a}\!/\mathbf{S}^{(m)}_{(C,q)\overline{n}|i_{(m)}} = (1 + i_{(m)})^{a}(1 + i_{(m)})(1 + i_{(m)})^{n \cdot m}\,\mathbf{A}^{(m)}_{(C,q)\overline{n}|i_{(m)}} =$$

$$= (1 + i_{(m)})^{a}(1 + i_{(m)})(1 + i_{(m)})^{n \cdot m} \cdot C \cdot \left[\frac{1 - q^{n \cdot m}(1 + i_{(m)})^{-n \cdot m}}{(1 + i_{(m)}) - q} \right]$$

Actividad resuelta 3.20

Calcular el valor actual al realizar imposiciones de 1.000 € al finalizar cada año en un banco, durante 10 años, con un incremento anual acumulativo del 2%, a una tasa de interés del 5% anual.

SOLUCIÓN

$$\text{Valor actual} = \mathbf{A}_{(C,q)\overline{n}|i} = C\left(\frac{1 - q^{n}(1 + i)^{-n}}{(1 + i) - q}\right) = 1.000\left(\frac{1 - 1,02^{10}(1 + 0,05)^{-10}}{(1 + 0,05) - 1,02}\right) = \mathbf{8.388,10\ €}$$

Actividad resuelta 3.21

Con los datos de la actividad anterior, calcular el **valor actual** si las imposiciones se realizan **al comienzo de cada año**.

SOLUCIÓN

$$\text{Valor actual} = \ddot{\mathbf{A}}_{(c,q)\overline{n}|i} = (1 + i) \cdot \mathbf{A}_{(c,q)\overline{n}|i} = (1 + 0{,}05) \cdot 8.388{,}10 = \mathbf{8.807{,}50 \,€}$$

Actividad resuelta 3.22

Con los datos de la Actividad resuelta 3.20, calcular el **valor actual** suponiendo que hay un **aplazamiento** en el comienzo del las imposiciones de 2 años.

SOLUCIÓN

$$\text{Valor actual} = {}^{d/}\mathbf{A}_{(c,q)\overline{n}|i} = (1 + i)^{-d} \cdot \mathbf{A}_{(c,q)\overline{n}|i} = (1 + 0{,}05)^{-2} \cdot 8.388{,}10 = \mathbf{7.608{,}25 \,€}$$

Actividad resuelta 3.23

Determinar el valor actual y final de una renta anual en progresión geométrica, prepagable, inmediata de 10 años de duración, sabiendo que la cuantía del primer término asciende a 1.000 €, la razón de la progresión es $q = 1{,}1$, y la tasa de interés es del 12% anual.

SOLUCIÓN

$$\text{Valor actual} = \ddot{\mathbf{A}}_{(c,q)\overline{n}|i} = (1 + i) \cdot \mathbf{A}_{(c,q)\overline{n}|i} = (1 + 0{,}12) \cdot \mathbf{A}_{(c,q)\overline{n}|i} =$$

$$= 1{,}12 \cdot \mathbf{A}_{(1.000,1,1)\overline{10}|0,12} = (1 + 0{,}12)\, C \left[\frac{1 - q^{n}(1 + i)^{-n}}{(1 + i) - q} \right] =$$

$$= 1{,}12 \cdot 1.000 \left[\frac{1 - 1{,}1^{10}(1 + 0{,}12)^{-10}}{(1 + 0{,}12) - 1{,}1} \right] = \mathbf{9.233{,}55 \,€}$$

$$\text{Valor final} = \ddot{\mathbf{S}}_{(c,q)\overline{n}|i} = (1 + i) \cdot \mathbf{S}_{(c,q)\overline{n}|i} = (1 + i) \cdot \mathbf{A}_{(c,q)\overline{n}|i}\ (1 + i)^{n} =$$

$$= (1 + 0{,}12) \cdot 1.000 \left[\frac{1 - 1{,}1^{10}(1 + 0{,}12)^{-10}}{(1 + 0{,}12) - 1{,}1} \right] (1 + 0{,}12)^{10} =$$

$$= 9.233{,}55 \cdot (3{,}105848) = \mathbf{28.678 \,€}$$

3.5 Aplicaciones a distintas operaciones

Cuando tengamos que aplicar las rentas a operaciones reales o problemas concretos de inversiones, financiaciones, cancelación de deudas, préstamos, alquileres, pensiones, selección de opciones o alternativas de inversión y financiación, etc., debemos primero hacer un esquema gráfico resumido de la operación; posteriormente, identificar el tipo y simbología gráfica del tipo de renta a aplicar y, finalmente, desarrollarla y operar.

Dado que existe una gran variedad de rentas y sus posibles relaciones junto con cantidad de casos, en el Cuadro 3.5 tenemos un resumen general a modo de guía de identificación de rentas en la ayuda a resolver los distintos ejercicios y operaciones financieras.

RENTAS CONSTANTES ENTERAS								
	POSPAGABLES				**PREPAGABLES**			
	UNITARIA		**TÉRMINO C**		**UNITARIA**		**TÉRMINO C**	
	VALOR ACTUAL	**VALOR FINAL**	**VALOR ACTUAL**	**VALOR FINAL**	**VALOR ACTUAL**	**VALOR FINAL**	**VALOR ACTUAL**	**VALOR FINAL**
INMEDIATA TEMPORAL	$\mathbf{a}_{\overline{n}\|i}$	$\mathbf{s}_{\overline{n}\|i}$	$\mathbf{VA}_{\overline{n}\|i}$	$\mathbf{VF}_{\overline{n}\|i}$	$\mathbf{\ddot{a}}_{\overline{n}\|i}$ $\mathbf{\ddot{a}}_{\overline{n}\|i}$	$\mathbf{\ddot{s}}_{\overline{n}\|i}$ $\mathbf{\ddot{s}}_{\overline{n}\|i}$	$\mathbf{VA}_{\overline{n}\|i}$ $\mathbf{\ddot{VA}}_{\overline{n}\|i}$	$\mathbf{VF}_{\overline{n}\|i}$ $\mathbf{\ddot{VF}}_{\overline{n}\|i}$
INMEDIATA PERPETUA	• Cambiamos en las temporales la duración n por ∞; ejemplo: $\mathbf{a}_{\overline{\infty}\|i}$ • No existe valor final por ser la duración ilimitada o ∞ (infinito).							
DIFERIDA TEMPORAL	• Anteponemos a las inmediatas temporales el símbolo gráfico $^{d/}$ • El valor final es igual a la inmediata temporal, no afecta el diferimiento al valor final; ejemplo: $^{d/}\mathbf{s}_{\overline{n}\|i} = \mathbf{s}_{\overline{n}\|i}$							
DIFERIDA PERPETUA	• Anteponemos a las inmediatas temporales el símbolo gráfico $^{d/}$ y cambiamos la duración n por ∞; ejemplo: $^{d/}\mathbf{a}_{\overline{\infty}\|i}$ • No existe valor final por ser la duración ilimitada o infinita.							
ANTICIPADA TEMPORAL	• Anteponemos a las inmediatas temporales el símbolo gráfico $^{a/}$ • El valor actual es igual a las inmediatas temporales, no afecta la anticipación al valor actual; ejemplo: $^{a/}\mathbf{a}_{\overline{n}\|i} = \mathbf{a}_{\overline{n}\|i}$							

RENTAS CONSTANTES FRACCIONADAS:
- Añadimos a la parte superior de la renta constante entera el símbolo gráfico (m) que indica el fraccionamiento de división del año. Y cambiamos la tasa anual i por la tasa fraccionada $i_{(m)}$.

CONCLUSIONES GENÉRICAS:
- Los valores actuales y finales para cualquier capital o término C se obtienen del producto de la renta unitaria por C; ejemplo:

$$\mathbf{VA}_{\overline{n}\|i} = C \cdot \mathbf{a}_{\overline{n}\|i}$$

- Relación entre la renta prepagable y pospagable: La renta prepagable es igual a producto de la renta pospagable por el factor de capitalización $(1 + i)$; ejemplo:

$$\mathbf{\ddot{a}}_{\overline{n}\|i} = (1 + i) \cdot \mathbf{a}_{\overline{n}\|i}$$

- Relación entre el valor final y valor actual de cualquier renta: el valor final es igual al producto del valor actual por el factor de capitalización $(1+i)^n$; ejemplo:

$$\mathbf{s}_{\overline{n}\|i} = (1 + i)^n \cdot \mathbf{a}_{\overline{n}\|i}$$

- Con saber la simbología gráfica de las rentas inmediatas temporales, todas las demás rentas tanto enteras como fraccionadas se pueden deducir aplicando las reglas anteriores.
- Conocidas las relaciones entre rentas y las reglas expuestas, todas las rentas se pueden reducir y simplificar al valor de la renta unitaria pospagable.

Cuadro 3.5. **Resumen general de identificación de rentas.**

Actividad resuelta 3.24

Las posibilidades de adquisición de una fotocopiadora son las siguientes:

a) Adquisición cada 3 años de una fotocopiadora que cuesta 6.000 €, con unos gastos a fin de cada año de 400 €.

b) Adquisición cada 5 años de una fotocopiadora que cuesta 9.000 €, con unos gastos a fin de cada año de 300 €.

Siendo el interés del 7% anual, seleccionar la mejor inversión.

Solución

1.º Planteamos el esquema gráfico resumido para la opción a).

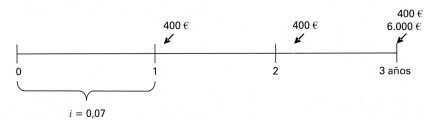

2.º Identificamos la renta y simbología gráfica. Se trata, por un lado, de actualizar una renta inmediata temporal, de término C (400 €), entera y pospagable (fin de cada año), y, por otro, de actualizar un capital único.

$$\mathbf{VA}_{\overline{n}|i} = C \cdot \mathbf{a}_{\overline{n}|i} \qquad \text{Valor actual capital único} = 6.000 \, (1 + i)^{-n}$$

3.º Desarrollo y operaciones de la renta:

$$\mathbf{VA}_{\overline{3}|0,07} = 400 \cdot \mathbf{a}_{\overline{3}|0,07} = 400 \cdot \frac{1 - (1 + 0,07)^{-3}}{0,07} = 1.049,73 \, €$$

Valor actual capital único = $6.000 \, (1 + 0,07)^{-3} = 4.897,79 \, €$

VALOR ACTUAL TOTAL = 5.947,52 €

Para la opción b) procedemos con los mismos pasos:

$$\mathbf{VA}_{\overline{5}|0,07} = 300 \cdot \mathbf{a}_{\overline{5}|0,07} = 300 \cdot \frac{1 - (1 + 0,07)^{-5}}{0,07} = 1.230,06 \, €$$

Valor actual capital único = $9.000 \, (1 + 0,07)^{-5} = 6.416,87 \, €$

VALOR ACTUAL TOTAL = 7.646,93 €

La mejor opción es la de menor valor actual: **opción a)**.

Actividad resuelta 3.25

La empresa MOVILCENTER, S.L. tiene que pagar una letra de 8.090 € el día 15 de febrero de 2005. Al objeto de no tener dificultades en la citada fecha, conviene en entregar a partir del día 15 de junio del año anterior, mensualmente, hasta la fecha indicada una cantidad fija, de tal forma que, capitalizadas estas entregas al 5% de interés anual, se obtenga el importe de la letra a satisfacer.

Calcular el importe de la cantidad a entregar a final de cada mes.

SOLUCIÓN

1. Planteamos el esquema gráfico resumido:

2. Identificación de renta que resuelve el problema: Se trata del valor final de una renta inmediata temporal, fraccionada y pospagable e igualarla al valor de la letra para obtener el término C.

$$\mathbf{VF}^{(m)}_{\overline{n}|i_{(m)}} = C \cdot \mathbf{s}^{(m)}_{\overline{n}|i_{(m)}}$$

3. Desarrollo y operaciones:

Transformamos el tanto anual en tanto de fraccionamiento mensual:

$i_{(12)} = (1 + i)^{1/12} - 1 = 0{,}00486755$

$$\mathbf{VF}^{(12)}_{\overline{n}|i_{(12)}} = C \cdot \mathbf{s}_{\overline{9}|i_{(12)}} = 8.090 \ €$$

$$C = \frac{8.090}{\dfrac{(1 + 0{,}00486755)^9}{0{,}00486755}} = 37{,}69 \ €$$

RENTAS CONSTANTES ENTERAS

3.1 Determinar el valor actual de una renta pospagable constante e inmediata de 500 € durante 10 años, sabiendo que el interés de la operación es del 6% anual.

3.2 Calcular la anualidad necesaria para amortizar en 10 años un capital que en estos momentos es de 6.000 €, siendo el interés de la operación el 0,09 por uno anual, efectuándose los pagos al final de cada año.

3.3 Determinar el valor final de una renta pospagable e inmediata de 500 €, durante 10 años, sabiendo que el interés de la operación es del 8% anual.

3.4 Determinar el valor actual de una renta prepagable constante e inmediata de 500 € durante 10 años, sabiendo que el interés de la operación es del 8% anual.

3.5 Calcular el valor final de una renta prepagable constante e inmediata de 500 €, durante 10 años, sabiendo que el interés de la operación es del 8% anual.

3.6 Calcular el valor actual de una renta pospagable perpetua constante e inmediata de 500 €, sabiendo que el interés de la operación es del 8% anual.

RENTAS CONSTANTES FRACCIONADAS

3.7 Determinar el valor actual de una renta temporal, inmediata, pospagable y constante de 420 € mensuales durante 4 años, sabiendo que el tanto de interés es del 1,25% mensual.

3.8 Calcular el valor actual de una renta temporal, inmediata, pospagable y constante de 600 € mensuales durante 4 años, sabiendo que el tanto de interés es del 16% anual.

3.9 Determinar el valor final de una renta temporal, inmediata y pospagable de 600 €, mensuales durante 4 años, sabiendo que el tanto de interés es del 1,25% mensual.

3.10 Calcular el valor final de una renta temporal, inmediata, prepagable y constante de 600 € mensuales durante 4 años, sabiendo que el tanto de interés es del 16% anual.

3.11 Determinar el valor actual de una renta temporal, inmediata, prepagable y constante de 600 € mensuales durante 4 años, sabiendo que el tanto de interés es: a) 1,25% mensual; b) 16% anual.

3.12 Determinar el valor actual de una renta perpetua, constante de 3.000 € cuatrimestrales, sabiendo que el tanto de interés es del 14% anual, tratándose de una renta:

a) diferida 10 años y pospagable;

b) diferida 7 semestres y prepagable.

RENTAS VARIABLES

3.13 Hallar el valor actual y final de una renta variable en progresión aritmética inmediata, pospagable y temporal de doce términos, sabiendo que el primero es de 200 € y los siguientes aumentan en 100 € anuales. El interés de la operación financiera es del 12% anual.

3.14 Hallar el valor actual y final de una renta variable en progresión aritmética, inmediata, prepagable y temporal de 12 términos, sabiendo que el primero es de 250 € y los siguientes aumentan en 100 € anuales. El interés de la operación financiera es el 12% anual.

3.15 Calcular el valor actual y final de una renta variable en progresión geométrica, inmediata, pospagable y temporal de 10 términos anuales, sabiendo que el primero es de 2.000 €. La razón 1,05 y el rédito de la operación financiera es el 18% anual.

Actividades
de Refuerzo

RENTAS CONSTANTES ENTERAS

3.1 Calcular el valor actual de una renta prepagable, perpetua, constante e inmediata de 300,25 €, sabiendo que el interés de la operación es del 12% nominal anual.

3.2 ¿Qué cantidad depositaremos en un banco que opera al 12% de interés compuesto anual, para recibir al final de cada año, durante los próximos 8 años, una renta de 100,68 €?

3.3 ¿Qué valor final tendrá una renta prepagable constante e inmediata de 258,45 € anual al 15% durante 4 años?

3.4 Sea una renta de 100,34 € que pagaremos al finalizar cada año, durante 10 años, siendo el pago constante, y el interés del 6 % anual compuesto. Se pide:

a) Determinar el valor actual.
b) Determinar el valor final.
c) Comprobar la relación entre ambos valores.

3.5 Calcular los valores actual y final de una renta temporal prepagable e inmediata de cuantía constante de 325,78 €. Si la duración de dicha renta es de 10 períodos y se valora a un rédito compuesto del 6%, comprobar dichos valores a través de ella, pero pospagable. Determinar la relación entre los valores actual y final obtenidos.

3.6 Se desea calcular el valor actual de una renta pospagable de cuantía constante, siendo la anualidad de 375,50 €, la duración 8 años y el tipo de interés efectivo del 6,5%, si ésta tiene un diferimiento de 3 años.

RENTAS CONSTANTES FRACCIONADAS

3.7 Calcular el valor final de una renta temporal, inmediata, prepagable y constante de 225,45 € mensuales durante 4 años, sabiendo que el tanto de interés es:

a) 1,25% mensual.
b) 16% anual.

3.8 Determinar el valor actual de una renta temporal, diferida 7 años, pospagable y constante de 1.250,57 € semestrales durante 20 años, si el tanto de interés de la operación es:

a) 8% semestral.
b) 16,64% anual.

3.9 Calcular el valor actual de una renta temporal, diferida 15 meses, prepagable y constante de 1.250,57 € semestrales durante 20 años, si el tanto de interés de la operación es:

a) 8% semestral.
b) 16,64% anual.

3.10 Determinar el valor actual de una renta perpetua, inmediata y pospagable de 460,70 € bimensuales si el tanto de interés es:

a) 2,5% bimensual
b) 15,97% anual.

3.11 Calcular el valor actual de una renta perpetua, inmediata y prepagable, de 490,89 € bimensuales, si el tanto de interés es:

a) 2,5% bimensual.
b) 15,97% anual.

RENTAS VARIABLES

3.12 Hallar el valor actual de una renta variable en progresión aritmética, diferida, pospagable y temporal de 12 términos, sabiendo que el primero es de 160,80 € y los siguientes aumentan en 100,25 € anuales. El interés de la operación financiera es el 12%, y el diferimiento de la renta es de 3 años.

3.13 Hallar el valor actual de una renta variable en progresión aritmética, diferida, prepagable y temporal de doce términos, sabiendo que el primero es de 160,80 € y los siguientes aumentan en 100,25 € anuales. El interés de la operación financiera es del 12% y el diferimiento de la renta es de 3 años.

3.14 Calcular el valor actual de una renta variable en progresión geométrica, inmediata, prepagable y temporal de 10 términos anuales, sabiendo que el primero es de 150,25 €. La razón 1,10 y el rédito de la operación financiera es el 18% anual.

Actividades Complementarias

3.1 Las posibilidades de adquisición de un vehículo industrial son las siguientes:

a) Adquisición cada 5 años de un vehículo que cuesta 3.600 €, con unos gastos a fin de cada año de 240 €.

b) Adquisición cada 8 años de un vehículo que cuesta 5.400 €, con unos gastos a fin de cada año de 180 €.

Siendo el interés del 7% anual, **seleccionar la mejor inversión**.

3.2 Calcular el capital alcanzado dentro de 4 años si en el momento actual se comienza a realizar imposiciones quincenales de 30 €, sabiendo que el interés al que capitaliza la inversión es el 6% anual.

3.3 La empresa IMPOEXP, S.A. tiene que pagar una letra de 48.000 € el día 15 de febrero de 20XX. Al objeto de no tener dificultades en la citada fecha, conviene en entregar, a partir del día 15 de junio del año anterior, mensualmente, hasta la fecha indicada una cantidad fija, de tal forma que, capitalizadas estas entregas al 6% de interés anual, se obtenga el importe de la letra a satisfacer. Calcular el importe de la cantidad a entregar a final de cada mes.

3.4 La empresa IMPOEXP, S.A. impone a interés compuesto el 1 de enero de 20XX la cantidad de 300 € y el 1 de enero de cada año sucesivas sumas que exceden en 60 € a la precedente. El 1 de julio de cada año retira, el primer año 60 € y cada año sucesivo una cantidad de vez y media mayor que la anterior (90, 135, 202,5; 303,75; etc.).

¿Qué capital tendrá al cabo de 5 años de la primera imposición si los intereses se capitalizan semestralmente, el 30 de junio y el 31 de diciembre de cada año, al tipo de interés del 2% semestral?

3.5 El señor García quiere que su hijo, a partir del 1 de octubre del próximo año y mientras duren los 5 años de estudios universitarios, perciba anualmente 3.600 €. Para ello conviene con un banco en entregarle la cantidad necesaria el 1 de octubre del año en curso.

Determinar el importe de esta cantidad si se computan intereses al 9% anual.

3.6 Una persona que cuenta con un sueldo mensual de 540 €/mes, dos pagas extraordinarias a finales de junio y diciembre (de igual importe), compra un piso de la siguiente forma:

A la firma del contrato entrega el capital constituido en una cuenta de ahorro-vivienda, que abrió 5 años antes y en la que ha estado ingresando mensualmente el 20% de las percepciones mensuales y el total de las pagas extraordinarias. El banco capitaliza al 8% anual.

Posteriormente se compromete a entregar el 30% de su sueldo mensual y el 40% de las pagas extraordinarias durante 5 años. Conociendo que la inmobiliaria carga un 11% de interés anual sobre las cantidades aplazadas, determinar el precio del piso si se hubiere pagado al contado.

3.7 Calcular el valor actual de una renta variable en progresión geométrica, diferida, pospagable y temporal de 10 términos anuales, sabiendo que el primero es de 2.000 €. La razón 1,05, el rédito de la operación financiera es el 18% anual y el diferimiento de 4 años.

3.8 Determinar el valor de los capitales mensuales equivalentes a una renta temporal, inmediata, pospagable y constante de 1.000 € anuales durante 8 años, valorada al tipo de interés del 11% anual.

3.9 ¿Qué capital debemos depositar en un banco, que nos abona el 10% de interés compuesto anual, si pretendemos obtener 1.500 € anuales?

4

Los préstamos

Introducción

Tanto las empresas como los consumidores o particulares en algún momento de su vida necesitan disponer de recursos financieros y monetarios: los primeros para llevar a cabo su actividad de inversión, producción y distribución, y los segundos para la adquisición de bienes, duraderos o de consumo.

Las empresas pueden obtener los recursos financieros por varios medios. La emisión de acciones (ampliación de capital), la emisión de obligaciones, los aplazamientos de pagos a los acreedores y proveedores, el descuento de letras o efectos comerciales y la obtención de préstamos suelen ser los más habituales, siendo este último medio el más utilizado, tanto por las empresas como por los consumidores.

Banco Español de Crédito Madrid.

Contenido

4.1. **Préstamos**
4.2. **Sistemas de amortización más comunes**
4.3. **Tantos efectivos**
Actividades de Apoyo
Actividades de Refuerzo
Actividades Complementarias

Objetivos

▶ *Proporcionar al alumno/a la capacitación necesaria para la utilización de la figura del préstamo tanto a nivel profesional como personal y fuente de financiación, fomentando la importancia de la operación.*

▶ *Establecer claramente las diferencias y similitudes entre las distintas modalidades de sistemas de amortización.*

▶ *Confeccionar cuadros de amortización de los préstamos más significativos y saber obtener, aplicar y resolver la fórmula correspondiente a determinados supuestos.*

4.1 Préstamos

El **préstamo** es una operación financiera compuesta, en la que una persona física o jurídica, denominada prestamista, entrega a otra, denominada prestatario, un capital C_0 a cambio de la promesa de devolverle dicho capital junto con los intereses, mediante pagos periódicos, en un plazo de tiempo y de una forma previamente acordada.

Se pueden hacer distintas clasificaciones de préstamos, según el criterio y combinación adoptada, conforme al esquema siguiente (Cuadro 4.1):

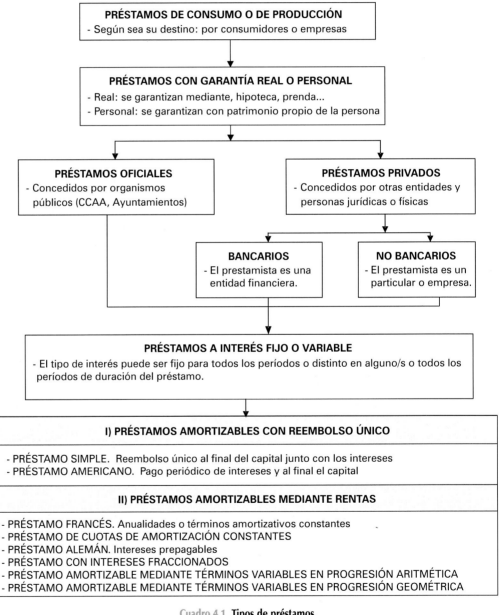

Cuadro 4.1. Tipos de préstamos.

La Figura 4.1 muestra gráficamente el desarrollo de una operación de préstamo, cuyo capital pendiente va disminuyendo en cada período hasta llegar a tener un valor cero al final de la operación, que indicará la amortización o devolución completa del capital prestado más los intereses. En cada intervalo se aplica un tanto de interés variable (i_1, i_2, i_3, ..., i_{n-1}, i_n).

En este esquema genérico se muestran todos los elementos o magnitudes con su respectiva simbología gráfica, que intervienen en una operación de préstamo.

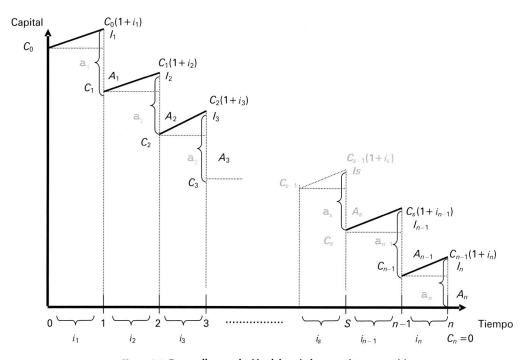

Figura 4.1. **Desarrollo o evolución del capital para préstamo genérico.**

Las características que definen y que siempre presenta una operación de préstamo son las siguientes:

- El préstamo es una operación financiera compuesta, formada por una prestación única (C_0) y vencimiento en el origen (0) y una contraprestación múltiple, en la mayoría de los casos (salvo préstamo simple) en vencimientos distintos.

- Los términos de amortización tienen la finalidad el atender los pagos de intereses generados y devolución del capital prestado.

- En todo préstamo intervienen dos partes: prestamista o acreedor y prestatario o deudor, y por regla general el primero suele ser una entidad financiera.

- La amortización de un préstamo consiste en la devolución o reembolso por parte del prestatario del principal del préstamo (C_0) junto con los intereses generados.

- La ley financiera aplicable es la de capitalización compuesta, cumpliéndose el principio de equivalencia financiera.

La nomenclatura o simbología gráfica que emplearemos, y su significado, en el desarrollo de cada operación de préstamo es:

C_0: Capital inicial, principal del préstamo

I_1, I_2, ..., I_S, ..., I_n: Intereses generados en cada período.

A_1, A_2, ..., A_S, ..., A_n: Cuotas de amortización en cada período (devolución del principal del préstamo).

$a_1, a_2, ..., a_S, ..., a_n$: Términos amortizativos, anualidades, mensualidades que incluyen una cantidad destinada a la amortización (devolución) del capital prestado (A_S) y otra al pago de de intereses (I_S). De forma que:

$$a_S = A_S + I_S$$

$i_1, i_2, ..., i_S, ..., i_n$: Tipos de interés aplicados en los diferentes períodos.

1, 2, ..., S..., n: Momentos o instantes de tiempo en que se hacen efectivos o vencen los términos de amortización.

0: Origen o momento actual de la operación financiera.

n: Final o momento en el que termina la duración del préstamo, donde se ha de haber amortizado éste.

$K_1, K_2, ..., K_S ..., K_n$: Capital amortizado al final de cada uno de los períodos. Se puede obtener de dos formas:

a) $$K_S = C_0 - C_S$$: Por diferencia entre el capital prestado y el capital pendiente de amortizar en dicho período.

b) $$K_S = K_{S-1} + A_S$$: Sumando la cuota de amortización del período a calcular y el capital amortizado hasta el período anterior.

$C_1, C_2, ..., C_S, ..., C_n$: Capital vivo o pendiente de amortizar al final de cada uno de los respectivos períodos. Se puede obtener de dos formas:

a) $$C_S = C_0 - K_S$$: Por diferencia entre el capital prestado y el capital amortizado hasta dicho período.

b) $$C_S = C_{S-1} - A_S$$: Por diferencia entre el capital pendiente de amortizar al final del período anterior y la cuota de amortización del período.

Las condiciones a cumplir al final del período de duración del préstamo son:

$$K_n = C_0$$

y

$$C_n = 0$$

El capital amortizado será igual al capital prestado y el capital pendiente será cero.

4.2 Sistemas de amortización más comunes

Según la variabilidad o condiciones fijadas a las magnitudes del tanto de interés i, de las cuotas de amortización A_S de los términos amortizativos a_S y las cuotas de interés I_S, surgen los distintos sistemas de amortización.

Un **sistema de amortización** es la forma en que se va a devolver o amortizar el préstamo obtenido. De esta forma tendremos los préstamos amortizables con reembolso único, cuando el préstamo se cancela mediante un único pago, de una sola vez, al final de la operación, que incluye los intereses generados y el capital prestado; el de reembolso único con pago periódico de intereses, en el que sólo se pagan los intereses generados en cada período y al final de la operación se devuelve el capital prestado, denominado sistema americano; y los préstamos amortizables mediante rentas o términos amortizativos, dando lugar a los sistemas siguientes:

- Préstamo amortizable mediante anualidades o términos amortizativos constantes no fraccionados y fraccionados (sistema francés).
- Préstamos amortizables mediante cuotas de amortización constante.
- Préstamo con intereses prepagables e intereses fraccionados (sistema alemán).
- Préstamo amortizable mediante términos variables en progresión aritmética y geométrica.

4.2.1. Sistema americano. Reembolso único y pago periódico de intereses

Este sistema se fundamenta en los siguientes postulados y condiciones:

- Las cuotas de amortización son iguales a cero, excepto la última, que coincide con el capital prestado.

$$A_1 = A_2 = \cdots = A_S = \cdots = A_{n-1} = 0;$$

$$A_n = C_0$$

- En cada período sólo se abonan intereses, excepto en el último, en el que además de los intereses se abona la totalidad del capital prestado.
- El tanto de interés anual unitario es constante en cada intervalo o período de la operación.

$$i_1 = i_2 = \cdots = i_S = \cdots = i_{n-1} = i$$

A continuación elaboramos el esquema gráfico (Figura 4.2) del desarrollo de la operación y de ahí deducimos los elementos que intervienen en este sistema.

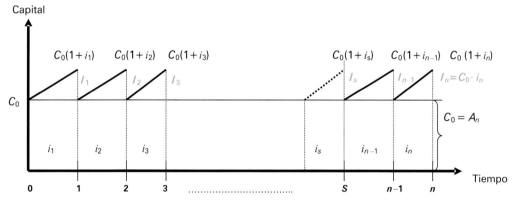

Figura 4.2. **Esquema financiero de la operación: préstamo americano.**

A la vista de la Figura 4.2, tenemos los siguientes elementos:

- Las cuotas de interés:

$$I_1 = C_0 \cdot i_1, \quad I_2 = C_0 \cdot i_2, \quad I_S = C_0 \cdot i_S \ldots I_n = C_0 \cdot i_n$$

Cuando la operación de préstamo se concierta a una misma tasa de interés para todos los períodos, las cuotas de interés serán iguales entre sí:

$$I_1 = I_2 = \cdots = I_S = \cdots = I_n$$

- Las cuotas de amortización son iguales a cero excepto la última, que será igual al capital prestado:

$$A_n = C_0$$

- Los términos amortizativos son iguales a la cuota de interés, excepto el último, que será la suma de la cuota de interés más la cuota de amortización de reembolso del capital:

$$a_1 = I_1 \; a_2 = I_2 \dots a_S = I_S, \dots, a_{n-1} = I_{n-1}$$
$$a_n = I_n + A_n$$

- El capital amortizado es constante e igual a la cuota de amortización de cada período que será cero, excepto el último, que será el capital prestado:

$$K_S = 0;$$
$$K_n = C_0$$

- El capital pendiente de amortizar es constante e igual al capital prestado, excepto el último período, que será cero:

$$C_1 = C_2 = \cdots = C_S = C_{n-1} = C_0 \quad C_n = 0$$

Para construir el cuadro de amortización, disponemos los elementos por columnas y los períodos por filas, comenzando por el cálculo de las variables del primer período y cuota de interés la primera y así sucesivamente, teniendo en cuenta la formulación anterior y la del Cuadro 4.2.

PERÍODO n	TÉRMINOS AMORTIZATIVOS (a_S)	CUOTAS DE INTERÉS (I_S)	CUOTAS DE AMORTIZACIÓN (A_S)	CAPITAL AMORTIZADO (K_S)	CAPITAL PENDIENTE (C_S)
0	—	—	—	—	C_0
1	$a_1 = I_1$	$I_1 = C_0 \cdot i_1$	$A_1 = 0$	$K_1 = 0$	$C_1 = C_0$
2	$a_2 = I_2$	$I_2 = C_0 \cdot i_2$	$A_2 = 0$	$K_2 = 0$	$C_2 = C_0$
—	—	—	—	—	—
S	$a_S = I_S$	$I_S = C_0 \cdot i_S$	$A_S = 0$	$K_S = 0$	$C_S = C_0$
—	—	—	—	—	—
$n-1$	$a_{n-1} = I_{n-1}$	$I_{n-1} = C_0 \cdot i_{n-1}$	$A_{n-1} = 0$	$K_{n-1} = 0$	$C_{n-1} = C_0$
n	$a_n = I_n + A_n$	$I_n = C_0 \cdot i_n$	$A_n = C_0$	$K_n = C_0$	$C_n = 0$

Cuadro 4.2. **Cuadro de amortización: préstamo americano.**

Actividad resuelta 4.1

Características del préstamo: importe, 12.000 €; duración, 4 años; tipo de interés anual, 10%; devolución del principal al final de la operación (sistema americano).

Se pide confeccionar el cuadro de amortización correspondiente.

SOLUCIÓN

PERÍODO (n)	TÉRMINOS AMORTIZATIVOS	CUOTAS DE INTERÉS	CUOTAS DE AMORTIZACIÓN	CAPITAL AMORTIZADO	CAPITAL PENDIENTE
0	—	—	—	—	12.000
1	1.200	1.200	0	0	12.000
2	1.200	1.200	0	0	12.000
3	1.200	1.200	0	0	12.000
4	13.200	1.200	12.000	12.000	0
SUMA	**16.800**	**4.800**	**12.000**		

Actividad resuelta 4.2

Una empresa solicita un préstamo de 30.000 € amortizable mediante el sistema americano para ser amortizado en 10 años. Si el tipo de interés anual es del 10% y los intereses se pagan trimestralmente, determinar los siguientes elementos del préstamo:

1.º Importe de la cuota de interés de la tercera trimestralidad del octavo año.

2.º Importe de las trimestralidades.

3.º Capital amortizado en los cinco primeros años.

4.º Capital pendiente de amortizar al final del noveno año.

SOLUCIÓN

1. Cuota de interés anual = $C_0 \cdot i$ = 30.000 · 0,1 = 3.000 €

   Cuota de interés trimestral = cuota anual/4 trimestres = 3.000/4 = 750 € (es constante cada trimestre y período anual, hasta la última).

2. Los términos amortizativos trimestrales son iguales a la cuota de interés (750 €).

3. El capital amortizado en los cinco primeros años será 0, hasta el último término amortizativo, que se devuelve el principal más la cuota de interés.

4. El capital pendiente al final de cada año será de 30.000 €, salvo al final de la operación cuando se devuelva el principal.

Actividad resuelta 4.3

Una persona tiene dos opciones en la devolución de un préstamo de 10.000 €, a una tasa de interés compuesta anual del 10%.

a) Devolverlo todo junto con los intereses al cabo de dos años.

b) Pagar intereses en cada período anual y devolución del principal al cabo de dos años.

Determinar la opción que más le interese desde un punto de vista financiero (pago de intereses); no de liquidez o necesidad de inversión, etc.

a) Préstamo simple:

Intereses totales: $I = C_n - C_0 = C_0 (1 + i)^n = C_0 ((1 + i)^n - 1) = 10.000 ((1 + 0,1)^2 - 1) = $ **2.100 €**

b) Préstamo americano:

Interés constante cada año: $I = C_0 \cdot i = 10.000 \cdot 0,1 = 1.000$ €; en dos años = **2.000 €**

Interesa el sistema americano ya que se pagan menos intereses totales.

4.2.2. Sistema francés. Términos amortizativos constantes

Recuerda: Valor actual y final de renta unitaria, pospagable, inmediata y temporal.

$$a_{\overline{n}|i} = \frac{1 - (1 + i)^{-n}}{i}$$

$$s_{\overline{n}|i} = \frac{(1 + i)^n - 1}{i}$$

Este sistema se fundamenta en que la devolución del préstamo se realiza mediante pagos o términos de amortización iguales o constantes y al mismo tipo o tasa de interés durante toda la duración del préstamo.

$$a_1 = a_2 = \cdots = a_S = \cdots = a_n = a$$
$$i_1 = i_2 = \cdots = i_S = \cdots = i_n = i$$

No fraccionado

Se trata del caso particular de intervalos o períodos anuales. Según el desarrollo que veremos a continuación, llegaremos a uno de los principios que caracterizan este sistema, y es que **las cuotas de amortización varían en progresión geométrica creciente de razón (1 + i)**.

A continuación elaboramos el esquema gráfico (Figura 4.3) del desarrollo de la operación, los elementos que intervienen, la nomenclatura, la formulación y el cuadro de amortización.

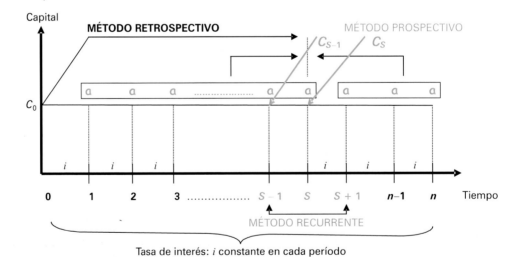

Figura 4.3. **Esquema financiero de la operación: préstamo francés.**

En el préstamo francés tenemos los siguientes elementos:

- **Cuantía del término amortizativo (a).** Como se observa en la Figura 4.3, planteando la equivalencia financiera de la operación en origen, nos encontramos ante una renta inmediata, constante, temporal, pospagable y de término **a**, valorada a un tanto anual efectivo i, en la que su valor actual es igual a C_0.

Por el principio de equivalencia en 0 (origen) tenemos:

$$C_0 = a\ \mathbf{a}_{\overline{n}|i}$$

Despejando obtenemos:

$$a = C_0/\mathbf{a}_{\overline{n}|i}$$

expresión que nos permite calcular los términos amortizativos o anualidades constantes. También podremos obtener la anualidad como suma de la cuota de interés más la cuota de amortización correspondiente a dicho período S:

$$a = I_S + A_S$$

- **Capital vivo o pendiente de amortizar (C_S).** Partiendo de la Figura 4.3 podemos obtener su expresión por cualquiera de los siguientes métodos:

  a) Método recurrente: Por diferencia entre el capital pendiente en el período anterior capitalizado y la anualidad correspondiente al período en curso:

  $$C_S = C_{S-1}\,(1+i) - a$$

  b) Método retrospectivo (basándose en el pasado): Por diferencia entre el importe del préstamo capitalizado al momento S (genérico) y las anualidades pagadas o vencidas, también capitalizadas al final del período considerado S. Se plantea el principio de equivalencia en el momento S de valoración, donde:

  $$C_0\,(1+i)^s = a\ \mathbf{S}_{\overline{s}|i} + C_S$$

  Despejando:

  $$C_S = C_0\,(1+i)^S - a\ \mathbf{S}_{\overline{s}|i}$$

  c) Método prospectivo (basándose en el futuro): Se basa en calcular el valor actual de las anualidades pendientes de pago o futuras, donde:

  $$C_S = a\ \mathbf{a}_{\overline{n-s}|i}$$

- **Cuotas de amortización (A_S).** Partiendo de la expresión del capital pendiente de amortizar por el método recurrente aplicado a dos períodos consecutivos, tenemos:

Año S: $C_S = C_{S-1}\,(1+i) - a$

Año $S + 1$; $C_{S+1} = C_S\,(1+i) - a$

Restando: $C_S - C_{S+1} = C_{S-1}\,(1+i) \not{-} a - C_S\,(1+i) \not{-} a = (C_{S-1} - C_S)\,(1+i)$

La primera diferencia: El capital pendiente de amortizar en un período S menos el capital pendiente de amortizar del siguiente período, será igual a la cuota de amortización del período $S + 1$, o visto de otra forma, la suma del capital pendiente de amortizar de un período más lo amortizado en el período nos dará el capital pendiente de amortizar del período anterior.

$$C_S - C_{S+1} = A_{S+1}$$

La segunda diferencia será: $C_{S-1} - C_S = A_S$

Nos queda la fórmula que relaciona la cuota de amortización de un año con la del año anterior:

$$A_{S+1} = A_S (1 + i)$$

Observamos que las cuotas de amortización varían en progresión geométrica creciente de razón (1 + _i_), principio enunciado al comienzo del epígrafe; de donde podemos deducir la expresión o fórmula válida para todas las cuotas, excepto la primera:

$$A_{S+1} = A_1 (1 + i)^S$$

• **Primera cuota de amortización (A_1).**

Para poder calcular cualquier cuota de amortización de un período en función de la primera cuota necesitamos previamente conocer ésta; para ello tenemos dos vías o caminos según que conozcamos o no el término de amortización constante.

a) Conocido el término de amortización, ya que sabemos que:

$$\mathbf{a} = A_1 + I_1 = A_1 + C_0 \cdot I$$

donde:

$$A_1 = \mathbf{a} - C_0 \cdot i$$

b) Si no conocemos el término de amortización, tenemos que desarrollar el capital pendiente del préstamo, a través de las sumas de las cuotas de amortización:

$$C_0 = A_1 + A_2 + \cdots + A_S + \cdots + A_n \cdots = A_1 + A_1 (1 + i) + A_1 (1 + i)^2 + \cdots$$

$$\cdots + A_1 (1 + i)^{S-1} + \cdots + A_1 (1 + i)^{n-1} = A_1 \, \mathbf{S}_{\overline{n}|i}$$

despejando:

$$A_1 = \frac{C_0}{\mathbf{S}_{\overline{n}|i}}$$

• **Cuotas de interés (I_S).** La primera cuota será $I_1 = C_0 \cdot i$. Las siguientes cuotas se pueden obtener, bien en función del capital pendiente anterior, bien como diferencia entre el término amortizativo y la cuota de amortización del período.

$$I_S = C_{S-1} \cdot i$$

$$I_S = \mathbf{a} - A_S$$

• **Capital amortizado (K_S).** Se puede obtener como suma de las cuotas de amortización:

$$K_S = A_1 + A_2 + \cdots + A_S$$

o bien en función de la primera cuota, mediante el desarrollo de la expresión anterior:

$$K_S = A_1 + A_1 (1 + i) + A_1 (1 + i)^2 + \cdots + A_1 (1 + i)^{S-1}$$

lo que implica:

$$K_S = A_1 \cdot \mathbf{S}_{\overline{n}|i}$$

Otra forma sería en función del capital amortizado en el período anterior más la cuota de amortización del período considerado s:

$$K_S = K_{S-1} + A_S$$

Para construir el cuadro de amortización, disponemos los elementos por columnas y los períodos por filas, comenzando por el cálculo de las variables del primer período en el orden siguiente: 1.º, el término amortizativo a través de su fórmula; 2.º, la cuota de interés; 3.º, la cuota de amortización; 4.º, el capital amortizado, y 5.º, el capital pendiente, y así sucesivamente para el resto de los períodos teniendo en cuenta la formulación anterior y la del Cuadro 4.3.

PERÍODO n	TÉRMINOS AMORTI-ZATIVOS (a_S)	CUOTAS DE INTERÉS (I_S)	CUOTAS DE AMOR-TIZACIÓN (A_S)	CAPITAL AMORTIZADO (K_S)	CAPITAL PENDIENTE (C_S)
0	—	—	—	—	C_0
1	$a = C_0/a_{\overline{n}|i}$	$I_1 = C_0 \cdot i$	$A_1 = a - I_1$	$K_1 = A_1$	$C_1 = C_0 - K_1$
2	$a = C_0/a_{\overline{n}|i}$	$I_2 = C_1 \cdot i$	$A_2 = a - I_2$	$K_2 = K_1 + A_2$	$C_2 = C_0 - K_2$
—	—	—	—	—	—
S	$a = C_0/a_{\overline{n}|i}$	$I_S = C_{S-1} \cdot i$	$A_S = a - I_S$	$K_S = K_{S-1} + A_S$	$C_S = C_0 - K_S$
—	—	—	—	—	—
$n-1$	$a = C_0/a_{\overline{n}|i}$	$I_{n-1} = C_{n-2} \cdot i$	$A_{n-1} = a - I_{n-1}$	$K_{n-1} = K_{n-2} + A_{n-1}$	$C_{n-1} = C_0 - K_{n-1}$
n	$a = C_0/a_{\overline{n}|i}$	$I_n = C_{n-1} \cdot i$	$A_n = a - I_n$	$K_n = K_{n-1} + A_n = C_0$	$C_n = C_0 - K_n = 0$

Cuadro 4.3. **Cuadro de amortización: préstamo francés (no fraccionado).**

Actividad resuelta 4.4

La empresa IMPOEXP, S.A., para poder realizar una operación de importación de maquinaria pesada, necesita financiación y acude a una entidad financiera a solicitar un préstamo.

Características del préstamo: importe, 12.000 €; duración, 4 años; tipo de interés anual, 10%; amortización mediante términos amortizativos anuales constantes (sistema francés).

Se pide confeccionar el cuadro de amortización correspondiente.

Solución

Primero calculamos el término amortizativo:

$$a = C_0/a_{\overline{n}|i} = 12.000/a_{\overline{4}|0,10}$$

$$= \frac{12.000}{\dfrac{1-(1+0,1)^{-4}}{0,1}} = \frac{12.000 \cdot 0,1}{1-(1,1)^{-4}} = 3.785,65 \text{ €}$$

y posteriormente desarrollamos el cuadro, conforme al orden expuesto anteriormente.

PERÍODO (n)	TÉRMINOS AMORTIZATI-VOS	CUOTAS DE INTERÉS	CUOTAS DE AMORTIZA-CIÓN	CAPITAL AMORTIZADO	CAPITAL PENDIENTE
0	—	—	—	—	12.000,00
1	3.785,65	1.200,00	2.585,65	2.585,65	9.414,35
2	3.785,65	941,43	2.844,21	5.429,86	6.570,14
3	3.785,65	657,01	3.128,64	8.558,50	3.441,50
4	3.785,65	344,15	3.441,50	12.000,00	0
SUMA	15.142,59	3.142,59	12.000,00		

Actividad resuelta 4.5

Una empresa constructora de pisos necesita fondos monetarios, para lo que obtiene financiación de un banco, con las siguientes características del préstamo:

Cuantía del capital prestado: 30.000 €; duración de la operación: 10 años; tipo de interés efectivo anual: 5%; sistema de amortización francés (anualidades constantes). Calcular:

1. El término de amortización o anualidad.

2. Las cuotas de amortización del tercero y octavo año.

3. Las cuotas de interés del tercero y sexto año.

4. Capital amortizado al final del séptimo año.

5. Capital vivo o pendiente de amortizar al final del sexto año por los tres métodos.

SOLUCIÓN

1. $a = C_0 / a_{\overline{n}|i} = 30.000 / a_{\overline{10}|0,05} = \dfrac{30.000}{\dfrac{1 - (1 + 0,05)^{-10}}{0,05}} = \mathbf{3.885,14\ €}$

2. Previamente calculamos la primera cuota de amortización:

$$A_1 = a - I_1 = a - C_0 \cdot i = 3.885,14 - (30.000 \cdot 0,05) = 2.385,14\ €$$

Aplicando la formula genérica:

$$A_{S+1} = A_1 (1 + i)^S$$

Para el tercer año será:

$$A_3 = A_1(1 + i)^2 = A_1(1 + 0,05)^2 = 2.385,14\,(1,05)^2 = 2.629,62\ €$$

Para el octavo año será:

$$A_8 = A_1(1 + i)^7 = A_1(1 + 0,05)^7 = 2.385,14\,(1,05)^7 = 3.356,13\ €$$

3. Podemos calcular las cuotas de interés por diferencia:

$$I_S = a - A_S$$

para lo cual necesitamos conocer las cuotas de amortización de cada período solicitado, que podemos obtener según las fórmulas del punto anterior, o bien en función del capital pendiente del período anterior.

a) $A_3 = 2.629,62$; $\qquad\qquad$ $I_3 = a - A_3 = 3.885,14 - 2.629,62 = 1.255,52$

$A_6 = A_1(1+i)^5 = 2.385,14 \,(1,05)^5 = 3.044,11$; $\quad I_6 = a - A_6 = 3.885,14 - 3.044,11 = 841,03$

b) $I_3 = C_2 \cdot i = a \; a_{\overline{n-s}|i} \cdot i = a \; a_{\overline{10-2}|i} \cdot 0,05 = 3.885,14 \; \dfrac{1-(1,05)^{-8}}{0,05} \cdot 0,05 = 1.255,52 \, €$

$I_6 = C_5 \cdot i = a \; a_{\overline{n-s}|i} \cdot i = a \; a_{\overline{10-5}|i} \cdot 0,05 = 3.885,14 \dfrac{1-(1,05)^{-5}}{0,05} \cdot 0,05 = 841,03$

4. Aplicando la formula genérica:

$$K_S = A_1 \cdot S_{\overline{s}|i}$$

$$K_7 = A_1 \cdot S_{\overline{7}|0,05} = 2.385,14 \; \frac{(1+0,05)^7 - 1}{0,05} = 19.419,83 \, €$$

5.

a) Método recurrente:

$$C_S = C_{S-1}(1+i) - a$$

sustituyendo por sus valores:

$$C_6 = C_5(1+0,05) - a = 16.820,62\,(1,05) - 3.885,14 = \textbf{13.776,51 €}$$

El capital pendiente del quinto año fue calculado en el punto 3; de no ser así, deberíamos primero obtener su valor a través de la fórmula correspondiente.

b) Método retrospectivo:

$$C_S = C_0(1+i)^S - a \; S_{\overline{s}|i}$$

sustituyendo por sus valores:

$$C_6 = C_0(1+0,05)^6 - a \; S_{\overline{6}|0,05} = 30.000\,(1+0,05)^6 - 3.885,14 \cdot \frac{(1+0,05)^6 - 1}{0,05} = 40.202,88 -$$

$$- 26.426,37 = 13.776,51 \; €$$

c) Método prospectivo:

$$C_S = a \; a_{\overline{n-s}|i}$$

$$C_6 = a \; a_{\overline{10-6}|0,05} = 3.885,14 \cdot \frac{1-(1+0,05)^{-4}}{0,05} = 13.776,51 \, €$$

Fraccionado

Al ser un préstamo fraccionado, los intereses se harán efectivos fraccionadamente dentro del período de amortización, mientras que las cuotas de amortización no se fraccionan y se abonan al final del período. Caben dos posibilidades de llevar a cabo el fraccionamiento:

a) Resultando variable el término amortizativo único equivalente, que se situaría en el momento de las amortizaciones (véase el cuadro Solución de la Actividad resuelta 4.6).

b) Siendo constante la cuantía total satisfecha en el momento de amortizar (tanto por amortización como por intereses; véase el cuadro Solución de la Actividad resuelta 4.7).

Para construir el cuadro de amortización, a modo de orientación, de ambas posibilidades, podemos realizar los siguientes pasos:

1. Calcular el importe de la primera cuota de amortización a través de la expresión:

$$C_0 = A_1 \ S_{\overline{n \cdot m}|\, i_{(m)}}$$

de donde:

$$A_1 = C_0 / \ S_{\overline{n \cdot m}|\, i_{(m)}}$$

o bien:

$$A_1 = \frac{C_0 \cdot i}{(1+i)^n - 1}$$

Calculando el tanto efectivo equivalente anual, a través de la expresión:

$$i = (1 + i_{(m)})^m - 1$$

queda transformada la relación en:

$$A_1 = C_0 / S_{\overline{n}|\, i}$$

valor final de renta temporal, entera, pospagable.

2. Cálculo del resto de las cuotas de amortización, que siguen como ley de recurrencia una progresión geométrica de razón $(1 + i_{(m)})$.

$$A_{S+1} = A_1 (1 + i_{(m)})^{S \cdot m}$$

o bien:

$$A_{S+1} = A_1 (1 + i)^S$$

3. Calcular el total amortizado por sumas parciales de las cuotas de amortización practicadas hasta la fecha:

$$K_S = A_1 + A_2 + \cdots + A_S$$

4. Calcular el capital pendiente restando al capital, a principios de cada período, la cuota de amortización de ese período, o bien restando al importe del préstamo el total amortizado ya acumulado.

$$C_S = C_0 - K_S$$

5. Las cuotas de interés se calculan sobre el capital pendiente a principios de cada período al tanto efectivo de frecuencia m.

$$I_{S+1} = C_S \cdot i_{(m)}$$

6. El término amortizativo de cada período será la suma de la cuota de interés más la cuota de amortización:

$$a_S = I_S + A_S$$

Actividad resuelta 4.6

La empresa IMPOEXP, S.A., de la Actividad resuelta 4.4, ha recibido información de oferta de productos bancarios, y en particular una con las siguientes características del préstamo:

Importe: 12.000 €; duración: 4 años; intereses semestrales al 5% **efectivo semestral**; cuotas de amortización anuales (sistema francés); **términos amortizativos variables**.

Se pide confeccionar el cuadro de amortización correspondiente.

SOLUCIÓN

Pasos previos a la confección del cuadro:

1. Calculamos el tanto efectivo equivalente anual:

$$i = (1 + i_{(m)})^m - 1 = (1 + 0{,}05)^2 - 1 = 0{,}1025 \quad ; \quad 10{,}25\%$$

2. Cálculo de la primera cuota de amortización según fórmulas del sistema francés no fraccionado, puesto que el fraccionamiento sólo afecta a los intereses.

$$A_1 = C_0 / S_{\overline{n}|i} = \frac{C_0 \cdot i}{(1+i)^n - 1} = \frac{12.000 \cdot 0{,}1025}{(1+0{,}1025)^4 - 1} = 2.576{,}16 \ \text{€}$$

3. Cálculo del resto de las cuotas de amortización, que variarán en progresión geométrica creciente de razón $(1+ i)$:

$$A_2 = A_1 (1 + i) = 2.576{,}16 \ (1{,}1025) = 2.840{,}21$$
$$A_3 = A_2 (1 + i) = 2.840{,}21 \ (1{,}1025) = 3.131{,}33$$
$$A_4 = A_3 (1 + i) = 3.131{,}33 \ (1{,}1025) = 3.452{,}30$$

4. Cálculo del capital amortizado, por sumas parciales de las cuotas de amortización.

5. Cálculo del capital vivo o pendiente por diferencia del capital inicial menos el capital amortizado.

6. Cálculo de las cuotas de interés:

$$I_{S+1} = C_S \cdot i_{(m)}$$

7. Cálculo de los términos amortizativos:

$$a_S = I_S + A_S$$

PERÍODO (n)años	PERÍODO (k) semestral	TÉRMINOS AMORTIZATIVOS	CUOTAS DE INTERÉS	CUOTAS DE AMORTIZACIÓN	CAPITAL AMORTIZADO	CAPITAL PENDIENTE
0	0	—	—	—	—	12.000,00
1	1	600,00	600,00	—	—	12.000,00
	2	**3.176.16**	600,00	2.576,16	2.576,16	9.423,84
2	3	471,19	471,19	—	2.576,16	9.423,84
	4	**3.311,14**	471,19	2.840,21	5.416,37	6.583,63
3	5	329,18	329,18	—	5.416,37	6.583,63
	6	**3.460,51**	329,18	3.131,33	8.547,70	3.452,30
4	7	172,61	172,61	—	8.547,70	3.452,30
	8	**3.624,91**	172,61	3.452,30	12.000,00	0
SUMA		**15.145,96**	**3.145,96**	**12.000,00**		

Actividad resuelta 4.7

Una empresa del sector de alimentación para renovar sus instalaciones concierta con una entidad financiera una póliza de préstamo mercantil cuyas características son:

Importe del préstamo: 12.000 €; duración: 4 años; intereses semestrales al 5% **efectivo semestral;** cuotas de amortización anuales (sistema francés); **términos amortizativos constantes** en el momento de amortización del capital.

Se pide confeccionar el cuadro de amortización correspondiente.

SOLUCIÓN

Pasos previos a la confección del cuadro:

1. Cálculo de la primera cuota de amortización según fórmula del sistema francés no fraccionado.

$$A_1 = C_0 / S_{\overline{n}|i_{(m)}} = \frac{C_0 \cdot i_{(m)}}{(1 + i)^n - 1} = \frac{12.000 \cdot 0,05}{(1 + 0,05)^4 - 1} = 2.784,14 \text{ €}$$

2. Cálculo del resto de las cuotas de amortización, que variarán en progresión geométrica creciente de razón ($1 + i_k$):

$$A_2 = A_1 (1 + i_{(m)}) = 2.784,14 (1,05) = 2.923,35$$

$$A_3 = A_2 (1 + i_{(m)}) = 2.923,35 (1,05) = 3.069,51$$

$$A_4 = A_3 (1 + i_{(m)}) = 3.069,51 (1,05) = 3.222,99$$

3. Cálculo del capital amortizado, por sumas parciales de las cuotas de amortización practicadas hasta la fecha.

4. Cálculo del capital vivo o pendiente. Se obtiene de restar al capital a principio de cada período la cuota de amortización de ese mismo período, o bien al importe del préstamo se le resta el total amortizado ya acumulado.

5. Las cuotas de interés se calculan sobre el capital pendiente a principios de cada período al tanto efectivo de frecuencia m (semestral).

6. Cálculo de los términos amortizativos como suma de las cuotas de interés más las cuotas de amortización:

$$a_S = I_S + A_S$$

PERÍODO (n) años	PERÍODO (k) semestral	TÉRMINOS AMORTIZATIVOS	CUOTAS DE INTERÉS	CUOTAS DE AMORTIZACIÓN	CAPITAL AMORTIZADO	CAPITAL PENDIENTE
0	0	—	—	—	—	12.000,00
1	1	600,00	600,00	—	—	12.000,00
	2	3.384,14	600,00	2.784,14	2.784,14	9.215,86
2	3	460,79	460,79	—	2.784,14	9.215,86
	4	3.384,14	460,79	2.923,35	5.707,49	6.292,51
3	5	314,62	314,62	—	5.707,49	6.292,51
	6	3.384,14	314,62	3.069,51	8.777,10	3.222,99
4	7	161,15	161,15	—	8.777,10	3.222,99
	8	3.384,14	161,15	3.222,99	12.000,00	0
SUMA		15.073,12	3.073,12	12.000,00		

4.2.3. Sistema de cuotas de amortización constante

Este sistema se fundamenta principalmente en que las cuotas de amortización y el tipo de interés son constantes durante toda la operación y duración del préstamo (véase la Figura 4.4).

$$A_1 = A_2 = \cdots = A_S = \cdots = A_n = A$$

$$i_1 = i_2 = \cdots = i_S = \cdots = i_n = i$$

Y una de las conclusiones obtenidas con el desarrollo de los términos de amortización, que identifica a este sistema, es que varían en progresión aritmética decreciente de razón:

$$C_0 \cdot i/n$$

Observando la Figura 4.4, desarrollamos los elementos y obtenemos las fórmulas siguientes:

- **Cuotas de amortización.** Si:

$$C_0 = A_1 + A_2 + \cdots + A_S + \cdots + A_n = A + A + \cdots + A + \cdots + A = n \cdot A$$

donde:

$$\boxed{A = C_0/n}$$

- **Términos de amortización.** Partiendo de:

$$a_S = I_S + A$$

comparando para dos períodos consecutivos y restando:

$$\left. \begin{array}{l} a_S = C_{S-1} \cdot i + A \\ a_{S+1} = C_S \cdot i + A \end{array} \right\} \left. \begin{array}{l} a_S = C_{S-1} \cdot i + C_0/n \\ a_{S+1} = C_S \cdot i + C_0/n \end{array} \right\} \quad a_S - a_{S+1} = (C_{S-1} - C_S) \cdot i = A \cdot i$$

$$\boxed{a_{S+1} = a_S - (C_0/n) \cdot i} \; ; \; \boxed{a_{S+1} = a_1 - S\,(C_0/n) \cdot i}$$

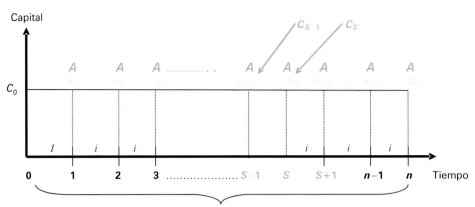

Figura 4.4. **Esquema financiero de la operación cuotas de amortización constantes.**

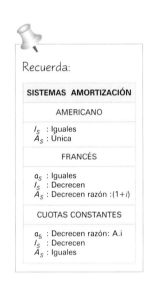

Recuerda:

SISTEMAS AMORTIZACIÓN
AMERICANO
I_S : Iguales A_S : Única
FRANCÉS
a_S : Iguales I_S : Decrecen A_S : Decrecen razón :$(1+i)$
CUOTAS CONSTANTES
a_S : Decrecen razón: $A.i$ I_S : Decrecen A_S : Iguales

Como la primera anualidad es:

$$a_1 = A + I_1$$

implica que:

$$\boxed{a_1 = (C_0/n) + C_0 \cdot i}$$

- **Cuotas de interés.**

La primera cuota la obtenemos a través del capital inicial (importe del préstamo) por la tasa de interés unitaria anual. Las restantes, bien como el producto del capital pendiente de amortizar del período anterior por la tasa de interés, o bien por diferencia entre el término amortizativo del período menos la cuota de amortización constante.

$$I_1 = C_0 \cdot i; \quad I_S = C_{S-1} \cdot i$$

$$I_S = a_S - A$$

Por ley de recurrencia de dos períodos consecutivos:

$$I_S - I_{S+1} = a_S - a_{S+1}$$

implica que:

$$\boxed{I_{S+1} = C_0 \cdot i\,(1 - s/n)}$$

- **Capital pendiente de amortizar o capital vivo.**

El capital pendiente de amortizar del período S se obtiene multiplicando la cuota de amortización constante por el número de períodos que faltan hasta la terminación del préstamo ($n{-}s$).

$$\boxed{C_S = (n - s)\,A}$$

- **Capital amortizado.**

El capital amortizado o devuelto hasta el período S se obtiene multiplicando la cuota de amortización por el número de períodos transcurridos hasta dicho período.

$$K_S = A_1 + A_2 + \cdots + A_S = A + A + \cdots + A$$

$$\boxed{K_S = s \cdot (C_0/n)}$$

También se puede obtener, bien como suma del capital amortizado del período anterior más la cuota de amortización o bien por diferencia entre el capital inicial (importe del préstamo) menos el capital pendiente hasta dicho período.

$$K_S = K_{S-1} + A \quad ; \quad K_S = C_0 - C_S$$

El desarrollo completo de todos los elementos podemos observarlo en el Cuadro 4.4.

PERÍODO n	TÉRMINOS AMORTI-ZATIVOS (a_S)	CUOTAS DE INTERÉS (I_S)	CUOTAS DE AMOR-TIZACIÓN (A_S)	CAPITAL AMORTIZADO (K_S)	CAPITAL PENDIENTE (C_S)
0	—	—	—	—	C_0
1	$a_1 = I_1 + A$	$I_1 = C_0 \cdot i$	$A = C_0/n$	$K_1 = A_1$	$C_1 = C_0 - K_1$
2	$a_2 = I_2 + A$	$I_2 = C_1 \cdot i$	$A = C_0/n$	$K_2 = 2 \cdot A$	$C_2 = C_0 - K_2$
—	—	—	—	—	—
S	$a_S = I_S + A$	$I_S = C_{S-1} \cdot i$	$A = C_0/n$	$K_S = s \cdot A$	$C_S = C_0 - K_S$
—	—	—	—	—	—
$n-1$	$a_{n-1} = I_{n-1} + A$	$I_{n-1} = C_{n-2} \cdot i$	$A = C_0/n$	$K_{n-1} = (n-1) \cdot A$	$C_{n-1} = C_0 - K_{n-1}$
n	$a_n = I_n + A$	$I_n = C_{n-1} \cdot i$	$A = C_0/n$	$K_n = K_{n-1} + A = C_0$	$C_n = C_0 - K_n = 0$

Cuadro 4.4. **Cuadro de amortización de cuotas constantes.**

Actividad resuelta 4.8

Para poder comparar ofertas financieras de préstamo, la empresa IMPOEXP, S.A., de la Actividad resuelta 4.4, ha solicitado información a otra entidad financiera con las siguientes características y condiciones del préstamo:

Importe: 12.000 €; duración: 4 años; tipo de interés anual: 10%; devolución mediante **cuotas de amortización constantes**.

Se pide confeccionar el cuadro de amortización correspondiente.

Solución

Primero calculamos la cuota de amortización constante:

$$A = C_0/n = 12.000/4 = 3.000 \text{ €}$$

y posteriormente desarrollamos el cuadro.

PERÍODO (n)	TÉRMINOS AMORTIZATIVOS	CUOTAS DE INTERÉS	CUOTAS DE AMORTIZACIÓN	CAPITAL AMORTIZADO	CAPITAL PENDIENTE
0	—	—	—	—	12.000
1	4.200	1.200	3.000	3.000	9.000
2	3.900	900	3.000	6.000	6.000
3	3.600	600	3.000	9.000	3.000
4	3.300	300	3.000	**12.000**	**0**
SUMA	**15.000**	**3.000**	**12.000**		

Actividad resuelta 4.9

Una pareja de novios desea comprar un piso con un valor de venta de 250.000 €. En una caja de ahorros pueden obtener un préstamo por el 80% del valor del inmueble. El resto lo obtienen por medio de una ayuda familiar.

Las características del préstamo son:

1. Cuantía del capital prestado: 200.000 €
2. Duración de la operación: 20 años
3. Tipo de interés efectivo anual: 10%
4. Sistema de amortización mediante **cuotas constantes**

Calcular:

1. Las cuotas de amortización del tercero y octavo año.
2. Capital vivo o pendiente de amortizar al término del sexto año.
3. Capital amortizado al final del séptimo año.
4. Las cuotas de interés del segundo y sexto año.
5. El término de amortización o anualidad del séptimo año.

SOLUCIÓN

1. Calculamos la cuota de amortización:

$$A = C_0/n = 200.000/20 \text{ años} = \mathbf{10.000 \text{ €}}$$

Al ser constantes la del tercero y octavo año, serán iguales a 10.000 €.

2. $C_S = (n - s) \cdot A$; $C_6 = (20 - 6) \cdot 10.000 = \mathbf{140.000 \text{ €}}$

3. $K_S = s \cdot A$; $K_7 = 7 \cdot 10.000 = \mathbf{70.000 \text{ €}}$

4. $I_{S+1} = C_0 \cdot i \, (1 - s/n)$; $I_2 = 200.000 \cdot 0,1 \, (1 - 1/20) = \mathbf{19.000 \text{ €}}$

   $I_6 = 200.000 \cdot 0,1 \, (1 - 5/20) = \mathbf{15.000 \text{ €}}$

5. Previamente se calcula la primera anualidad:

$$a_1 = I_1 + A = C_0 \cdot i + (C_0/n) = 200.000 \cdot 0,1 + (200.000/20) = 30.000 \text{ €}$$

   para la séptima:

$$a_{S+1} = a_1 - s \, (C_0/n) \cdot i$$
$$a_7 = 30.000 - 6 \, (200.000/20) \cdot 0,1 = \mathbf{24.000 \text{ €}}$$

Actividad resuelta 4.10

Una empresa distribuidora de electrodomésticos necesita construir otra nave para almacenamiento de productos y consigue negociar con una entidad financiera un préstamo con las siguientes características:

Importe: 300.000 €; duración: 3 años; intereses semestrales al 6% **efectivo semestral**; devolución mediante **cuotas de amortización anuales constantes**.

Se pide confeccionar el cuadro de amortización correspondiente.

SOLUCIÓN

PERÍODO (n) anual	PERÍODO (k) Semestral	TÉRMINOS AMORTIZATIVOS	CUOTAS DE INTERÉS	CUOTAS DE AMORTIZACIÓN	CAPITAL AMORTIZADO	CAPITAL PENDIENTE
0	0	—	—	—	—	300.000
1	1	18.000	18.000	—	—	300.000
	2	118.000	18.000	100.000	100.000	200.000
2	3	12.000	12.000	—	100.000	200.000
	4	112.000	12.000	100.000	200.000	100.000
3	5	6.000	6.000	—	200.000	100.000
	6	106.000	6.000	100.000	300.000	0
SUMA		372.000	72.000	300.000		

4.2.4. Sistema alemán (intereses prepagables)

Este sistema se caracteriza principalmente por el pago de intereses anticipados al principio del período correspondiente a tipo de interés prepagable (i^*), mientras que las cuotas de amortización siguen siendo pospagables. Además, puede darse el caso particular de términos amortizativos constantes, manteniéndose también constante el tipo de interés (al igual que el sistema francés).

$$a_1 = a_2 = \cdots = a_S = \cdots = a_n = a$$

$$i_1^* = i_2^* = \cdots = i_S^* = \cdots = i_n^* = i^*$$

Oficina del Deutsche Bank, Madrid.

Y una de las conclusiones obtenidas con el desarrollo de las cuotas de amortización, que identifica a este sistema, es que varían en progresión geométrica decreciente de razón $(1 - i^*)$.

Observando la Figura 4.5, desarrollaremos los elementos del sistema alemán.

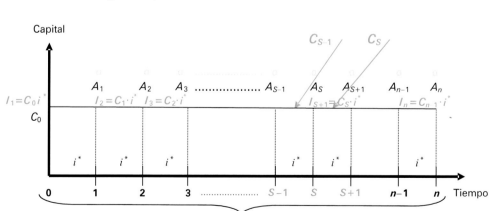

Figura 4.5. Esquema financiero de la operación: préstamo alemán.

- **Término amortizativo (a).** Se puede calcular por dos métodos:

    a) Equivalencia financiera en el origen: igualando el importe del préstamo inicial con el valor actualizado de todos los términos amortizativos a una tasa de interés constante.

$$C_0 = C_0 \cdot i^* + a(1 - i^*) + a(1 - i^*)^2 + \cdots + a(1 - i^*)^n$$

simplificando:

$$C_0 = a \; \frac{1 - (1 - i^*)^n}{i^*}$$

    b) Equiparación del préstamo a otro equivalente con intereses vencidos (francés) calculando el tipo de interés equivalente pospagable a través de la relación:

$$i = i^*/(1 - i^*)$$

Dicho cambio afecta al importe del préstamo:

$$C_0^* = C_0 \, (1 - i^*)$$

donde:

$$a = C_0^*/a_{\overline{n}|i}$$

- **Capital pendiente de amortizar.**

    Se obtiene capitalizando el término amortizativo constante a $(n - s)$ períodos.

$$C_S = a \; \frac{1 - (1 - i^*)^{n-S}}{i^*}$$

- **Cuotas de amortización (ley de recurrencia).**

    Se pueden obtener, bien en función de la cuota del período siguiente o de la cuota del último período, siendo ésta igual al término amortizativo.

$$A_S = A_{S+1}(1 - i^*)$$

$$a = A_n$$

$$A_S = A_n(1 - i^*)^{n-S}$$

- **Capital amortizado.**

    Por diferencia de capitales pendientes consecutivos o por suma de cuotas de amortización:

$$K_S = C_0 - C_S$$

$$K_S = A_1 + A_2 + \cdots + A_S$$

- **Cuota de interés.**

    La cuota de interés del período S es el producto del capital pendiente de amortizar del período anterior por la tasa de interés prepagable constante.

$$I_S = C_{S-1} \cdot i^*$$

$$I_S + 1 = C_S \cdot i^*$$

El desarrollo completo de todos los elementos podemos observarlo en el Cuadro 4.4:

PERÍODO n	TÉRMINOS AMORTIZATIVOS (a_s)	CUOTAS DE INTERÉS (I_s)	CUOTAS DE AMORTIZACIÓN (A_s)	CAPITAL AMORTIZADO (K_s)	CAPITAL PENDIENTE (C_s)
0	$a = C_0 \cdot i^*$	$I_1 = C_0 \cdot i^+$	—	—	C_0
1	$a = C_0^*/a_{\overline{n}|i}$	$I_2 = C_1 \cdot i^+$	$A_1 = A_2(1 - i^*)$	$K_1 = C_0 - C_1$	$C_1 = C_0 - A_1$
2	$a = C_0^*/a_{\overline{n}|i}$	$I_3 = C_2 \cdot i^*$	$A_2 = A_n(1 - i^*)^{n-2}$	$K_s = C_0 - C_2$	$C_2 = C_1 - A_2$
—	—	—	—	—	—
S	$a = C_0^*/a_{\overline{n}|i}$	$I_S = C_{S-1} \cdot i^*$	$A_S = A_n(1 - i^*)^{n-S}$	$K_S = C_0 - C_S$	$C_S = C_{S-1} - A_S$
—	—	—	—	—	—
$n-1$	$a = C_0^*/a_{\overline{n}|i}$	$I_{n-1} = C_n \cdot i^*$	$A_{n-1} = A_n(1 - i^*)^1$	$K_{n-1} = C_0 - C_{n-1}$	$C_{n-1} = C_{n-2} - A_{n-1}$
n	$a = A_n$		$A_n = a$	$K_n = C_0$	—

Cuadro 4.4 **Cuadro de amortización sistema alemán (intereses prepagables).**

Actividad resuelta 4.11

Un pensionista desea cambiar de coche y parte de su valor quiere financiarlo mediante un préstamo. Acude a una oficina bancaria de su domicilio y le ofrecen uno con las siguientes características:

Importe del préstamo: 12.000 €; duración: 4 años; tipo de interés efectivo anual: 10% **prepagable;** devolución mediante términos amortizativos anuales constantes.

Se pide confeccionar el cuadro de amortización correspondiente.

Solución

Primero calculamos el término amortizativo constante mediante la expresión de equivalencia financiera en origen "0":

$$C_0 = a \frac{1 - (1 - i^*)^n}{i^*}$$

$$12.000 = a \frac{1 - (1 - 0,1)^4}{0,1} = a \cdot 3,439$$

lo que implica:

$$a = \frac{12.000}{3,439} = 3.489,39 €$$

y posteriormente desarrollamos el cuadro.

PERÍODO (n)	TÉRMINOS AMORTIZATIVOS	CUOTAS DE INTERÉS	CUOTAS DE AMORTIZACIÓN	CAPITAL AMORTIZADO	CAPITAL PENDIENTE
0	1.200,00	1.200,00	—	—	12.000,00
1	3.489,39	945,62	2.543,75	2.543,75	9.456,25
2	3.489,39	662,98	2.826,41	5.370,16	6.629,84
3	3.489,39	348,94	3.140,45	8.510,61	3.489,39
4	3.489,39	—	3.489,39	**12.000,00**	**0**
SUMA	**15.157,56**	**3.157,54**	**12.000,00**		

4.2.5. Sistema de términos variables en progresión aritmética

Este sistema se caracteriza principalmente por tener los términos de amortización variables en progresión aritmética crecientes de razón h y el tipo de interés constante durante toda la duración del préstamo.

$$a_1 \neq a_2 \neq \cdots \neq a_S \neq \cdots \neq a_n$$

$$i_1 = i_2 = \cdots = i_S = \cdots = i_n = i$$

Las anualidades de dos años consecutivos guardan la siguiente relación (véase la Figura 4.6).

$$a_S = a_{S-1} + h$$

Desarrollamos los elementos de este sistema descritos en la Figura 4.6:

- **Cuantía del término amortizativo (a_S).** Como se observa en la Figura 4.6, planteando la equivalencia financiera de la operación en origen "0", nos encontramos ante una renta inmediata, variable en progresión aritmética, temporal, pospagable y de término a, valorada a un tanto anual efectivo i, cuyo valor actual es igual a C_0. Por el principio de equivalencia en 0 tenemos:

$$C_0 = \mathbf{A}_{(a, h)\overline{n}|i} = \left(a + \frac{h}{i} + n \cdot h\right) \cdot a_{\overline{n}|i} - \frac{n \cdot h}{i}$$

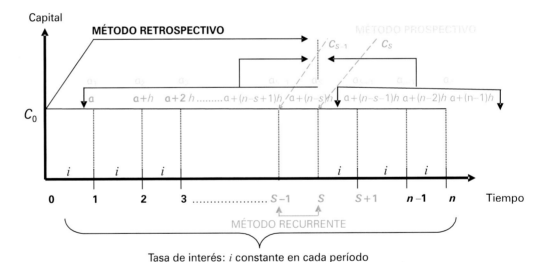

Figura 4.6. **Esquema financiero de la operación: préstamo progresión aritmética.**

Despejando obtenemos:

$$a = \left[C_0 + \frac{n \cdot h}{i}\right] / a_{\overline{n}|i} - \frac{h}{i} - n \cdot h = a_1$$

expresión que nos permite calcular el primer término amortizativo o anualidad (a_1). Para obtener el resto de anualidades en función de la primera:

$$a_S = a_{S-1} + h = a_1 + (s-1) \cdot h$$

$$a_S = a + (s-1) \cdot h$$

Y también como suma de la cuota de interés más la cuota de amortización correspondiente a dicho período S:

$$\mathbf{a}_S = I_S + A_S$$

- **Capital vivo o pendiente de amortizar (C_S).** Partiendo de la Figura 4.6 podemos obtener su expresión por cualquiera de los siguientes métodos:

a) Método recurrente: Por diferencia entre el capital pendiente en el período anterior capitalizado y la anualidad correspondiente al período en curso:

$$C_S = C_{S-1}(1+i) - \left(\mathbf{a} + (s-1)\cdot h\right)$$

b) Método retrospectivo (basándose en el pasado): Por diferencia entre el importe del préstamo capitalizado al momento S (genérico) y las anualidades pagadas o vencidas, también capitalizadas al final del período considerado S. Se plantea el principio de equivalencia en el momento S de valoración, donde:

$$C_0(1+i)^S = \boldsymbol{S}_{(a,h)\overline{s}|i} + C_S$$

Despejando:

$$\boxed{C_S = C_0(1+i)^S - \boldsymbol{S}_{(a,h)\overline{s}|i}}$$

O bien

$$C_S = C_0(1+i)^S - \left(\left(a + \frac{h}{i}\right)\cdot \boldsymbol{S}_{\overline{s}|i} - \frac{s\cdot h}{i}\right)$$

c) Método prospectivo (basándose en el futuro): Se basa en calcular el valor actual de las anualidades pendientes de pago o futuras, donde:

$$C_S = \boldsymbol{A}_{(a+s\cdot h,h)\overline{n-s}|i} = \left((a+s\cdot h) + \frac{h}{i} + (n-s)\cdot h\right)\cdot \mathbf{a}_{\overline{n}|i} - \frac{(n-s)\cdot h}{i}$$

- **Cuotas de amortización (A_S).** Partiendo de la expresión del término amortizativo para cualquier período y por recurrencia aplicado a dos períodos consecutivos, tenemos:

Año $S+1$: $\mathbf{a}_{S+1} = I_{S+1} + A_{S+1} = C_S \cdot i + A_{S+1}$

Año S: $\mathbf{a}_S = I_S + A_S = C_{S-1} \cdot i + A_S$

Restando: $\mathbf{a}_{S+1} - \mathbf{a}_S = C_S \cdot i + A_{S+1} - C_{S-1} \cdot i - A_S = i\,(C_S - C_{S-1}) + A_{S+1} - A_S$

Si las diferencias son:

$$C_S - C_{S-1} = -A_S \qquad y \qquad \mathbf{a}_{S+1} - \mathbf{a}_S = h$$

Sustituyendo, tenemos:

$$h = -i \cdot A_S + A_{S+1} - A_S$$

Sacando factor común, queda:

$$h = A_{S+1} - A_S(1+i)$$

Despejando nos queda la fórmula que relaciona la cuota de amortización de un año con la del año anterior:

$$A_{S+1} = A_S(1+i) + h$$

Desarrollando cada cuota en función de la primera llegamos a la expresión genérica del cálculo de la cuota de cualquier período conociendo la primera:

$$A_1 = A_1$$

$$A_2 = A_1 (1 + i) + h$$

$$A_3 = A_2 (1 + i) + h = (A_1 (1 + i) + h) (1 + i) + h$$

$$A_{S+1} = A_1 (1 + i)^S + h \cdot S_{\overline{s}|i}$$

- **Primera cuota de amortización (A_1).**

  Conocido el término de amortización, ya que sabemos:

  $$a = A_1 + I_1 = A_1 + C_0 \cdot i$$

  despejando tenemos la primera cuota de amortización:

  $$A_1 = a - C_0 \cdot i$$

- **Cuotas de interés (I_S).** La primera cuota será:

  $$I_1 = C_0 \cdot i$$

  Las siguientes cuotas se pueden obtener, bien en función del capital pendiente anterior o como diferencia entre el término amortizativo y la cuota de amortización del período.

  $$I_S = C_{S-1} \cdot i$$

  $$I_S = a_S - A_S$$

- **Capital amortizado (K_S).** Se puede obtener, como suma de las cuotas de amortización:

  $$K_S = A_1 + A_2 + \cdots + A_S$$

  Otra forma sería en función del capital amortizado en el período anterior más la cuota de amortización del período considerado S:

  $$K_S = K_{S-1} + A_S$$

  en función de la primera cuota, mediante el desarrollo de la expresión genérica:

  $$A_{S+1} = A_1 (1 + i)^S + h \cdot S_{\overline{s}|i}$$

  obteniendo A_S en función de la primera cuota:

  $$A_S = A_1 (1 + i)^{S-1} + h \cdot S_{\overline{s-1}|i}$$

  Finalmente, como diferencia entre el capital inicial (total pendiente) y el pendiente desde el período considerado:

  $$K_S = C_0 - C_S$$

El desarrollo completo de todos los elementos podemos observarlo en el Cuadro 4.5.

PERÍODO n	TÉRMINOS AMORTIZATIVOS (a_S)	CUOTAS DE INTERÉS (I_S)	CUOTAS DE AMORTIZACIÓN (A_S)	CAPITAL AMORTIZADO (K_S)	CAPITAL PENDIENTE (C_S)
0	—	—	—	—	C_0
1	$a = \left[C_0 + \dfrac{n \cdot h}{i}\right] / a_{\overline{n}|i} - \dfrac{h}{i} - n \cdot h$	$I_1 = C_0 \cdot i$	$A_1 = a_1 - I_1$	$K_1 = A_1$	$C_1 = C_0 - K_1$
2	$a_2 = a_1 + h$	$I_2 = C_1 \cdot i$	$A_2 = A_1(1 + i) + h$	$K_2 = K_1 + A_2$	$C_2 = C_0 - K_2$
—	—	—	—	—	—
S	$a_S = a_{S-1} + h$	$I_S = C_{S-1} \cdot i$	$A_S = A_{S-1}(1 + i) + h$	$K_S = K_{S-1} + A_S$	$C_S = C_0 - K_S$
—	—	—	—	—	—
$n-1$	$a_{n-1} = a_{n-2} + h$	$I_{n-1} = C_{n-2} \cdot i$	$A_{n-1} = A_{n-2}(1 + i) + h$	$K_{n-1} = K_{n-2} + A_{n-1}$	$C_{n-1} = C_0 - K_{n-1}$
n	$a_n = a_{n-1} + h$	$I_n = C_{n-1} \cdot i$	$A_n = A_{n-1}(1 + i) + h$	$K_n = K_{n-1} + A_n = C_0$	$C_n = C_0 - K_n = 0$

Cuadro 4.5. **Cuadro de amortización términos variables en progresión aritmética.**

Actividad resuelta 4.12

El director financiero de la empresa IMPOREXP, S.A., de la Actividad resuelta 4.4, quiere comprobar y comparar qué situación le resultaría más ventajosa en cuanto a las ofertas obtenidas y condiciones concertadas con las entidades financieras con las que opera y encarga al técnico en financiación internacional que le haga un cuadro de amortización de un préstamo con las siguientes características:

Importe del préstamo: 12.000 €; duración: 4 años; tipo de interés anual: 10%; amortización mediante el sistema de términos variables en **progresión aritmética** de razón $h = 100$ €.

Se pide confeccionar el cuadro de amortización correspondiente.

SOLUCIÓN

Previamente calculamos el primer término amortizativo a través de la fórmula:

$$a = \left[C_0 + \frac{n \cdot h}{i}\right] / a_{\overline{n}|i} - \frac{h}{i} - n \cdot h = \left[\frac{12.000 \cdot \dfrac{4 \cdot 100}{0,1}}{\dfrac{1 - (1 + 0,1)^{-4}}{0,1}}\right] - \frac{100}{0,1} - 4.100 = 3.647,53 \ €$$

El resto de los términos se obtienen añadiendo la razón h sucesivamente (véase el Cuadro 4.5); luego calculamos el resto de los elementos en el siguiente orden: 1.º, la cuota de interés; 2.º, la cuota de amortización; 3.º, el capital amortizado, y, por último, el capital vivo.

PERÍODO (n)	TÉRMINOS AMORTIZATIVOS	CUOTAS DE INTERÉS	CUOTAS DE AMORTIZACIÓN	CAPITAL AMORTIZADO	CAPITAL PENDIENTE
0	—	—	—	—	12.000,00
1	3.647,53	1.200,00	2.447,53	2.447,53	9.552,47
2	3.747,53	955,25	2.792,28	5.239,81	6.760,19
3	3.847,53	676,02	3.171,51	8.411,32	3.588,68
4	3.947,53	358,87	3.588,68	**12.000,00**	**0**
SUMA	**15.190,12**	**3.190,14**	**12.000,00**		

Actividad resuelta 4.13

La empresa GESIMPORT, S.A., para poder importar prendas de vestir italianas, solicita un préstamo a un banco italiano conviniendo en las siguientes características y condiciones del préstamo:

Cuantía del capital prestado: 30.000 €; duración de la operación: 10 años; tipo de interés efectivo anual: 5%; sistema de amortización de términos variables en progresión aritmética de razón $h = 100$ €.

Calcular:

1. El término de amortización o anualidad del séptimo año.
2. La cuota de amortización del octavo año.
3. Capital vivo o pendiente de amortizar al final del sexto año.
4. La cuota de interés del séptimo año.
5. Capital amortizado al final del sexto año.

Solución

1. Previamente calculamos el primer término por medio de la expresión de equivalencia financiera:

$$\mathbf{a} = \left[C_0 + \frac{n \cdot h}{i} \right] / \mathbf{a}_{\overline{n}|i} - \frac{h}{i} - n \cdot h = \left[\frac{30.000 \cdot \dfrac{10 \cdot 100}{0,05}}{\dfrac{1 - (1 + 0,05)^{-10}}{0,05}} \right] - \frac{100}{0,05} - 10.100 = 3.475,26 \text{ €}$$

Para el séptimo año:

$$\mathbf{a}_S = \mathbf{a} + (s - 1) \cdot h$$

$$\mathbf{a}_7 = 3.475,26 + (7 - 1) \cdot 100 = \mathbf{4.075,26 \text{ €}}$$

2. Previamente calculamos la primera cuota de amortización:

$$A_1 = \mathbf{a} - C_0 \cdot i = 3.475,26 - 30.000 \cdot 0,05 = 1.975,26 \text{ €}$$

Para el octavo año: Aplicando la formula genérica:

$$A_{S+1} = A_1 (1 + i)^S + h \cdot \mathbf{S}_{\overline{s}|i}$$

$$A_8 = A_1 (1 + i)^7 + h \cdot \mathbf{S}_{\overline{7}|0,05} = 1.975,26 (1 + 0,05)^7 + 100 \cdot [(1 + 0,05)^7 - 1/0,05] = \mathbf{3.593,59 \text{ €}}$$

3. Por el método retrospectivo, planteando la equivalencia financiera en "s", a partir de capitales pasados aplicamos la fórmula siguiente:

$$C_S = C_0 (1 + i)^S - \mathbf{S}_{(a,h)\overline{s}|i}$$

Para el sexto año:

$$C_6 = 30.000 (1 + 0,05)^6 - \mathbf{S}_{(a,h)\overline{6}|0,05}$$

$$= 40.202,87 - \left(3.475,26 + \frac{100}{0,05} \right) \cdot \left(\frac{(1 + 0,05)^6 - 1}{0,05} \right) - \frac{6 \cdot 100}{0,05} = 14.960,70 \text{ €}$$

4. En este caso, al conocer C_6 del punto anterior, podemos calcular la cuota de interés de un período en función del capital pendiente del período anterior:

$$I_S = C_{S-1} \cdot i = I_7 = C_6 \cdot 0,05 = 14.960,70 \cdot 0,05 = \mathbf{748,35 \ €}$$

También, al conocer la anualidad del séptimo año, se podría obtener la cuota de interés como diferencia entre la anualidad menos la cuota de amortización de dicho período; por tanto, habría que calcular la cuota del séptimo año.

$$A_7 = A_1(1+i)^6 + h \cdot \boldsymbol{S}_{\overline{6}|0,05} = 1.975,26 \ (1+0,05)^6 + 100 \cdot [(1+0,05)^6 - 1/0,05] = 3.327,23 \ €$$

$$I_7 = \boldsymbol{a}_7 - A_7 = 4.075,26 - 3.327,23 = \mathbf{748,03 \ €} \qquad \text{(diferencia debida al redondeo de decimales).}$$

5.

$$K_S = C_0 - C_S \ ; \quad K_6 = 30.000 - C_6 = 30.000 - 14.960,70 = 15.039,30 \ €$$

4.2.6. Sistema de términos variables en progresión geométrica

Este sistema se fundamenta principalmente en las condiciones de tener los términos de amortización variables en progresión geométrica de razón q y el tipo de interés constante durante toda la duración del préstamo.

$$\boldsymbol{a}_1 \neq \boldsymbol{a}_2 \neq \cdots \neq \boldsymbol{a}_s \neq \cdots \neq \boldsymbol{a}_n$$
$$i_1 = i_2 = \cdots = i_S = \cdots = i_n = i$$

Las anualidades de dos años consecutivos guardan la siguiente relación (Figura 4.7):

$$\boldsymbol{a}_S = \boldsymbol{a}_{S-1} \cdot q$$

Resumen: Coste de intereses para distintos sistemas de amortización, siendo el importe del préstamo 12.000 €, duración 4 años y tanto de interés anual 10%.

S. americano	4.800,00 €
S. francés no fraccionado	3.142,59 €
S. francés semestral, término vble.	3.145,96 €
S. francés semestral, término cte.	3.073,12 €
S. cuotas amortización constantes	3.000,00 €
S. alemán	3.157,54 €
S. progresión aritmética ($h = 100$)	3.190,14 €
S. progresión geométrica ($q = 1,01$)	3.160,53 €

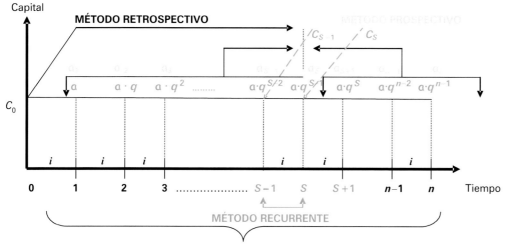

Figura 4.7. **Esquema financiero de la operación: préstamo progresión geométrica.**

Desarrollamos los elementos de este sistema descritos en la Figura 4.7:

- **Cuantía del término amortizativo (a_S).** Como se observa en la Figura 4.7, planteando la equivalencia financiera de la operación en origen 0, nos encontramos ante una renta inmediata, variable en progresión geométrica, temporal, pospagable y de término a, valorada a un tanto anual efectivo i, en la que su valor actual es igual a C_0. Por el principio de equivalencia en 0 tenemos:

$$C_0 = \mathbf{A}_{(a,q)\overline{n}|i}$$

Despejando obtenemos:

$$a = \frac{C_0\,(1 + i - q)}{1 - q^n\ (1 + i)^{-n}} = a_1$$

expresión que nos permite calcular el primer término amortizativo o anualidad (a_1).

Para obtener el resto de las anualidades en función de la primera:

$$a_S = a_{S-1} \cdot q = a_1 \cdot q^{S-1}$$

Y también como suma de la cuota de interés más la cuota de amortización correspondiente a dicho período S:

$$a_S = I_S + A_S$$

- **Capital vivo o pendiente de amortizar (C_S):** Partiendo de la Figura 4.7 podemos obtener su expresión por cualquiera de los siguientes métodos:

a) Método recurrente: Por diferencia entre el capital pendiente en el período anterior capitalizado y la anualidad correspondiente al período en curso:

$$C_S = C_{S-1}\,(1 + i) - a \cdot q^{S-1}$$

b) Método retrospectivo (basándose en el pasado): Por diferencia entre el importe del préstamo capitalizado al momento S (genérico) y las anualidades pagadas o vencidas, también capitalizadas al final del período considerado S. Se plantea el principio de equivalencia en el momento S de valoración, donde:

$$C_0\,(1 + i)^S = \mathbf{S}_{(a,q)\overline{s}|i} + C_S$$

Despejando:

$$C_S = C_0\,(1 + i)^S - \mathbf{S}_{(a,q)\overline{s}|i}$$

O bien, mediante el desarrollo de la renta:

$$C_S = C_0\,(1 + i)^S - a\left[\frac{(1 + i)^S - q^S}{1 + i - q}\right]$$

c) Método prospectivo (basándose en el futuro): se basa en calcular el valor actual de las anualidades pendientes de pago o futuras, donde:

$$C_S = \mathbf{A}_{(a,q^s,q)\,n-\overline{s}|i} = a \cdot q^S\left[\frac{1 - q^{n-S}(1 + i)^{-(n-S)}}{1 + i - q}\right]$$

- **Cuotas de amortización (A_S):** Comparando el capital vivo o pendiente de dos períodos consecutivos, tenemos:

Año S: $C_S = C_{S-1}(1 + i) - \mathbf{a}_S$

Año $S + 1$: $C_{S+1} = C_S(1 + i) - \mathbf{a}_{S+1}$

Restando: $C_S - C_{S+1} = C_{S-1}(1 + i) - \mathbf{a}_S - C_S(1 + i) + \mathbf{a}_{S+1} = (1 + i)(C_{S-1} - C_S) + \mathbf{a}_{S+1} - \mathbf{a}_S$

La diferencia del capital vivo en un período $(s + 1)$ es igual a la cuota de amortización de dicho período: $C_S - C_{S+1} = A_{S+1}$

Por otro lado, para el período S tendremos: $C_{S-1} - C_S = A_S$

Sustituyendo en la expresión anterior, tenemos:

$$A_{S+1} = A_S(1 + i) + \mathbf{a}_{S+1} - \mathbf{a}_S = A_S(1 + i) + \mathbf{a} \cdot q^S - \mathbf{a} \cdot q^{S-1}$$

Simplificando nos queda la fórmula que relaciona la cuota de amortización de un año con la del año anterior:

$$A_{S+1} = A_S(1 + i) + \mathbf{a} \cdot q^{S-1}(q - 1)$$

Desarrollando cada cuota en función de la primera llegamos a la expresión genérica del cálculo de la cuota de cualquier período conociendo la primera:

$A_1 = A_1$

$A_2 = A_1(1 + i)\,\mathbf{a}\,(q - 1)$

$A_3 = A_2(1 + i) + \mathbf{a} \cdot q\,(q - 1)$

$$\boxed{A_{S+1} = A_1(1 + i)^S + \boldsymbol{S}_{(a(q-1),\,q)\overline{s}|i}}$$

O bien desarrollando la renta:

$$A_{S+1} = A_1(1 + i)^S + \mathbf{a} \cdot (q - 1) \cdot \left[\frac{(1 + i)^S - q^S}{1 + i - q}\right]$$

- **Primera cuota de amortización (A_1):**

  Conocido el término de amortización, ya que sabemos que:

  $$\mathbf{a} = A_1 + I_1 = A_1 + C_0 \cdot i$$

  despejando, obtenemos la primera cuota:

  $$\boxed{A_1 = \mathbf{a} - C_0 \cdot i}$$

- **Cuotas de interés (I_S):** La primera cuota será:

  $$I_1 = C_0 \cdot i$$

  Las siguientes cuotas se pueden obtener, bien en función del capital pendiente anterior o como diferencia entre el término amortizativo y la cuota de amortización del período.

  $$\boxed{I_S = C_{S-1} \cdot i}$$

  $$\boxed{I_S = \mathbf{a}_S - A_S}$$

• **Capital amortizado (K_S):** Se puede obtener como suma de las cuotas de amortización:

$$K_S = A_1 + A_2 + \cdots + A_S$$

en función de la primera cuota, mediante el desarrollo de la expresión genérica para cada cuota:

$$A_{S+1} = A_1 (1 + i)^S + \mathbf{S}_{(a\,(q-1),\,q)\,\overline{s}|\,i}$$

Obteniendo A_S en función de la primera cuota:

$$A_S = A_1 (1 + i)^{S-1} + \mathbf{S}_{(a\,(q-1),\,q)\,\overline{s}|\,i}$$

Otra forma sería en función del capital amortizado en el período anterior más la cuota de amortización del período considerado s:

$$\boxed{K_S = K_{S-1} + A_S}$$

Finalmente, como diferencia entre el capital inicial (total pendiente) y el pendiente desde el período considerado:

$$\boxed{K_S = C_0 - C_S}$$

El desarrollo completo de todos los elementos podemos observarlo en el Cuadro 4.6.

PERÍODO (n)	TÉRMINOS AMORTIZATIVOS (a_S)	CUOTAS DE INTERÉS (I_S)	CUOTAS DE AMORTIZACIÓN (A_S)	CAPITAL AMORTIZADO (K_S)	CAPITAL PENDIENTE (C_S)
0	—	—	—	—	C_0
1	$a = \dfrac{C_0(1 + i - q)}{1 - q^n(1 + i)^{-n}}$	$I_1 = C_0 \cdot i$	$A_1 = a_1 - I_1$	$K_1 = A_1$	$C_1 = C_0 - K_1$
2	$a_2 = a_1 \cdot q$	$I_2 = C_1 \cdot i$	$A_2 = A_1(1 + i) + a(q - 1)$	$K_2 = K_1 + A_2$	$C_2 = C_0 - K_2$
—					—
S	$a_S = a_{S-1} \cdot q$	$I_S = C_{S-1} \cdot i$	$A_S = A_{S-1}(1 + i) + a \cdot q^{S-2}(q - 1)$	$K_S = K_{S-1} + A_S$	$C_S = C_0 - K_S$
—					—
$n-1$	$a_{n-1} = a_{n-2} \cdot q$	$I_{n-1} = C_{n-2} \cdot i$	$A_{n-1} = A_{n-2}(1 + i) + a \cdot q^{n-3}(q - 1)$	$K_{n-1} = K_{n-2} + A_{n-1}$	$C_{n-1} = C_0 - K_{n-1}$
n	$a_n = a_{n-1} \cdot q$	$I_n = C_{n-1} \cdot i$	$A_n = A_{n-1}(1 + i) + a \cdot q^{n-2}(q - 1)$	$K_n = K_{n-1} + A_n = C_0$	$C_n = C_0 - K_n = 0$

Cuadro 4.6. **Cuadro de amortización términos variables en progresión geométrica.**

Actividad resuelta 4.14

El director financiero de la empresa IMPOREXP, S.A., de la Actividad resuelta 4.4, quiere comprobar de nuevo y comparar qué situación le resultaría más ventajosa en cuanto a las ofertas obtenidas y condiciones concertadas con las entidades financieras con las que opera y encarga al técnico en financiación internacional que le haga un cuadro de amortización de un préstamo con las siguientes características:

Importe del préstamo: 12.000 €; duración: 4 años; tipo de interés anual: 10%; amortización mediante el sistema de términos variables en **progresión geométrica** de razón $q = 1,01$.

Se pide confeccionar el cuadro de amortización correspondiente.

SOLUCIÓN

Previamente calculamos el primer término amortizativo a través de la fórmula:

$$a = \frac{C_0 (1 + i - q)}{1 - q^n (1 + i)^{-n}} = \frac{12.000 (1 + 0,1 - 1,01)}{1 - 1,01^4 (1 + 0,1)^{-4}} = 3.733,74 \; €$$

El resto de los elementos para confeccionar el cuadro se obtienen primero de forma sucesiva los términos: cada término será el producto del término anterior por la razón, luego por orden: cuota de interés, cuota de amortización, capital amortizado y capital vivo para cada fila del período.

PERÍODO (n)	TÉRMINOS AMORTIZATIVOS	CUOTAS DE INTERÉS	CUOTAS DE AMORTIZACIÓN	CAPITAL AMORTIZADO	CAPITAL PENDIENTE
0	—	—	—	—	12.000,00
1	3.733,74	1.200,00	2.533,74	2.533,74	9.466,26
2	3.771,08	946,63	2.824,45	5.358,19	6.641,81
3	3.808,79	664,18	3.144,61	8.502,80	3.497,20
4	3.846,88	349,72	3.497,20	12.000,00	0
SUMA	15.160,53	3.160,53	12.000,00		

Actividad resuelta 4.15

El director de una sucursal bancaria le ofrece al gerente de la empresa GESIMPORT, S.A. un préstamo con las siguientes características: cuantía del capital prestado: 30.000 €; duración de la operación: 10 años; tipo de interés efectivo anual: 5%; sistema de amortización de términos variables en **progresión geométrica** de razón $q = 1,01$.

Calcular:

1. El término de amortización o anualidad del séptimo año.
2. La cuota de amortización del octavo año.
3. Capital vivo o pendiente de amortizar al final del sexto año.
4. La cuota de interés del séptimo año.
5. Capital amortizado al final del sexto año.

1. Previamente calculamos el primer término por medio de la expresión de equivalencia financiera:

$$a = \frac{C_0 (1 + i - q)}{1 - q^n (1 + i)^{-n}} = \frac{30.000 (1 + 0,05 - 1,01)}{1 - 1,01^{10} (1 + 0,05)^{-10}} = 3.728,36 \; €$$

Para el séptimo año:

$$a_S = a_{S-1} \cdot q = a_1 \cdot q^{S-1}$$

$$a_7 = 3.728,36 \cdot 1,01^6 = 3.957,73 \; €$$

2. Previamente calculamos la primera cuota de amortización:

$$A_1 = \mathbf{a} - C_0 \cdot i = 3.728,36 - 30.000.0,05 = 2.228,36 \ €$$

Para el octavo año, aplicando la fórmula genérica:

$$A_{S+1} = A_1 (1 + i)^S + \mathbf{S}_{(a(q-1), q)\overline{s}|i}$$

$$A_8 = 2.228,36 (1 + 0,05)^7 + 3.728,36 (1,01 - 1) \left[\frac{(1 + 0,05)^7 - 1,01^7}{1 + 0,05 - 1,01} \right] = \mathbf{3.447,75 \ €}$$

3. Por el método prospectivo, planteando la equivalencia financiera en S, en base a capitales futuros que actualizados aplicamos la fórmula siguiente:

$$C_S = \mathbf{A}_{(a \cdot q^s, q) n - \overline{s}|i}$$

Para el sexto año:

$$C_6 = 3.728,36 \cdot (1,01)^6 \left[\frac{1 - 1,01^4 \cdot (1,05)^{-4}}{1 + 0,05 - 1,01} \right] = \mathbf{14.237,23 \ €}$$

4. En este caso, al conocer C_6 del punto anterior, podemos calcular la cuota de interés de un período en función del capital pendiente del período anterior:

$$I_S = C_{S-1} \cdot i \ ; \ I_7 = C_6 \cdot 0,05 = 14.237,23 \cdot 0,05 = \mathbf{711,86 \ €}$$

También, al conocer la anualidad del séptimo año, se podría obtener la cuota de interés como diferencia entre la anualidad menos la cuota de amortización de dicho período; por tanto, habría que calcular la cuota del séptimo año.

$$A_7 = 2.228,36 (1 + 0,05)^6 + 3.728,36 (1,01 - 1) \left[\frac{(1 + 0,05)^6 - 1,01^6}{1 + 0,05 - 1,01} \right] = 3.362,52$$

$$I_7 = \mathbf{a}_7 - A_7 = 4.075,26 - 3.363,52 = \mathbf{711,74 \ €} \quad \text{(diferencia debida al redondeo de decimales).}$$

5. Aplicando la fórmula genérica:

$$K_S = C_0 - C_S$$

$$K_6 = C_0 - C_6 = 30.000 - 14.237,23 = \mathbf{15.762,77 \ €}$$

4.3 Tantos efectivos

El préstamo es una operación financiera que supone la existencia de una equivalencia financiera entre una prestación y una contraprestación, la cual se cumple para un tipo de interés, que, de no existir ningún componente además del interés, coincide con el tipo al que se haya contratado la operación.

El problema surge cuando existen características comerciales en el préstamo (comisiones de apertura, gestión, gastos de notaría, corretajes, gastos de administración, impuestos, penalizaciones, etc.) que afectan a la prestación y/o a la contraprestación haciendo que se modifique el valor financiero de las mismas, no cumpliéndose la equivalencia para el tipo de interés contractual.

Por tanto, surge la necesidad de calcular un nuevo tipo de interés (tanto efectivo comercial) que permita determinar la equivalencia real entre las cantidades entregadas y recibidas en la operación por ambas partes. Este nuevo tipo será una medida real (efectiva) de la rentabilidad obtenida por el prestamista y del **coste total (efectivo) soportado por el deudor, prestatario.** Denominaremos G_0 a los gastos iniciales que tenga el prestatario en el inicio de la operación, como pueden ser comisiones de apertura, estudio, notario, registro, etc.

Si por otro lado al pagar las anualidades tiene además el prestatario que abonar otros gastos (g), que pueden estar expresados en tanto por uno o en unidades monetarias, los términos amortizativos quedarían modificados dando lugar al esquema de la Figura 4.8:

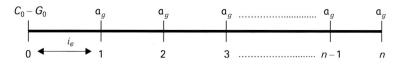

Figura 4.8. **Esquema de la operación.**

donde:

a_g: Término amortizativo anual con gastos.

i_e: Tipo o tasa real efectiva (coste real) del préstamo (sería la TAE, tasa anual equivalente).

Según que los gastos se expresen en un tanto unitario o en unidades monetarias tenemos:

- Si g está expresado en tanto unitario: por ejemplo, sería un 0,02, que significa que de cada una unidad monetaria en gastos el prestatario ha de pagar 0,02, o bien, de cada 100 unidades monetarias, pagará 2.

$$a_g = a\,(1 + g) > a$$

- Si g está expresado en unidades monetarias: por ejemplo, 100 unidades monetarias, significa que además del término amortizativo ha de pagar 100 unidades monetarias más.

$$a_g = a + g > a$$

Para el caso particular de préstamo francés de anualidades y tasa de interés constante durante todos los períodos, al plantear la equivalencia financiera en el origen de la operación tendremos la siguiente igualdad:

$$C_0 - G_0 = a_g\ \mathbf{a}_{\overline{n}|i_e}$$

El planteamiento del coste real para el prestatario con la igualdad se observa en el siguiente esquema:

PRESTACIÓN REAL PRESTATARIO	CONTRAPRESTACIÓN REAL PRESTATARIO
(LO RECIBIDO = IMPORTE DEL PRÉSTAMO)	(LO ENTREGADO = TÉRMINOS AMORTIZATIVOS MÁS GASTOS)

$$C_0 = G_0 + (a + g)\ \mathbf{a}_{\overline{n}|i_e}$$

Despejando, el valor de la renta será:

$$\boxed{\mathbf{a}_{\overline{n}|i_e} = (C_0 - G_0)/a_g = (C_0 - G_0)/(a + g)}$$

Para obtener el valor del tanto i_e o tipo de interés efectivo o coste real del préstamo para el deudor, prestatario, podemos emplear tres medios:

1. Consultar las tablas financieras con distintos valores de renta para diferentes duraciones y tantos.

2. Por *tanteo* o interpolación en la ecuación (con valores estimados de tasas para la duración dada) hasta obtener una i_e aproximada.

3. Mediante calculadora financiera.

Actividad resuelta 4.16

Se presta un capital de 12.000 € a amortizar en 4 años, por el sistema francés de anualidades constantes, con las siguientes características: tipo de interés anual efectivo: 10%; gastos iniciales: 100 €; a cargo del prestatario; gastos anuales: 10 €, a cargo del prestatario; los gastos imputables al prestamista no son cobrados por el prestamista sino por un tercero.

Se pide:

1. Calcular el tanto efectivo del prestatario o coste real de la operación.
2. Calcular el tanto efectivo del prestamista o rentabilidad real de la operación.

SOLUCIÓN

1. Tanto efectivo del prestatario:

Primero calcularemos el término amortizativo constante sin gastos:

$$a = C_0 / a_{\overline{n}|i} = \frac{12.000 \cdot 0,1}{1 - (1 + 0,1)^{-4}} = 3.785,65 \text{ €}$$

Equivalencia financiera en el origen (igualdad entre lo recibido y entregado por el prestatario):

$$12.000 - 100 = (3.785,65 + 10) \, a_{\overline{n}|i_e}$$

$$a_{\overline{n}|i_e} = (12.000 - 100)/3.795,65 = \textbf{3,135167}$$

Mediante tablas financieras (véase la Actividad 12.1, Capítulo 12), obtenemos tasas para la duración dada con valores de renta del inmediato superior e inferior al calculado anteriormente:

$$\left[\begin{array}{l} 3,169865 \\ 3,1315167 \\ 3,102455 \end{array}\right.\left.\begin{array}{l} ....\left[\begin{array}{l}10\% \\ i_e \\ 11\% \end{array}\right. \end{array}\right]$$

$$\left.\begin{array}{l} 3,169865 - 3,102455 ...... 10\% - 11\% \\ 3,169865 - 3,1315167 .... 10\% - i_e \end{array}\right\} \quad \left.\begin{array}{l} 0,06741 .... - 0,01 \\ 0,034698 ...... 0,1 - i_e \end{array}\right\}$$

Tanto efectivo del prestatario:

$$i_e = 0,1 + (0,01 \cdot 0,034698)/0,06741 = 0,10514 = \textbf{10,51\% (TAE)} \text{ (coste real efectivo)}$$

2. Tanto efectivo del prestamista:

Igualando lo recibido y entregado por el prestamista (términos amortizativos igual al capital prestado), dado que el importe recibido como gastos es para un tercero, en este caso no será necesario plantear la ecuación ya que la rentabilidad del prestamista viene determinada por el tipo de interés del préstamo que permanece constante. Por tanto, se cumple:

$$i_a = i = 0,1 = \underline{\textbf{10\%}}$$

Actividad resuelta 4.17

Se presta un capital de 50.000 € a amortizar en 5 años, por el sistema francés de anualidades constantes, con las siguientes características: tipo de interés anual efectivo: 7%; gastos iniciales: 1% sobre el importe del préstamo; gastos anuales de comisiones y administración el 1% del término amortizativo o anualidad.

Se pide calcular el tanto efectivo del prestatario o coste real de la operación.

SOLUCIÓN

Tanto efectivo del prestatario

Primero calcularemos el término amortizativo constante sin gastos:

$$a = C_0 / a_{\overline{5}|0,07} = \frac{50.000 \cdot 0,07}{1 - (1 + 0,07)^{-5}} = 12.194,53 \text{ €}$$

La equivalencia financiera en el origen (igualdad entre lo recibido y entregado por el prestatario).

Y a continuación añadimos los gastos (que en este caso están expresados en tanto unitario), planteando la nueva expresión:

$$50.000 - (0,01 \cdot 50.000) = (12.194,53 + 12.194,53 \cdot 0,01) \, a_{\overline{n}|i_e}$$

$$a_{\overline{n}|i_e} = (50.000 - 500)/12.316,48 = \mathbf{4,019005}$$

Mediante tablas financieras (véase la Actividad 12.1, Capítulo 12), obtenemos tasas para la duración dada con valores de renta del inmediato superior e inferior al calculado anteriormente:

$$\begin{bmatrix} 4,10019744 \\ 4,019005 \\ 3,99271004 \end{bmatrix} ... \begin{bmatrix} 7\% \\ i_e \\ 8\% \end{bmatrix} \quad \left. \begin{array}{l} 4,10019744 - 3,99271004 .. \; 7\% - 8\% \\ 4,10019744 - 4,019005 ...... \; 7\% - i_e \end{array} \right\} \quad \left. \begin{array}{l} 0,1074874.... - 0,01 \\ 0,0811924.... \; 0,07 - i_e \end{array} \right\}$$

Tanto efectivo del prestatario:

$$i_e = 0,07 + (0,01 \cdot 0,0811924)/0,1074874 = 0,07755 = \mathbf{7,75\% \; (TAE)} \text{ (coste real efectivo).}$$

4.1 Una sociedad desea lanzar un nuevo producto al mercado, para lo cual necesita realizar un desembolso de 2 millones para financiar una nueva instalación productiva. Tras negociar con diversas entidades financieras, llega a un acuerdo con el banco X en las siguientes condiciones:

1. Importe del préstamo: 2.000.000 €.

2. Duración: 10 años.

3. Tipo de interés: 10% anual.

4. Devolución del capital más los intereses, al final de la operación (préstamo **simple**).

Se pide:

a) Importe de las anualidades.

b) Si por el éxito obtenido en la comercialización del nuevo producto, la empresa se encuentra en condiciones de devolver el préstamo al principio del séptimo año, ¿qué cantidad entregará?

4.2 Con los datos del ejercicio anterior, resolver las mismas cuestiones para el caso de que anualmente se pagan los intereses (préstamo americano).

4.3 Una entidad financiera concede un préstamo de 100.000 €, para ser amortizado en 7 años mediante una entrega única. Si el tipo de interés aplicado es el 12% nominal, determinar:

a) Cuantía de las anualidades.

b) Capital amortizado en los seis primeros años.

c) Capital pendiente al principio del tercer año.

4.4 Con los datos del primer ejercicio, pero con devolución de anualidades constantes (préstamo francés), se pide:

a) Importe de la anualidad.

b) Cuota de amortización del cuarto período.

c) Cuota del interés del tercer período.

d) Total amortizado en los cinco primeros años.

e) Si por el éxito obtenido en la comercialización del nuevo producto, la empresa se encuentra en condiciones de devolver el préstamo al principio del séptimo año, ¿qué cantidad entregará?

f) Cuadro de amortización.

4.5 Elaborar el cuadro de amortización de un préstamo de anualidades constantes, siendo:

1. Nominal del préstamo: 50.000 €.

2. Duración: 5 años.

3. Tipo de interés: 12% anual.

4.6 Una sociedad desea lanzar un nuevo producto al mercado, para lo cual necesita realizar un desembolso de 4 millones con objeto de financiar una nueva instalación productiva. Tras negociar con diversas entidades financieras, llega a un acuerdo con el banco X en las siguientes condiciones:

1. Importe del préstamo: 4.000.000 €.

2. Duración: 20 años.

3. Tipo de interés: 4% trimestral.

4. Abono de intereses trimestrales, venciendo las cuotas de amortización al final de cada año (**préstamo francés con intereses fraccionados**).

Se pide:

a) Importe del primer término amortizativo.

b) Total amortizado al principio del quinto año.

4.7 Elaborar el cuadro de amortización de un préstamo francés con pago semestral de intereses, siendo:

1. Nominal del préstamo: 60.000 €.

2. Tipo de interés semestral: 4,5%.

3. Duración: 3 años (**préstamo francés con intereses fraccionados**).

4.8 Elaborar el cuadro de amortización de un préstamo de 100.000 € para ser amortizado en 5 años mediante anualidades constantes al 10% de interés, si en los tres primeros años no se paga ninguna cantidad.

4.9 Una sociedad desea lanzar un nuevo producto al mercado, para lo cual necesita realizar un desembolso de 400.000 € para financiar una nueva instalación productiva. Tras consultar a su asesor fiscal y negociar con diversas entidades financieras, llega a un acuerdo con el banco X en las siguientes condiciones:

a) Importe del préstamo: 80% del valor de la inversión.

b) Duración: 15 años; tipo de interés: 14% anual.

c) Devolución mediante **cuotas de amortización constante**.

Se pide:

a) Importe de la cuota.

b) Anualidad del cuarto período.

c) Cuota del interés del tercer período.

d) Total amortizado en los cinco primeros años.

e) Si por el éxito obtenido en la comercialización del nuevo producto, la empresa se encuentra en condiciones de devolver el préstamo al principio del décimo año, ¿qué cantidad entregará?

4.10 Construir el cuadro de amortización de un préstamo de 50.000 €, siendo la duración 5 años, tipo de interés aplicable el 10% anual; mediante cuotas de amortización constantes.

Actividades de Refuerzo

4.1 Se desea cancelar en 20 años un préstamo de 2 millones de euros, por el sistema de anualidades constantes, al tanto de valoración del 6% anual. Se pide:

a) Determinar la anualidad.

b) Capital amortizado después del pago de la décima anualidad.

c) Cuota de interés del año once.

d) Cuota de amortización del año catorce.

e) Deuda pendiente al comienzo del año dieciséis.

4.2 Se concierta un préstamo de 100.000 € amortizable en 6 años, de forma que las tres primeras anualidades se valoran al 10% anual de interés y las tres siguientes, que son el doble de las primeras, se valoran al 20% de interés. Construir el cuadro de amortización del préstamo.

4.3 Construir el cuadro de amortización por el sistema francés de un préstamo con las siguientes características: cuantía del capital prestado: 150.000 €; duración de la operación: 4 años; abono de intereses cuatrimestralmente; tipo de valoración: 3% cuatrimestral.

4.4 Se obtiene un préstamo de 120.000 € amortizable mediante reembolso único a los 10 años, con pago anual de intereses al 10%. A los cuatro años, después de pagar los intereses, el prestatario hace una entrega parcial de 50.000 €. Se pide determinar el saldo en dicho momento si el tanto de interés vigente en el mercado es del 8% anual.

4.5 Un préstamo de 20.000 € se amortiza en 8 años mediante anualidades constantes al 10% de interés. A los cuatro años, después de satisfacer la cuarta anualidad, el prestatario propone la cancelación definitiva del préstamo. ¿Qué cantidad deberá entregar si el prestamista acepta con la condición de emplear para la valoración el tipo de interés del mercado del 8%?

4.6 La empresa EXPINTER, S.A. concierta con una entidad financiera un préstamo de 100.000 €, amortizable en 4 años, de tal forma que las dos primeras anualidades se valoran al 10,25% de interés anual; las dos siguientes serán el doble de las primeras y se valoran al 11% de interés anual. Se pide construir el cuadro de amortización.

4.7 La empresa EXPOIMPO, S.A. desea lanzar un nuevo producto, para lo cual necesita realizar un desembolso de 900.000 €. Para financiar una nueva instalación productiva, tras consultar a su técnico financiero y negociaciones con diversas entidades financieras, llega a un acuerdo con el banco X en las siguientes condiciones:

1. Importe del préstamo: 900.000 €.

2. Duración: 25 años.

3. Tipo de interés: 9,75% anual.

4. Devolución mediante **cuotas de amortización constantes**.

Se pide la anualidad del decimonoveno período.

4.8 Construir el cuadro de amortización de un préstamo de 10.000 $USA, amortizable mediante el sistema americano en 6 años, al tipo de interés efectivo anual del 3,45% (Libor).

4.9 Construir el cuadro de amortización de un préstamo de 10.000 $USA, amortizable mediante el sistema alemán (intereses prepagables) en seis años, al tipo de interés efectivo anual del 3,45% (Libor).

4.10 Un banco suizo concede un préstamo de 100.000 CHF (francos suizos) a una empresa para ser amortizado en 10 años mediante el sistema francés (anualidades constantes). Si el tipo de interés efectivo anual es del 4,5% (Libor), determinar:

1. Anualidad constante que amortiza el préstamo.

2. Cuota de amortización del quinto año.

3. Cuota de interés del quinto y séptimo período.

4. Capital amortizado en los cinco primeros años.

5. Capital pendiente de amortizar al final del noveno año.

Actividades Complementarias

4.1 Un banco presta 30.000 € a una empresa que tiene que amortizarlo en 6 años mediante pagos trimestrales variables en progresión aritmética de razón $h = 100$ €. Si el tipo de interés nominal es del 8%, determinar:

1. La cuarta trimestralidad del año.

2. Cuota de amortización de la segunda trimestralidad del segundo año.

3. Cuota de interés del decimoquinto pago.

4. Capital amortizado en los cinco primeros años.

5. Capital pendiente de amortizar al final del décimo pago.

4.2 Un banco presta 30.000 € a una empresa que tiene que amortizarlo en 6 años mediante anualidades variables en progresión geométrica de razón $q = 1,10$. Si el tipo de interés efectivo es del 5%, averiguar:

1. Cuantía de la anualidad.

2. Cuota de amortización del tercer período.

3. Cuota de interés del quinto período.

4. Capital amortizado en los cuatro primeros años.

5. Capital pendiente de amortizar al final del cuarto año.

4.3 Realizar el cuadro de amortización de un préstamo de 30.000 € amortizable mediante pagos semestrales variables en progresión geométrica de razón $q = 1,15$ en dos años, al tipo de interés nominal del 6%.

4.4 Determinar el tanto efectivo del prestatario o tanto efectivo de coste de un préstamo de 60.000 €, amortizable por el sistema francés en 6 años a un tipo de interés efectivo anual del 7%. Los gastos iniciales de formalización del préstamo a cargo del prestatario son de 600 € y a cargo del prestamista 1.000 €. Además el prestatario, junto a las anualidades, debe satisfacer unas comisiones del 2% de éstas y el prestamista debe satisfacer un 1% de las mismas en concepto de impuestos.

4.5 Realizar el cuadro de amortización de un préstamo de 30.000 €, en 5 años, al tipo de interés efectivo anual del 10%.

4.6 Construir el cuadro de amortización de un préstamo de 20.000 € amortizable mediante el sistema de anualidades variables en progresión geométrica de razón $q = 1,05$ en 5 años, al tipo de interés nominal del 10%.

4.7 Una empresa tiene tres préstamos con una entidad financiera; sus características son:

DURACIÓN	SISTEMA	TIPO DE INTERÉS	DURACIÓN	TIEMPO PASADO
10.000	Francés	5%	10 años	5 años
20.000	Cuota constante	10%	6 años	2 años
40.000	Americano	6%	3 años	1 año

En estos momentos la empresa ha llegado a un acuerdo con la entidad financiera: **sustituir estos préstamos** por otro a 4 años a un tipo de interés del 5% y mediante el **sistema de amortización francés**; se pide:

1. La cuantía del nuevo préstamo que sustituye a los anteriores.

2. La anualidad del nuevo préstamo.

4.8 El señor López solicita un préstamo al banco X, siendo las características del mismo las siguientes:

1. Importe del préstamo: 20.000 €.

2. Duración: 10 años, vencimientos mensuales.

3. Tipo de interés: primer año 10,75% (nominal anual pagadero mensualmente); restantes años: Euribor a un año +2% con revisiones anuales (el último Euribor conocido en este momento es el 9,75%).

4. Comisión de apertura: 1,5%.

5. Tasación: 22,50 €.

Se pide:

a) **Coste efectivo**, que deberá figurar en la escritura del préstamo.

b) Si, transcurrido un año, el tipo de interés referencial establecido es un 11% nominal anual pagadero mensualmente, ¿cuál deberá ser la TAE que figure en los impresos de información girados por el banco?

4.9 Una empresa compra varios equipos informáticos por valor de 33.000 $USA y acuerda con el exportador la siguiente forma de pago:

1. Al contado 3.000 $USA.

2. El resto financiado a 24 meses mediante pagos trimestrales de igual importe.

3. Tipo de interés nominal: 10% anual.

4. Sistema de amortización o devolución francés.

5. Gastos iniciales del 1% sobre el importe financiado.

6. Gastos de administración y gestión de 10 $USA por trimestre.

Calcular el **tanto efectivo** anual de coste de la financiación para la empresa importadora.

4.10 Construir el cuadro de amortización de un préstamo de 30.000 GBP (libras esterlinas) amortizable mediante el sistema alemán (intereses prepagables) en 3 años, realizando pagos semestrales, al tipo de interés nominal anual del 5,5%.

Cuestionario de repaso-recordatorio **Bloque I**

BI.1 La fórmula del montante en capitalización simple es:

a) $C_n = C_0 (1 + i \cdot n)$
b) $C_n = C_0 + C_0 \cdot i$
c) $C_n = C_0 (1 + i)^n$

BI.2 El capital final o montante en la capitalización compuesta respecto de la simple es:

a) Mayor
b) Menor
c) Igual

BI.3 El principio de homogeneidad de magnitudes establece que:

a) La tasa de interés y período de generación de intereses debe ser anual.
b) El período de generación de intereses y la tasa de interés deben estar expresados en la misma unidad de tiempo.
c) El período de generación de intereses y la tasa de interés deben estar expresados en distinta unidad de tiempo.

BI.4 El interés a año comercial respecto del año natural es:

a) Menor
b) Mayor
c) Igual

BI.5 Los números comerciales se emplean:

a) En el procedimiento abreviado del cálculo de interés
b) En el descuento bancario de letras
c) En la obtención de la tasa anual equivalente

BI.6 El descuento comercial respecto del racional es:

a) Mayor
b) Menor
c) Igual

BI.7 La fórmula del efectivo líquido en el descuento bancario de letras es:

a) $EL = N + DC - c - f$
b) $EL = N - DC + c + f$
c) $EL = N - DC - c - f$

BI.8 Una letra de *resaca* es:

a) La letra que devuelve la entidad financiera por impago
b) La letra de renovación de una impagada
c) La letra pagada al vencimiento

BI.9 El librador de una letra es:

a) El comprador-importador
b) El vendedor-exportador

c) La entidad financiera que posee la letra

BI.10 La expresión $(1 + i)/i$ corresponde al:

a) Valor actual de una renta unitaria, inmediata, perpetua y prepagable
b) Valor actual de una renta unitaria, inmediata, temporal y prepagable
c) Valor actual de una renta unitaria, inmediata, perpetua y pospagable

BI.11 El valor final de una renta diferida temporal y pospagable es:

a) No tiene valor final
b) Igual que el de una renta inmediata
c) Igual que el valor actual multiplicado por el factor $(1 + i)$

BI.12 La renta en progresión geométrica es aquella en la que cada uno sus términos es:

a) Igual al término anterior sumada una razón de crecimiento
b) Igual al término anterior multiplicado por la razón de crecimiento
c) Igual al término anterior restada una razón de crecimiento

BI.13 Cuando la última cuota de amortización de un préstamo es igual al capital prestado se trata de:

a) Préstamo sistema francés

b) Préstamo cuotas de amortización constantes

c) Préstamo sistema americano

BI.14 Cuando las cuotas de amortización varían en progresión geométrica creciente de razón $(1 + i)$ se trata de:

a) Préstamo sistema americano

b) Préstamo sistema francés

c) Préstamo cuotas de amortización constantes

BI.15 Cuando los términos de amortización varían en progresión aritmética decreciente de razón $(C_0 \cdot i)/n$ se trata de:

a) Préstamo sistema francés

b) Préstamo sistema alemán

c) Préstamo cuotas de amortización constantes

Bloque II

El mercado de divisas

El euromercado y normativa reguladora

Introducción

Diremos que un mercado, en términos económicos generales, consiste en un conjunto de personas y organizaciones que participan de alguna forma en la compra y venta de productos y servicios o en la utilización de éstos. Según las características de los compradores y la naturaleza de los productos pueden darse distintos mercados: de consumo, industriales, de valores, de capitales, de dinero, de divisas, etc.

En esta unidad se trata de estudiar y analizar el mercado donde intervienen empresas multinacionales, entidades financieras y organismos públicos y privados, superando el marco estatal y vinculando a agentes económicos de distintas nacionalidades, y los productos son divisas y títulos valores representativos de operaciones financieras de crédito, préstamo e inversiones de carácter supranacional; es un mercado mayorista.

Contenido

5.1. **El euromercado**
5.2. **Sectores que componen el euromercado**
5.3. **El mercado de divisas**
5.4. **Normativa reguladora del mercado de divisas en España**
Actividades de Apoyo
Actividades de Refuerzo
Actividades Complementarias

Objetivos

▶ *Conocer las características y tipos de euromercados diferenciando claramente su operatividad.*

▶ *Comprender la finalidad importante del mercado de divisas en el ámbito internacional.*

▶ *Identificar e interpretar los aspectos más importantes de la legislación reguladora de las transacciones internacionales y movimientos de capital.*

5.1 El euromercado

Reserva Federal USA (fed)

**Federal Reserve
Bank of New York**

**20 th street and Constitution
Avenue NW Washington,
DC 20551**

El euromercado es un mercado financiero internacional donde se llevan a cabo operaciones financieras en divisas distintas a las del país donde geográficamente se encuentra situado el mercado. Está compuesto por el mercado financiero nacional de cada país (banco central y entidades financieras), cuyas transacciones entre las entidades de un mismo país y las realizadas con entidades de otros mercados financieros nacionales de distintos países se efectúan mediante un sofisticado sistema de telecomunicaciones y desarrollo informático. Su estructura de forma gráfica se puede observar en la Figura 5.1.

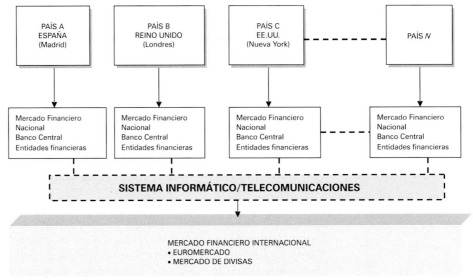

Figura 5.1. **Composición del mercado financiero internacional.**

Sus características principales son las siguientes:

a) Las operaciones se realizan por entidades financieras residentes en un país concreto; por ello el euromercado es parte del sistema bancario de ese país.

b) Los tomadores y depositantes de fondos suelen ser *no residentes*, lo que ha permitido que se les apliquen regulaciones bancarias y fiscales mejores que para las operaciones con residentes.

c) El marco legal imprescindible es la autorización por parte del Banco Central de cada país para que las instituciones financieras de éste capten recursos en distintas divisas, vía *depósitos* (certificados de depósitos, papel comercial, pagarés, bonos, etc.) o cualquier otro sistema de captación de recursos, y puedan ser prestados a potenciales demandantes de fondos, mediante los instrumentos financieros que resulten más convenientes para ambas partes (prestamista-prestatario).

d) La favorable regulación financiera y fiscal, la estabilidad política y las buenas infraestructuras de telecomunicaciones han permitido que el euromercado se desarrolle en cinco grandes áreas geográficas, que son:

1. **Europa occidental**, cuyo centro estratégico es Londres, siendo sus tipos de interés interbancario los tipos de referencia más usuales en las operaciones de este mercado. Otras plazas son: Luxemburgo, Ámsterdam, Zúrich, París.

2. **El Caribe y América Central**, siendo las plazas más importantes las islas Bahamas, las Antillas Holandesas, las Islas Caimán y Panamá, si bien esta última ha perdido importancia como consecuencia de la inestabilidad política.

3. **El Oriente Medio**: Emirato de Qatar (Doha), Emiratos Árabes Unidos.

4. **El Lejano Oriente**: Tokio, Singapur, Hong Kong.

5. **Estados Unidos**: Nueva York.

5.2 Sectores que componen el euromercado

En la actualidad la globalización económica es uno de los factores más relevantes a los que las empresas de cualquier tamaño deben hacer frente, por lo que han de estar preparadas, conociendo el funcionamiento y las opciones que ofrece un mercado financiero internacional. Pocas son hoy en día las empresas que no venden parte de su producción o prestan servicios a clientes extranjeros o no adquieren recursos necesarios a proveedores de otros países. Esto supone la búsqueda de fuentes de información y colocación de fondos en mercados financieros internacionales más favorables a las alternativas de ámbito nacional.

Las distintas posibilidades que ofrece un mercado financiero internacional, denominado euromercado, tanto de inversión como de financiación podemos dividirlas en cuatro grupos de productos financieros homogéneos, que son:

- El euromercado de dinero (monetario).
- El euromercado de capitales.
- El euromercado de crédito.
- El mercado de divisas.

EL EUROMERCADO

Euromercado monetario
Euromercado de capitales
Euromercado de crédito

5.2.1. El euromercado de dinero (monetario)

El euromercado monetario es el lugar de transacciones de operaciones financieras con vencimiento a corto plazo. Es un mercado dinámico cuyos movimientos generan variaciones continuas en los tipos de interés y tipos de cambio de las divisas.

He aquí las características fundamentales del euromercado de dinero:

a) Se llevan a cabo operaciones financieras de vencimiento inferior a un año, tales como las emisiones de renta fija (euronotas y europapel comercial).

b) En ambos casos se trata de emisiones de pagarés negociables con vencimiento inferior a un año y nominales normalizados de 500.000 y un millón de USD, o su equivalente en otras monedas.

c) Es un mercado mayorista, por lo que los emisores suelen ser grandes corporaciones, gobiernos, bancos centrales, entidades financieras, etc., y los inversores suelen tener también naturaleza institucional.

Las diferencias entre euronotas y europapel son las siguientes:

- En las Euronotas, su colocación está asegurada por una institución financiera o grupo de ellas en unas condiciones predeterminadas, a un tipo de interés máximo, tomando como referencia el **LIBOR (*London Interbank Basic Operating Rate*)**. Los bancos aseguradores garantizan al emisor la obtención de unos recursos financieros a un coste máximo durante el período de duración del programa de emisión. No obstante, si los aseguradores pueden ofrecer unas condiciones más atractivas al emisor porque encuentren demanda para los pagarés, el coste para el emisor se podría situar por debajo del asegurado para los bancos.

- El Europapel. Se trata de una emisión no asegurada de títulos de manera que el agente colocador (*dealer*) no tiene compromiso de suscribir los pagarés si no encuentra demanda de un tercero en el mercado. Al no estar asegurado por los agentes colocadores del progra-

Banco Central Europeo
Dirección de comunicación
División de prensa
e información
Kaisertrasse 29, D-960311
Frankfurt am Main
Tf: +496913448304
Fx: +496913447404
http://www.ecb.int

ma de emisiones de pagarés, éstos sólo se comprometen a colocar los títulos entre inversores si existe demanda.

Las coincidencias entre Euronotas y Europapel son las siguientes:

- Los procedimientos de emisión se inspiran en los del mayor mercado de pagarés financieros del mundo, que es el de papel comercial de Estados Unidos.
- Al tratarse de grandes instituciones, tanto los emisores como los inversores, los importes de los programas suelen ser muy elevados, normalmente varios cientos de millones de dólares, y el plazo de vencimiento de los programas oscila entre 5 y 10 años.
- Normalmente los programas no se encuentran emitidos en su totalidad porque para el emisor se configuran como líneas de liquidez inmediata, utilizable en función de las necesidades de recursos a corto plazo.

5.2.2. El euromercado de capitales

La denominación de euromercado de capitales se utiliza para designar las diferentes operaciones financieras que se efectúan a medio y largo plazo (que superen el año) y el conjunto de instituciones que facilitan la realización de tales operaciones. Comprende el mercado de crédito, cuyas operaciones se realizan a través de préstamos y emisiones de renta fija de los bancos y de las instituciones de inversión. Por otro lado está el mercado de valores, cuyas operaciones de financiación se efectúan mediante las transacciones de diferentes títulos valores de renta variable en la Bolsa de comercio.

Emisiones de renta fija a largo plazo: Eurobonos

Los eurobonos son empréstitos a largo plazo denominados genéricamente en divisas. Un eurobono está suscrito por un consorcio internacional de bancos y otras empresas de valores, y se venden exclusivamente en otros países diferentes de aquel en cuya moneda se hace la emisión. Por ejemplo, un bono emitido por una empresa estadounidense denominado en dólares, pero vendido a inversionistas en Europa y Japón (no a inversionistas de Estados Unidos), sería un Eurobono. Las características fundamentales de los Eurobonos son las siguientes:

a) Los títulos representan una parte alícuota de un empréstito (pasivo u obligaciones de un banco) a largo plazo, donde su vencimiento suele ser superior a los 5 años, y en algunos casos no tienen fecha de vencimiento prefijada, por lo que reciben la denominación de bonos perpetuos.

b) Se emiten libres de impuestos y retenciones sobre los rendimientos que obtenga el inversor. El emisor se compromete a que, si las autoridades fiscales de su país efectúan algún tipo de gravamen sobre intereses y comisiones, compensan al inversor de forma que coinciden en términos netos con las condiciones de emisión.

Las categorías de las emisiones de renta fija a largo plazo son:

1. Emisiones de **bonos puros:** Son emisiones de títulos de deuda a cuyo vencimiento el emisor devuelve el principal al bonista. Pueden ser:

   - **Emisiones con tipo fijo (*straights*):** Pagan un cupón fijo de manera periódica durante toda la vida de los títulos (anual, semestral, etc.).
   - **Emisiones con tipo flotante (*Floating Rate Note* o FRN):** El cupón se actualiza periódicamente tomando como referencia normalmente los tipos interbancarios de Londres, más un margen o diferencial que refleja la solvencia financiera del emisor y la coyuntura financiera del momento en que se fijan los términos de la emisión (anual, semestral, trimestral, etc.).

Páginas web sobre Mercado de Valores

Bolsa de Madrid:

http://www.bolsamadrid.es

Bolsa de Barcelona:

http://www.borsabcn.es

Comisión Nacional del Mercado de Valores (CNMV):

http://cnmv.es

2. Emisiones de **bonos híbridos:** Emisiones en cuyos títulos se combinan elementos de deuda *stricto sensu* (en sentido estricto, es decir, bonos *puros*) con elementos que posibilitan al bonista la participación accionarial en la sociedad emisora. Pueden ser:

- **Emisiones de bonos convertibles:** Son títulos que, además de producir un rendimiento al bonista en forma de cupón, le ofrecen la opción de convertir el nominal de los bonos en acciones de la sociedad emisora a un precio de la acción predeterminado, normalmente con una prima sobre el precio de mercado en el momento de la emisión.

- **Emisiones de bonos con *warrants:*** Son emisiones en las que cada bono lleva un título anejo, independiente y negociable separadamente conocido como certificado de opción o ***warrant.*** Este título concede al portador el derecho de adquirir otro activo (normalmente acciones de la sociedad emisora) a un precio fijo durante toda la vida de emisión.

Por otra parte, las instituciones que intervienen en la regulación de estos fondos son:

1. **Emisor o demandante de fondos:** Organismos financieros de carácter supranacional como Banco Mundial, Banco Europeo de Inversiones y grupos privados como grandes compañías multinacionales.

2. **Consorcio o sindicato bancario:** Todas las entidades financieras que participan en el diseño, lanzamiento y aseguramiento de la emisión, así como los que realizan el servicio financiero de los títulos o representan los intereses de los bonistas frente al emisor. Lo componen:

- **Director principal (*Lead Manager*):** Es la institución bancaria de primera fila en el euromercado. Es el encargado de presentar el diseño global de la operación al emisor y el que recibe el mandato para llevarla a cabo. Selecciona el grupo de bancos que asegurarán la emisión. Y es el responsable de distribuir los títulos entre el grupo de aseguradores (colocadores).

- **Bancos aseguradores** o ***underwriters*:** Garantizan la colocación de los títulos en las condiciones fijadas y se comprometen a suscribir un porcentaje de la emisión.

- **Bancos de venta:** Realizan la colocación primero entre los inversores del euromercado y luego al resto.

3. **Otras instituciones: asesores externos, comisario del sindicato de bonistas** (vigilan y controlan la emisión en defensa de los bonistas) y el **agente del servicio financiero de la emisión,** que paga los cupones y presenta los títulos al emisor en el momento de la amortización o devolución.

Emisiones de renta variable: Euroacciones

Las euroacciones son acciones que se colocan internacionalmente por un sindicato bancario compuesto por instituciones de diferentes países, que son los que normalmente aseguran la colocación de los títulos como en el mercado de eurobonos. Existe un mercado secundario donde surgen las transacciones concertadas por teléfono o vía electrónica entre los operadores del mercado.

Las características más destacadas de las euroacciones son las siguientes:

a) Se trata de un mercado internacional de **acciones**, cuya diferencia con el nacional es que no tiene una localización geográfica definida; es un mercado descentralizado donde las transacciones se llevan a cabo con la intermediación de instituciones bancarias de distintos países que compran y venden los títulos por orden de sus clientes o que lo hacen por cuenta propia para su actividad de intermediación en el futuro.

b) El mercado de euroacciones, al igual que el de eurobonos, es un mercado al por mayor, donde normalmente sólo operan instituciones que realizan operaciones de gran volumen; las transacciones suelen hacerse en bloques mínimos de 100 acciones.

c) El inversor que desee comprar o vender acciones que coticen en el euromercado puede contactar directamente con un miembro del mercado que dará contrapartida a la operación actuando por cuenta propia (***dealer*** o ***market maker***) o bien contactar con una sociedad no miembro del mercado (agente intermediario o ***broker***) que actúa por cuenta del cliente.

Las instituciones que intervienen son las siguientes:

1. Emisor de acciones: Normalmente son compañías que tienen necesidad de recursos financieros exteriores y deciden captarlos mediante la emisión y colocación de acciones en el mercado internacional. Solamente las compañías multinacionales y las que tienen una destacada presencia en alguna bolsa nacional pueden pensar en utilizar esta fuente de financiación.

2. Demandantes de acciones: Son grandes inversores institucionales de distintos países, que gestionan carteras de activos financieros de distinta naturaleza y divisa (fondos de inversión mobiliario, fondos de pensiones, compañías de seguros, etc.).

3. Bancos y agencias/Sociedades de valores y Bolsa: Actúan como vías de comunicación entre ahorradores e inversores del mercado primario y posteriormente se encargan de mantener un mercado secundario para las acciones (*brokers*).

5.2.3. El euromercado de crédito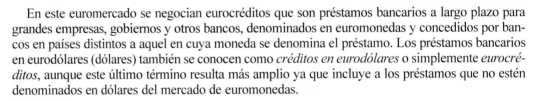

Banco de Japón
(*Bank of Japan*)

En este euromercado se negocian eurocréditos que son préstamos bancarios a largo plazo para grandes empresas, gobiernos y otros bancos, denominados en euromonedas y concedidos por bancos en países distintos a aquel en cuya moneda se denomina el préstamo. Los préstamos bancarios en eurodólares (dólares) también se conocen como *créditos en eurodólares* o simplemente *eurocréditos*, aunque este último término resulta más amplio ya que incluye a los préstamos que no estén denominados en dólares del mercado de euromonedas.

Las modalidades existentes en el euromercado de crédito son:

a) **Crédito internacional simple:** El que se concede en la moneda del prestamista a un prestatario extranjero.

b) **Eurocrédito o crédito en eurodivisas:** Crédito en moneda distinta a la del país en el que está establecido el prestamista y que en algún caso puede ser la moneda del prestatario.

Las características fundamentales del euromercado de crédito son las siguientes:

1. Su actividad supone la cesión temporal de recursos entre prestamista y prestatario a un tipo de interés y plazo determinado. Cuando las partes son países distintos, la operación financiera constituye un crédito internacional.

2. La principal fuente de captación de recursos por parte de los bancos que realizan su actividad crediticia en el euromercado es el mercado interbancario o mercado de eurodepósitos, que es un mercado mayorista de préstamos entre bancos.

3. La actividad de este mercado la constituyen las transacciones realizadas sobre depósitos en *eurodivisas* (divisas distintas a la del mercado interior). Estas operaciones se realizan sobre un sistema de compensación y liquidación que se conoce por el acrónimo de **CHIPS (*Clearing House Interbank Payments System*)**, que cuenta con una infraestructura informática internacional muy eficiente.

4. Los depósitos interbancarios del euromercado son depósitos a plazo, a cuyo vencimiento se devuelve el principal y los intereses devengados. Los plazos varían desde uno, tres, seis meses a un año y varios años.

5. Los depósitos ***overnight*** (plazo de vencimiento un día) tienen gran trascendencia en el euromercado porque permiten una gestión activa de tesorería a los bancos y constituye una forma de precolocación de fondos que están destinados, cuando el mercado lo permita, a inversiones en renta fija a corto plazo (*europapel comercial*) o a largo plazo (*eurobonos*).

La Figura 5.2 muestra la interrelación entre entidades financieras de distintos países que captan recursos mediante depósitos en divisas contrarias a la propia moneda; por ejemplo, la entidad financiera X del país B (España) solicita un préstamo o crédito en dólares, libras u otra moneda distinta al euro, y emite certificados de depósito en eurodivisas que, a su vez, presta a otros bancos en forma de depósitos en el mercado internacional o en forma de créditos o préstamos a empresas y gobiernos. Y viceversa, una entidad financiera X del país A (Reino Unido) solicitará préstamos en divisas contrarias a su moneda que constituyen certificados de depósito en eurodivisas. Todas estas transacciones se realizan mediante el sistema de compensación y liquidación (CHIPS), obligando a cada entidad financiera participante a constituir un libro registro de préstamos en eurodivisas.

En la figura sólo se han representado dos países, pero hay que pensar que en el euromercado participan muchos más países y entidades financieras de distinto orden (bancos, cajas, sociedades de inversión, etc.).

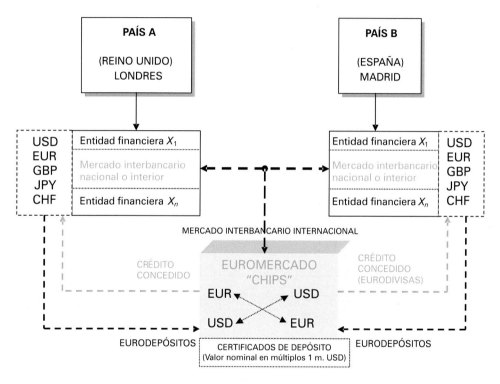

Figura 5.2. **Constitución libro de préstamos en eurodivisas en cada entidad financiera.**

El funcionamiento y los tipos de interés empleados se concretan en los siguientes puntos:

1. Los bancos que actúan como centro bancario o creadores de mercado (***market makers***) en una plaza o zona de mercado, establecen relaciones informáticas y telefónicas entre ellos, cotizando tipos de oferta para depósitos en divisas (***offered rates***) y tipos de demanda (***bid rates***).

2. El centro bancario más activo es Londres y los tipos de interés para los depósitos en eurodivisas toman como referencia el **LIBOR** (***London Interbank Basic Operating Rate***), que vienen a ser los tipos de interés de oferta (*offered rate*) de depósitos (préstamos) de los bancos para cada divisa en esa plaza.

3. Los tipos **LIBID** (***London Interbank Bid Rate***) son los tipos de demanda de depósitos para cada divisa.

4. La **diferencia entre el LIBOR y el LIBID normalmente es de un octavo por ciento.** Un octavo de punto porcentual son 12,5 puntos básicos. El **punto básico** es una centési-

ma de punto porcentual. Por ejemplo, si un punto básico es igual a 0,01, 12,5 puntos básicos son 1/8 porcentual o, en decimal, 0,00125. Si el **LIBOR** se encuentra a un 3,5%, la relación entre el **LIBID** y el **LIBOR** será:

$$\text{LIBID} = \text{LIBOR} \pm 0,00125 = 3,501\%/3,498\%$$

5. El tipo medio de ambos o media aritmética del **LIBOR** más el **LIBID** es el denominado **LIMEAN** (*London Interbank Mean Rate*).

En la hipótesis de los datos anteriores:

$$\textbf{LIBOR} = 3,5$$
$$\textbf{LIBID} = 3,501\%/3,498\%$$

El **LIMEAN** será la media aritmética:

$$\textbf{LIMEAN} = (\textbf{LIBOR} + \textbf{LIBID})/2 = (3,5 + 3,501)/2 = \textbf{3,5005\%}$$
$$\textbf{LIMEAN} = (\textbf{LIBOR} + \textbf{LIBID})/2 = (3,5 + 3,498/\ 2 = \textbf{3,437\%}$$

Actividad resuelta 5.1

Si el tipo de interés LIBOR del euro a un mes es el 3,34%, determinar el LIBID.

SOLUCIÓN

Normalmente: LIBID = LIBOR ± 0,00125 (1/8%)

LIBID = 0,0334 ± 0,00125 = 0,0334 ∤ 0,00125/0,0334)– 0,00125 = 0,03465/0,03215

Significa que el tipo de demanda del euro puede estar en el tramo del 3,215% al 3,465%.

Actividad resuelta 5.2

Tomando los datos y resultados de la Actividad resuelta 5.1, determinar el LIMEAN.

SOLUCIÓN

Según el LIBID tomado tendremos un tipo de interés medio alto y otro bajo.

LIMEAN (alto) = (LIBOR + LIBID)/2 = (3,34% + 3,465%)/2 = 3,402%

LIMEAN (bajo) = (LIBOR + LIBID)/2 = (3,34% + 3,215%)/2 = 3,2775%

Actividad resuelta 5.3

Si la diferencia entre el LIBOR y LIBID fuese de 10 puntos básicos, ¿cuál sería el LIBID para un LIBOR del euro a 6 meses del 3,60%?

SOLUCIÓN

10 puntos básicos = 0,001

LIBID = LIBOR ± 0,001 = (0,036 + 0,001/0,036 – 0,001 = 0,0037/0,0035

Significa que el tipo de demanda del euro puede estar en el tramo del 3,5% al 3,7%.

5.3 El mercado de divisas

El mercado de divisas es el medio a través del cual se compran y venden las diferentes monedas nacionales de otros países (USD, yenes, libras, francos suizos, etc.). Su función es facilitar la transferencia de poder adquisitivo y, por tanto, de la moneda de un país a otro. Así, por ejemplo, si un empresario español realiza una operación de importación de productos en Estados Unidos, necesitará dólares para realizar el pago, por lo que tendrá que dirigirse al mercado de divisas para adquirirlos, intercambiándolos por euros. He aquí sus principales características:

Banco de España
Servicio de reclamaciones
C/ Alcalá, 50 (28014-Madrid)
Tf: 91.338.50.68-
91.338.65.30
http://www.bde.es

- Es un mercado transparente que se acerca al ideal de mercado de competencia perfecta, debido al alto número de oferentes y demandantes.

- El producto o mercancía de intercambio es homogéneo ya que una misma mercancía se cotiza al mismo precio, con independencia del lugar donde se efectúe la transacción (ley del precio único).

- Es un mercado eficiente: la información se difunde en tiempo real a todos los participantes en el mercado.

Antes de efectuar el análisis del tipo de cambio y las comisiones aplicables a las operaciones de cambio de moneda del siguiente capítulo, conviene saber que las entidades bancarias y los establecimientos de cambio de moneda tienen la obligación, en relación con las operaciones de **compraventa de divisas** (y cheques de viajero en el caso de los establecimientos de cambio de moneda) y **de billetes extranjeros**, de publicar los tipos máximos y mínimos de, respectivamente, compra y venta o, en su caso, los tipos únicos que aplicarán cuando el importe de la operación no exceda de 3.000 €. Estos tipos serán también los que se aplicarán en las operaciones de compraventa de divisas derivadas de órdenes de transferencia con el exterior por importe inferior al señalado.

La publicación de los tipos de cambio anteriores debe completarse con la publicación de las comisiones bancarias y gastos que las entidades aplican en las mencionadas operaciones, explicando el concepto al que respondan cuando no se derive claramente de la propia denominación de la comisión.

5.3.1. Participantes en el mercado

Los agentes económicos o participantes que acceden como demandantes u oferentes de divisas son:

1. **Los bancos centrales:** Su participación en el mercado busca fundamentalmente el mantenimiento de los tipos de cambio al contado de sus monedas respectivas en el intervalo o margen de fluctuación deseado. Para ello compran divisas cuando el tipo de cambio tiende a subir y venden cuando tiende a bajar, para intentar estabilizar la cotización alrededor del valor establecido. En la zona euro, corresponde al Banco Central Europeo.

2. **Intermediarios o *brokers*:** Actúan frecuentemente en los mercados domésticos y su labor consiste en la mediación entre oferentes y demandantes, por la que obtienen un porcentaje o comisión sobre el importe de la operación. Su función se limita a poner en contacto a oferentes y demandantes, sin ser poseedores en ningún momento de la divisa objeto de la transacción.

3. **Los bancos comerciales:** Pueden operar como minoristas, atendiendo las necesidades de sus clientes (empresas, exportadores, turistas, etc.), y como mayoristas, participando en el mercado interbancario, y pueden obtener un beneficio por diferentes conceptos:

    - El diferencial entre los tipos de cambio de oferta y demanda. Este diferencial es conocido por el término inglés *spread*.

    - Cobro de comisiones.

    - Por la disposición de los fondos durante el tiempo que media entre la recepción de la orden y su liquidación.

TRANSFERENCIAS EMITIDAS AL EXTRANJERO

A países de la Unión Europea, en euros u otras divisas de la UE, por importe superior a 50.000 euros, y las restantes transferencias fuera de la UE o en otras divisas por cualquier importe, tendrán una comisión del 0,60%, con un mínimo de 15 euros.

– Ganancias de capital que obtiene como consecuencia de la adopción de posiciones propias de compra y venta.

4. **Las empresas industriales y comerciales:** Lo utilizan para realizar sus operaciones de comercio exterior (importación y exportación) o para operaciones de financiación e inversión internacional.

Los particulares pueden acceder a los mercados de divisas a través de las entidades de depósito (bancos, cajas de ahorros y cooperativas de crédito) o a través de los *establecimientos de cambio de moneda*. Entre estos últimos es posible distinguir varios tipos de establecimientos: los que sólo están autorizados para realizar operaciones de compra de billetes extranjeros o cheques de viajero con pago en euros, los autorizados también para realizar operaciones de venta de billetes extranjeros o cheques de viajero con pago en euros, los autorizados también para realizar operaciones de venta de billetes extranjeros o cheques de viajero, y los que además pueden realizar la gestión de transferencias bancarias con el exterior, de cualquier tipo o sólo de algunas categorías de transferencias bancarias.

Así, cuando un particular necesite comprar o vender billetes extranjeros, hacer efectivos sus cheques de viajero o emitir o recibir una transferencia exterior, podrá dirigirse indistintamente a una entidad de depósito o a un establecimiento de cambio de moneda (en este último caso, siempre que sea de los autorizados a realizar la operación concreta que se quiere realizar). Si, por el contrario, necesita realizar otras operaciones de cambio de moneda, como préstamos en moneda extranjera, créditos documentarios en divisas, etc., no podrá recurrir a estos últimos.

5.3.2. Organización del mercado

Al haber distintas plazas financieras con diferentes horarios (Nueva York, Tokio, Londres, Madrid, etc.), puede ocurrir que una determinada divisa cotice a precio desigual en dos plazas diferentes. Esto da lugar a las operaciones de arbitraje. El **arbitraje** consiste en la compra de una divisa en una plaza financiera y su venta inmediata en otra en la que su precio está más alto, con lo que se produce una ganancia segura. Normalmente las diferencias momentáneas de precios entre distintas plazas son muy pequeñas y la utilización masiva del arbitraje por parte de los agentes que intervienen hace que los precios tiendan a converger.

En el mercado de divisas los compradores y vendedores se ponen en contacto a través de los distintos sistemas de comunicación (teléfono, terminales de ordenador, Internet, telefax, etc.), por lo que este mercado, al que se considera de los más perfectos y transparentes, depende mucho de las comunicaciones.

Así, por ejemplo, un operador de un banco inglés acordará las condiciones de intercambio de libras por yenes con un banco localizado en Japón, a través del teléfono. Cada operador introducirá los datos de la operación en su terminal informática y ambas entidades enviarán sus mensajes correspondientes electrónicamente, de forma que el banco inglés establecerá un depósito a favor del japonés en libras y éste hará lo propio con un depósito a favor del inglés en yenes.

La red de comunicaciones más importante para operaciones financieras internacionales es la sociedad cooperativa belga **SWIFT (*Society for Worldwide Interbank Financial Telecommunications*).**

5.4 Normativa reguladora del mercado de divisas en España

Cuando realizamos transacciones de compraventa de divisas, bien sea contra euros (moneda nacional), bien contra otras divisas en el mercado español de divisas (las grandes ciudades de negociación, Madrid, Barcelona...) efectuadas por los residentes españoles entre sí o con otros no residentes, estas operaciones deben regirse conforme a unas reglas y normas jurídicas.

Una de las normas más importantes sobre transacciones económicas con el exterior es el Real Decreto 1816/1991, a partir del cual se liberalizaron completamente los movimientos de capital, y desde entonces los residentes españoles no están obligados a efectuar sus operaciones en divisas a través de intermediarios financieros españoles, autorizados expresamente por el Banco de España (Banco Central).

Otra norma más antigua es la Ley 40/1979 sobre el régimen jurídico de control de cambios. En la actualidad, cualquier divisa podrá ser libremente cotizada en el mercado español por las entidades registradas. No obstante, sólo para un conjunto de ellas el Banco de España establece una cotización oficial, que veremos en el Capítulo 6.

El mayor volumen de transacciones (aproximadamente un 90% del total) realizadas en el mercado español de divisas se produce en el mercado interbancario de divisas. Este mercado no es una entidad con espacio físico ni forma jurídica propia, sino que está formado por la unión, a través de redes de telecomunicaciones e informática, de las diferentes salas de cambio y departamentos de tesorería de las entidades autorizadas a participar (bancos centrales, comerciales, *brokers*, etc.).

El menor volumen de transacciones (10% del total, aproximadamente) corresponde a operaciones entre las entidades registradas y sus clientes.

5.4.1. Ley 40/1979. Régimen jurídico de control de cambios

Esta ley se estructura en cuatro capítulos con 19 artículos, una disposición transitoria, cuatro disposiciones finales y dos disposiciones derogatorias.

El capítulo I (artículos 1 a 5) trata del régimen general de control de cambios. En el capítulo II (artículos 6 a 9) recoge la diferenciación de los bienes o derechos poseídos en el extranjero tanto por residentes como por no residentes, con tipificación de las condiciones por las que se declara delito monetario, y los castigos o sanciones correspondientes.

En el capítulo III (artículos 10 a 15) trata de las infracciones administrativas en materia de control de cambios y las sanciones aplicables.

Finalmente, el capítulo IV (artículos 16 a 19) versa sobre la inspección e investigación de los órganos competentes en dicha materia y el personal encargado; así, en la disposición final tercera establece que el gobierno desarrollará, mediante decreto, la composición y funciones de la Comisión de Vigilancia de las infracciones de control de cambios.

El texto íntegro se puede descargar desde Internet en la página web de la editorial: http://www.thomsonparaninfo.com.

5.4.2. RD 1816/1991. Transacciones económicas con el exterior

El Real Decreto 1816/1991 contiene una introducción, 17 artículos, tres disposiciones adicionales y una disposición transitoria. Su contenido fundamentalmente se basa en la libertad de transacciones exteriores, con ausencia de restricciones, de controles y trámites administrativos previos, y sin exigencias de justificación documental y trámites fiscales previos. También, al igual que la Ley 40/1979, distingue entre residentes y no residentes, estableciendo las condiciones de acreditación para ambos. Así, a los españoles se les supone residentes en España; en caso contrario, tienen que acreditarse por medio del documento nacional de identidad (DNI) actualizado y válido. A los extranjeros se les supone residentes en el extranjero; en caso con-

---

OTRA NORMATIVA

Orden Ministerial de 25/11/1995 (BOE 02-11-1995): Normas de actuación en los mercados de valores.

Circular 1/1996 de la Comisión Nacional del Mercado de Valores (BOE 09-04-1996): Normas de actuación y transparencia en los mercados de valores.

Ley 9/1999, de 12-04-1999 (BOE 13-04-1999): Régimen jurídico de las transferencias entre Estados miembros de la Unión Europea.

Orden Ministerial de 16-11-2000 (BOE 25-11-2000): Desarrollo de la Ley 9/1999 sobre transferencias entre Estados miembros de la Unión Europea.

trario, tienen que acreditarse mediante tarjeta o carnet individual de residencia, expedido por el Ministerio del Interior. Para la acreditación de la no residencia, los españoles deberán obtener certificación de la autoridad consular española expedida con una antelación máxima de dos meses; los extranjeros, mediante certificación negativa de residencia expedida por el Ministerio del Interior.

En uno de sus artículos señala que tanto los residentes como los no residentes tienen libertad para realizar los pagos y cobros entre ellos, en moneda metálica, billetes de banco, así como transferencias al exterior, cifradas en euros o en divisas, pero están sujetos a obligaciones de declaración y registro por medio de una entidad financiera de depósito inscrita en los Registros oficiales del Banco de España.

Las competencias en materia de control de cambios corresponden al Ministerio de Economía y Hacienda, a través de la Dirección General de transacciones exteriores y del Banco de España. A este respecto, el Real Decreto 1638/1996, de 5 de julio, por el que se produce el proceso liberador en cuanto a los movimientos de capitales, ha venido a modificar el RD 1816/1991, tras la sentencia del Tribunal de Justicia de la Comunidad Europea de fechas 23 de febrero y 14 de diciembre de 1995.

La adaptación llevada a cabo por la Orden de 9 de julio de 1996 al citado RD 1816/1991 conlleva la necesidad de proceder a la consiguiente modificación de la Resolución de la Dirección General de transacciones exteriores de 7 de enero de 1992, dando lugar a la refundición en un único texto, que es la Resolución de 9 de julio de 1996 de la Dirección General de Política Comercial e inversiones exteriores, por la que se dictan normas para la aplicación de los artículos 4, 5, 7 y 10 de la Orden del Ministerio de Economía y Hacienda de 27 de diciembre de 1991 sobre transacciones económicas con el exterior.

El texto íntegro del RD 1816/1991 se puede descargar desde Internet en la página web de la editorial: http://www.thomsonparaninfo.com.

Otras disposiciones en relación con circulación de capitales son:

Real Decreto 1392/1993, de 4 de agosto, por el que se regula el procedimiento sancionador de las infracciones administrativas en materia de control de cambios.

Circular 23/1992, de 18 de diciembre, sobre préstamos, créditos y compensaciones exteriores.

Circular 24/1992, de 18 de diciembre, sobre residentes titulares de cuentas en el extranjero.

Circular 1/1994, de 25 de febrero, sobre cuentas de no residentes abiertas en España. Operaciones con billetes y efectos. Y entidades registradas.

Ley 18/1992, de 1 de julio, por la que se establecen determinadas normas en materias de inversiones extranjeras.

Real Decreto 671/1992, de 2 de julio, sobre inversiones extranjeras en España.

Real Decreto 672/1992, de 2 de julio, sobre inversiones españolas en el exterior.

Actividades de Apoyo

5.1 Si el tipo de interés Libor del euro a un mes es el 3,75%, determinar el Libid.

5.2 Tomando los datos y resultados de la Actividad 5.1, determinar el Limean.

5.3 Si la diferencia entre el Libor y el Libid fuese de 15 puntos básicos, ¿cuál sería el Libid para un Libor del euro a 6 meses del 3,25%?

5.4 Diferencias y similitudes entre el euromercado y mercado **FOREX**.

5.5 ¿Qué significa LIBOR?

5.6 Diferencia/s entre EURIBOR y LIBOR.

5.7 Definir los siguientes conceptos o términos: euronotas, europapel, eurobonos, euroacciones.

5.8 ¿Qué son los depósitos *overnight*?

5.9 ¿Qué se entiende por emisiones de bonos con *warrants*?

5.10 ¿En qué consiste el sistema **CHIPS**?

5.11 ¿Qué es el *oro amonerado* y títulos representativos de derechos?

5.12 Diferenciación entre residente y no residente. ¿Cómo se acredita la residencia?

5.13 ¿Pueden los residentes abrir cuentas en euros o divisas en el extranjero? Justificar la respuesta.

5.1 ¿Tienen los residentes alguna obligación de declarar las cuentas en divisas? Justificar la respuesta.

5.2 ¿Existe libertad de transacciones de capitales en el exterior? Justificar la respuesta.

5.3 ¿Qué circunstancia/s deben concurrir para considerar una transacción de capital como delito monetario?

5.4 Citar las sanciones que pueden imponerse en el caso de incurrir en delito monetario.

5.5 Explicar la diferencia entre acto, negocio, transacción y operación.

5.6 ¿Qué son los actos de disposición?

5.7 ¿Qué son las cuotas representativas de partes alícuotas de capital?

5.8 ¿Qué y cuáles son las entidades registradas en materia de transacciones de comercio exterior?

5.9 Buscar por cualquier medio de información (prensa, libros, Internet, etc.) qué bancos directores a nivel internacional son los de mayor operatividad en operaciones de:

a) Mercado de europapel comercial (pagarés)

b) Mercado de eurobonos

c) Mercado internacional de préstamos

d) Mercado de renta variable internacional

Actividades de Refuerzo

5.1 Establecer y confeccionar un vocabulario con los términos o conceptos de difícil comprensión encontrados en la lectura de la normativa expuesta en el Epígrafe 5.4 y averiguar su significado en un diccionario genérico, específico, en Internet o en otra fuente de información.

5.2 Buscar y localizar por medio de Internet páginas web de otra normativa relacionada con el euromercado y mercado de divisas, actualizada (cinco años anteriores al presente). Realizar un listado de las páginas encontradas.

Actividades Complementarias

5.3 En relación con el punto anterior, confeccionar un resumen de los aspectos más importantes sobre una determinada norma (elegida de las anteriores), a ser posible bien con el tratamiento de textos Word o similar o bien con presentación de diapositivas con Power-Point.

5.4 Localizar el Real Decreto 1638/1996, de 5 de julio, a través de Internet y comentar los aspectos más significativos del mismo.

5.5 Leer el documento de la Figura 5.3 y realizar un esquema-resumen en tratamiento de textos (Word o similar) en una cara de folio, con los aspectos más significativos.

5.6 Leer el documento de la Figura 5.4 y enumerar las características fundamentales del mercado **FOREX**.

Una nueva directiva englobará a sociedades y agencias de valores, a instituciones miembros de Bolsa y a gestoras de carteras en empresas de servicios de inversión

EVA RUIZ-HIDALGO

Cómo llegar a ser un 'broker'

Desligar de la figura de un *broker* la imagen de una persona joven, más o menos apuesta, con la corbata torcida, con un teléfono entre el hombro y la cabeza, con las manos repartidas entre un *block* de notas y un teclado de ordenador, que comparte además con una *coca-cola*, recibiendo y cursando órdenes y pegado a un *ticker* como un enfermo a una botella de oxígeno, es una misión totalmente imposible. Sin embargo, convertirse en esta estresada persona es algo más complejo, un proceso que dura seis meses aproximadamente.

En la actualidad, y hasta que entre en vigor la Directiva de Servicios de Inversión, prevista para 1996, los populares *brokers* llevan aparejados cuatro conceptos: sociedades y agencias de valores, y sociedades y agencias de valores y Bolsa. La diferencia entre ambas radica en que mientras las agencias sólo pueden operar por cuenta ajena, las sociedades pueden actuar por cuenta propia y ajena.

La otra división hace referencia al escenario de actuación. Las distintas agencias y las sociedades de valores ejercen sus funciones en mercados de valores (Meff, deuda pública, Aiaf, valores no cotizados y colocación de emisiones).

Por otro lado, las agencias y sociedades de valores y las instituciones miembros de Bolsa lo harán en los mercados bursátiles, con un mayor riesgo y un mayor capital. Estas últimas sustituyeron hace seis años, en julio de 1989, a los agentes de cambio y bolsa.

Las cuatro en general tienen una actividad exclusiva. Por este principio de exclusividad, deben solicitar el permiso correspondiente a la Comisión Nacional del Mercado de Valores (CNMV) para poder constituirse.

La Comisión Nacional del Mercado de Valores garantiza de cara al cliente la seriedad en la operativa y exige cuatro requisitos a las entidades:

1. Petición formal al presidente de la Comisión Nacional del Mercado de Valores.

2. Presentar el proyecto de estatutos: *a)* Definir la denominación (agencias o sociedades); *b)* Objetivo (limitaciones en el artículo 71 de la Ley del Mercado de Valores); *c)* Capital social (se fija en 750 millones de pesetas para las sociedades y en 150 millones de pesetas para las agencias).

3. Principio de incompatibilidad de los socios, salvo que tengan actividades de carácter excluyente.

4. Los consejeros deben ser honorables y no estar sometidos a procesamiento.

A los consejeros se les presupone conocimientos y experiencia suficientes.

Las sociedades tendrán un mínimo de cinco socios, y las agencias un mínimo de tres socios.

Además, cuando se solicita la creación, tanto unas como otras deberán depositar un 20% del capital mínimo.

Una vez superada la primera prueba, el citado Consejo de la Comisión Nacional del Mercado de Valores se dirige al ministro de Economía y Hacienda proponiendo su autorización.

Es el titular de este departamento a quien tiene, por tanto, la última palabra.

Una vez autorizado, se constituyen ante un notario y se inscriben en el Registro Mercantil y en el Registro de la Comisión Nacional del Mercado de Valores.

Para ser miembro de Bolsa, además, hay que cumplimentar otro requisito. Adquirir acciones de la Sociedad Rectora de la Bolsa.

La Junta General de la Rectora se celebra una vez al año, y concreta-

La CNMV garantiza de cara al cliente la seriedad en la forma de operar de los 'broker'

mente el pasado día 26 de abril se reunió y aprobó la entrada como sociedades de valores y miembros de Bolsa a las ex agencias de valores Oddo y Warburg.

El porcentaje de las acciones que deben adquirir dependerá en última instancia del capital social mínimo o los recursos propios exigibles.

Los socios de las agencias de valores y miembros de Bolsa deberán ser personas físicas, y cada consejero, poseer al menos un 5% del capital.

Todas estas exigencias serán similares para los españoles y para las personas que provengan de cualquiera de los países comunitarios.

Sin embargo, aquellos ciudadanos que no pertenezcan a países miembros de la Unión Europea (UE) y quieran acceder a Bolsa, tendrán que acreditar la vigencia del principio de reciprocidad entre su país de procedencia y España en esta materia.

Esto significa que estarán obligados a demostrar que se dan los mismos requisitos si una entidad española va a operar a su país.

El nuevo régimen de actuación previsto para las sociedades de valores será, en síntesis, el siguiente:

— Recibir órdenes de inversores, de procedencia nacional o de procedencia extranjera, relativas a la suscripción o negociación de cualesquiera valores, nacionales o extranjeros, y ejecutarlas, si están autorizadas para ello, o transmitirlas para su ejecución a otras entidades habilitadas a este fin.

— Gestionar, por cuenta del emisor, la suscripción y reembolso de participaciones en fondos de inversión, y negociar, por cuenta propia o ajena, su transmisión.

— Mediar, por cuenta directa o indirecta del emisor, en la colocación de distintas emisiones de valores.

— Asegurar la suscripción de emisiones de valores.

— Ser titulares en la Central de Anotaciones y actuar como Entidades Gestoras del Mercado de Deuda Pública en anotaciones en cuenta, de acuerdo con lo previsto en la ley.

— Negociar con el público, por cuenta propia o por cuenta de terceros, valores nacionales o extranjeros, no admitidos a negociación en un mercado secundario oficial.

— Llevar el riesgo contable de los valores representados por medio de anotaciones en cuenta, en los distintos casos previstos en la ley.

— Actuar como entidades adheridas al Servicio de Compensación y Liquidación de Valores.

— Otorgar créditos directamente relacionados con operaciones de compra o venta de valores.

— Gestionar las carteras de valores de terceras personas, en cuyo caso no podrán negociar por cuenta propia con el titular de los valores objeto de la gestión.

— Actuar, por cuenta de sus titulares, como depositarias de valores representados en la forma de títulos, o como administradoras de valores representados en forma de anotaciones en cuenta.

— Actuar como depositarias de Instituciones de Inversión Colectiva.

— Ostentar la condición de entidad delegada del Banco de España para la realización de operaciones en moneda extranjera derivadas de las restantes actividades autorizadas en virtud de la ley.

Las agencias de valores también podrán desarrollar las actuaciones antes reseñadas, a excepción de las citadas en las letras *d)* e *i)*.

En relación a las actividades señaladas en la letra *e)*, no podrán ser titulares por cuenta propia de cuentas en la Central de Anotaciones y, en relación con las actividades citadas en las letras *b)* y *f)*, no podrán realizar tampoco operaciones por cuenta propia.

Figura 5.3. Participantes en el Mercado de Divisas: Los *brokers* (fuente: *El País*, 03-09-1995; autora: Eva Ruiz Hidalgo).

Juegue con los peces gordos internacionales

El Mercado Internacional de Divisas es una organización típicamente interbancaria caracterizada porque no existe un tamaño o tipo de contrato o una fecha valor de liquidación determinada, alejándose de mercados más clásicos

Rapidez, volatilidad, peligro, excitación, diversión, riesgo elevado, enormes beneficios potenciales, elevadas pérdidas... son ingredientes imprescindibles y bien conocidos por todos los especuladores que deciden jugar en el Mercado Internacional de Divisas (Forex).

Esta claro, que el Mercado Internacional de Divisas no está recomendado para aquellos que buscan una inversión segura, esperando rentabilizar los fondos ahorrados a lo largo de su vida. Este tipo de mercado no es una inversión. es un mercado altamente especulativo en el que gente como George Soros se mueve a sus anchas.

El Mercado Internacional de Divisas (Forex) es una organización típicamente interbancaria. Es el vehículo que posibilita la inversión y el comercio internacional, con un volumen que sobrepasa los 20 billones de dólares en bienes y servicios intercambiados de forma diaria. La financiación de estas operaciones de préstamo o compraventa se realiza a través del mercado interbancario, creando un mercado entre los diferentes bancos con fondos en las diferentes divisas; los bancos que están "short" en una divisa en particular perdirán un préstamo o comprarán a aquellos bancos que tienen una reserva, están "long" en aqueiia divisa.

El mercado de divisas interbancario puede considerarse el primer mercado global a escala planetaria, funcionando, además, las veinticuatro horas del día debido a los diferentes usos horarios en que se sitúan los principales centros financieros, desde Tokio a Chicago, pasando por Francfort, Ginebra, Madrid, Londres y Nueva York.

El Mercado Internacional de Divisas (Forex) se caracteriza también porque no existe un tamaño de contrato, un tipo de contrato o una fecha valor de liquidación determinada. Esta peculiaridad lo aleja de mercados como el de los futuros donde hay un lugar físico. El mercado Forex carece de este lugar físico y los detalles de cada transacción se negocian entre las dos partes contratantes.

Dado que siempre hay un centro monetario abierto para llevar a cabo las transacciones, los bancos y demás participantes en el mercado requieren estar conectados las 24 horas del día a través de los más sofisticados medios de difusión de información.

¿Quienes participan en estos mercados?

Los Bancos Centrales, dada su naturaieza de supervisores controlando la oferta de divisas y los tipos de interés, juegan un papel fundamental. De forma frecuente intervienen regulando las fluctuaciones del mercado para las divisas libremente convertibles utilizando sus reservas de divisas o influenciando los tipos de interés a través de operaciones en los mercados monetarios. Los más influyentes son el Deutsche Bundesbank, el Banco de Japón, el Banco de Inglaterra, el Banque de France y, por supuesto, la Reserva Federal Americana.

Los brokers, como intermediarios, conduciendo los precios de mercado recibidos de los bancos a través de sus redes de telecomunicación, a otros bancos y participantes de mercado.

Los bancos comerciales, como creadores de un mercado activo en las diferentes divisas. En un mercado como el que nos ocupa, los creadores de mercado son necesarios ya que ellos dan los precios, precios que son tipos de cambio. Los bancos comerciales y los brokers satisfacen esa necesidad.

Y corporaciones, tradicionalmente ligadas a los seguros de cambio con la intención de limitar los riesgos derivados de los tipos de cambio aplicables a sus pagos o cobros en moneda extranjera.

Un estudio comparativo de los volúmenes de transacciones de capital llevadas a cabo en el mercado Forex, permite precisar que una elevada proporción de aquellas son puramente especulativas.

El mercado Forex no tiene un lugar físico determinado y se caracteriza por estar abierto las 24 horas

Figura 5.4. Funcionamiento del Mercado FOREX (fuente: *La Vanguardia*, 26-01-1996).

Elementos básicos del mercado de divisas (FOREX)

Introducción

Uno de los aspectos que diferencian al comercio internacional del nacional es la incertidumbre existente con respecto al resultado efectivo de la liquidación de las operaciones comerciales. Ello es debido a que dichas liquidaciones se producen en el ámbito denominado mercado de divisas, mercado caracterizado por la alta volatilidad (aumentos y disminuciones de precios continuos).

En esta unidad se desarrollan aspectos relativos al funcionamiento del mercado de divisas, los factores o variables que afectan a la formación del tipo de cambio y, por consiguiente, a la demanda y oferta de divisas. Además, dicho conocimiento es primordial en el mundo tan interrelacionado a nivel comercial y movimientos de capital liberalizado que progresivamente en un futuro, con el movimiento de personas y mercancías, afectará a todos los sectores de la sociedad. Por tanto, las posibilidades de operaciones que se pueden realizar en el mercado de divisas, a un plazo inmediato spot o a un plazo mayor forward y su operativa, constituirán otro punto de análisis en esta unidad.

Contenido

Objetivos

▶ *Proporcionar una amplia visión sobre el funcionamiento y operativa del mercado de divisas y formación del tipo de cambio.*

▶ *Aportar pautas de seguimiento para el análisis de los factores que influyen en las fluctuaciones de los tipos de cambio que condicionan la evolución del mercado.*

▶ *Conocer los diferentes tipos de operaciones de compraventa de divisas, diferenciando claramente tipo spot y forward.*

6.1 La divisa

Divisas: monedas y billetes extranjeros

Divisa <> dinero extranjero

Para un japonés, el euro es divisa

Para un español, el yen es divisa

Por divisa se entiende cualquier medio de pago de uso internacional (cheque, letras, crédito documentario, etc.) expresado en una moneda (USD, libras, yenes, etc.) que no sea el euro, así como los saldos en cuentas bancarias en moneda distinta al euro.

El billete extranjero es el *billete de banco* emitido por el emisor del país del que se trate. Desde un punto de vista estrictamente conceptual, el billete de banco extranjero es divisa. Sin embargo, su valor de cambio y tratamiento operativo es distinto. Los billetes de banco están sometidos a una manipulación física con posibilidades de falsificación, robo, destrucción, etc. De ello se desprende que, además, las entidades financieras los adquieren contra euros, por lo que tienen el coste de inmovilización financiera. Como consecuencia de todo lo expuesto, el cambio de compra y venta de billetes es más desfavorable y más amplia la diferencia de cambio entre *cambio vendedor (bid rate)* y *cambio comprador (offer rate)*. Por otro lado, el tipo de cambio comprador del billete es mayor que el tipo de cambio comprador de la divisa; pero ocurre lo contrario con el tipo de cambio vendedor, como se puede observar en el Cuadro 6.1.

Cambios Informativos

	CAMBIOS OFICIALES			
	DIVISA(*)		BILLETES EXTRANJEROS(**)	
MONEDA	COMPRADOR 1 EURO	VENDEDOR 1 EURO	COMPRADOR 1 EURO	VENDEDOR 1 EURO
LIBRAS ESTERLINAS	0,69717	0,69023	0,71111	0,67642
DOLARES U.S.A.	1,31384	1,30076	1,34011	1,27474
DOLARES CANADIENSES	1,62046	1,60434	1,65286	1,57225
FRANCOS SUIZOS	1,56418	1,54862	1,59546	1,51764
CORONAS SUECAS	9,11837	9,02763	9,30073	8,84707
CORONAS NORUEGAS	8,29497	8,21243	8,46086	8,04818
CORONAS DANESAS	7,48062	7,40618	7,63023	7,25805
YENES JAPONESES	136,32825	134,97175	139,05481	132,27231
DOLARES AUSTRALIANOS	1,68760	1,67080	1,72135	1,63738
DOLARES NEOZELANDESES	1,83714	1,81886	1,87388	1,78248
RANDS SUDAFRICANOS	7,89126	7,81274	8,04908	7,65648

Cambios Oficiales expresados en la misma forma que los publica el Banco Central Europeo (1 Euro = XXX divisa), según lo dispuesto en el artículo 36 de la ley 46/1998.

* Cambios mínimos de compra y máximos de venta aplicables a las operaciones de compra/venta de divisas contra Euros por ventanilla incluyendo las operaciones de órdenes de transferencia de divisas al extranjero para importes no superiores a 3.000 Euros (Circular 3/1999 del Banco de España).

** Cambios mínimos de compra y máximos de venta aplicables a operaciones de billetes contra Euros para importes no superiores a 3.000 Euros (Circular 3/1999 del Banco de España).

COMISIONES POR COMPRA/VENTA, CESIÓN O ENTREGA DE BILLETES EXTRANJEROS

. Las operaciones de Compra/Venta devengarán el 2,50% y 1,00% con mínimos de 6,00 Y 3,00 Euros, según se trate de operaciones por caja o cuenta.

. En la entrega o cesión de billetes para su abono adeudo en cuenta se percibirá una comisión del 2,50% con un mínimo de 6,00 Euros en concepto de remesa y manipulación.

. Compra por caja de cheques de viaje : 1,15% mínimo 9,02 Euros

. Venta por cuenta de cheques de viaje : 1,20% mínimo 7,51 Euros

. Compra por cuenta de cheques de viaje : 0,35% mínimo 7,51 Euros

. Compra por caja de Eurocheques : 0,20% mínimo 1,20 Euros por cheque

. Compra por caja de otros garantizados : 1,00% mínimo 3,01 Euros

. Compra por caja de cheques : 1,20% mínimo 9,02 Euros

. Compra por cuenta de cheques : 0,50% mínimo 7,51 Euros

Cuadro 6.1. Tipos de cambio oficiales comprador-vendedor y comisiones (fuente: Banco Central Europeo).

Hay que diferenciar el mercado de divisas del euromercado (mercado monetario, capitales y crédito), ya que en el primero se opera solamente con medios de pago (cheques, talones, letras, transferencias, etc.), mientras que los segundos operan con créditos (emisión de deuda, bonos, préstamos, etc.). El mercado de divisas también se denomina mercado **FX** o *FOREX (Foreign Exchange Markets)*.

qué y como

6.2 Monedas cotizantes, convertibilidad y fluctuación

Cada país tiene una moneda de intercambio de bienes y servicios. Si además opera en el mercado de divisas donde se compran y venden monedas de diferentes países, diremos que tales monedas tienen una cotización según la paridad o tipo de cambio generado. Pero no sólo las monedas y billetes sirven como medio de pago; también los cheques, transferencias bancarias o cualquier otro instrumento de pago. Por tanto, todo dinero legal o medio de pago en moneda extranjera recibe el nombre de divisa. De esta forma, el término divisa propiamente dicha se emplea para los saldos que tienen los bancos en moneda extranjera, mientras que los billetes y monedas de bancos extranjeros (papel moneda) no lo son en sentido estricto; aunque también tienen una cotización, pero diferente a la de la divisa, si bien, en términos generales y coloquiales, cualquier moneda y medio de pago diferente a la propia se asocia con el término divisa.

En otro sentido, las divisas pueden ser convertibles o no convertibles. Las divisas convertibles son las que pueden ser cambiadas por otras sin que existan limitaciones en cuanto a cantidad o plazo, y su precio es determinado por el mercado oficial de divisas. Son divisas no convertibles las que no tienen cotización oficial en el mercado de divisas (rublo ruso, yuan chino, naira nigeriana, etc.). Una operación comercial denominada en una divisa no convertible implica a priori para la empresa que recibe el cobro desconocer su cotización respecto al euro y, paralelamente, que ninguna entidad financiera acepte comprarla a cambio de euros. Si una divisa cotiza y es convertible, ésta no va a permanecer en el tiempo debido a las fuerzas del mercado (oferta y demanda), con lo cual el tipo de cambio fluctuará bien al alza o bien a la baja.

6.2.1. Denominación de las divisas

En la denominación de las divisas (representativas de medios de pago, sean en monedas, billetes u otra forma) se establecen códigos de tres letras, conforme al estándar internacional **ISO 4217**, que fue creado para evitar confusiones causadas por algunos nombres de divisas como dólar, franco o libra, que son utilizados en numerosos países pero tienen tipos de cambio muy diferentes. Las dos primeras letras del código son las dos letras del código del país de la moneda según el estándar **ISO 3166-1**, y la tercera es normalmente la inicial de la divisa en sí. Esta norma define también las relaciones entre la unidad monetaria principal y sus subdivisiones. En definitiva, la norma **ISO 3166-1**, como parte del estándar **ISO 3166**, proporciona códigos para los nombres de países y áreas dependientes, y la **ISO 4217**, códigos para las monedas de los distintos países, que reproducimos en el Cuadro 6.2.

En lo sucesivo, tanto en las actividades resueltas como en el texto del libro encontraremos tres posibles denominaciones para referirnos a las divisas y sus cotizaciones, sin menoscabo de su significado, que son: la moneda del país, la norma **ISO 4217** y la forma simbólica.

Ejemplo: Moneda del país: dólar estadounidense (dólar USA)

Norma **ISO 4217**: USD

Simbólica: $ o $USA

Ejemplo: Moneda del país: yen japonés

Norma **ISO 4217**: JPY

Simbólica: ¥

Ejemplo de cotización: Norma **ISO 4217**: USD/JPY; simbólica: $USA/¥. En ocasiones, y en algunos libros alternativos, aparecen mezcladas ambas formas (USD/¥; $/JPY), lo cual no sería erróneo. El inconveniente es que crean confusión, pero la idea es la misma. No obstante, conviene uniformizar el criterio de representación.

AED	Dirham de los Emiratos Árabes Unidos	HNL	Lempira hondureña	PEN	Nuevo sol peruano
AFN	Afgani afgano	HRK	Kuna croata	PGK	Kina de Papúa Nueva Guinea
ALL	Lek albano	HTG	Gourde haitiano	PHP	Peso filipino
AMD	Dram armenio	HUF	Forint húngaro	PKR	Rupia pakistaní
ANG	Guilder de las Antillas Holandesas	IDR	Rupiah indonesia	PLN	zloty polaco
		ILS	Nuevo shequel israelí	PYG	Guaraní paraguayo
AOA	Kwanza angoleño	INR	Rupia india	QAR	Rial qatarí
ARS	Peso argentino	IQD	Dinar iraquí	RUB	Rublo ruso
AUD	Dólar australiano	IRR	Rial iraní	RWF	Franco ruandés
AWG	Guilder de Aruba	ISK	Króna islandesa	SCR	Rupia de Seychelles
AZM	Manat azerbaiyano	JMD	Dólar jamaicano	SDD	Dinar sudanés
BAM	Marco convertible de Bosnia-Herzegovina	JOD	Dinar jordano	SEK	Corona sueca
		JPY	Yen japonés	SGD	Dólar de Singapur
BBD	Dólar de Barbados	KES	Chelín keniata	SHP	Libra de Santa Helena
BDT	Taka de Bangladesh	KGS	Som kirguís (de Kirguistán)	SIT	Tólar esloveno
BGN	Lev búlgaro			SKK	Corona eslovaca
BHD	Dinar bahreiní	KHR	Riel camboyano	SLL	Leone de Sierra Leona
BIF	Franco burundés	KMF	Franco comoriano (de Comoras)		
BMD	Dólar de Bermuda			SOS	Chelín somalí
BND	Dólar de Brunei	KPW	Won norcoreano	STD	Dobra de Santo Tomé y Príncipe
BOB	Boliviano	KRW	Won surcoreano		
BRL	Real brasileño	KWD	Dinar kuwaití	SYP	Libra siria
BSD	Dólar bahameño	KYD	Dólar caimano (de Islas Caimán)	SZL	Lilangeni suazi (de Suazilandia)
BTN	Ngultrum de Bután				
BWP	Pula de Botswana	KZT	Tenge kazajo (de Kazajstán)	THB	Baht tailandés
BYR	Rublo bielorruso			TJS	Rublo tayik (de Tayikistán)
BZD	Dólar de Belice	LAK	Kip lao		
CAD	Dólar canadiense	LBP	Libra libanesa	TMM	Manat turcomano
CDF	Franco congoleño	LKR	Rupia de Sri Lanka	TND	Dinar tunecino
CHF	Franco suizo	LRD	Dólar liberiano	TOP	Pa'anga tongano
CLP	Peso chileno	LSL	Loti lesothense (de Lesotho)	TRY	Nueva lira turca
CNY	Yuan Renminbi			TTD	Dólar de Trinidad y Tobago
COP	Peso colombiano	LTL	Litas lituano		
CRC	Colón costarricense	LVL	Lat letón	TWD	Dólar taiwanés
CSD	Dinar serbio	LYD	Dinar libio	TZS	Chelín tanzano
CUP	Peso cubano	MAD	Dirham marroquí	UAH	Hryvnia ucraniana
CVE	Escudo caboverdiano	MDL	Leu moldavo	UGX	Chelín ugandés
CYP	Libra chipriota	MGA	Ariary malgache (de Madagascar)	USD	Dólar estadounidense
CZK	Koruna checo			UYU	Peso uruguayo
DJF	Franco yibutiano	MKD	Denar macedonio	UZS	Som uzbeco
DKK	Corona danesa	MMK	Kyat myanmaro	VEB	Bolívar venezolano
DOP	Peso dominicano	MNT	Tughrik mongol	VND	Dong vietnamita
DZD	Dinar algerino	MOP	Pataca de Macao	VUV	Vatu vanuatense
EEK	Corona estonia	MRO	Ouguiya mauritana	WST	Tala samoana
EGP	Libra egipcia	MTL	Lira maltesa	XAF	Franco CFA
ERN	Nakfa eritreo	MUR	Rupia mauricia	XAG	Onza de plata
ETB	Birr etíope	MVR	Rufiyaa maldiva	XAU	Onza de oro
EUR	Euro	MWK	Kwacha malawiano	XCD	Dólar del Caribe Oriental
FJD	Dólar fijiano	MXN	Peso mexicano		
FKP	Libra malvinense	MYR	Ringgit malayo	XDR	Special Drawing Rights (FMI)
GBP	Libra esterlina (Gran Bretaña)	MZM	Metical mozambiqueño		
				XOF	Franco CFA
GEL	Lari georgiano	NAD	Dólar namibio	XPD	Onza de paladio
GHC	Cedi ghanés	NGN	Naira nigeriana	XPF	Franco CFP
GIP	Libra de Gibraltar	NIO	Córdoba nicaragüense	XPT	Onza de platino
GMD	Dalasi gambiano	NOK	Corona noruega	YER	Rial yemení (de Yemen)
GNF	Franco guineano	NPR	Rupia nepalesa		
GTQ	Quetzal guatemalteco	NZD	Dólar neozelandés	ZAR	Rand sudafricano
GYD	Dólar guyanés	OMR	Rial omaní (de Omán)	ZMK	Kwacha zambiano
HKD	Dólar de Hong Kong	PAB	Balboa panameña	ZWD	Dólar zimbabwés

Cuadro 6.2. **Denominación de las divisas (códigos ISO 4217).**

6.2.2. Convertibilidad y cotización

Se denomina *convertibilidad* de una moneda la capacidad y derecho que tiene su poseedor de cambiarla por otra u otras a su libre elección. La convertibilidad puede ser:

- **Externa:** Solamente los agentes no residentes pueden cambiar la divisa en cuestión por cualquier otra que tenga cotización en el mercado.

- **Interna o total:** Tanto los residentes como los no residentes pueden libremente cambiar la divisa objeto de intercambio por cualquier otra que cotice en el mercado, sin ninguna restricción.

Los cambios se fijan por el libre juego de la oferta y la demanda y están sujetos a variaciones constantes, cuya trayectoria de fluctuación se denomina *volatilidad*. El Banco de España hace públicos diariamente (excepto domingos y festivos) los cambios oficiales publicados por el Banco Central Europco.

En el mercado de divisas de Madrid cotizan las siguientes monedas extranjeras, cuyos cambios oficiales se reproducen en el Cuadro 6.3.

35662	Sábado 14 octubre 2006	BOE núm. 246

BANCO DE ESPAÑA

18000

RESOLUCIÓN de 12 de octubre de 2006, del Banco de España, por la que se hacen públicos los cambios del euro correspondientes al día 12 de octubre de 2006, publicados por el Banco Central Europeo, que tendrán la consideración de cambios oficiales, de acuerdo con lo dispuesto en el artículo 36 de la Ley 46/1998, de 17 de diciembre, sobre la Introducción del Euro.

CAMBIOS

1 euro =	1,2531	dólares USA.
1 euro =	149,87	yenes japoneses.
1 euro =	0,5767	libras chipriotas.
1 euro =	28,288	coronas checas.
1 euro =	7,4557	coronas danesas.
1 euro =	15,6466	coronas estonas.
1 euro =	0,67530	libras esterlinas.
1 euro =	266,81	forints húngaros.
1 euro =	3,4528	litas lituanas.
1 euro =	0,6961	lats letones.
1 euro =	0,4293	liras maltesas.
1 euro =	3,9118	zlotys polacos.
1 euro =	9,2400	coronas suecas.
1 euro =	239,59	tolares eslovenos.
1 euro =	36,915	coronas eslovacas.
1 euro =	1,5932	francos suizos.
1 euro =	85,87	coronas islandesas.
1 euro =	8,4530	coronas noruegas.
1 euro =	1,9558	levs búlgaros.
1 euro =	7,4225	kunas croatas.
1 euro =	3,5085	nuevos leus rumanos.
1 euro =	33,7860	rublos rusos.
1 euro =	1,8574	nuevas liras turcas.
1 euro =	1,6723	dólares australianos.
1 euro =	1,4251	dólares canadienses.
1 euro =	9,9180	yuanes renminbi chinos.
1 euro =	9,7641	dólares de Hong-Kong.
1 euro =	11.552,96	rupias indonesias.
1 euro =	1.200,34	wons surcoreanos.
1 euro =	4,6290	ringgits malasios.
1 euro =	1,8990	dólares neozelandeses.
1 euro =	62,686	pesos filipinos.
1 euro =	1,9887	dólares de Singapur.
1 euro =	47,010	bahts tailandeses.
1 euro =	9,5966	rands sudafricanos.

Madrid, 12 de octubre de 2006.–El Director general, Javier Alonso Ruiz-Ojeda.

18001

RESOLUCIÓN de 13 de octubre de 2006, del Banco de España, por la que se hacen públicos los cambios del euro correspondientes al día 13 de octubre de 2006, publicados por el Banco Central Europeo, que tendrán la consideración de cambios oficiales, de acuerdo con lo dispuesto en el artículo 36 de la Ley 46/1998, de 17 de diciembre, sobre la Introducción del Euro.

CAMBIOS

1 euro =	1,2550	dólares USA.
1 euro =	149,84	yenes japoneses.
1 euro =	0,5767	libras chipriotas.
1 euro =	28,256	coronas checas.
1 euro =	7,4547	coronas danesas.
1 euro =	15,6466	coronas estonas.
1 euro =	0,67440	libras esterlinas.
1 euro =	265,35	forints húngaros.
1 euro =	3,4528	litas lituanas.
1 euro =	0,6960	lats letones.
1 euro =	0,4293	liras maltesas.
1 euro =	3,8844	zlotys polacos.
1 euro =	9,2564	coronas suecas.
1 euro =	239,56	tolares eslovenos.
1 euro =	36,853	coronas eslovacas.
1 euro =	1,5932	francos suizos.
1 euro =	85,67	coronas islandesas.
1 euro =	8,4285	coronas noruegas.
1 euro =	1,9558	levs búlgaros.
1 euro =	7,4222	kunas croatas.
1 euro =	3,5070	nuevos leus rumanos.
1 euro =	33,8090	rublos rusos.
1 euro =	1,8460	nuevas liras turcas.
1 euro =	1,6689	dólares australianos.
1 euro =	1,4246	dólares canadienses.
1 euro =	9,9164	yuanes renminbi chinos.
1 euro =	9,7729	dólares de Hong-Kong.
1 euro =	11.552,90	rupias indonesias.
1 euro =	1.197,46	wons surcoreanos.
1 euro =	4,6209	ringgits malasios.
1 euro =	1,9006	dólares neozelandeses.
1 euro =	62,719	pesos filipinos.
1 euro =	1,9868	dólares de Singapur.
1 euro =	46,985	bahts tailandeses.
1 euro =	9,3971	rands sudafricanos.

Madrid, 13 de octubre de 2006.–El Director general, Javier Alonso Ruiz-Ojeda.

Cuadro 6.3. **Cambios oficiales (fuente: BOE n.º 246, 14-10-2006).**

6.2.3. Fluctuación

El tipo de cambio no es fijo sino que oscila o varía en el tiempo. Las situaciones que pueden darse son las que se recogen en el Cuadro 6.4.

Partiendo de un tipo de cambio 1 USD = 1,250 EUR, un dólar se intercambia por 1,250 euros, que expresado en tipo de cotización será 1,250 EUR/USD. En la parte izquierda del cuadro analizamos una primera hipótesis de un incremento del tipo de cambio del euro respecto al dólar, situándose en 1,350 EUR/USD, cuya consecuencia final sería un beneficio para las importaciones (se dispone de más dólares para hacer frente a los pagos) y un perjuicio para las exportaciones, ya que los clientes extranjeros tendrán menos dólares para realizar sus compras. Al contrario, sobre la hipótesis de una disminución del tipo de cambio del euro respecto al dólar, que estuviese a 1,210 EUR/USD, representado en la parte derecha del cuadro, implicaría unos resultados contrarios, es decir, perjudicaría a las importaciones de productos extranjeros y beneficiaría a las exportaciones por aumento de compras de productos en general, y en especial la entrada de turistas, al disponer de más dólares. Por consiguiente, no es conveniente que se produzcan grandes oscilaciones en el tipo de cambio de la divisa, lo ideal es que se mantenga en una tendencia estable y que todo dependerá del mayor peso importador o exportador de un país y su coyuntura económica pero con un saldo final de balanza de pagos favorable. En el caso español que depende bastante del petróleo le interesará un tipo de cambio EUR/USD alto pero por el contrario también una fuente de ingresos importante es vía turismo que implicaría un tipo de cambio EUR/USD bajo, el equilibrio del mercado repercutirá en un saldo positivo.

AUMENTO DEL TIPO DE CAMBIO A: 1,350 EUR/USD	DISMINUCIÓN DEL TIPO DE CAMBIO A: 1,210 EUR/USD
Si la alteración es producida por las fuerzas del mercado (oferta y demanda), se habla de una **apreciación**. Si por el contrario es la autoridad monetaria de un país la que ha decidido modificar el tipo de cambio, se trata de una **revaluación**.	Si la alteración es producida por las fuerzas del mercado (oferta y demanda), se habla de una **depreciación**. Si por el contrario es la autoridad monetaria de un país la que ha decidido modificar el tipo de cambio, se trata de una **devaluación**.
En ambos casos implica el aumento de valor del euro respecto al dólar; por tanto, se necesita una menor cantidad de moneda nacional para adquirir dólares.	En ambos casos implica una disminución de valor del euro respecto al dólar; por tanto, se necesita una mayor cantidad de moneda nacional para adquirir dólares.
Consecuencias: • Beneficia a las *importaciones* (pagos en USD). • Perjudica a las *exportaciones*.	Consecuencias: • Perjudica a las *importaciones* (pagos en USD). • Beneficia a las *exportaciones*.

Cuadro 6.4. **Aumentos y disminuciones del tipo de cambio.**

6.2.4. Tipos de cambio

Denominamos *tipos de cambio* al número de unidades de una moneda que se cambia por una unidad de otra moneda determinada o el precio de una moneda respecto a otra, que puede expresarse de las siguientes formas:

- **Cambio directo:** Es el valor de una unidad monetaria extranjera en términos de la moneda nacional.

  Ejemplo: 1 dólar USA = 0,752 EUROS

  También se expresa:

$$0,752 \, \frac{EUR}{USD} = 0,752 \quad \frac{€}{\$USA} \implies 0,752 \, EUR/USD \ o \ 0,752 \, €/\$USA$$

Cambio indirecto o recíproco: Es el valor de la unidad monetaria nacional en términos de una moneda extranjera, que aritméticamente es la inversa del cambio directo.

Ejemplo: 1 EURO = 1,329 dólares USA

También se expresa:

$$1{,}329 \ \frac{USD}{EUR} = 1{,}329 \ \frac{\$USA}{€} \implies 1{,}329 \ USD/EUR \ \text{o} \ 1{,}329 \ \$USA/€$$

En las informaciones y modos de cálculo se emplea el cambio indirecto, tomando la expresión de cociente puesto que se toma el dólar como base (numerador) y denominación de las monedas.

Ejemplo: 1,923 USD/GBP; 0,869 USD/CHF; 0,147 USD/SEK, siendo: GBP: libra esterlina; CHF: franco suizo; SEK: corona sueca.

Cambio cruzado: En el tipo de cambio directo se determina la relación entre dos monedas diferentes. El cruzado ofrece esa misma relación, pero obtenida a través de los tipos de cambio que dichas monedas mantienen con una tercera (véase el Cuadro 6.5).

CAMBIOS CRUZADOS DE DIVISAS

By ActForex, Inc.
http://www.actforex.com

Tue May 18 12:17:21 GMT 2004

Currency	USD	EUR	JPY	GBP	CAD	CHF	SEK	DKK	HUF	RUB	CZK	AUD	NZD	BRL	MXN	KRW	
USD	1	0.8344	113.64	0.5666	1.3979	1.2803	7.6528	6.2084	211.35	28.992	26.610	1.4582	1.6669	3.1170	11.505	1184.8	8
EUR	1.1984	1	136.20	0.6791	1.6754	1.5344	9.1719	7.4408	253.30	34.747	31.892	1.7476	1.9978	3.7357	13.789	1420.0	9
JPY	0.0087	0.0073	1	0.004986	0.01230	0.01127	0.06734	0.05463	1.8598	0.2551	0.2342	0.01283	0.01467	0.02743	0.1012	10.426	0.
GBP	1.7649	1.4725	200.5615	1	2.4672	2.2596	13.506	10.957	373.01	51.168	46.964	2.5735	2.9420	5.5012	20.305	2091.1	1
CAD	0.7153	0.5968	81.3008	0.4053	1	0.9159	5.4745	4.4412	151.19	20.740	19.036	1.0431	1.1925	2.2298	8.2302	847.56	5
CHF	0.7810	0.6517	88.7311	0.4425	1.0918	1	5.9773	4.8492	165.08	22.645	20.784	1.1389	1.3020	2.4346	8.9862	925.41	6
SEK	0.1306	0.1090	14.8500	0.0740	0.1826	0.1672	1	0.8113	27.617	3.7884	3.4772	0.1905	0.2178	0.4073	1.5034	154.82	1
DKK	0.1610	0.1343	18.3049	0.0912	0.2251	0.2062	1.2325	1	34.043	4.6698	4.2861	0.2349	0.2685	0.5021	1.8531	190.84	1
HUF	0.0047	0.0039	0.5376	0.0026	0.0066	0.0060	0.0362	0.0293	1	0.1372	0.1259	0.006899	0.007887	0.01475	0.05444	5.6059	0.
RUB	0.0344	0.0287	3.9200	0.0195	0.0482	0.0441	0.2639	0.2141	7.2886	1	0.9178	0.05029	0.05750	0.1075	0.3968	40.866	0
CZK	0.0375	0.0313	4.2698	0.0212	0.0525	0.0481	0.2875	0.2333	7.9428	1.0895	1	0.05480	0.06264	0.1171	0.4324	44.525	0
AUD	0.6857	0.5722	77.9423	0.3885	0.9586	0.8780	5.2493	4.2571	144.9485	19.8846	18.2481	1	1.1432	2.1376	7.8901	812.54	5
NZD	0.5999	0.5005	68.1663	0.3399	0.8385	0.7680	4.5913	3.7243	126.7909	17.3913	15.9642	0.8747	1	1.8699	6.9018	710.76	4
BRL	0.3208	0.2676	36.4564	0.1817	0.4484	0.4107	2.4551	1.9916	67.7966	9.3023	8.5397	0.4678	0.5347	1	3.6910	380.11	2
MXN	0.0869	0.0725	9.8814	0.0492	0.1215	0.1112	0.6651	0.5396	18.3688	2.5201	2.3126	0.1267	0.1448	0.2709	1	102.98	0
KRW	8.4402	7.0422	0.0959	4.7821	0.0011	0.0010	0.0064	0.0052	0.1783	0.0244	0.0224	0.0012	0.0014	0.0026	0.0097	1	0.0
CNY	0.1208	0.1008	13.7287	0.0684	0.1688	0.1546	0.9245	0.7500	25.5362	3.5026	3.2144	0.1761	0.2013	0.3765	1.3900	143.1434	
HKD	0.1282	0.1069	14.5708	0.0726	0.1792	0.1641	0.9811	0.7959	27.1002	3.7174	3.4118	0.1869	0.2137	0.3996	1.4751	151.9064	1
ZAR	0.1476	0.1231	16.7785	0.0836	0.2064	0.1890	1.1299	0.9166	31.2109	4.2808	3.9292	0.2153	0.2461	0.4602	1.6986	174.9475	1

Powered by ActForex (©)

USD	U.S. Dollar	EUR	Euro	JPY	Japanese Yen	
GBP	British Pound Sterling	CAD	Canadian Dollar	CHF	Swiss Franc	
SEK	Swedish Krona	DKK	Danish Krone	HUF	Hungarian Forint	
RUB	Russian Rouble	CZK	Czech Koruna	AUD	Australian Dollar	
NZD	New Zealand Dollar	BRL	Brazilian Real	MXN	Mexican Peso	
KRW	South Korean Won	CNY	Chinese Yuan Renminbi	HKD	Hong Kong Dollar	
ZAR	South African Rand					

Cuadro 6.5. **Tipos de cambio cruzados 18.05.2004, 12:17 h. (fuente: By Actforex).**

Debido a que el tipo de cambio puede cotizar en el mercado según la oferta y demanda, los tipos de cambio cruzados razonados de forma aritmética no coinciden con el mercado; de aquí que existan un cambio comprador y otro vendedor, dando la posibilidad de un diferencial, beneficio *spread* al operar en divisas y realizar operaciones, conocidas con el nombre de **arbitraje**.

Entre el cambio vendedor y el cambio comprador existe un cambio intermedio denominado cambio *fixing* (véase la Figura 6.1).

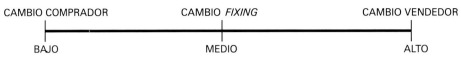

Figura 6.1. **Tipo de cambio** *fixing*.

Actividad resuelta 6.1

Calcular el cambio recíproco del CHF (franco suizo) en Madrid, sabiendo que en Suiza el euro cotiza a 159,54 francos suizos por 100 euros.

SOLUCIÓN

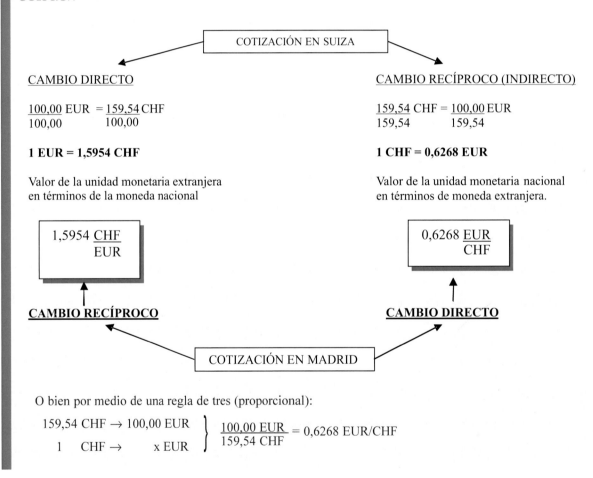

O bien por medio de una regla de tres (proporcional):

$$
\left.
\begin{array}{l}
159{,}54 \text{ CHF} \rightarrow 100{,}00 \text{ EUR} \\
\quad 1 \quad \text{CHF} \rightarrow \quad \text{x EUR}
\end{array}
\right\}
\quad \frac{100{,}00 \text{ EUR}}{159{,}54 \text{ CHF}} = 0{,}6268 \text{ EUR/CHF}
$$

6.2.5. Fecha valor de las divisas

En la práctica internacional las divisas se entregan con valor dos días. Es decir, hay que comprarlas 48 horas antes de la fecha en que se tienen que pagar al beneficiario. Ahora bien, también se pueden adquirir con valor un día y *valor mismo día*, a cambios libres y siempre supeditados a que las tenga la entidad bancaria.

Actividad resuelta 6.2

Calcular los euros que le costará a una empresa española la compra de un equipo informático americano, si su precio es de 3.000 USD, el tipo de cambio indirecto nacional es 1,215 USD/EUR y la comisión bancaria es del 1%.

SOLUCIÓN

- Primero determinamos el cambio directo (inversa del indirecto o recíproco).

  1/1,215 USD/EUR = 0,8230 EUR/USD
- Importe en euros sin comisión = 3.000 USD · 0,8230 EUR/USD = 2.469 EUR
- Importe total a pagar = 2.469 EUR + (2.469 · 0,01) = **2.493,69 EUR**

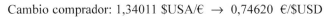

Actividad resuelta 6.3

Un turista español desea adquirir 3.000 dólares USA en billetes, para lo que acude a una entidad financiera, cuyos tipos de cotización son (véase el Cuadro 6.1):

Cambio comprador: 1,34011 $USA/€ → 0,74620 €/$USD

Cambio vendedor: 1,27474 €/$USA → 0,78447 €/$USD

Calcular el beneficio que supondrá a la entidad financiera dicha operación.

1. Coste de compra de los dólares por el turista. El banco vende dólares y le aplica el cambio vendedor (*bit rate*).

   Euros que debe entregar = 3.000 $USA · 0,78447 €/$USA = 2.353,41 €

2. Si el turista desea realizar la operación inversa, es decir, venta de 3.000 $USA, el banco compra los dólares y aplica el cambio comprador (*offer rate*).

   Coste en euros = 3.000 $USA · 0,74620 €/$USA = 2.238,60 €

3. Beneficio que obtiene el banco en una operación FOREX, por el diferencial de los tipos aplicados (*bid and offer*).

   Beneficio = 2.353,41 € − 2.238,60 € = **114,81 €**

Actividad resuelta 6.4

Determinar **el cambio cruzado** teórico que le corresponderá al tipo de cambio EUR/CHF, tomando los tipos de cambio (según Cuadro 6.5). Comprobar la coincidencia: 1,1984 EUR/USD; 1,2803 USD/CHF.

- Cambio cruzado teórico:

  1,1984 EUR/USD · 1,2803 USD/CHF = **1,5343 EUR/CHF**
- Cambio cruzado de la tabla (mercado) = 1,5344 EUR/CHF. Comprobamos la no coincidencia por una diferencia mínima, debido a las fuerzas del mercado (oferta y demanda de divisas), existiendo la posibilidad de un pequeño diferencial o *spread*.

6.3 Estructura y funcionamiento general del mercado de divisas

Banco de España

http://www.bde.es

Ofrece información sobre coyuntura económica, tipos de cambio y referencias del mercado hipotecario.

Otros bancos centrales:

Deutsche Bundesbank

Bank of England

Banque de France

Norges Bank

Bank of Corea

Banco Central de Boliva

El mercado internacional de divisas es un mercado de mayoristas en el que intervienen los bancos centrales, los inversores institucionales y las entidades de crédito. La existencia de mercado de divisas como lugar físico, aun como punto de encuentro para la determinación de los precios de divisas, prácticamente ya no existe. En la jerga financiera se habla de mercados *over the counter* (OTC) o intermediarios (*brokers*) y mercados electrónicos, donde los agentes se ponen en contacto a través de avanzados sistemas de telecomunicaciones vía fax, télex o teléfonos. Sociedades como SWIFT, Reuters o Telerate son mundialmente conocidas por su función en estos mercados.

6.3.1. Participantes

Son demandantes y oferentes o participantes en el mercado de divisas:

- Los bancos centrales importantes: la Reserva Federal (EE.UU., es un grupo de 12 bancos), el Banco Central Europeo, el Banco de Inglaterra (subordinado al poder ejecutivo, el gobierno), el Banco de Japón (la dirección corresponde al ministro de finanzas), el Banco Nacional Suizo (corporación privada), y los bancos nacionales de cada país: el Banco de Francia, El Bundesbank alemán, El Banco de España, etc.

- Los bancos comerciales y otras instituciones financieras (cajas de ahorro) son los que tienen el mayor volumen de negociación.

- Los clientes corporativos: grandes empresas multinacionales (corporaciones de seguros, compañías petroleras, compañías de telecomunicaciones, empresas que negocian *commodities* o materias primas (aceite, harina, cacao, café, etc.).

- Los *brokers*.

6.3.2. Horarios de negociación

Los horarios de negociación de los tres mercados Forex más importantes del mundo se solapan prácticamente en el huso de horas, cubriendo virtualmente las 24 horas del día (véase la Figura 6.2), por efecto de la diferencia horaria de 5 horas entre Londres y Nueva York y las 9 horas de diferencia entre Tokio y Londres. Los vacíos horarios de negociación en divisas que pueda haber son cubiertos por las entidades bancarias en sus salas de negociación.

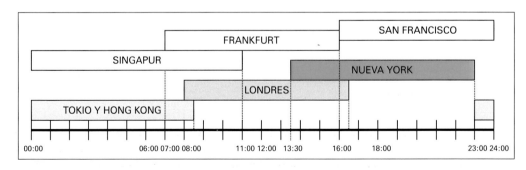

Figura 6.2. Horarios de negociación del mercado Forex (FX): hora española.

6.3.3. Divisas negociadas

Son las divisas convertibles, es decir, las que pueden intercambiarse sin riesgo de no aceptación por una entidad financiera; además, cuentan con una cotización oficial respaldada por el Banco Central.

El dólar USA es el puntal, divisa pivote o pívot del mercado de divisas. Ello se debe a:

- La importancia del papel del dólar como divisa de mayor fuerza y principal en la cotización de las materias primas, *commodities* agrarias.
- El poder de la economía norteamericana y su papel central en la economía mundial.
- La solidez del dólar en su papel de divisa tradicional de reserva y como garantía de inversores en momentos de crisis mundial, aunque en la actualidad el papel del euro y el yen ha restado parte de su supremacía.

Cada divisa se cotiza contra el dólar y la mayoría de las operaciones en divisas incluyen al dólar como divisa de transacción. A dicha función se la denomina *divisa pívot*. Las operaciones en divisas ajenas al dólar se denominan *cross currency*, e implican dos transacciones: la venta de una divisa por dólares y la venta de dólares por la segunda divisa. Un ejemplo sería el cambio EURO/YEN, que envuelve a la entidad bancaria en dos transacciones, EURO/DÓLAR y DÓLAR/YEN. Ambas transacciones se realizan por separado.

6.3.4. Forma de operar

La forma de negociar e intercambiar divisas es muy diferente al mercado doméstico o nacional. En ocasiones el Banco Central Europeo puede intervenir para hacer frente a las fluctuaciones de cambios excesivos. Las particularidades de esta negociación las resumimos así:

1. A diferencia de las bolsas que disponen de un *parqué* o lugar físico para la negociación y como centro de gestión y control de operadores, el mercado de divisas o FOREX está integrado por salas de negociación ubicadas en entidades financieras y compañías de negocios que por vía telefónica y ordenador realizan sus órdenes de compra y venta.

2. En su actividad internacional los bancos negocian sobre muy variadas divisas, utilizando oficinas dispersas por muy diversos países. En este campo, es usual que los bancos se especialicen en determinadas divisas. Se distinguen tres centros principales de negociación, cada uno de los cuales opera en una determinada zona, que son Nueva York, Tokio y Londres, siendo las divisas más negociadas el dólar USA, el yen y el euro.

3. Sólo pueden operar las entidades registradas. Operan todos los días de lunes a viernes. Cualquier divisa puede ser cotizada. Ahora bien, el Banco Central Europeo solamente cotiza algunas (véase el Cuadro 6.3). La contratación se realiza a los cambios que resulten del libre juego de la oferta y la demanda.

6.4 Oferta y demanda de divisas en el mercado

En los mercados financieros internacionales y mercados de divisas en concreto, existe una oferta y una demanda de divisas que se efectúan diariamente a través de las entidades registradas.

La compra de divisas (demanda), y por tanto venta de moneda nacional (euros), puede corresponder al turista que va a viajar al extranjero, el importador que tiene que realizar una compra en el exterior y al que le exigen el pago en una moneda distinta a la suya, el inversor que va a financiar un proyecto en otro país o que va a adquirir acciones de empresas extranjeras, el especulador que considera que una divisa está barata y decide comprarla creyendo que más adelante en un futuro inmediato podrá venderla más cara o que aprovecha situaciones de arbitraje por las diferencias de cambio comprador y cambio vendedor.

La venta de divisas (oferta), en cambio, y por tanto la compra de moneda nacional (euros), las realizarán el turista extranjero que viene a visitar el país, el exportador que ha realizado una venta y la ha cobrado en divisas, el inversor exterior que quiere acometer un proyecto en el país o adquirir acciones de alguna empresa nacional, y también, al igual que en la demanda, el especulador que considera que la moneda nacional está barata, y la compra a cambio de venta de divisas, pensando que posteriormente podrá venderla más cara, y también aprovecha las diferencias de cambio comprador y vendedor.

En el Cuadro 6.6 se recoge con más amplitud la composición de la oferta y demanda de divisas. A través de la relación de intercambio entre divisas por la demanda y oferta de éstas, se configura el mercado de divisas, el cual determina un precio de intercambio, fijando lo que se denomina tipo de cambio para las divisas objeto de la transacción. Los países, en su gestión del tipo de cambio, pueden adoptar tres líneas de actuación:

PARTICIPANTE	OFERTA	DEMANDA
RESIDENTES	• **Exportación de mercancías** • **Exportación de servicios** – Turismo – *Royalties* por licencia de fabricación con patente española realizada fuera. – Seguros, transportes, fletes, cursos en el extranjero, operaciones quirúrgicas, etc.	• **Importación de mercancías** • **Importación de servicios** – Turismo – *Royalties* – Seguros, transportes, fletes... • **Inversiones en el extranjero (directas financieras-inmobiliarias)**
NO RESIDENTES	• **Divisas vendidas contra euros** – Inversiones en España de extranjeros – Adquisición de activos financieros – Efectuar pagos en euros (publicidad) – Constituir depósitos en euros	• **Divisas compradas contra euros** – Inversiones y depósitos en divisas – Efectuar pagos en divisas
E. FINANCIERA (BANCOS) ORGANISMOS	• Los préstamos extranjeros • Transferencias privadas • Transferencias públicas	• Los préstamos al exterior • Transferencias privadas • Transferencias públicas

Cuadro 6.6. **Composición de la oferta y demanda de divisas.**

• Un **tipo de cambio flexible**: El Banco Central del país no interviene en la fijación del tipo de cambio, dejando que sea el mercado, a través de la ley de la oferta y la demanda, el que determine el tipo de cambio, que irá fluctuando o variando a lo largo del tiempo.

Si el Banco Central no interviene en ningún momento, se habla de *fluctuación limpia o transparente*, y si lo hace de vez en cuando, de *fluctuación sucia*.

El propio tipo de cambio se encargará de ir corrigiendo los déficit (pérdidas) o superávit (beneficios) de la balanza comercial que puedan ir surgiendo. Es decir, cuando se exporta menos de lo que se importa habrá déficit, ya que los pagos en divisas son mayores que los cobros, con lo cual la demanda de la moneda nacional será débil y ésta irá perdiendo valor; su tipo de cambio se deprecia. Esto hará que las importaciones se vayan encareciendo y que las exportaciones se hagan más competitivas, tendiendo a corregir dicho déficit.

- Un **tipo de cambio fijo**: El Banco Central fija un determinado tipo de cambio y se encarga de protegerlo mediante la intervención en el mercado como demandante (comprando divisas) o bien como oferente (vendiendo divisas), para lo que utilizará sus fondos de reservas.

  Si el tipo de cambio tiende a apreciarse venderá su moneda (comprando divisas) para tratar de aumentar la oferta de su moneda y evitar que el tipo de cambio aumente. Al contrario, si el tipo de cambio tiende a devaluarse comprará su moneda (vendiendo divisas) para tratar de fortalecer su demanda y evitar que el tipo de cambio baje.

  Puede ocurrir que en la protección o defensa del tipo de cambio el Banco Central llegue a agotar todas sus reservas, quedándose sin recursos para poder seguir defendiéndolo, por lo que se verá obligado a dejar que fluctúe libremente.

- Un **tipo de cambio mixto**: El Banco Central puede establecer unas bandas de fluctuación, dentro de las cuales dejará que su moneda fluctúe libremente, pero si en algún momento el tipo de cambio se acerca o sobrepasa un poco los límites fijados, intervendrá para evitar que se salga fuera de las bandas establecidas o continúe con tendencia alcista o bajista, poniendo en peligro la estabilidad del mercado.

Por regla general, los Bancos Centrales (Banco Central Europeo para territorio de la UE) buscan que los tipos de cambio de sus monedas sean lo más estables posible.

Si se aprecia mucho dificultará las exportaciones, lo que se traducirá en un déficit de la balanza comercial y en desempleo. Si se deprecia mucho se encarecerán las importaciones, lo que se traducirá en un fuerte repunte de la inflación y encarecimiento de los productos.

6.4.1. Composición de la oferta y la demanda

Las entidades bancarias operan de forma generalizada en los mercados de divisas en todo el mundo, comprando y vendiendo diversas monedas. Las empresas operan en dichos mercados por mediación de un banco, con el fin de comprar divisas para efectuar pagos en el extranjero y para vender divisas por ingresos procedentes del exterior.

En ciertas ocasiones, las transacciones propias del comercio internacional no requieren la compra o la venta de divisas porque las empresas interesadas disponen de cuentas bancarias en divisas para facilitar los cobros y pagos o pueden hacer frente a una determinada adquisición con un *préstamo bancario en divisa extranjera*.

Las operaciones anteriores crean compra y venta de divisas entre las entidades registradas y sus clientes, a los cambios que surgen del libre juego entre la oferta y la demanda. Cada entidad fija sus propios cambios del euro con respecto a las demás divisas, si bien éstas suelen ser muy similares entre las distintas entidades debido a la gran competencia.

6.4.2. Formación del tipo de cambio: equilibrio y variaciones

Páginas web con información económica:

http://www.econ.uba.ar

http://finance.yahoo.com

http://www.EconomyWeb.com

http://www.bcuyo.com.ar

http://tips.org.uy

Entendemos por tipo de cambio entre dos divisas el precio al que una de las divisas es negociada respecto a otra en el mercado FOREX. En un mercado libre los precios se mueven en un sentido ascendente o descendente de acuerdo con las leyes de la oferta y la demanda. A continuación, trataremos diferentes situaciones.

- **Situación inicial de equilibrio:** Partiendo de la posición de intercambio de 500 m.m. (USD) de divisa demandada a un tipo de cambio de 0,75 EUR/USD (véase la Figura 6.3), sin que exista exceso de oferta ni demanda. Veremos seguidamente qué sucede y las posibles soluciones ante variaciones del tipo de cambio.

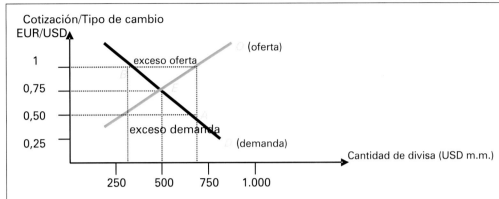

D: Curva de demanda de la divisa (es decreciente porque la cantidad demandada disminuirá a medida que aumente el tipo de cambio, mantiene una relación inversa).

O: Curva de oferta de la divisa (es creciente, relación directa, lo contrario a la demanda, la oferta aumenta conforme aumente el tipo de cambio).

E: Punto de equilibrio donde se cruza la oferta y la demanda y se produce el intercambio de cantidad ofertada y demandada a un precio o tipo de cambio de la divisa.

A, B: Puntos de desequilibrio, donde se producen exceso de demanda y exceso de oferta a otros tipos de cambio.

Figura 6.3. **Representación de equilibrio del mercado.**

- **Variaciones en el tipo de cambio:** Los tipos de cambio están influenciados por la oferta y la demanda, de modo que se producen apreciaciones o depreciaciones de la moneda, es decir, un desequilibrio que el mercado tiende a corregir de forma automática. En otras ocasiones, si es la autoridad monetaria de un país o zona (Banco Central Europeo, Reserva Federal) la que interviene y decide modificar la relación de cambio de su moneda para corregir desequilibrios, se dice que la moneda se ha devaluado o revaluado.

  Los factores que influyen en la oferta y la demanda (tratados más ampliamente en el Epígrafe 6.5.1) pueden ser tanto a corto plazo como a largo plazo.

- **Intervención de la unidad monetaria (BCE: Banco Central Europeo)**

  Cuando se producen variaciones considerables en el tipo de cambio que supongan fuertes desequilibrios en el saldo de la balanza de pagos de un país, la autoridad monetaria (Banco Central) de dicho país puede intervenir, y las dos posibles formas de actuar son:

  a) Incrementar la oferta de divisas (comprando moneda nacional contra inyección o venta de la divisa). Como podemos apreciar en la Figura 6.4, al producirse un aumento de las importaciones se observa un desplazamiento de la curva de demanda inicial de equilibrio hacia la derecha (de D a D*), con el consiguiente aumento de demanda de divisa e incremento del tipo de cambio y depreciación del euro (de 0,75 EUR/USD a 0,85 EUR/USD). Este incremento supondrá un perjuicio para las exportaciones; por tanto, el BCE intervendrá aumentando la oferta de divisa, que implica un desplazamiento de la curva de oferta de O a O*, con lo que se restablece el tipo de cambio y se evita la devaluación del euro, contribuyendo a la estabilidad del tipo de cambio.

  b) Incrementar la demanda de divisas (inyectando o vendiendo moneda nacional contra compra de la divisa). Como podemos observar en la Figura 6.5, al producirse un incremento de las exportaciones se observa un desplazamiento de la curva de oferta de O a O*, con el consiguiente aumento de cantidad de divisa ofertada, cuyo efecto es una disminución del tipo de cambio (de 0,75 EUR/USD a 0,65 EUR/USD) y apreciación del euro. La intervención del Banco Central Europeo aumentando la demanda de divisa implica un desplazamiento de la curva de demanda de D a D*, con lo que se restablece el tipo de cambio y se evita la revaluación del euro, contribuyendo a la estabilidad del tipo de cambio.

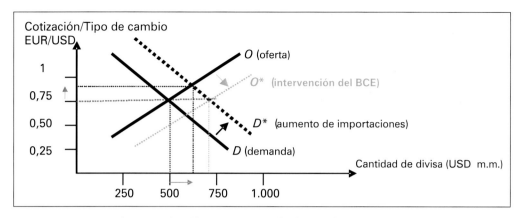

Figura 6.4. **Situación con incremento de oferta de divisas por el BCE.**

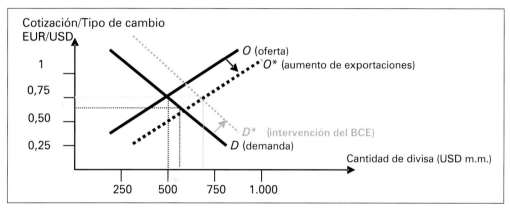

Figura 6.5. **Situación con incremento de la demanda de divisas por el BCE.**

6.5 Variables que influyen en las flutuaciones del tipo de cambio en el mercado FX

Tal y como sucede en cualquier mercado (productos financieros y no financieros), los tipos de cambios están influidos por los efectos de la oferta y la demanda. Los factores que influyen en estas dos variables, para una divisa determinada en el mercado, pueden ser considerados por sus influencias a largo y a corto plazo.

Las influencias a corto plazo dan lugar a continuos movimientos de precios, si bien en el tiempo los tipos de cambios responden a influencias económicas a largo plazo. Si los denominados *fundamentos económicos*, como la contención de la inflación, la reducción del déficit público, la flexibilización a todos los niveles y la lucha por la competitividad, tienen la adecuada solidez, las referidas oscilaciones no pueden prolongarse en el tiempo.

Los factores a largo plazo son condiciones específicas de carácter económico y normativo que crea la demanda, sea para compra o para venta de una divisa, con intenciones especulativas o de inversión.

Indudablemente, el promedio reflejado en el tipo de cambio que relaciona a dos divisas en el tiempo y sus modificaciones mostrará ciertas condiciones diferenciales de cada uno de los países implicados.

Los factores a corto plazo responden a influencias en la oferta y en la demanda, nacidas como reflejo de las condiciones actuales de los mercados **Forex**; condiciones que no se mantienen para un largo período de tiempo.

Una escasez de vendedores de una divisa moverá el precio de ésta hacia una mayor cotización para atraer vendedores al mercado. Una especial sensibilidad del mercado puede crear expectativas de caída o descenso de la cotización de una divisa. Si ello es resultado de la compra y venta especulativa o precautoria de una divisa, su tipo de cambio puede variar sustancialmente a corto plazo y tal vez por algunos días, algunas semanas o algunos meses.

6.5.1. Factores que influyen en la demanda

La oferta y la demanda de divisas pueden provenir de operaciones comerciales como de movimientos de capital (operaciones financieras) con entradas y salidas de capitales. Las transacciones financieras representan un gran volumen (90%) del total de operaciones. La demanda o compra de divisas en ambas operaciones según el plazo de inversión estará influenciada por factores a largo plazo y a corto plazo.

Factores a largo plazo

Los movimientos de capitales a largo plazo, como inversiones directas en empresas, dependen en principio básicamente de las rentabilidades esperadas a lo largo del período de inversión, obtenidas por los tipos de interés, y de las expectativas de apreciación o depreciación de las monedas implicadas.

Los elevados tipos de interés actúan como factor de atracción de los capitales hacia un país, y los bajos tipos de interés inducen salidas de capital.

No obstante existen otros factores no menos importantes que afectan a la demanda de divisas y que resumimos a continuación.

a) *Tipos de interés*: Un crecimiento en los tipos de interés atraerá más inversión desde el exterior. Los inversores venderán otras divisas para realizar inversiones en la divisa que ofrece mayor rendimiento.

b) *Balanza por cuenta corriente*: La negociación internacional de mercancías y servicios genera demanda de divisas para efectuar los correspondientes pagos.

c) *Tasa de inflación*: Una tasa de inflación elevada repercute negativamente sobre la divisa del país. Le resta atractivo debido a la pérdida de valor real producida por la inflación.

d) *Condiciones económicas*: Están a su vez muy relacionadas con las condiciones políticas. Así, una economía fuerte atrae a mayor número de inversores, dado que la demanda de su divisa es elevada. Una situación política estable es una de las condiciones previas de cualquier inversión.

e) *Medidas gubernamentales*: Los gobiernos y los bancos centrales pueden intervenir en los mercados **Forex** para influir en el tipo de cambio de sus divisas. En determinadas circunstancias, los gobiernos pueden cooperar para actuar sobre una divisa en particular. Esta cooperación se instrumenta mediante la compra o la venta de dicha divisa, contra sus reservas oficiales de divisa extranjera.

Factores a corto plazo

Los factores a corto plazo responden al juego de la demanda y oferta nacidas de influencias recientes de los mercados **Forex**, sin efectos permanentes. Así, una escasa afluencia de vendedores conllevará una subida en el precio de la divisa con la finalidad de atraer vendedores en el mercado. El clima del mercado puede favorecer una caída o ascenso del valor de una divisa determinada. Podemos clasificar las condiciones a corto plazo en:

a) Condiciones de oferta y demanda a corto plazo.

b) Ambiente o clima de mercado.

c) Mezcla de los factores a largo plazo.

6.5.2. Teorías vinculadas al tipo de cambio

Para interpretar las fluctuaciones del tipo de cambio de una moneda producida por la oferta y demanda de la misma, surgen diversas teorías que pretenden a la vez, proporcionar predicciones y movimientos del tipo de cambio a plazo basados en operaciones de inversión, arbitraje, especulación, importación y exportación, en suma, todas las transacciones realizadas en el comercio internacional y que suponen intercambios de monedas de distintos países.

Por tanto, los movimientos de capitales y productos constituyen la base de cualquier economía, cuyos volúmenes de negociación van a estar condicionados por dos factores importantes en el ámbito internacional: el precio del dinero (tasa o tipo de interés porcentual anual) y el precio de los productos (tasa de inflación porcentual anual). La interrelación de tres variables, precio de la divisa, precio del dinero y precio de los productos dan origen al estudio y análisis de las teorías que se exponen a continuación de forma resumida.

Teoría de la paridad del poder adquisitivo (PPA)

Esta teoría es la que pone en relación el precio de la divisa (tipo de cambio) y el precio de los productos (tasa de inflación) y establece:

1. Los tipos de cambio varían gradualmente hasta igualar los precios de los productos vendidos y comprados de un país a otro, es decir, se producirán incrementos y disminuciones del tipo de cambio haciendo que los productos sean competitivos en los dos países.

2. La medida usual de la competitividad es la del tipo de paridad del poder adquisitivo (TPPA), que mide la relación entre el precio de importaciones y exportaciones, medidas ambas en la misma moneda resultando igualmente competitiva, en costes de producción en cada una de las dos economías.

3. A largo plazo los tipos de cambio entre dos monedas de dos países alterarán su equilibrio en función de sus respectivas tasas de inflación. El TPPA suele ser un indicador fiable de variaciones en los tipos de cambio. En cambio, a corto plazo los tipos de cambio no siguen la predicción del TPPA, debido a factores como aranceles, cuotas, controles de cambios, movimientos de capitales y grado de confianza de las monedas que dependen de variables políticas y económicas.

Partiendo de un TPPA de equilibrio entre dos países, supone decir que con X dólares USA, se puede adquirir la misma "cesta" de productos en EE.UU que su equivalente en euros en España. Pero esto se producirá en un espacio de tiempo limitado ya que a largo plazo el tipo de cambio nominal EUR/USD (de mercado) de los dos países alterarán el equilibrio en función de las respectivas tasas de inflación.

Así por ejemplo, supongamos la compra de un automóvil cuyo coste en EEUU es de 26.000 dólares USA y en España es de 29.120 euros tomando el mismo nivel de precios en base 100 para ambos países. En estas condiciones el TPPA competitivo de equilibrio es 1,12 EUR/USD, que implica la indiferencia de adquisición del bien en uno u otro país, por la relación real de intercambio. Pero es evidente que los niveles o índices de precios de los bienes varían a lo largo del tiempo y con distinta intensidad en cada país, debido a las tasas de inflación respectivas.

SITUACIONES : TPPA

$TIp > TIe$ implica aumento tipo de cambio EUR/USD.

$TIp < TIe$ implica disminución tipo de cambio EUR/USD.

TPPA en función del TC

La variación del nivel de precios en el país será igual al poducto de la variación del nivel de precios extranjero por la variación del tipo de cambio de mercado.

$$IPp(1+TIp) = IPe(1+TIe).TC(1+ t_c)$$

t_c: Variación en tanto unitario del tipo de cambio.

Despejando t_c = 0,0196

$$TPPA = TC (1+t_c) = 1,14 \ EUR/USD$$

Conclusión: La variación del tipo de cambio es aproximadamente igual al diferencial de tasas de inflación.

$t_c = TIp - TIe = 0,04-0,02 = 0,02$

Por lo tanto, el tipo de cambio nominal (TC) se tendrá que ir ajustando para recoger las diferencias de precio y permitir que se siga cumpliendo la paridad a través del tipo de cambio real o TPPA. Para una tasa de inflación extranjera (TIe) de EEUU del 2% y una tasa de inflación del país (TIp) de España del 4% según previsión económica anual, el precio del automóvil en EEUU sería de 26.520 $USA y en España de 30.284 €, luego tendremos un nuevo TPPA = 1,14 EUR/USD, que según la teoría del PPA el diferencial de inflación (TIp>TIe) ha producido un aumento del tipo de cambio, resultando un encarecimiento del euro, con la consiguiente depreciación respecto al dólar para compensar el mayor crecimiento de sus precios. La variación del tipo de cambio nominal en función de los índices de precios vendrá dada por la siguiente relación: TPPA = TC (IPp/IPe) = TC (IPp (1 + TIp) / IPe (1 + TIe)) .

IPp es el índice de precios en el país (España) e IPe el índice de precios en el extranjero (EEUU)

TPPA = 1,12 EUR/USD (100 (1 + 0,04)/100 (1 + 0,002)) = 1,14 EUR/USD

Teoría de la paridad de los tipos de interés

Esta teoría surge como consecuencia de los movimientos internacionales de capitales, vinculando directamente los tipos de interés con los tipos de cambio a plazo de las monedas. Parte del principio de equivalencia financiera manteniendo la igualdad de rentabilidades obtenidas en inversiones de capital en dos países distintos con ausencia de riesgo, lo que implica invertir en divisas a plazo asegurando un tipo de cambio para el momento de recuperar la inversión.

La rentabilidad relativa de las diferentes monedas es igual al diferencial de intereses (*euribor-libor*). Un mayor tipo de interés nacional (euribor) atraerá capital extranjero provocando apreciaciones en el tipo de cambio, mientras que las salidas de fondos deprecian la relación de intercambio de las monedas. La ecuación que relaciona el tipo de cambio a plazo o *tipo de paridad de interés (TPI)* en función de los tipos de interés de las monedas y el tipo de cambio actual (TCs) es: ((TPI –TCs) / TCs) = ((euribor – libor) / 1 + libor), donde:

TPI = TCs + ((euribor-libor)/1 + libor) · TCs) = 1,12 + (0,05-0,03)/1,03) · 1,12 = 1,14 €/$USA

Teoría de Fisher internacional (cerrada)

Esta teoría relaciona los tipos de interés nominales con las tasas de inflación de cada país, no interviniendo de forma directa el tipo de cambio pero sí a través de los mercados. Un incremento en la tasa de inflación llevará a un aumento en el tipo de interés nominal y viceversa. Lo que le importa a un inversor no es tanto la cantidad de dinero que posee (dólares, euros) sino los bienes y servicios que puede comprar con ella, es decir, la rentabilidad real obtenida (tipo de interés real). El equilibrio de inversión según la ecuación de Fisher consiste en igualar el tipo nominal de los productos al tipo real ajustado por la expectativa de inflación.

Teoría de Fisher internacional (abierta)

Esta teoría relaciona de forma directa el tipo de interés nominal con el tipo de cambio a largo plazo y según Fisher la rentabilidad total del inversor internacional debe ser igual a largo plazo entre los diferentes países. Si un país ofrece un menor tipo de interés nominal deberá incrementar el valor de su moneda para que produzca un beneficio acumulado en compensación al interés inferior percibido y al revés.

Teoría de la expectativas

En conocida como la teoría de paridad de los tipos de cambio a plazo y se base en utilizar el tipo de cambio a plazo (TC$_{forward}$) cotizado en el momento actual (0) para entregar en un momento futuro n, haciendo una estimación del tipo de cambio al contado (TC$_{spot}$) en el momento n.

Actividad resuelta 6.5

Dado el siguiente equilibrio del mercado de divisas (línea continua) y las posibles situaciones durante un período, representar sobre el mismo gráfico los desplazamientos de las curvas de oferta y demanda y el efecto conjunto (situación final aproximada).

1. Aumento de las importaciones nacionales de petróleo en 50 m.m. $USA.

2. Aumento de turistas extranjeros en España, dejando 100 m.m. $USA.

3. Disminución de inversiones tanto en inmuebles como en bonos extranjeros en España por importe de 50 m.m. $USA.

4. Aumento de la inversión nacional en el extranjero de bonos por importe de 25 m.m. $USA.

5. Un incremento de compra de 100 m.m. $USA contra € por una entidad financiera en el mercado FOREX.

SOLUCIÓN

Desplazamientos de curvas:

1. Aumento demanda de $USA implica desplazamiento curva de demanda a la derecha.

2. Aumento oferta de $USA implica desplazamiento curva de oferta a la derecha.

3. Disminución oferta de $USA implica desplazamiento curva de oferta a la izquierda.

4. Aumento demanda de $USA implica desplazamiento curva de demanda a la derecha.

5. Aumento demanda de $USA implica desplazamiento curva de demanda a la derecha.

- Efecto conjunto gráficamente:

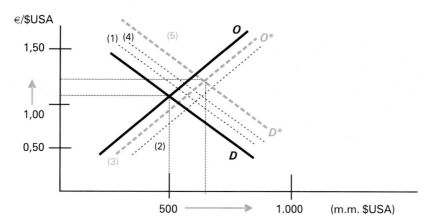

El efecto conjunto implica un aumento del tipo de cambio y de cantidad demandada de $USD (nuevo punto de equilibrio en línea discontinua con nuevas curvas de oferta y demanda D*-O*).

6.5.3. Movimientos internacionales de capitales

Una variación en los factores que influyen en la demanda afectan, bien a las importaciones o exportaciones con la consiguiente fluctuación del tipo de cambio y también afectando a la oferta.

Actividad resuelta 6.6

Determinar el efecto sobre el tipo de cambio EUR/USD, de las siguientes variaciones de factores nacionales:

a) Aumento de renta consumidores.

b) Aumento de las tasas de inflación.

SOLUCIÓN

a) El incremento de la renta de los consumidores supone un mayor poder adquisitivo y posiblemente un aumento de las inversiones nacionales en el extranjero y de las importaciones. Esto implica una mayor demanda de dólares USA, con el consiguiente aumento del tipo de cambio EUR/USD.

b) Una tasa de inflación elevada repercute negativamente sobre la divisa del país. Los productos del país nacional se encarecen, con lo cual frena la venta o exportación de productos y hay menor afluencia de turistas. Esto implica una disminución de oferta de dólares USA (USD) y compra de euros (EUR), con la consiguiente caída del tipo de cambio EUR/USD y compra de euros.

Por otro lado, los movimientos internacionales de capitales se dan como consecuencia de los diferenciales de los tipos de interés. El diferencial de intereses expresa la rentabilidad relativa de las diferentes monedas. Así, unos mayores tipos de interés nominal atraen el capital extranjero, provocando apreciaciones en el tipo de cambio, mientras que las salidas de fondos deprecian la relación de intercambio de las monedas.

6.6 Tipos de transacciones en el mercado Forex

En el mercado divisas se realizan dos tipos de operaciones: al contado (**spot**) y a plazo (**forward**), en función del tiempo que medie entre el acuerdo de intercambio y la materialización de la entrega de divisas.

Las cotizaciones de ambos mercados difieren sustancialmente, dependiendo los del mercado a plazo (*forward*) de las expectativas futuras y variaciones de los tipos de interés. En este sentido se dice que una divisa cotiza con prima cuando la cotización *forward* es mayor que la *spot*, cotización con descuento cuando la cotización *forward* es menor que la *spot* y cotización *flat* cuando no existe diferencia entre ambas cotizaciones, cosa poco probable. También hay un tercer tipo de transacciones que son los *swaps* de divisas, analizado en el capítulo siguiente.

Las operaciones a plazo (*forward*) son acuerdos de intercambio de divisas que se realizan actualmente pero cuya materialización tendrá lugar en un instante futuro predeterminado: uno, dos, tres, seis meses (véase la Figura 6.8).

6.6.1. Transacciones al contado. Spot de divisas

Las operaciones al contado (*spot*) son acuerdos de cambio de una divisa por otra a un tipo de cambio determinado. El intercambio de estas divisas deberá producirse dentro de las 48 horas o dos días laborables siguientes a la fecha de transacción (véase la Figura 6.6).

Días laborables o hábiles: No se incluye los sábados, domingos o los días inhábiles bancarios en cada uno de los países de las divisas involucradas. Por ejemplo, una transacción realizada en España en viernes se liquidará el martes siguiente. Existen algunas excepciones: en transacciones dólar USA/dólar canadiense es un día hábil; las transacciones en Oriente Medio cierran el viernes y abren el sábado.

```
┌─────────────────────────────────────────────────────────────────────┐
│ DEALING DATE                                    SPOT VALUE DATE        │
│ (Fecha de negociación o transacción)            (Fecha valor, fecha de │
│                                                 liquidación)          │
│                                                                       │
│   ├───────────────────────────────────────────────────────┤         │
│                                                                       │
│            VALOR: 2 DÍAS LABORABLES                                   │
│            VALOR: 24 HORAS (UN DÍA)                                   │
│            VALOR: HOY                                                 │
└─────────────────────────────────────────────────────────────────────┘
```

Figura 6.6. **Temporalidad transacción *spot*.**

Si la fecha de valoración *spot* es el último día del mes y éste no es laborable, la fecha de valoración se traslada al día laborable anterior del propio mes.

Las características fundamentales de una transacción *spot* son las siguientes:

1. Una transacción *spot* consiste en una compra o venta de una cantidad de divisa al tipo actual de cotización y su entrega en un plazo inmediato, 24 horas (un día), o bien dos días laborables como caso general.

2. El acuerdo se realiza en el denominado ***dealing date*** o fecha de negociación y las divisas son intercambiadas en el ***spot value date*** o fecha valor de contado o fecha de liquidación (véase el esquema de la Figura 6.6).

3. Actualmente, la mayoría de las transacciones no están vinculadas a una operación comercial en concreto; son mayoritariamente de carácter especulativo y representan entre un 90 y un 98% del movimiento total, lo que da lugar a oscilaciones continuas al alza o a la baja de los tipos de cambio y hace que el mercado sea muy **volátil**.

4. La fase inicial consiste en un requerimiento o solicitud inicial del cliente a la entidad bancaria con el fin de comprar o vender una cantidad específica de una determinada divisa a cambio de otra.

5. Las negociaciones se realizan generalmente por vía telefónica y se confirman por escrito o por fax. Los escritos de confirmación deben materializarse en el mismo día o dentro de las 24 horas siguientes.

6. Los negociadores bancarios (***dealers y brokers***) tienen acceso directo a los tipos de cambio por mediación del sistema informático DATA. Las pequeñas compañías negocian a través de las agencias (sucursales) locales de su banco. Las medianas empresas contactan con el centro de negociación de divisas de su banco u otras entidades para obtener el mejor precio; y otras entidades financieras y empresas multinacionales cuentan con una sala de negociación en su departamento de tesorería, conectado directamente con las salas de negociación de los bancos y con información en tiempo real por pantalla de los movimientos del mercado.

7. Desde un punto de vista contractual, cuando se ha realizado una transacción *spot* en divisa extranjera, el cliente no puede cancelar ni alterar el acuerdo. Y las entidades bancarias no acordarán una transacción sin haber comprobado antes las situaciones crediticias de su cliente.

8. Los tipos de cambio pueden obtenerse por vía telefónica de las entidades bancarias y de la consulta en la prensa diaria y especializada (el *Wall Street Journal*, el *Financial Times*, *Expansión, Cinco Días,* etc.; véase la Figura 6.7) sobre información correspondiente al día anterior. Si la empresa tiene acceso a un servicio de información a tiempo real por pantalla, es obvio que dispondrá de la mejor información actualizada.

9. La liquidez del mercado varía en función de los centros de negociación y de las divisas. Una divisa es líquida cuando un cliente puede comprarla y venderla de forma inmediata; con ello se genera una mayor competencia y los diferenciales ***spread*** son menores. Las más líquidas son USD (dólar estadounidense), EUR, JPY (yen) y GBP (libra esterlina).

Página web con información en divisas:

http://www.buscafinanzas.com

Bolsas y Mercados

Bolsas de valores, bonos, divisas, materias primas

Opciones y Futuros

Mercados, cotizaciones y gráficos, análisis, noticias, otros

Calendarios y Eventos

Agenda económica y financiera, conferencias y otros eventos

Cotizaciones y Gráficos

Cotizaciones, datos fin de día, históricos, gráficos

Análisis, Informes, Pronósticos, Recomendaciones

Noticias y Actualidad

Columnas y comentarios, prensa, revistas y otros

Fondos de Inversión, de Pensiones y Unit Link

España, latinoamérica, mundo

Centrales de Datos, Indicadores y Estadísticas

Fuentes oficiales, no oficiales

Formación y Educación del Inversor

Manuales, cursos y glosarios on-line, librerías financieras

Puntos de Encuentro y Debate

Foros o tablones de mensajes, listas de discusión, IRC y chats, newsgroups

Servicios Financieros

Banca, sociedades y agencias de valores, asesores financieros, fiscales

Miscelánea de Sitios Financieros

Economía, Empresas, Comercio, Leyes, Trabajo

Precios o tipos de compra y venta

Los tipos de cambio y la información relativa a los precios de las divisas y diferenciales suelen ofrecerse en inglés. Algunos periódicos de edición diaria, como el *Wall Street Journal*, *Financial Times* y otros de información económica o general, ofrecen los tipos *spot* de las principales divisas mundiales.

El diálogo abreviado sobre las cotizaciones en divisas es una práctica habitual entre los *dealers* del mercado Forex, que realizan gran número de transacciones y hacen referencia exclusiva a los dígitos de los puntos de cotización o puntos básicos.

El punto de cotización es la mínima unidad considerada en la medida de cotización de los tipos de cambio. Al cotizar los tipos de cambio en dos y cuatro cifras decimales, surge el *punto básico* que equivale a 0,01 centavos o una centésima. Para un ejemplo de cotización:

Tipo de cambio inicial: 1,5575 USD/EUR
Tipo de cambio al mes: 1,5585 USD/EUR
Incremento = 1,5585 – 1,5575 = 0,001 USD/EUR

Se dice que el tipo se ha incrementado en 10 puntos básicos. Proporcionalmente, si 0,01 equivale a un "punto básico", 0,001 equivale a 10 puntos básicos.

Al final del libro (Apéndice 6) se incluye ampliamente más vocabulario en inglés con relación al mercado de divisas, precios o tipos de cambio, tipos de interés, etc.; no obstante, los más genéricos y comunes son:

1. ***Tipo spot***: Es el precio de compra y venta corriente para las transacciones al contado en una divisa. Se utiliza a partir de transacciones de un cierto montante, sirviendo de referencia para otras operaciones de menor cantidad. Se cotiza como una unidad fija de una divisa (dólar *spot*) contra un número variable de unidades de otra divisa.

2. ***Bid rate*** (cambio vendedor): Es el tipo al que el cliente puede comprar una divisa a cambio de otra (cotización al tipo más alto por las entidades financieras).

3. ***Offer rate*** (cambio comprador): Es el tipo al que el cliente puede vender una divisa a cambio de otra (cotización al tipo más bajo por las entidades financieras). Los bancos compran y venden para ellos mismos al *bid* y *offer* más favorable. La diferencia entre ambos o diferencial se conoce con el término inglés *spread*.

   Los cambios vendedor y comprador para divisas y billetes se pueden observar en los Cuadros 6.7 y 6.8.

4. ***Day's spread:*** o diferencial del día entre los tipos más altos y más bajos de cotización en el mercado Forex en una fecha determinada y publicados al día siguiente en la prensa y medios de comunicación especializados.

5. ***Close:*** Tipos al cierre del mercado en la plaza, también denominados *bid and offer* para cada divisa, que corresponden a los precios de compra y de venta del banco, y son publicados en los medios de comunicación.

6. ***Fixing:*** Tipo medio del día.

7. ***Cross rate:*** Tipos de cambio cruzados (visto en el Cuadro 6.5).

Como también se puede observar en la Figura 6.7, de la información que proporciona la prensa económica española tenemos referencia de la cotización cruzada, que se identifica por los siguientes caracteres:

a) En las transacciones entre bancos (mercado interbancario) y clientes no bancarios, cuando se opere en cualquier divisa convertible (USD/EUR, CHF/GBP, EUR/JPY), normalmente las divisas se cotizarán contra el $USA, por lo que se denomina divisa "pívot" o central.

b) Los tipos cruzados se caracterizan por ser tipos de cambio entre dos divisas, ninguna de las cuales es el $USA. No obstante, sí se utiliza ésta para calcular el tipo de cambio de cualquier divisa a partir de los respectivos cambios con respecto al $USA.

c) La mayoría de las transacciones en divisa implican tipos cruzados, y se constata un incremento de la negociación de éstos entre entidades bancarias, sobre todo en las negociaciones de GBP/JPY, EUR/CHF, GBP/CHF y JPY/EUR.

d) Con esta forma de operar se evita la dificultad de tener que cotizar muchos tipos individuales entre divisas.

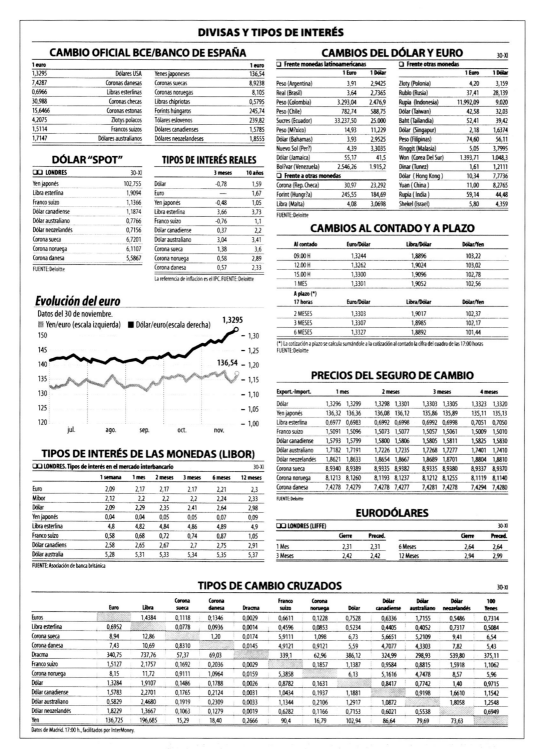

Figura 6.7. Tipos de cambio de divisas y tipos de interés LIBOR (fuente: *Expansión*, 01-12-2004).

Actividad resuelta 6.7

Un comerciante ha recibido letras por valor de 100.000 libras esterlinas procedentes de una exportación al Reino Unido. El comerciante contacta con el banco a fin de que le abone las libras en euros en su cuenta. No obstante se informa que la libra esterlina cotiza en Madrid a 1,447/52 EUR/GBP, mientras que en Nueva York cotiza a 1,912/1,969 USD/GBP, y el dólar cotiza en Madrid a 0,764/85 EUR/USD. Los costes que le cobrará el banco al formalizar la operación con Nueva York son de 150 euros.

Determinar la posibilidad de utilizar el dólar como divisa pívot o puente y decidir sobre la opción más rentable:

SOLUCIÓN

Primera opción: Vender las libras en Madrid a cambio comprador

Contravalor: 100.000 GBP · 1,447 EUR/GBP = 144.700 € que obtiene.

Segunda opción: *Arbitraje*, a través del cambio cruzado

a) Vende libras en Nueva York y obtiene USD.

100.000 GBP · 1,912 USD/GBP = 191.200 $USA

b) Vende los $USA en Madrid y obtiene EUR.

191.200 USD · 0,764 EUR/USD = 146.076,80 €

Descuento de comisión.................= _____150_____ €

Ingreso que obtiene......................= **145.926,80 €**

Decisión: Interesa la segunda opción (operación de "arbitraje"). Beneficio neto obtenido = 145.926,8 – 144.700 = = **1.226,8 €**

Comprobación: También se podría obtener de forma directa:

100.000 GBP · 1,912 USD/GBP · 0,764 EUR/USD = 146.076,80 €

Diferencia de cambio: 1,447 EUR/GBP < 1.912 USD/GBP · 0,764 EUR/USD = **1,460 EUR/GBP**

Actividad resuelta 6.8

Calcular el importe que pagará un deudor español (importador) al solicitar un cheque de 2.000 GBP (libras esterlinas) si la libra esterlina cotiza a los siguientes **cambios** *spot* (véanse los Cuadros 6.7 y 6.8).

Divisa: 0,693080 – 0,680720 GBP/EUR

Billete: 0,705180 – 0,679995 GBP/EUR

Y la comisión bancaria es del 2 por mil y los gastos fijos de 1,20 euros.

SOLUCIÓN

Como se trata de un cheque (divisa) y se necesita comprar GBP, el banco aplica el cambio vendedor de la divisa:

0,680720 GBP/EUR, que transformado a cambio directo será: 1/0,680720 GBP/EUR = 1,46903 EUR/GBP.

Por tanto, tendrá que pagar o entregar:

Cambio de divisa: 2.000 GBP · 1,46903 EUR/GBP = 2.938,06 €

Comisión: 0,002 · 2.938,06 EUR = 5,88 €

Gastos fijos = 1,20 €

TOTAL = **2.945,14 €**

Actividad resuelta 6.9

Un particular va a realizar un viaje de turismo y necesita 2.000 $USA. En la ventanilla de cambio del banco se observa la siguiente información (véanse los Cuadros 6.7 y 6.8):

	Cambio comprador	Cambio vendedor
Billetes: USD/EUR...	1,314292	1,267353
Divisas: USD/EUR...	1,285370	1,262430

Comisiones: Compraventa por caja 25 por mil.

Compraventa por cuenta 10 por mil

Mínimo 3,01 euros

Se pide:

a) Calcular el coste de los dólares (billetes) si realiza la operación por caja.

b) Calcular la cantidad en euros a ingresar en cuenta si le sobraron 200 $USA (del viaje anterior) y decide cambiarlos en el mismo banco.

c) Calcular el importe que pagará al solicitar un cheque de 1.000 $USA por ventanilla para realizar un pago con las mismas comisiones, 2 € de gastos fijos.

SOLUCIÓN

a) El banco vende los $USA, lo que implica tomar el cambio vendedor de billetes y transformarlo a cambio directo:

Contravalor en euros 2.000 USD · 1/1,267353 USD/EUR = 2.000 USD · 0,789046 EUR/USD = 1.578,09 €

Comisión...0,025 · 1.578,09 € =   39,45 €

COSTE TOTAL.. = **1.617,54 €**

b) El Banco compra los $USA sobrante, lo que implica tomar el cambio comprador de billetes y transformarlo a cambio directo:

Contravalor en euros: 200 USD · 1/1,314292 USD/EUR = 2.000 USD · 0,760865 EUR/USD = 152,17 €

Comisión: 0,010 · 152,17 € = 1,52; al ser menor que el mínimo, se aplica éste.......................= −3,01 €

INGRESO TOTAL.....................................= **149,16 €**

c) Para el coste del cheque (divisa) el banco vende $USA al tipo de cambio vendedor de divisas y transformado a cambio directo:

Contravalor en euros: 1.000 USD · 1/1,262430 USD/EUR = 1.000 USD · 0,792123 EUR/USD = 792,12 €

Comisión...0,025 · 792,12 € = 39,45 €

COSTE TOTAL...= **813,92 €**

```
        CAMBIOS Y TIPOS DE INTERES EN M.E.         FECHA: 11-02-2005
     CONSULTA DE CAMBIOS PARA BILLETES OP.CLIENTES  HORA:      9:41:59
     ================================================

        CAMBIOS DE 1 EURO

        FECHA: 11-02-2005        FECHA VALOR: 11-02-2005




                          HASTA 601,01 EUROS          MAS DE 601,01 EUROS

                          Compras      Ventas         Compras      Ventas

        LIBRA ESTERLINA     0,7164630    0,6714950      0,7051800    0,6799950
        DOLAR USA           1,3340100    1,2515100      1,3142920    1,2673530
        DOLAR USA PEQUEÑO   1,3473500    1,2515100      1,3274349    1,2673530
        DOLAR CANADIENSE    1,6658200    1,5535700      1,6331560    1,5748290
        FRANCO SUIZO        1,6177500    1,5146800      1,5922760    1,5354090
        CORONA SUECA        9,4757800    8,8372600      9,2899800    8,9581950
        CORONA NORUEGA      8,7877700    8,1956100      8,6154600    8,3077650
        CORONA DANESA       7,7609700    7,2380000      7,6087900    7,3370475
        YEN JAPONES       142,8140000  133,1910000    140,0140000  135,0135000
        FRANCO C.F.A        0,0000000    0,0000000      0,0000001    0,0000001
        DIRHAM MARROQUI    11,5711000   10,7914000     11,3442000   10,9390500
        BOLIVAR VENEZOLANO  0,0000000    0,0000000      0,0000001    0,0000001
        PESO MEJICANO       0,0000000    0,0000000      0,0000001    0,0000001
        RIYAL ARABE         0,0000000    0,0000000      0,0000001    0,0000001
        CORONA CHECA       30,7520000   28,6798000     30,1490000   29,0722500
        DOLAR AUSTRALIANO   1,7127300    1,5973200      1,6791460    1,6191765
        LIBRA ESCOCESA      0,7244210    0,6708150      0,7102170    0,6799950
        FORINT HUNGARO    250,1860000  233,3270000    245,2800000  236,5200000


    Las operaciones por importe superior a 601,01 euros tendrán una comisión del 25 por mil si se realizan
    por ventanilla ó 10 por  mil si se realizan contra cuenta corriente o de ahorros, mínimo de 3,01 euros.
```

Cuadro 6.7. **Tipos de cambio para compraventa de billetes.**

```
        CAMBIOS Y TIPOS DE INTERES EN M.E.         FECHA: 11-02-2005
      DIVISAS. DIARIO PARA OPERACIONES AL CONTADO  HORA:      9:42:50
     ===========================================

        CAMBIOS DE 1 EURO


      FECHA: 10-02-2005 (DI: Divisa disponible, CO: Convertible, CT: Admite centimos)

Base Mon B.E Nombre                DI CO CT      Compras        Ventas
---- --- --- ------                -- -- --      -------        ------


   GBP 826 LIBRA ESTERLINA         SI SI SI    0,6930800      0,6807200
   USD 840 DOLAR USA               SI SI SI    1,2853700      1,2624300
   CAD 124 DOLAR CANADIENSE        SI SI SI    1,6165200      1,5876800
   CHF 756 FRANCO SUIZO            SI SI SI    1,5695000      1,5415000
   SEK 752 CORONA SUECA            SI SI SI    9,1465900      8,9834100
   NOK 578 CORONA NORUEGA          SI SI SI    8,5210100      8,3689900
   DKK 208 CORONA DANESA           SI SI SI    7,5093800      7,3754200
   JPY 392 YEN JAPONES             SI SI NO  137,3653000    134,9147000
   NZD 554 DOLAR NEOZELANDES       SI SI SI    1,8385000      1,8057000
   AUD  36 DOLAR AUSTRALIANO       SI SI SI    1,6789800      1,6490200
   HKD 344 DOLAR HONG-KONG         SI SI SI   10,0918200      9,9117800
```

Cuadro 6.8. **Tipos de cambio compraventa de divisas.**

6.6.2. Transacciones a plazo (forward) sobre divisas

Una transacción *forward* es un contrato de compra o venta de divisa determinada, acordando en el momento de la firma el tipo de cambio futuro aplicable entre las divisas, cuya ejecución material de transacción se aplica en una fecha futura superior a dos días hábiles (véase la Figura 6.8). El contrato de compraventa a plazo de divisas es un contrato en firme, es decir, su cumplimiento es obligatorio. A este tipo de contrato acuden dos clases de participantes: los que buscan seguridad (que tratan de protegerse del riesgo de variación del tipo de cambio, al asegurarse un determinado tipo de cambio) y los especuladores (que tratan de beneficiarse de las variaciones que se puedan producir en el tipo de cambio).

En definitiva, podemos decir que el contrato de compraventa de moneda a plazo fija de antemano el tipo de cambio a una fecha determinada (más de dos días de plazo). El tipo de cambio a plazo no suele establecerse basándose en la predicción directa de lo que será en el futuro el tipo de cambio de una moneda. Al contrario, es el resultado directo del cálculo de tres factores, con los cuales contamos el día de la operación:

1. El tipo de cambio de contado (*spot*) del día de la operación.
2. El tipo de interés al que el cliente toma prestada la divisa vendida.
3. El tipo de interés al que el cliente deposita la divisa comprada.

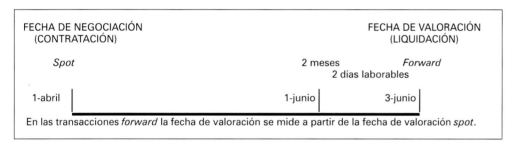

Figura 6.8. **Temporalidad transacción *forward*.**

Este tipo de transacciones se caracterizan por ser un contrato vinculante a la compra o venta de una cantidad específica de una divisa a cambio de otra. El tipo de cambio se fija a la firma del contrato. Generalmente el tipo contractual será distinto del tipo *spot* por efecto de los diferenciales de tipo de interés de ambas divisas. El objeto del contrato consiste en la entrega de una determinada divisa en el futuro, ya sea en una fecha específica o dentro de un período temporal entre dos fechas, en función de los términos del contrato.

Actividad resuelta 6.10

Determinar los euros que deberá entregar una empresa si desea adquirir 30.000 $USA, según realice una de las siguientes operaciones (véase la Figura 6.7):

a) Operación al contado o contrato *spot*: 1,3244 EUR/USD 9:00 h.

b) Operación a plazo o contrato *forward*: 1,3307 EUR/USD a 3 meses

SOLUCIÓN

a) Compra al contado: 30.000 USD · 1,3244 EUR/USD = 39.732 EUR

b) Compra *forward*: 30.000 USD · 1,3307 EUR/USD = 39.921 EUR

La compra a plazo (*forward*) implica un coste mayor que la de contado (*spot*); esto no siempre tiene que ser así, ya que dependerá de la fluctuación del tipo de cambio y de los tipos de interés de las monedas.

Negociación: liquidación-extensión

Cuando la transacción que ha motivado el contrato no se ejecuta o se materializa en un momento distinto al que se había planificado, puede surgir la siguiente negociación y actuaciones por parte del banco: *liquidación*, *extensión* y *desplazamiento del contrato* (Cuadro 6.9).

El roll-over define la relación que existe, en términos de diferencia de precios, entre dos contratos de futuro de distinto vencimiento.

SITUACIÓN DEL CLIENTE	ACTUACIÓN DEL BANCO
• No se realiza la operación. • No se realiza la operación en el momento pensado y puede que no se realice.	• *Liquidación:* Puede realizarse por la totalidad o por una parte sólo de la transacción.
• Se realizará con posterioridad a la fecha de valoración.	• *Extensión del contrato:* El banco obliga al cliente a la liquidación del primer forward, pero le ofrece un nuevo contrato para una nueva fecha, en mejores condiciones, aplicando lo que se denomina la "regla diagonal": Si el banco vende divisa, aplicará el premio o descuento corriente de venta en su tipo de compra spot *(bid rate),* y si compra divisa, lo aplicará al tipo de venta *spot (offer rate)*, obteniendo un *roll-over.*
• Se realizará con antelación a la fecha de valoración.	• *Desplazamiento del contrato:* Es el caso de *pulling forward cover* en que se recurre a dos o más *forwards,* uno de los cuales se realizará con una entidad bancaria distinta de la contraparte del *forward* original.

Cuadro 6.9. **Negociación de un contrato *forward*.**

Las diferencias entre los tipos *spot* y *forward*, desde el punto de vista conceptual, son las siguientes:

1. Los tipos de cambio *forward* pueden tener una cotización más alta o más baja que los *spot* y raramente son coincidentes. Estas diferencias ocasionarán en algunos momentos resultados más favorables al banco y en otros al cliente. Las operaciones a plazo son de libre contratación e implican la adquisición de una divisa para su entrega a partir del tercer día hábil.

2. Los tipos de cambio aplicados a las transacciones *forward* difieren de los tipos *spot* por el valor del diferencial entre el **tipo de interés existente entre ambas divisas** para el período, es decir, hasta la liquidación del contrato *forward.*

3. Los tipos *forward* se cotizan con normalidad para un número exacto de meses (uno, tres *spot*, seis, etc.). Si no fuese exacto, la entidad bancaria podrá utilizar un tipo *forward* a medida, denominado *broken date* u *odd date*, cuyo cálculo puede realizarse por varios métodos, uno de los cuales es el de interpolación.

4. En la elección de una determinada operación no se debe caer en el error de comparar solamente ambos tipos, ya que si una empresa tiene que recibir una remesa de divisas en una fecha futura o realizar un pago en divisas, deberá elegir entre las opciones siguientes la más ventajosa:

   a) Efectuar un contrato de una transacción *forward* a un tipo de cambio prefijado para una fecha futura con independencia de los tipos de interés de ambas divisas.

   b) Solicitar un préstamo en divisa doméstica al tipo *spot* actual, comprar la divisa de pago a tipo *spot* e invertirla en el euromercado.

   c) Solicitar un préstamo en la divisa de cobro, cambiarla al tipo *spot* actual en divisa doméstica y utilizar la remesa a recibir para pagar el préstamo e intereses devengados.

d) No hacer nada hasta que llegue la fecha futura y proceder a la compra de la divisa al precio *spot* existente en el momento.

5. El tipo *forward* puede cotizar con premio o descuento respecto del *spot*. Los descuentos se añaden al tipo *spot* para obtener el tipo *forward* y los premios se sustraen del tipo *spot* para obtener el *forward*. En la jerga bancaria, la referencia a premios y descuentos recibe el nombre de "*forward swap*" o "tipo *swap*". En general las divisas débiles cotizan al tipo *forward* al descuento contra divisas fuertes, mientras que las divisas fuertes cotizan al tipo *forward* con premio contra las divisas débiles.

Desde el punto de vista numérico, las diferencias son:

Tipo *forward* = tipo spot · diferencial de tipos de interés

Diferencial tipos de interés = 1 + Euribor · tiempo/1 + Libor · tiempo

Supongamos un tipo *spot* 0,850 EUR/USD; el tipo de interés del euro (Euribor) es del 5% anual; el tipo de interés del USD (Libor) es del 6% anual, y la fecha de valoración a 3 meses. Podemos obtener el tipo *forward* de forma teórica a través del diferencial de interés, y aplicando la fórmula anterior será:

Diferencial tipo de interés de monedas = 1 + 0,05 · (3/12)/1 + 0,06 · (3/12) = 0,9975

Tipo *forward* = 0,850 · 0,9975 = **0,848 EUR/USD**

En cuanto a los tipos de interés suele haber unas publicaciones oficiales de referencia (véase el Cuadro 6.10).

18. TIPOS DE INTERÉS
A) Tipos de interés legales

18.1 Tipos de interés legales, EURIBOR, MIBOR y otros tipos oficiales de referencia del mercado hipotecario

Porcentajes

		Tipos legales				Mercado hipotec: Tipos de refer. ofic. (Resoluc. B.E.21/1/1994 y CBE 7/99)								Deuda Pública índice nominal para pagos semestrales de (col.11) (R.DGTPF. 5/12/89)
		Interés legal	Interés básico del Banco de España (a)	Interés Ley enjuicia- miento civil	Interés de demora a efectos tribu- tarios	Tipos interbanc.(b)		Tipo acti- vo de re- ferencia de cajas de ahorros (Indica- dor CECA).	Tipo medio préstamos hipoteca- rios a más de tres años. Adquisición de vivienda libre. (Resolución DGTPF de 4/2/1991)			Deuda públ. Rendimien- to interno merc. secun dar. entre 2 y 6 años (R.DGTPF. 5/12/89)	Fecha publica- ción en BOE de los ti- pos ofi- ciales del mes de refe- rencia	
						MIBOR a un año (c)	EURIBOR a un año (d)		Bancos	Cajas de ahorro	Conjunto de entidades			
		1	2	3	4	5	6	7	8	9	10	11	12	13
98	M	5,50	-	7,50	7,50	4,005	3,778	6,792	5,557	5,763	5,651	4,519	...	4,469
99	M	4,25	-	6,25	5,50	3,155	3,182	5,875	4,587	4,881	4,724	3,663	...	3,630
00	M	4,25	-	6,25	5,50	4,773	4,781	6,625	5,708	5,822	5,764	5,022	...	4,960
01	M	5,50	-	7,50	6,50	4,077	4,084	6,646	5,597	5,926	5,760	4,626	...	4,578
02	M	4,25	-	6,25	5,50	3,489	3,493	5,875	4,687	4,896	4,795	4,165	...	4,123
03	M	4,25	-	6,25	5,50	2,341	2,336	5,042	3,627	3,791	3,713	3,013	...	2,991
03 Nov		4,25	-	6,25	5,50	2,409	2,410	4,875	3,310	3,539	3,432	2,904	22-12-03	2,883
Dic		4,25	-	6,25	5,50	2,383	2,381	4,625	3,374	3,533	3,458	3,023	22-01-04	3,001
04 Ene		3,75	-	5,75	4,75	2,220	2,216	5,000	3,358	3,572	3,475	3,096	21-02-04	3,073
Feb		3,75	-	5,75	4,75	2,166	2,163	4,875	3,342	3,533	3,446	3,107	23-03-04	3,083
Mar		3,75	-	5,75	4,75	2,056	2,055	4,625	3,241	3,460	3,358	3,082	22-04-04	3,058
Abr		3,75	-	5,75	4,75	2,164	2,163	4,625	3,165	3,384	3,279	3,086	22-05-04	3,063
May		3,75	-	5,75	4,75	2,297	2,297	4,750	3,144	3,351	3,255	3,086	23-06-04	3,062
Jun		3,75	-	5,75	4,75	2,405	2,404	4,625	3,245	3,362	3,307	3,127	23-07-04	3,103
Jul		3,75	-	5,75	4,75	2,367	2,361	4,625	3,252	3,388	3,323	3,153	21-08-04	3,128
Ago		3,75	-	5,75	4,75	2,305	2,302	4,875	3,335	3,441	3,392	3,142	24-09-04	3,117
Sep		3,75	-	5,75	4,75	2,377	2,377	4,750	3,286	3,436	3,367	3,150	23-10-04	3,144

(a) La Ley 66/1997, de Medidas Fiscales, Administrativas y del Orden Social, anula el tipo básico del B. de España, en su norma derogatoria única. La citada Ley establece, además, que las referencias efectuadas en la legislación vigente a dicho tipo básico se entenderán realizadas, en lo sucesivo, al interés legal del dinero (col.1).

(b) Datos mensuales: media de datos diarios; datos anuales: media de datos mensuales.

(c) Solo mantiene el carácter de tipo de referencia oficial para operaciones formalizadas con anterioridad al 1/1/2000. Fuente: tipos diarios con los que se ha calculado la col.8 del cuadro 20.4, y en los días que no hay operaciones, tipos diarios con los que se ha calculado la columna 6 de este cuadro.

(d) Hasta diciembre de 1998, es decir cuando no existía el euribor, la serie recoge la media de los tipos de interés a un año en el mercado interbancario de los países que el 1/1/99 formaron la zona euro. Conforme CBE 7/1999, de 29-6, este tipo puede ser considerado como referencia para préstamos hipotecarios desde 10/7/99. Los datos diarios (y el dato de fin de mes de los últimos doce meses) del euribor a un día (EONIA), 3 meses y un año pueden encontrarse en www.bde.es, epígrafe 'tipos de interés y de cambio'.

Cuadro 6.10. **Tipos de interés MIBOR-EURIBOR y otros tipos oficiales (fuente: Banco de España).**

Actividad resuelta 6.11

Supongamos que el tipo de interés (Libor) del dólar estadounidense (USD) es del 4,25% y del euro (Euribor) del 2,25%, asumiendo un cambio *spot* 1,3262 EUR/USD 12:00 h, sobre una cantidad de 6.000 euros.

Calcular el tipo *forward* indiferente o de equilibrio que resultaría para ambas opciones.

Solución

Realizamos el análisis para un período de un año, en el cual comparamos las siguientes opciones, determinando el tipo *forward* teórico para las opciones siguientes:

Primera opción: Comprar dólares contra euros a un cambio *spot* e invertirlos durante un año al LIBOR.

● Momento actual: Compra dólares: 6.000 EUR · 0,7540 USD/EUR = 4.542,20 $USA

$$0,7540 \text{ USD/EUR} = 1/1,3262 \text{ EUR/USD}$$

● Al cabo de un año: 4.542,20 $USA · (1 + 0,045) = 4.716,48 $USA

Segunda opción: Invertir los euros durante un año al *euribor* y proceder a la venta del resultado acumulado en la fecha actual (*forward* a un año).

● Momento actual: Inversión: 6.000 € · (1 + 0,0225) = 6.135 €

● Al cabo de un año: 6.135 € · (1/1,3327) USD/EUR = 4.502,13 $USA

Tipo de cambio FW: 6.135 EUR/4.716,48 USD = **1,3007 EUR/USD**

Se puede deducir que el tipo FW es inferior al tipo *spot*, por efecto del mayor interés del dólar: Libor > Euribor. Por tanto, un tipo contrato FW de 1,3327 (6 meses) es mayor que el teórico, con lo cual no interesa; es mejor la primera opción. Sólo interesaría un tipo FW de mercado inferior a 1,3007 EUR/USD.

Comprobación: Diferencial tipos de interés = 1 + (0,0225)/1 + (0,0425) = 0,9808

Tipo FW = Tipo *spot* · diferencial tipos de interés = 1,3262 · 0,9808 = **1,3007 EUR/USD**

Actividad resuelta 6.12

Una empresa exportadora española cierra una operación comercial con un importador de EE.UU., por valor de 100.000 $USA, a cobrar en 6 meses.

Tipo de cambio *spot*: 1,3244/75 EUR/USD 9:00 h.

Tipo de cambio *forward*: 1,3327/60 EUR/USD (6 meses)

Tipo de interés del euro (Euribor): 2,21% − 3,15% (depósito − préstamo)

Tipo de interés del dólar (Libor): 2,64% − 3,75% (depósito − préstamo)

En la hipótesis de que el exportador en cuestión necesite financiación en el momento actual, determinar:

1. Posibles alternativas u opciones que puede realizar.
2. Elección de la opción más rentable
3. El tipo FW de equilibrio.

SOLUCIÓN

1. Alternativas

Primera opción: operación al contado

Solicitar un préstamo en $USA a devolver en 6 meses y comprar el equivalente en euros al cambio *spot*, contra dólares, e invertirlos en cuenta financiera.

- Momento actual: Coste préstamo $USA: 100.000 $USA · 1,3244 EUR/USD = 132.440 €
- Al cabo de 6 meses:

  Montante inversión euros: 132.440 · (1 + 0,0221 · (1/2)) = 133.903,46 €

  Devolución préstamo $USA: 100.000 (1 + 0,0375 · (1/2)) = 101.875 $USA

Segunda opción: operación a plazo

Realizar un contrato *forward* de venta de $USA a tipo de cambio FW (6 meses).

- Momento actual: Venta FW: 100.000 $USA · 1,3327 EUR/USD = 133.270 €

  Valor actual: 133.270/(1 + 0,0315 · (1/2)) = 131.203 €

2. Mejor opción

Rentabilidad primera opción: 133.903,46 EUR/101.875 USD = **1,3143 EUR /USD**

Rentabilidad segunda opción: 131.203,00 EUR/100.000 USD = **1,3120 EUR/USD**

Por tanto, la primera opción es la mejor (operación al contado), ya que los euros obtenidos son mayores hoy que dentro de 6 meses.

3. Tipo FW = *spot* · diferencial tipos de interés = 1,3244 · (1 + 0,0315(1/2))/(1 + 0,0375(1/2)) = **1,3704 EUR/USD**

6.1 Dado el siguiente equilibrio del mercado de divisas:

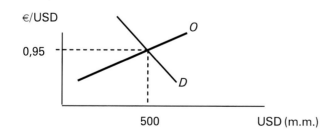

Representar gráficamente el efecto conjunto (aprox.) y los desplazamientos de las curvas de oferta y demanda para las siguientes situaciones:

a) Una disminución de las importaciones españolas de café en 20 m.m. USD.

b) Un aumento de turistas extranjeros en España, con ingresos de 50 m.m. USD.

c) Una disminución de las inversiones extranjeras en España por importe de 20 m.m. USD.

6.2 Dado el siguiente equilibrio del mercado de divisas:

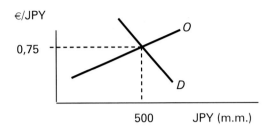

Si durante el próximo período se produjese una fuerte disminución de turistas japoneses en España, suponiendo un menor importe 100 m.m. (JPY), determinar:

a) Representación del nuevo equilibrio (aprox.).

b) ¿Qué le ha ocurrido al euro? ¿Podría intervenir el Banco Central Europeo? ¿En qué medida?

Operaciones de contado: cambio directo-indirecto (recíproco) –cruzado– arbitraje

6.3 Un exportador japonés que comercializa con un importador inglés tiene que vender las libras esterlinas recibidas para convertirlas en yenes y poder operar en su mercado. Aconsejar qué le conviene:

a) Convertir las libras esterlinas a dólares y éstas a yenes [cambio indirecto (recíproco)].

b) Vender las libras esterlinas al tipo de cambio directo.

Datos: 1,823 GBP/USD
0,960 JPY*/USD; o bien 0,0096 JPY/USD
0,504 JPY*/GBP; o bien 0,00503 JPY/USD
(JPY* expresado en 100 unidades de yenes, y JPY en 1 unidad de yenes)

6.4 Expresar el valor de los francos suizos (CHF) en términos de libras esterlinas (GBP) y éstas en términos de francos si:

1,149 CHF/USD

0,521 GBP/USD

6.5 Con la información de la Figura 6.7, comprobar la cotización del euro en términos de coronas suecas y éstas en términos de euros. Compruébalo a través de la pívot del USD.

6.6 Dadas las distintas cotizaciones de tres divisas (dólar americano, dólar canadiense y libra esterlina), analizar la posibilidad de arbitraje. Supóngase que se dispone de 2.000.000 USD. ¿Cuánto ganaría en ese caso, sin tener en cuenta los costes de transacción ni comisiones?

Datos:

1,180 CAD/USD
0,675 GBP/USD
0,450 GBP/CAD

6.7 Si se fuera a realizar un viaje a Londres y se necesitasen 2.000 libras esterlinas y en la ventanilla de cambio del banco se observa la siguiente información de comisiones y de cotización según cuadros 6.7 y 6.8:

Comisiones: mín. y ‰ (tanto por mil)

Compraventa por caja: 3,5 €; 25 por mil

Por cuenta: 3,01 €; 10 por mil

a) Calcular el coste de las libras si se realiza la operación por caja.

b) Calcular la cantidad a ingresar en cuenta si sobraron 100 GBP (de un viaje anterior) y se decide cambiarlos en el mismo banco.

c) Calcular el importe que se pagará al solicitar un cheque por ventanilla de 1.000 GBP para realizar un pago, con las mismas comisiones más 6 € de gastos fijos.

Operaciones a plazo: *forward*

6.8 Un importador francés compra mercaderías por valor de 200.000 libras a un exportador británico, a pagar en doce meses.

Datos:

Tipo de cambio *spot:* 1,350 EUR/GBP
Tipo de cambio *forward*: 1,260 EUR/GBP
Tipo de interés del franco francés a 12 meses: 4,25%
Tipo de interés de la libra esterlina a 12 meses: 5,25%

Determinar:

a) Alternativas que puede efectuar el francés.
b) Qué alternativa es más conveniente para el importador francés.

6.9 Dado el siguiente equilibrio del mercado de divisas a 07-02-20XX

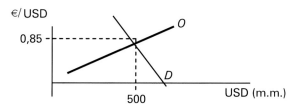

Si durante el período 20XX y siguiente se estimase un aumento considerable de inversiones extranjeras en España por un importe de 500 m.m. USD, debido a la estabilidad política del país, determinar:

a) ¿Qué le ocurriría probablemente al euro? Represéntalo gráficamente de forma aproximada.
b) Si el mercado no compensase el efecto anterior, ¿podría intervenir el Banco Central Europeo? ¿En qué medida?

6.10 El 07-02-2005 a las 12 horas, te acercas a la sucursal bancaria con la que opera la empresa donde trabajas, a realizar las siguientes gestiones u operaciones: solicitar 200.000 yenes japoneses en billetes y 2 millones de francos suizos en un cheque por caja, e ingresar en cuenta un talón de 2.000 libras esterlinas. Si en la ventanilla de cambio del banco observases la información adjunta en los Cuadros 6.7 y 6.8, determina:

a) El coste de los yenes y los francos si realizas la operación por caja.
b) El ingreso en cuenta de las libras esterlinas.

6.11 La empresa Impogest, S.A. tiene un exceso de tesorería de 1 millón de euros, y el director financiero propone analizar la posibilidad de realizar alguna operación de arbitraje (tomando el dólar como divisa pívot). Si en ese momento la información de cotizaciones que se observa por pantalla es:

Madrid: 1,225/295 EUR/USD
Londres: 1,435/500 EUR/GBP
N. York: 1,890/925 USD/GBP

Determinar el beneficio o pérdida obtenida (sin considerar ningún tipo de costes de transacción).

6.12 Un importador español dentro de un mes tiene que pagar a un exportador norteamericano. A la vista de los datos siguientes, determinar:

a) Alternativas posibles a efectuar
b) Coste de cada alternativa
c) Proposición de la alternativa a efectuar (justificación)

Tipo de interés € (EURO) (un mes): 10% anual
Tipo de interés USD (LIBOR) (un mes): 6% anual
Tipo *spot*: 1,315/390 EUR/USD
Tipo *forward* (un mes): 1,410/450 EUR/USD

6.13 Tomando los mismos datos del ejercicio anterior, salvo:

Tipo de interés EURO (un mes): 6%
Tipo de interés USD (un mes): 10%

Proponer qué alternativa sería mejor (justificación).

6.14 También tomando los mismos datos del ejercicio 6.12, salvo:

Tipo *forward* (un mes): 1,380/400 EUR/USD.

¿Qué alternativa se propondría? Justificar la respuesta.

6.15 Si tú fueses el operador de divisas de una entidad financiera y observases por pantalla las siguientes cotizaciones:

Madrid: 1,425/480 EUR/GBP
Tokio: 0,685/715 GBP/EUR

a) En el caso de disponer de 100.000 euros obtenidos en un concurso de TV (sin considerar comisiones ni impuestos), ¿podrías conseguir algún beneficio? ¿Cuánto?
b) Si posteriormente observases en pantalla las siguientes cotizaciones y dispusieras de la misma cantidad anterior con el objeto de especular, ¿podrías conseguir algún beneficio? ¿Cuánto?

Datos:

Madrid: 1,115/160 EUR/USD
Londres: 1,315/350 EUR/GBP
N. York: 1,920/980 USD/GBP

Actividades de Refuerzo

6.1 Dado el siguiente equilibrio del mercado de divisas al 29-04-20XX:

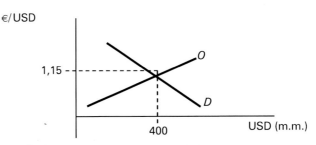

Si durante el período 20XX y siguiente se estimase un aumento considerable de turistas extranjeros en España por un importe de 100 m.m. $USA, debido a la estabilidad política del país, determinar:

a) ¿Qué le ocurriría probablemente al euro? Represéntalo gráficamente de forma aproximada.
b) Si el mercado no compensase el efecto anterior, ¿podría intervenir el Banco Central Europeo? ¿En qué medida?

6.2 El 25-04-2005 a las 8 horas, te acercas a la sucursal bancaria con la que opera la empresa donde trabajas, a realizar las siguientes gestiones: solicitar 100.000 dólares en billetes y 2 millones de coronas suecas en un cheque por caja e ingresar en cuenta un talón de 2.000 euros. Si en la ventanilla de cambio del banco observases la misma información de comisiones y tipos de cambio que la Actividad de Apoyo 6.10, determina:

a) El coste de los dólares y coronas suecas si realizas la operación por caja.
b) El ingreso en cuenta de los euros.

6.3 La empresa Impogest, S.A. tiene un exceso de tesorería de medio millón de euros, y el Director financiero propone analizar la posibilidad de realizar alguna operación de arbitraje (tomando el dólar como divisa pívot). Si en ese momento la información de cotizaciones que se observa por pantalla es:

Madrid: 0,950/1,220 EUR/USD
Suiza: 0,560/640 EUR/CHF
N. York: 0,870/890 USD/CHF

Determinar la alternativa de un posible beneficio (sin considerar ningún tipo de costes de transacción).

6.4 Un importador español dentro de un mes tiene que pagar a un exportador japonés un millón de yenes. A la vista de los datos siguientes, determinar:

a) Alternativas posibles a efectuar
b) Coste de cada alternativa
c) Proposición de la alternativa a efectuar (justificación)

Datos:

Tipo de interés € (euro) (un mes): 3,75%
Tipo de interés Y (yen) (un mes): 0,50%
Tipo *spot*: 0,730/745 EUR/JPY* (* expresado en 100 unidades de yenes)
Tipo *forward* (un mes): 0,915/925 EUR/JPY*

6.5 Tomando los mismos datos del ejercicio anterior, salvo:

Tipo de interés euro (un mes): 3%
Tipo de interés Y (yen) (un mes): 1,5%

Proponer qué alternativa sería la mejor (justificación).

6.5 También tomando los mismos datos del ejercicio 6.4, salvo:

Tipo *forward* (un mes): 0,008/0,00815 EUR/JPY

¿Qué alternativa se propondría? Justificar la respuesta.

6.6 Si tú fueses el operador de divisas de una entidad financiera y observases por pantalla las siguientes cotizaciones:

Madrid: 0,690/740 EUR/JPY*
Tokio: 1,365/450 JPY*/EUR

a) En el caso de disponer de 200.000 euros obtenidos en un concurso de TV (sin considerar comisiones ni impuestos), ¿podrías conseguir algún beneficio? ¿Cuánto?
b) Si posteriormente observases en pantalla las siguientes cotizaciones y dispusieras de la misma cantidad anterior con el objeto de especular, ¿podrías conseguir algún beneficio? ¿Cuánto?

Madrid: 1,200/240 EUR/USD
Tokio: 0,675/740 EUR/JPY*
N. York: 0,960/990 USD/JPY*

Actividades Complementarias

6.1 Con la información de la Figura 6.7 (fecha 01-12-2004) y la de la Figura 6.9 (fecha 17-08-2006) sobre divisas y tipos de interés, realizar un cuadro de análisis comparativo en Excel junto con un informe de conclusiones en Word referente a la evolución de:

a) Tipos de cambio cruzados de las principales divisas

b) Precios del seguro de cambio

c) Tipos de interés y otra información ofrecida

DIVISAS Y TIPOS DE INTERÉS

TIPOS DE CAMBIO CRUZADOS

	Euro	Libra	Corona sueca	Corona danesa	Dracma	Franco suizo	Corona noruega	Dólar	Dólar canadiense	Dólar australiano	Dólar neozelandés	100 Yenes
Euros		1,4782	0,1087	0,1340	0,0029	0,6335	0,1242	0,7781	0,6963	1,6713	0,5486	0,6719
Libra esterlina	0,6765		0,0735	0,0907	0,0014	0,4286	0,0840	0,5263	0,4713	0,4048	0,8209	0,4545
Corona sueca	9,20	13,60		1,23	0,0185	5,8275	1,142	7,16	6,4089	5,5039	11,16	6,18
Corona danesa	7,46	11,03	0,8111		0,0150	4,7265	0,9264	5,80	5,1980	4,4640	9,05	5,01
Dracma	340,75	733,61	53,95	66,52		314,4	61,62	386,12	345,77	296,95	602,18	333,47
Franco suizo	1,5786	2,3333	0,1716	0,2116	0,0032		0,1960	1,2281	1,0998	0,9445	1,9153	1,0606
Corona noruega	8,05	11,90	0,8755	1,0795	0,0162	5,1020		6,27	5,6110	4,8187	9,77	5,41
Dólar	1,2853	1,9000	0,1397	0,1723	0,0026	0,8143	0,1596		0,8955	0,7691	1,56	0,8636
Dólar canadiense	1,4362	2,1217	0,1560	0,1924	0,0029	0,9093	0,1782	1,1167		0,8588	1,7416	0,9644
Dólar australiano	0,5983	2,4705	0,1817	0,2240	0,0034	1,0588	0,2075	1,3003	1,1644		2,0279	1,1230
Dólar neozelandés	1,8229	1,2182	0,0896	0,1105	0,0017	0,5221	0,1023	0,6412	0,5742	0,4931		0,5538
Yen	148,83	220,005	16,18	19,95	0,2999	94,3	18,46	115,79	103,69	89,05	74,24	

Datos de Madrid. 17:00 h., facilitados por InterMoney.

CAMBIOS OFICIALES DEL BCE

1 euro	Divisa	1 euro	Divisa	1 euro	Divisa
1,2793	Dólares USA	3,8838	Zlotys polacos	**Asia y Sudáfrica**	
148,7	Yenes japoneses	0,5759	Libras chipriotas	47,878	Bath tailandés
7,4607	Coronas danesas	0,4293	Liras maltesas	65,5	Pesos filipinos
0,6762	Libras esterlinas	34,253	Rublos rusos	4,7104	Ringgit malasio
9,2107	Coronas suecas	15,6466	Coronas estonias	1.234,72	Won coreano
1,5787	Francos suizos	3,4528	Litas lituanas	9,9505	Dólares Hong Kong
89,42	Coronas islandesas	0,6959	Lats letones	10,2197	Yuanes chinos
8,016	Coronas noruegas	239,62	Tólares eslovenos	11.632,04	Rupias indonesias
1,4342	Dólares canadienses	37,535	Coronas eslovacas	2,0202	Dólares de Singapur
Europa emergente y Mediterráneo		1,9558	Lev búlgaros	8,7826	Rands sudafricanos
28,085	Coronas checas	7,283	Kunas croatas	1,6733	Dólares australianos
276,1	Forints húngaros	3,3254	Leus rumanos	2,0065	Dólares neozelandeses
		1,8555	Nuevas liras turcas		

DIVISAS LATINOAMERICANAS

1 dólar	1 euro	Divisa
3,10	3,98	Pesos argentinos
2,13	2,74	Reales brasileños
2.360,00	3.034,00	Pesos colombianos
537,20	690,73	Pesos chilenos
25.000,00	32.145,00	Sucres ecuatorianos
10,74	13,81	Pesos mexicanos
1,00	1,29	Dólares Bahamas
3,23	4,15	Nuevos soles peruanos
65,58	84,32	Dólares jamaicanos
2.144,60	2.757,53	Bolívares venezolanos

SUBASTAS DEL TESORO ESPAÑOL

	Fecha	TIR media %	TIR marginal %	Importe adjudicado	Importe solicitado	Próxima subasta
Letras 12 Meses	Jul-06	3,36	3,37	902,00	2.323,00	Ago-06
Letras 18 Meses	Jul-06	3,51	3,52	910,00	3.808,00	Ago-06
Bonos 3 Años	Jul-06	3,68	3,68	1.200,00	2.896,00	—
Bonos 5 Años	Jun-06	3,69	3,69	1.280,00	2.285,00	Sep-06
Obligaciones 10 Años	Jul-06	3,99	3,99	1.494,00	2.689,00	—
Obligaciones 30ños	Abr-06	4,27	4,27	810,00	2.630,00	Sep-06

TIPOS DE INTERÉS INTERNACIONALES

País	Tipos oficiales Actual	Desde	Anterior	Tipos de bonos 2 años	5 años	10 años	Dif. bono alemán
España	3,00	Ago-06	2,75	3,54	3,75	3,94	-0,60
Alemania	3,00	Ago-06	2,75	3,62	3,75	3,95	—
Zona euro	3,00	Ago-06	2,75	3,62	3,75	3,95	—
Reino Unido	4,75	Ago-06	4,50	4,94	4,84	4,68	73,50
EE.UU.	5,25	Jun-06	5,00	4,90	4,82	4,88	93,30
Japón	0,25	Jul-06	0,00	0,81	1,38	1,84	-211,30
Suiza	1,00-2,00	Jun-06	0,75-1,75	2,04	2,46	2,65	-129,60
Canadá	4,25	May-06	4,00	4,13	4,15	4,30	35,00

TIPOS DE INTERÉS DEL INTERBANCARIO

	LOS TIPOS DEL MERCADO 1 semana	1 mes	2 meses	3 meses	6 meses	12 meses	SWAPS SOBRE TIPOS INT. 1 año	3 años	5 años	10 años
Euro (Euribor)	3,09	3,11	3,15	3,23	3,43	3,66	3,71	3,90	3,98	4,18
Dólar	5,31	5,33	5,37	5,41	5,49	5,52	5,48	5,31	5,34	5,44
Yen Japonés	0,35	0,36	0,39	0,42	0,50	0,67	0,68	1,16	1,54	2,05
Libra Esterlina	4,89	4,90	4,93	4,97	5,08	5,27	5,27	5,31	5,27	5,12
Franco Suizo	1,38	1,44	1,55	1,61	1,79	2,05	2,11	2,57	2,76	3,02
Dólar Canadiense	4,26	4,27	4,28	4,30	4,35	4,41	—	4,44	4,53	4,74
Dólar Australiano	5,99	6,02	6,07	6,13	6,27	6,45	6,37	6,40	6,44	6,39

CRÉDITOS HIPOTECARIOS

Periodo	IRPH (TAE) Bancos	IRPH (TAE) Cajas	Conjunto de entidades	CECA	Deuda	Míbor a 1 año	Euríbor a 1 año
2004							
Noviembre	3,314	3,445	3,383	4,625	3,076	2,330	2,328
Diciembre	3,265	3,424	3,349	4,375	2,966	2,306	2,301
2005							
Enero	3,236	3,422	3,334	4,500	2,892	2,314	2,312
Febrero	3,234	3,416	3,332	4,500	2,835	2,308	2,310
Marzo	3,265	3,411	3,343	4,375	2,800	2,333	2,335
Abril	3,215	3,419	3,325	4,375	2,773	2,270	2,265
Mayo	3,203	3,417	3,318	4,500	2,727	2,195	2,193
Junio	3,164	3,365	3,270	4,375	2,665	2,105	2,103
Julio	3,064	3,312	3,196	4,500	2,605	2,167	2,168
Agosto	3,072	3,293	3,190	4,625	2,577	2,225	2,223
Septiembre	3,087	3,292	3,197	4,500	2,518	2,223	2,220
Octubre	3,125	3,313	3,225	4,500	2,511	2,415	2,414
Noviembre	3,173	3,342	3,264	4,500	2,583	2,679	2,684
Diciembre	3,330	3,471	3,404	4,500	2,687	2,780	2,783
2006							
Enero	3,520	3,651	3,591	4,750	2,781	2,824	2,833
Febrero	3,642	3,751	3,701	4,750	2,877	2,914	2,914
Marzo	3,682	3,821	3,756	4,750	3,032	3,106	3,105
Abril	3,758	3,938	3,852	4,875	3,161	3,219	3,221
Mayo	4,002	4,088	4,048	4,875	3,262	3,306	3,308
Junio	4,055	4,200	4,132	4,875	3,374	3,399	3,401

Información sobre créditos hipotecarios y al consumo en:
www.expansion.com/hipotecas

PRECIOS DEL SEGURO DE CAMBIO
(PRIMA QUE SE PAGA SOBRE EL CAMBIO DEL DÍA)

Export-Import	1 mes Compra	Venta	2 meses Compra	Venta	3 meses Compra	Venta	6 meses Compra	Venta
Corona danesa	-106,00	-101,00	-209,00	-201,00	-316,00	-306,00	-587,00	-56,00
Corona noruega	-122,00	-118,00	-240,00	-233,00	-365,00	-355,00	-1.133,00	-89,00
Corona sueca	-179,00	-175,00	-344,00	-336,00	-514,00	-507,00	-935,00	-91,00
Dólar	24,34	24,54	47,65	47,85	71,56	71,86	132,10	132,00
Dólar australiano	-4,73	-4,53	-9,19	-8,99	-14,38	-14,00	-30,78	-30,00
Dólar canadiense	-10,45	-10,05	-20,58	-19,83	-31,50	-30,50	-64,35	-62,30
Dólar neozelandés	-11,60	-11,30	-22,82	-22,12	-35,12	-34,22	-68,35	-66,80
Franco suizo	-41,17	-40,67	-78,70	-77,70	-119,70	-148,57	-227,05	-225,50
Libra esterlina	8,03	8,48	16,29	16,91	25,13	25,83	43,49	45,00
Yen japonés	-50,87	-50,72	-96,93	-96,63	-148,97	-148,57	-288,80	-288,00

FUENTE: Deloitte

MERCADO DE RENTA FIJA

Figura 6.9. Tipos de cambio de divisas y tipos de interés Libor (fuente: *Expansión*, 17-08-2006).

6.2 Con la información de los Cuadros 6.7 y 6.8 (fecha 11-02-2005) y la de los Cuadros 6.11 y 6.12 siguientes (fecha 11-08-2006) sobre tipos de cotización, realizar un cuadro análisis comparativo en Excel referente a la evolución de las principales monedas para:

- Tipo de cambio de billetes
- Tipo de cambio de divisas
- Comisiones

```
                    CONSULTA DE CAMBIOS DE BILLETES          FECHA: 11/08/2006
                                                             HORA:  10.19.38

              ------------------- CONTRAVALOR DE 1 EURO ---------------------
              MAYOR DE  3.000   (A)  > 600   Y </= 3.000  (A)   < / = 600   (B)
              -------------------  ---------------------  ---------------------
   MONEDA      COMPRA     VENTA      COMPRA     VENTA       COMPRA     VENTA    BLOQ.
   ----------  --------  ---------  ---------  ---------  ---------  ---------  ------
   DOLAR AUSTRA  1,704995   1,643545   1,704995   1,643545   1,722618   1,627463
   DOLAR CANADI  1,473677   1,420633   1,473677   1,420633   1,488909   1,406732
   FRANCO SUIZO  1,615947   1,559101   1,615947   1,559101   1,632650   1,543846
   CORONA DANES  7,636452   7,368054   7,636452   7,368054   7,715381   7,295959
   LIBRA ESTERL  0,690574   0,666266   0,690574   0,666266   0,697712   0,659747
   YEN         151,369801 146,023825 151,369801 146,023825 152,934347 144,595020
   CORONA NORUE  8,140642   7,854273   8,140642   7,854273   8,224783   7,777421
   CORONA SUECA  9,415961   9,080933   9,415961   9,080933   9,513283   8,992079
   DOLAR USA     1,308684   1,261819   1,308684   1,261819   1,322210   1,249472


   COMISION DE COMPRA/VENTA
   (A) 1%     (MINIMO  4,51 EUR) LIQUIDADOS EN EFECTIVO POR CAJA
       0,25%  (MINIMO  3,01 EUR) LIQUIDADOS CON APUNTE EN CUENTA
   (B) EXENTAS
```

Cuadro 6.11. **Tipos de cambio para compraventa de billetes.**

```
                    CONSULTA DE CAMBIOS DE DIVISAS           FECHA: 11/08/2006
                                                             HORA:  10.18.15

              ---- ----------- CONTRAVALOR DE 1 EURO ---------------
              POR CTA Y CAJA >  3.000         POR CAJA </= 3.000
              -----------------------         -----------------------
   MONEDA       COMPRA      VENTA              COMPRA      VENTA      BLOQ.
   ----------  ---------  ---------          ---------  ---------    ------
   DOLAR AUSTRA  1,675008   1,654993          1,669972   1,659948
   DOLAR CANADI  1,447758   1,430528          1,443406   1,434811
   FRANCO SUIZO  1,587526   1,569961          1,582754   1,574661
   CORONA DANES  7,502142   7,419374          7,479591   7,441587
   LIBRA ESTERL  0,678429   0,670907          0,676389   0,672916
   YEN         148,707518 147,040906        148,260502 147,481148
   CORONA NORUE  7,997465   7,908980          7,973424   7,932659
   CORONA SUECA  9,250353   9,144184          9,222547   9,171561
   DOLAR USA     1,285667   1,270607          1,281802   1,274412


   SERAN DE APLICACION LAS COMISIONES DECLARADAS AL BANCO DE ESPAÑA EN EL
   FOLLETO DE COMISIONES, CONDICIONES Y GASTOS REPERCUTIBLES A CLIENTES,
   RELATIVAS A LAS OPERACIONES EN DIVISA QUE SE DETALLAN EN EL MISMO.
```

Cuadro 6.12. **Tipos de cambio compraventa divisas.**

La gestión del riesgo de cambio

Introducción

Las transacciones internacionales de mercancías y servicios presentan una serie de condicionantes que no se producen en las interiores o nacionales. De entre éstas destaca el riesgo de cambio, que es, sin duda, el que más influye en el éxito final de tipo financiero de una operación.

Este capítulo se dedica al estudio y análisis del riesgo de cambio que se produce por la volatilidad en las cotizaciones de las divisas empleadas en el período de tiempo que media entre la contratación de una operación y su cancelación, tanto a corto plazo como a largo plazo, que puede dar lugar a un beneficio o pérdida extraordinaria para el exportador o importador según el sentido que adquieran las diferencias de cambio.

Para evitar o cubrir dichas pérdidas existen instrumentos financieros de cobertura de riesgos que, aunque supongan un coste, éste puede ser compensado por el beneficio obtenido o la pérdida no soportada. Por tanto, la gestión del riesgo a través de la contratación del seguro de cambio, la apertura de cuenta en divisas y los contratos swap, entre otros, constituyen opciones a tener en cuenta, de las cuales se elige la que mejores condiciones de mercado presente.

Contenido

Objetivos

▶ *Conocer por qué se produce el riesgo de cambio y la utilización de los mecanismos de su cobertura.*

▶ *Comprender y diferenciar el seguro de cambio, contrato swap y las cuentas en divisas y su aplicación práctica.*

▶ *Saber calcular el coste financiero del seguro de cambio.*

7.1 Los riesgos

El riesgo es una contingencia o posibilidad de que algo suceda y surge de la propia incertidumbre en el presente por lo que pueda ocurrir en el futuro.

En toda actividad empresarial, la existencia de riesgos es un factor inevitable, y los resultados pueden verse afectados tanto en sentido positivo como negativo. Es importante el cómo se gestionen y traten los riesgos, es decir, la manera de realizar coberturas eficaces, sobre todo para la contingencia de sufrir daños o pérdidas a consecuencia del riesgo.

Los riesgos que pueden producirse en las exportaciones e importaciones que impliquen posibles pérdidas se dividen en dos grandes grupos:

a) **Riesgo comercial:** Está vinculado al entorno y actividad fundamental del negocio en que opera la empresa, representando un cambio adverso en las condiciones de la actividad a causa de la aparición de productos competitivos que supongan pérdidas, las dificultades en el lanzamiento de un producto al mercado, y peor si es nuevo y desconocido, con grandes vaivenes, y la interrupción en el suministro de una determinada materia prima.

b) **Riesgo financiero:** Está vinculado a los posibles cambios adversos en las condiciones financieras de la empresa, que pueden afectar a rendimientos o costes de la actividad y pueden ser:

1. *Riesgo de crédito:* Por la demora o impago de facturas.

2. *Riesgo contractual*: Entrega de productos con desfase, cambios o mermas en los tipos de descuentos, bonificaciones, aumentos de impuestos, etc.

3. *Riesgo en el tipo de interés:* Tanto en operaciones de endeudamiento (préstamos recibidos) que supongan mayores cargas por un aumento de la tasa de interés, como en operaciones de inversión (depósitos, bonos) que supongan menores rendimientos por disminución de la tasa de interés.

4. *Riesgo país:* Engloba riesgos de carácter político, normativo y económico, en sus variantes de riesgo soberano (por cambios de gobierno) y riesgo de transferencia (no disponibilidad en divisa de pago).

5. *Riesgo de cambio*: Deriva de la volatilidad de los tipos de cambio a causa del libre juego de la oferta y demanda de divisa, que afectará a la posición competitiva de la empresa tanto en su mercado nacional como en el internacional. A su vez, el riesgo de cambio se divide en las categorías siguientes:

   • *Exposición a la **transacción** en divisas*: Está comúnmente vinculada con la compra y la venta de divisas entre países por diferencia del tipo de cambio presente y futuro. Afecta tanto a la tesorería (flujo de caja, *cash-flow*) como a los beneficios. Puede derivarse a su vez del riesgo de compraventa de divisas motivada por las importaciones y exportaciones de bienes y servicios, riesgo de endeudamiento e inversión, riesgo en el horizonte temporal (previsiones de cobros y pagos en divisas escalonadas en el tiempo), riesgo de divisa no convertible y riesgo por el ámbito multinacional.

   • *Exposición a la **traslación** en divisas*: Responde a situaciones relacionadas con inversiones en el exterior y con endeudamiento en divisas extranjeras, adoptando la forma de pérdidas o menores beneficios generados a partir de la preparación de las cuentas financieras consolidadas de una compañía multinacional con sus empresas subsidiarias en el exterior. Tal es el caso de la exposición en la traslación de inversión neta de una subsidiaria a la matriz en el exterior y la exposición en la traslación del beneficio de una subsidiaria a la matriz en el exterior.

   • *Exposición **económica** en divisas*: Debida a los movimientos adversos del tipo de cambio (apreciaciones y depreciaciones), por exposición directa que suponga disminución de ingresos o incremento de costes debido a ofertas contractuales, listas de precios, expansión de la empresa en el exterior; o exposición indirecta por cesión de competitividad sobre costes y precios.

Actividad resuelta 7.1

Una empresa española realiza simultáneamente una importación del producto X y una exportación del producto Y con una empresa norteamericana cuyo importe coincide, y las condiciones del mercado y otra información son las siguientes:

Importe mercancía: 1.000.000 USD

Tipo de cambio *spot* a la firma del contrato: 0,9050 USD/EUR

Pago de la mercancía: en efectivo a los 90 días

Tipo de cambio a 90 días: 0,8550 USD/EUR

Determinar el riesgo de cambio y signo para:

  a) La importación de la empresa española a una norteamericana.

  b) La exportación de la empresa española a una norteamericana.

SOLUCIÓN

  a) Importación

  - Pago inicial esperado a la firma del contrato

    1.000.000 USD · (1/0,9050) EUR/USD = 1.104.972,38 €

  - Pago real a los 90 días

    1.000.000 USD · (1/0,8550) EUR/USD = 1.169.590,64 €

  Riesgo de cambio (movimiento o signo desfavorable) = 1.169.590,64 – 1.104.972,38 = **64.618,26 € de pérdida**

  b) Exportación

  - Cobro inicial esperado a la firma del contrato = 1.104.972,38 €
  - Cobro real a los 90 días = 1.169.590,64 €

  Riesgo de cambio (movimiento o signo favorable) = **64.618,26 € de beneficio**

Conclusión: El riesgo de compraventa origina **un riesgo de transacción** en divisas, en un caso desfavorable (importación) y en otro favorable (exportación). Una empresa de un determinado país que vende mercancía o servicios al exterior, estará exenta de riesgo en divisa si la mercancía está cotizada en su propia divisa. Por el contrario, asumirá riesgos de cambio si el precio de las mercancías se establece en otras divisas.

Actividad resuelta 7.2

Un inversor residente en España decide colocar un millón de euros en *T-bonds*, bonos del Tesoro de Estados Unidos, por valor de 905.000 USD, con un cambio en la contratación de 0,9050 USD/EUR. Si posteriormente, al trimestre, el USD cae en su cotización y pasa a 1,1050 USD/EUR, determinar el riesgo de cambio y signo.

Solución

Valor de los bonos en la compra: 1.000.000 EUR

Valor al trimestre por cambio de cotización: 905.000 USD · (1/1,1050) EUR/USD = 819.004,52 €

Riesgo de cambio (movimiento desfavorable y pérdida para el inversor) = 1.000.000 − 819.004,52 = 180.995,48 €

Es un tipo de **riesgo de transacción** de divisas por inversión. No obstante, el valor de los bonos en dólares (USD) es el mismo que se invirtió inicialmente y, por consiguiente, no ha estado sujeto a cambio.

Actividad resuelta 7.3

Una empresa norteamericana tiene una empresa subsidiaria en España, que ha obtenido en el ejercicio 200x beneficios por importe de 2.000.000 EUR. Para el ejercicio 200x + 1, se estiman también unos beneficios de 2.000.000 EUR.

Para su aplicación a las cuentas contables consolidadas, tales beneficios son trasladados al tipo de cambio promedio del año contabilizado.

Durante el ejercicio 200x el cambio promedio fue 0,9050 USD/EUR.

Para el ejercicio 200x + 1 (debido a la posible caída del euro respecto al dólar) se estima un promedio de 0,850 USD/EUR.

Determinar la afectación del riesgo de cambio en las cuentas consolidadas del grupo.

Solución

- Los beneficios de la empresa subsidiaria siguen siendo de 2.000.000 €, pero su equivalencia en USD para los distintos ejercicios contables consolidados variará.
- Beneficio equivalente en USD para el ejercicio 200x:

  2.000.000 EUR · 0,9050 USD/EUR = 1.810.000 USD
- Beneficio equivalente en USD para el ejercicio 200x + 1:

  2.000.000 EUR · 0,850 USD/EUR = 1.700.000 USD
- Riesgo de cambio (desfavorable, con reducción de beneficio) = 1.810.000 − 1.700.000 = **110.000 EUR**

Conclusión: Es un **riesgo de traslación** del beneficio de una empresa subsidiaria a la matriz. En consecuencia, el valor que recoge el balance del grupo puede modificarse por efecto del movimiento adverso, en este caso, del tipo de cambio, o incrementarse por un movimiento favorable.

Los riesgos de traslación tienen menos importancia que los riesgos de transacción.

Actividad resuelta 7.4

Una empresa española de joyería industrial necesita la materia prima de oro por valor de 1.000.000 euros anuales para la elaboración de su producción en España.

Dicha materia prima ha tenido una cotización media anual de 0,980 USD/EUR.

Si la previsión del siguiente año supone un fortalecimiento del dólar, ello hará que se incremente el precio del oro en euros, suponiendo una cotización de 1,150 USD/EUR.

Determinar la afectación del riesgo de cambio en la empresa.

SOLUCIÓN

- Equivalencia en USD del millón de euros de oro en la cotización inicial:

  1.000.000 EUR · 0,980 USD/EUR = 980.000 USD

- Equivalencia en USD del millón de euros de oro para la cotización estimada del siguiente año:

  1.000.000 EUR · 1,150 USD/EUR = 1.150.000 USD

- Riesgo de cambio (desfavorable; se produce un mayor coste del oro) = 1.150.000 − 980.000 = **170.000 USD**

Conclusión: La apreciación del dólar sobre el oro origina un **riesgo del tipo económico directo**, que afectará al precio a pagar por la empresa, a sus márgenes de beneficios o a sus producciones; en consecuencia, a sus cuentas anuales.

7.2 Factores de riesgo en el tipo de cambio

Se denomina riesgo de cambio a la diferencia de cotización de una divisa, desde el momento en que se conoce la obligación o derecho de pagarla o recibirla, hasta la oportunidad en que se materializa el pago o cobro. En todas las divisas existe riesgo de cambio, y éste es mayor cuanto más dilatado es el plazo de materialización. La existencia de riesgo es una consecuencia de la incertidumbre y desconocimiento de lo que puede pasar en el futuro. Los factores de riesgo se dividen en dos grupos:

Las divisas pueden revalorizarse o depreciarse, por lo que el riesgo de cambio no sólo equivale a pérdida.

a) **A largo plazo:** Son factores que responden a los principios y variables macroeconómicas superiores al período anual enumerados a continuación, cuyos efectos sobre el tipo de cambio no son inmediatos, pero tendrán en el futuro una gran influencia sobre la oferta y demanda de divisas y el beneficio resultante. Estos factores son los siguientes:

1. *Tasa de inflación*: Una tasa elevada implica una divisa menos atractiva como consecuencia de la pérdida real de poder adquisitivo, y viceversa.

2. *Tasa de interés*: Un tipo de interés elevado implica mayor inversión del extranjero, y a su vez los inversores venderán otras divisas y comprarán la de mayor rendimiento.

3. *Condiciones de política económica*: una economía fuerte (alto producto interior bruto, renta per cápita) implica mayor confianza con los inversores, que a su vez demandarán más divisas.

4. *La balanza por cuenta corriente*: La diferencia entre las exportaciones y las importaciones de bienes y servicios generará demanda de divisas para efectuar los flujos de pagos.

5. *Intervención gubernamental*: Los gobiernos y bancos centrales pueden intervenir en los mercados, influyendo sobre la cotización de una determinada divisa, mediante operaciones de compra o venta de la divisa con cargo a sus reservas nacionales.

b) **A corto plazo:** Son factores que responden a las influencias de las condiciones de la oferta y la demanda en un menor tiempo (hasta un año), los cuales tienen un efecto continuado sobre el tipo de cambio; se resumen en los siguientes:

1. *La oferta y demanda de divisa a corto plazo* (días, meses).

2. *La sensibilidad del mercado*: el ambiente de optimismo o pesimismo de los agentes que intervienen y expectativas de los empresarios.

3. *Mezcla de los factores a largo plazo*.

Es evidente que todos los factores anteriores hacen fluctuar el tipo de cambio, tanto en las cotizaciones cambiantes a lo largo de una jornada laborable, con una amplísima negociación en todos los mercados de divisas del mundo, siendo a veces en un espacio de pocos minutos o a lo largo de una sesión de gran trascendencia y sustancialidad. Esto si lo consideramos en el corto plazo, pero también los tipos de cambio sufren amplias fluctuaciones a lo largo de años e inclusive meses.

Por tanto, una empresa que compite con otras en los mercados mundiales se ve afectada por las tendencias de los tipos de cambio, posicionándose en una divisa débil o fuerte según la política de tipos de interés, los cambios de la tasa de inflación y cualquier otro factor a largo plazo. No obstante, una divisa fuerte está asociada con economías fuertes.

Actividad resuelta 7.5

Un comerciante español exporta a Japón una partida de jamón ibérico por valor de 5.000.000 de yenes (JPY). La empresa distribuidora en Tokio acuerda pagar la importación a los 6 meses de recibir la mercancía. El tipo de cambio *spot* en la fecha de envío (negociación) era de 0,0073/0,0073 EUR/JPY. El tipo de cambio resultante en la fecha de cobro (vencimiento) ha sido de 0,0075/0,0075 EUR/JPY.

Calcular el resultado de la operación y el signo del riesgo de cambio.

- Situaciones posibles:

1.ª Importe que hubiera recibido el exportador con fecha de cobro el día de envío:

5.000.000 JPY · 0,0073 EUR/JPY = 36.5000 €

2.ª Importe real recibido con fecha de cobro al vencimiento acordado (6 meses):

5.000.000 JPY · 0,0075 EUR/JPY = 37.500 €

SOLUCIÓN

Beneficio obtenido (por diferencia de cambio) = 37.500 – 36.500 = **1.000 €**

- Análisis del signo del riesgo de cambio:

Al producirse un aumento del tipo de cambio directo de 0,0073 EUR/JPY a 0,0075 EUR/JPY, tiene lugar una depreciación del euro frente al yen, que origina un movimiento y saldo favorable a la exportación, y en este caso **el riesgo de cambio ha sido positivo** para los intereses del comerciante español.

Si, por el contrario, se hubiese tratado de una compra o importación española, el aumento del tipo de cambio habría originado un movimiento y saldo desfavorable para el importador, resultando un riesgo de cambio negativo.

Conclusión: Saldos posibles ante variaciones del tipo de cambio y signo del riesgo de cambio.

TIPO CAMBIO INDIRECTO 136,98 JPY/EUR	SIGNO RIESGO DE CAMBIO		TIPO CAMBIO DIRECTO 0,0073 EUR/JPY
	IMPORTACIÓN (PAGOS) (compra divisa)	EXPORTACIÓN (COBROS) (venta divisa)	
AUMENTO T.C. 140,84 JPY/EUR	FAVORABLE (POSITIVO)	**DESFAVORABLE (NEGATIVO)**	DISMINUCIÓN T.C. 0,0071 EUR/JPY
DISMINUCIÓN T.C. 133,33 JPY/EUR	**DESFAVORABLE (NEGATIVO)**	FAVORABLE (POSITIVO)	AUMENTO T.C. 0,0075 EUR/JPY

Para no tener riesgo de cambio desfavorable se debe hacer una cobertura mediante **seguro de cambio** u otra operación.

Observación: El tipo de cambio del yen puede venir expresado en:

a) Una unidad monetaria de yen (JPY): 0,0073 EUR/JPY; 136,20 JPY/EUR

b) Cien unidades monetarias de yen (JPY*): 0,73 EUR/JPY*; 1,3629 JPY*/EUR

7.3 Cobertura de los riesgos de cambio

Las situaciones que conducen a exposiciones al riesgo pueden ser reducidas, ya sea parcialmente o totalmente, mediante técnicas de cobertura o *hedging*.

Cualquier empresa o particular que se manifieste sensible a los riesgos que puede sumir debería realizar las siguientes funciones: primero identificarlos, aunque algunos riesgos pueden ser complejos y de difícil catalogación y delimitación, particularmente para empresas multinacionales; posteriormente plantear todos los métodos de cobertura, y finalmente seleccionar el más conveniente.

El adoptar una posición a favor o en contra de la cobertura puede tener en cada caso sus ventajas. Tanto una posición como otra deben ser objeto de una actitud activa de estudio, análisis y contraste con el fin de tomar una decisión lo más adecuada y eficaz posible. Lo que no resulta viable es una actitud pasiva, de no hacer nada, con el fin de que los propios riesgos se resuelvan por sí mismos.

Los dos sistemas o métodos más utilizados de cobertura de los riesgos de cambio son el seguro de cambio de uso tradicional y las opciones sobre divisas, más moderno. Otros nuevos y actuales sistemas son: los contratos *swap*, los contratos de futuros de divisas, las cuentas en divisas, las cláusulas de precios, el colateral en divisas y la compensación.

7.3.1. Gestión o estrategias ante el riesgo de cambio

Debemos tener en cuenta que el riesgo en divisas es un riesgo de *doble vía* o *signo*, lo que significa que los movimientos del tipo de cambio pueden ser en un sentido o signo negativo, adversos y reportar pérdidas, o positivos y favorables y generar ganancias.

Una empresa puede asumir un criterio o posición conformista, en el sentido de que el riesgo de cambio sea aceptable siempre que ocurra. En tal caso, las pérdidas o las ganancias derivadas de los movimientos del tipo de cambio deberán ser asumidas como tales. Dicha actitud frente a los riesgos de cambio es considerada de riesgo neutral. Por consiguiente, cualquier agente que opere en el mercado de divisas puede adoptar las siguientes estrategias o actitudes frente al riesgo:

1. **Contraria al riesgo:** Tratará de evitar el riesgo, mediante una cobertura adecuada, para aminorar pérdidas significativas. Esta estrategia es utilizada por la mayoría de las empresas con importantes riesgos de transacción.

2. **Asumir el riesgo:** Se intenta controlar o tolerar el riesgo, pensando que los tipos de cambio cotizarán de forma favorable, de modo que resultarán beneficios en lugar de pérdidas, o que éstas serán mínimas y podrán compensarse en momentos posteriores con movimientos favorables para la empresa. La empresa que adopta

este criterio asume voluntariamente riesgos y buscará incrementarlos razonadamente cuando ello sea posible para sacar provecho de su posición.

3. **Neutral al riesgo:** se aceptan los riesgos sin asumir ninguna cobertura ya que se piensa que aquéllos son pequeños, con poca variación en la cotización y por consiguiente mínimas pérdidas, y que éstas pueden compensarse con previsibles ganancias en otros momentos. Esta actitud no comporta una acción empresarial para controlar la exposición en divisas, a la vez que implica tolerar dicho riesgo cuando ocurra. La adopción de un criterio de neutralidad en el riesgo de cambio sería una estrategia apropiada cuando las exposiciones son de pequeña cuantía y no son significativas respecto al conjunto del negocio y de los beneficios empresariales.

Supongamos una empresa española que tiene unos ingresos por importe de 20 millones de euros totales, mientras que sus ingresos en divisas representan dos millones de dólares, USD. Los beneficios de la empresa ascienden a cuatro millones de euros. El tipo de cambio medio para un período es de 0,950 EUR/USD. Si el USD se deprecia un 10% en su cotización, el coste para la empresa representaría:

$$0,1 \cdot 0,950 \text{ EUR/USD} \cdot 2.000.000 \text{ USD} = 190.000 \text{ EUR}$$

que en relación con el beneficio total será:

$$(190.000/4.000.000) \cdot 100 = 4,75\% \text{ (un porcentaje bajo)}$$

el cual puede aceptarse como un riesgo tolerable. En cambio, si los beneficios obtenidos en euros fueran de la misma cuantía que los beneficios en dólares, la exposición al riesgo sería muy importante.

En conclusión, diremos que si las pérdidas y ganancias que potencialmente pueden generarse de los movimientos de los tipos de cambio representarán una gran proporción de los beneficios esperados de la actividad, la empresa estaría menos inclinada a tomar una actitud de riesgo neutral y debería considerar las vías de gestión del riesgo de cambio.

En la Figura 7.1 representamos las posibles estrategias frente a los riesgos en divisas. Si se adopta alguna medida tendente a evitar o minimizar el riesgo de cambio, ello constituye una operación de cobertura o *hedging*. La gestión del riesgo implica que la empresa no ha asumido una posición de riesgo neutral. También gestionar el riesgo de cambio implica una serie de planteamientos escalonados en el siguiente orden:

1. Se debe evitar el riesgo cuando sea posible con el grado de cobertura adecuado y siempre que puedan generarse pérdidas significativas por riesgos importantes de transacción.

2. Si no se puede evitar el riesgo en su totalidad, hay que controlarlo con el fin de minimizar las pérdidas potenciales. Dicho control se basará en un seguimiento permanente de la evolución de los tipos de cambio.

3. Tolerar el riesgo cuando los movimientos de los tipos de cambio tienden a ser más favorables que adversos o desfavorables.

7.3.2. Medidas de cobertura

Al operar en distintas monedas se producen situaciones de riesgo de cambio que se debe tratar de eliminar o reducir mediante las oportunas coberturas para evitar que se modifique la rentabilidad de las operaciones comerciales con tendencia negativa. Las formas o sistemas de cobertura empleados incluirían desde una cobertura natural (importar y exportar en la misma moneda), la contratación de un seguro de cambio, hasta la utilización de instrumentos financieros derivados modernos en divisas (*swap* opciones, futuros, etc.). No obstante, según la categoría del riesgo de cambio podemos aplicar otra serie de cautelas y medidas de cobertura.

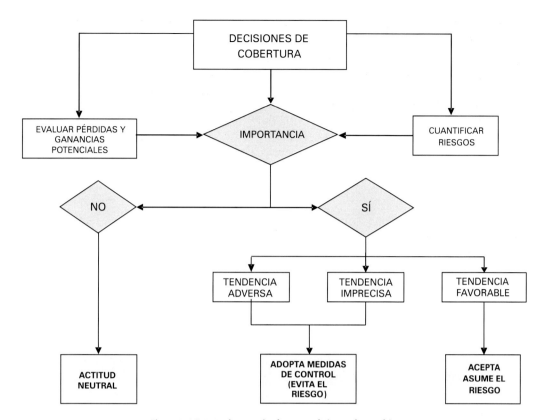

Figura 7.1 **Estrategias y actitudes ante el riesgo de cambio.**

a) Cobertura de riesgos de transacción y económica: En esta categoría, el riesgo de transacción nace o surge cuando, por efecto de la volatilidad entre el cambio al contado y a plazo entre dos divisas, se ve afectado un cobro de la empresa cuando ha de recibir una divisa extranjera y convertirla en divisa nacional al mismo tiempo se traduce en un riesgo económico de disminución de ingresos o bien en un incremento de costes. Para paliar dichos efectos se pueden adoptar las siguientes medidas:

1. Rehusar la compra o la venta de divisas, realizando los pagos y los cobros en moneda nacional, con el fin de evitar la necesidad de conversión, es decir, *transferir el riesgo a terceros*.

2. Mantener ingresos y pagos en la misma divisa, denominada *cobertura estructural,* realizada por grandes empresas.

3. Fijar en el momento actual el tipo de cambio al *precio de seguro de cambio* aplicable para transacciones futuras en previsión de posibles variaciones: *contrato forward*.

4. Mantenimiento de cuentas en divisas o instrumentos de tesorería.

5. Mejora de la productividad y reducción de costes. Una reducción de costes ayuda a las empresas en su competencia tanto con las nacionales como con las extranjeras.

6. Adelantos y retrasos en pagos (*leads and lags*). Consistente en efectuar pagos en divisa extranjera antes de su vencimiento. Demorar los pagos, si es posible, hasta después de su vencimiento.

b) Cobertura de riesgos de traslación: En esta categoría los riesgos emergen siempre que una empresa implanta o mantiene empresas subsidiarias en el extranjero, siendo inevitables para la empresa matriz. Los riesgos nacen de sus activos netos en la compañía matriz por el hecho de estar denominados en divisas extranjeras, adoptando las siguientes medidas de cobertura:

1. Minimizar el montante de los *activos netos* en divisas que las empresas subsidiarias mantienen en la matriz.

2. Contratación de préstamos en divisas por las empresas subsidiarias, comúnmente utilizada por las empresas multinacionales para limitar los riesgos de traslación.

No obstante, se debe tener en cuenta la premisa de que el riesgo de cambio no tiene por qué suponer siempre una pérdida, y cualquier divisa, por fuerte o débil que sea, siempre tiene un riesgo de cambio.

7.3.3. El seguro de cambio

Se trata de un contrato que firman una entidad financiera y un exportador, también denominado *forward* sobre divisas. En consecuencia, el **seguro de cambio** es una operación de cobertura en virtud de la cual se compra o vende determinada divisa a una fecha concreta y a un cambio prefijado, y se materializa en un contrato de compra o venta de divisa firmado entre una entidad financiera y un exportador o importador, en el que cada parte queda obligada del modo siguiente:

- El exportador o importador, a entregar al banco la divisa objeto de la operación en fecha determinada.

- La entidad financiera, a entregar en la misma fecha el contravalor correspondiente al cambio prefijado con independencia de la cotización que exista en dicha fecha.

- Según sea la facturación, en la misma divisa del importador o distinta divisa tendremos uno o doble contrato de seguro de cambio respectivamente, como podemos observar en los esquemas gráficos de las Figuras 7.2 y 7.3.

En la Figura 7.2, sólo se realiza un contrato de seguro de cambio entre el exportador nacional y la entidad financiera, mediante el cual el exportador entrega la divisa objeto de facturación a recibir por el importador en un plazo acordado. Y la entidad financiera le devuelve el contravalor en euros a un tipo de cambio asegurado.

En la Figura 7.3, existen dos contratos de seguro de cambio: por un lado, el realizado entre exportador nacional y entidad financiera para asegurar a un tipo de cambio el contravalor en euros a recibir por el exportador cuando le entregue la divisa de facturación; por otro lado, el contravalor del seguro de cambio realizado entre importador y entidad financiera para asegurar el tipo de cambio del contravalor en dólares (divisa distinta) a recibir por entregar yenes.

Figura 7.2. **Facturación en la divisa del importador.**

Figura 7.3. **Facturación en la divisa distinta del exportador e importador.**

Las características del seguro de cambio las podemos resumir como sigue:

1. El seguro de cambio puede realizarse por el total de la operación o por una parte de ella.

2. Los seguros de cambio representan la cotización *forward*, y más que un seguro es una compra o venta de divisa a plazo.

3. La cotización a plazo la fija la entidad financiera.

4. Las cotizaciones son libres, por lo que puede haber competencia entre los bancos, los cuales perciben una comisión del 1 por mil con unos mínimos, y cada entidad puede fijar sus tarifas; además, también pueden cobrar un tanto por mil en los incumplimientos del seguro.

5. Las cotizaciones de los seguros de cambio equivalen aproximadamente a la diferencia de intereses de las divisas objeto de dichos seguros.

6. Puede concertarse desde el momento en que se cierre la operación comercial o en cualquier otro momento anterior al vencimiento del cobro.

7. No existe plazo máximo legal para realizar una cobertura, si bien, en la práctica, el máximo tiempo asegurable es de un año.

8. El importador conocerá el coste real en euros de la operación, y el exportador el contravalor en euros que recibirá.

Para determinar la **cotización (precio) del seguro de cambio** (véase el Cuadro 7.1), nos basamos en el siguiente análisis: primero hay que diferenciar los dos mercados de divisas, el de contado (*spot*) y el mercado a plazo (*forward*). Los seguros de cambio representan la cotización *forward*. En realidad, más que un seguro, suponen la compra o venta de divisas a plazo.

Actividad resuelta 7.6

Una empresa española compra productos de informática a una empresa japonesa a un precio cerrado a la entrega de la mercancía, dentro de 3 meses, por valor de 6.000.000 de yenes. El cambio *spot* (contado) a la firma del contrato es de 131,50 JPY/EUR. El cambio *spot* resultante a la entrega de la mercancía ha sido de 129,50 JPY/EUR.

Calcular:

a) El resultado de la operación y signo del riesgo de cambio sin cobertura.

b) El resultado de la operación si se contrata un seguro de cambio para cubrir el riesgo de cambio a **132,818 JPY/EUR** (véanse el Cuadro 7.1, período 2005, y la Figura 7.3, período 2004).

SOLUCIÓN

a) Resultado sin cobertura

Importe de pago a la firma del contrato:

6.000.000 JPY · (1/131,50 JPY/EUR) = 6.000.000 · 0,0076 = 45.627,37 €

Importe real pagado al vencimiento:

6.000.000 JPY · (1/129,50 JPY/EUR) = 6.000.000 · 0,0077 = 46.332,05 €

Resultado:

Pérdida obtenida por diferencia de cambio = 46.332,05 − 45.627,37 = **704,68 €**

Tenemos un riesgo de cambio negativo con movimiento y saldo desfavorable para el importador español a consecuencia de la disminución del tipo de cambio indirecto.

b) Resultado con cobertura de seguro de cambio

Importe real que pagaría al vencimiento:

6.000.000 JPY · (1/132,818 JPY/EUR) = 6.000.000 · 0,0075 = 45.174,60 €

Resultado:

Beneficio obtenido por la cobertura = 45.627,37 − 45.174,60 = **452,77 €**

Por tanto, al tener que pagar menos importe por la compra, resulta un saldo favorable para el importador español.

PRECIOS DEL SEGURO DE CAMBIO

CAMBIO MEDIO   Datos en Euros

Monedas	1 mes	2 meses	3 meses	6 meses	9 meses	12 meses
Dólar	1,301	1,302	1,303	1,305	1,306	1,307
Yen japonés	132,837	132,791	132,818	132,786	132,669	132,578
Libra esterlina	0,707	0,708	0,707	0,707	0,707	0,707
Franco suizo	1,537	1,537	1,537	1,537	1,537	1,537
Dólar canadiense	1,618	1,618	1,618	1,618	1,618	1,618
Dólar australiano	1,735	1,735	1,737	1,737	1,738	1,737
Dólar neozelandés	1,903	1,903	1,903	1,903	1,903	1,903
Corona sueca	9,078	9,075	9,075	9,072	9,070	9,067
Corona noruega	8,250	8,249	8,249	8,249	8,253	8,257
Corona danesa	7,447	7,445	7,445	7,447	7,447	7,443

Cuadro 7.1. **Precios del seguro de cambio (fuente: *Cinco Días*, 04-02-2005).**

Cuando el exportador y una entidad financiera realizan un seguro de cambio, esta última fija una cotización de la divisa contra el euro a una fecha determinada. Supongamos una cotización de contado de 1,3053 USD/EUR. El exportador realiza un **seguro de cambio por tres meses** (tiempo que tardará en cobrar en la misma divisa). La entidad financiera fijará el seguro de cambio en 1,303 **USD/EUR** (véase el Cuadro 7.1).

De esta manera, el exportador ya sabe que, suceda lo que suceda con el tipo de cambio dentro de tres meses, la entidad financiera se ha comprometido a comprarle los dólares (USD) a 1,303 USD/EUR (cambio indirecto) o 0,7674 EUR/USD (cambio directo).

Si la cotización del USD ha caído, el exportador no tendrá pérdidas. Por el contrario, si el dólar (USD) se aprecia, habrá renunciado a los beneficios de la apreciación. Por tanto, el seguro de cambio ha cubierto las pérdidas.

La cotización a plazo se origina mediante un criterio racional aritmético de carácter internacional, es decir, no es producto del azar o de intuiciones sobre la evolución del tipo de cambio.

No obstante, no deja de ser algo estimado con un margen de error sobre el tipo de cambio futuro real; así, si el exportador hubiese negociado con otra entidad financiera, cualquiera de ellas tendría cotizaciones competitivas muy parecidas sin acuerdo previo y basándose en dicho criterio.

Siguiendo con la cotización anterior, si suponemos que la cantidad asegurada es de 100.000 USD, los pasos que daría la entidad financiera serían los siguientes. Primero, solicitaría en un préstamo los 100.000 USD a otro banco por el plazo de un trimestre (90 días); por este préstamo pagaría el LIBOR de un 2,77% a tres meses (véase el Cuadro 7.2). Posteriormente vendería los dólares (USD) al contado contra euros. Luego colocaría los euros en el mercado interbancario a 90 días y obtendría el Euribor, de un 2,10%. Finalmente, a los 90 días recibiría los dólares (USD) del exportador y cancelaría el préstamo.

Resumiendo, tendremos:

- El coste del préstamo al banco asegurador habrá sido:

$$100.000 \text{ USD} \cdot 2,77\% \cdot (3/12) = 692,5 \$$$

- Rendimiento o interés en euros de la colocación en el mercado interbancario del préstamo:

$$100.000 \text{ USD} \cdot (1/1,3053 \text{ EUR/USD}) \cdot 2,10\% \cdot (3/12) = 402,20 €$$

- Resultado obtenido que traspasará al exportador en la cotización a plazo:

$$2,77\% - 2,10\% = 0,67\% \text{ (pérdida por diferencial de intereses)}$$

- Traspaso al exportador (puntos *swap*):

$$\frac{\text{CAMBIO} \cdot \text{CONTADO} \cdot \text{PLAZO} \cdot (\text{LIBOR} - \text{EURIBOR})}{\text{BASE} \cdot 100} = \frac{0,7661 \cdot 90 \cdot 0,67}{360 \cdot 100} = 0,0013 \text{ (puntos } swap)$$

Por tanto, la cotización a plazo (seguro de cambio) será:

Cotización a plazo = cambio de contado + puntos *swap* = 0,7661 + 0,0013 =
= **0,7674 EUR/USD** o **1,303 USD/EUR** (cambio indirecto)

Teniendo: Libor: tipo de interés de la divisa asegurada (véase el Cuadro 7.2)

Euribor: tipo de interés del euro

Se deduce, pues, que el seguro de cambio se forma por la siguiente igualdad:

EURIBOR = LIBOR ± SEGURO DE CAMBIO

Por tanto:

± SEGURO DE CAMBIO = EURIBOR – LIBOR

Si el euro tiene un tipo de interés superior al de las divisas que normalmente se aseguran, y manteniendo dicha situación, el seguro de cambio siempre supondrá un mayor coste para el importador y mayor rendimiento para el exportador.

Esta igualdad no es matemáticamente exacta, ya que para la formación definitiva de la cotización influyen factores tales como la oferta y la demanda, la perspectiva de las divisas, etc. Después de este análisis, podemos concluir:

1. Si el tipo de interés del euro (Euribor) es mayor que el tipo de interés de la divisa asegurada (Libor), ello implica un mayor coste para el importador y mayor rendimiento para el exportador. Al tipo de cambio de cotización de la divisa más alto implica una pérdida para el importador y menor coste para el exportador.

2. Si el tipo de interés del euro (Euribor) es menor que el tipo de interés de la divisa asegurada (Libor), ello implica un menor coste para el importador y menor rendimiento para el exportador. Al tipo de cambio de cotización de la divisa más bajo implica un beneficio para el importador y mayor coste para el exportador.

3. El seguro de cambio puede ser parcial, por una parte del importe de la operación, y se puede realizar en cualquier momento hasta el vencimiento.

TIPOS INTERBANCARIOS DE LONDRES (LIBOR)

Monedas	Euro	Dólar EEUU	Libra esterlina	Yen japonés	Franco suizo	Dólar australiano	Dólar canadiense
1 Semana	2,08240	2,56250	4,80250	0,03750	0,70670	5,31250	2,55830
1 Mes	2,10500	2,59000	4,83500	0,04000	0,71830	5,32750	2,58080
2 Meses	2,12920	2,68000	4,85500	0,04620	0,73000	5,38750	2,59750
3 Meses	2,14190	2,77000	4,87000	0,05250	0,75000	5,42500	2,61500
4 Meses	2,15520	2,84000	4,88000	0,05690	0,77000	5,45750	2,62750
5 Meses	2,17210	2,92000	4,89000	0,06120	0,79000	5,49000	2,64330
6 Meses	2,19060	2,99000	4,90250	0,06620	0,81000	5,52250	2,66170
7 Meses	2,20560	3,05000	4,91250	0,07120	0,82830	5,54750	2,68330
8 Meses	2,22510	3,10620	4,92500	0,07190	0,84830	5,56750	2,70330
9 Meses	2,24650	3,16000	4,93690	0,07880	0,87170	5,59000	2,72670
10 Meses	2,26520	3,21000	4,95310	0,08310	0,89170	5,61250	2,75670
11 Meses	2,29150	3,26000	4,96280	0,08880	0,92500	5,63250	2,78830
12 Meses	2,31500	3,31000	4,97250	0,09310	0,95000	5,65500	2,82420

Cuadro 7.2. **Tipos de interés LIBOR (fuente: *Cinco Días*, 04-02-2005).**

Actividad resuelta 7.7

Un importador español compra a una empresa norteamericana productos por valor de 100.000 USD, a pagar dentro de 90 días (3 meses). El cambio *spot* (contado) del USD contra el euro es de 1,329 USD/EUR. El Euribor a tres meses es el 3,7% y el Libor del USD para el mismo plazo es el 2,77% (véase el Cuadro 7.2).

Calcular:

a) Coste del seguro de cambio trasladable al importador.
b) Precio del seguro de cambio (teórico-matemático) aplicable al importador.
c) Resultado de la operación al importador con cobertura de riesgo.

SOLUCIÓN

a) Coste neto:

SC = SEGURO DE CAMBIO = EURIBOR – LIBOR
SC = SEGURO DE CAMBIO = 3,7% – 2,77% = **0,93%**

b) Precio del seguro de cambio:

Coste a trasladar: Precio *spot* · Coste seguro cambio · Tiempo
1,329 USD/EUR · (0,93/100) · (3/12) = 0,00308 USD/EUR
Precio SC = 1,329 USD/EUR + 0,00308 USD/EUR = **1,332 USD/EUR**

c) Resultado de la operación:

Importe que se pagaría sin SC = 100.000 USD · (1/1,329 USD/EUR) = 75.244,54 €

Importe a pagar real con SC = 100.000 USD · (1/1,332 USD/EUR) = 75.075,07 €

Beneficio obtenido o saldo favorable = 75.244,54 – 75.075,07 = **169,47 €** de ahorro, o menos cantidad a pagar.

En la determinación del **coste o rendimiento financiero del seguro de cambio**, tendremos en cuenta que los datos y resultados de las cotizaciones, diferencias de cambio y las ganancias o pérdidas se expresan en valor absoluto. Conviene definir una magnitud en porcentaje de forma que resulten homogéneas con su coste financiero (los tipos de interés se expresan en porcentajes). Para ello se puede emplear uno o los tres métodos siguientes:

a) **Fórmula directa** (suponiendo un plazo de 90 días)

$$r = \left(\frac{CP - CC}{CC} \cdot 100 \right) \cdot R$$

Siendo:

r = Tipo de interés anual en tanto por ciento.

CP = Tipo de cambio a plazo *forward*.

CC = Tipo de cambio al contado *spot*.

R = Rotaciones elevadas al año. Se obtiene dividiendo 12 (número de meses del año) por el plazo expresado en meses (en este caso 90 días o 3 meses).

En la hipótesis de un cambio de contado:

$$CC = 0{,}7661 \text{ EUR/USD}$$

y de un cambio a plazo:

$$CP = 0{,}7674 \text{ EUR/USD}$$

$$r = \left(\frac{0{,}7674 - 0{,}7661}{0{,}7661} \cdot 100 \right) \cdot 4 = 0{,}68 \,\%$$

(bastante bajo debido al reducido diferencial de intereses)

b) **Fórmula del interés**

$$r = \frac{B \cdot 100}{C \cdot T} \cdot I$$

Donde:

r = Tipo de interés de coste anual en tanto por ciento.

B = Base de aplazamiento (días, meses, años, etc.).

C = Capital (cambio contado).

T = Tiempo o plazo [en la misma magnitud que la Base (B)].

I = Interés total (beneficio o pérdida derivado de la diferencia entre los cambios al contado y a plazo).

$$r = \frac{360 \cdot 100}{0{,}7661 \cdot 90} \cdot 0{,}0013 = 0{,}68 \,\%$$

c) **Regla de tres**

$$\frac{CC}{B} = \frac{100}{t} \quad \Rightarrow \quad t = \frac{B}{CC} \cdot 100$$

Siendo:

B = Diferencia de cotización entre tipo a plazo (*forward*) y contado (*spot*) o resultado obtenido (beneficio o pérdida).

CC = Cambio cotización contado.

t = Tanto por ciento de beneficio o pérdida (según los casos).

En relación con los datos de la hipótesis, el razonamiento será: si en 0,7661 dólares (cambio contado) se obtiene una pérdida de 0,0013 dólares (diferencia cambio a plazo menos cambio contado), en 100 dólares se obtendrá una pérdida de *t* dólares en un trimestre.

$$t = \frac{0,0013}{0,7661} \cdot 100 = 0,17\%$$

en cuatro trimestres (anual) tendremos:

$$0,17 \cdot 4 = \mathbf{0,68\%}$$

Actividad resuelta 7.8

Un importador español compra mercaderías por valor de 200.000 libras esterlinas a un exportador británico, a pagar en 6 meses. Disponiendo de la siguiente información financiera a través de boletines, entidad financiera y otra/s fuente/s:

Tipo de cambio *spot*: 1,447 EUR/GBP

Tipo de cambio *forward*: 1,430 EUR/GBP

Tipo de interés del euro (Euribor) a 6 meses: 2,75%

Tipo de interés de la libra esterlina (Libor) a 6 meses: 4,9025% (véase el Cuadro 7.2)

Calcular:

a) Coste de la operación al contado.

b) Coste de la operación a plazo con cobertura de riesgo.

c) Elección de la mejor opción para el importador.

SOLUCIÓN

a) Operación al contado

- El importador solicita un préstamo en euros, equivalentes a los 200.000 GBP, al tipo de cambio *spot*, a devolver en 6 meses al 2,75% de interés.

  Euros equivalentes = 200.000 GBP · 1,447 EUR/GBP = 289.400 €

- Con los euros obtenidos, compra GBP (tipo *spot*) y las invierte en el euromercado al Libor.

  Situación/resultado a los seis meses:

  – Coste por devolución del préstamo:

  $$C_n = C_0 + I = 289.400 + 289.400 \cdot 0,0275 \cdot (6/12) = 293.379,25 €$$

  – Rentabilidad en la inversión de GBP:

  $$C_n = 200.000 + 200.000 \cdot 0,049025 \cdot (6/12) = 204.902,5 \text{ GBP}$$

  – Coste unitario = 293.379,25 EUR/204.902,5 GBP = 1,4317 EUR/GBP

  – Coste porcentual = Euribor préstamo – Libor inversión = 2,75% – 4,9025% = –2,1525%

b) Operación a plazo

- Se realiza un contrato *forward* (a plazo), es decir, compra de GBP a tipo de cambio *forward* a 6 meses, al coste de 1,430 EUR/GBP.

- Cobertura del riesgo de cambio con seguro de cambio, cuyo coste será:

$$r = \left(\frac{CP - CC}{CC} \cdot 100 \right) \cdot R = \left(\frac{1,430 - 1,447}{1,447} \cdot 100 \right) \cdot \frac{12}{6} = -2,349\%$$

Coste neto seguro de cambio: SC = EURIBOR − LIBOR = −2,1525

Coste trasladable al importador = 1,447 · (−2,1525/100) · (6/12) = −0,015573

Precio (teórico-matemático) del seguro de cambio = 1,447 − 0,01557 = **1,4314 EUR/GBP**

c) Mejor opción

Coste (contado) = 200.000 GBP · 1,447 EUR/GBP = 289.400€

Coste (*forward*) = 200.000 GBP · 1,430 EUR/GBP = **286.000 €**

Coste (seguro cambio) = 200.000 GBP · 1,4314 EUR/GBP = 286.280 €

La mejor opción es la de realizar un contrato a plazo *forward* al tipo de cambio de 1,430 EUR/GBP, que implica una menor cantidad de euros a entregar para obtener las 200.000 libras.

Llegado el vencimiento pueden darse las siguientes situaciones:

1. **Cobrar en el momento acordado:** En condiciones normales el exportador cancelará el seguro de cambio contratado e ingresará en el banco la divisa que perciba como reembolso de su operación de exportación. Esta situación no supone ningún problema; la operación queda liquidada.

2. **Cobro anticipado:** El exportador recibe la divisa de la operación comercial antes del vencimiento del seguro, con lo cual tiene tres opciones:

- Colocar las divisas recibidas en un depósito financiero, esperar al vencimiento del seguro y cancelarlo.
- Vender las divisas en el mercado de contado, a un cambio favorable, y correr con el riesgo de cambio hasta el día que tenga que comprarlas para cancelar el seguro o realizar uno nuevo hasta ese momento.
- Negociar con el banco la cancelación anticipada del seguro, soportando el coste o comisión de cancelación según tarifa del banco.

3. **Cobro con retraso:** El exportador prevé recibir las divisas de la operación comercial con posterioridad al vencimiento, y puede optar por:

- Comprar las divisas en el mercado de contado, si el cambio le es favorable, y liquidar el seguro, corriendo con el riesgo durante el tiempo estimado de retraso del cobro realizando un nuevo seguro por ese plazo.
- Negociar con el banco la prórroga del seguro por un plazo mayor.

4. **Impago:** Si el exportador no cobra la factura de su exportación y, por tanto, no recibe las divisas, tendrá que adquirirlas en el mercado de contado *spot* para cancelar el seguro y cargar o soportar los gastos del impago en la cuenta de resultados.

Recomendaciones finales para el exportador

1. Aunque a veces suponga renunciar a posibles beneficios por estimaciones de cambios favorables, no debe ser motivo para rechazar el seguro de cambio ya que implica una medida cautelar para cubrir pérdidas y, como dice el refrán, *más vale prevenir que curar*.

2. Debido a las oscilaciones del tipo de cambio, conviene realizar el seguro con fecha de aproximación al momento exacto en que se piense cobrar y recibir la divisa de la exportación, ya que la compra de la divisa se realiza con dos días hábiles como mínimo, que necesita el banco para actuar en el mercado.

3. Conviene solicitar la cotización del seguro de cambio en la misma hora si se realiza a diferentes bancos, ya que oscilan continuamente, y más en períodos de inestabilidad coyuntural.

4. La información facilitada por la prensa sobre cotizaciones a plazo es indicativa y orientativa, pero no la real.

5. Se puede realizar el seguro de cambio sin tener ninguna documentación comercial.

6. Se debe tener en cuenta que el riesgo existe tanto para las monedas fuertes como para las débiles y que varía según la coyuntura monetaria de cada momento.

7.4 Las cuentas en divisas como instrumento financiero de cobertura del riesgo de cambio

Las cuentas en divisas son depósitos a la vista mantenidos en una entidad financiera, cifrados en cualquiera de las divisas admitidas a cotización oficial en el mercado español, y publicadas en el BOE por el Banco de España.

A partir de la aprobación del RD 1618/1991 el movimiento de capitales quedó liberalizado completamente, permitiendo a los residentes acceder a cuentas en divisas cuyas condiciones de apertura de una cuenta en divisas no tiene ninguna limitación especial, salvo las normales para cuentas en moneda nacional (NIF, firma, mayoría de edad, etc.), tanto en España como en el extranjero. Su operativa puede adoptar dos modalidades:

1. Como instrumento bancario, que consiste en la apertura de una **cuenta corriente** en euros o divisas por cualquier sujeto económico residente en España que tenga capacidad de ahorro o disponga de excedentes de tesorería o liquidez. Tiene la ventaja de su inmediata disponibilidad y liquidar el seguro de inmediato, en el momento de su vencimiento; pero tiene la desventaja de su baja rentabilidad, salvo que se elija una divisa con un interés atractivo y adecuada cotización a plazo. No obstante, esta revalorización debería ser superior a la que se obtuviera por la inversión alternativa en euros.

2. Como sistema de cobertura de los riesgos de cambio, que consiste en la adquisición de divisas en el mercado y situarlas en forma de depósito hasta el vencimiento de pago de la factura de exportación, a modo de autoseguro, cuyo coste será:

EURIBOR – DIFERENCIAL = (LIBOR – DIFERENCIAL) + SEGURO DE CAMBIO

mientras que el coste del seguro de cambio con el banco sería:

COSTE DEL SEGURO = RENTABILIDAD EN EUROS – RENTABILIDAD EN DIVISAS
(SEGURO)   (MENOR QUE EL EURIBOR)   (MENOR QUE EL LIBOR)

TIPOS DE OPERACIONES *SWAP*

Swap de tipo de interés (swap de vainilla)

Swap de divisas

Swap sobre materias primas

Swap de índices bursátiles

7.5 Contrato SWAP

Un contrato *swap* es un acuerdo entre dos partes para intercambiar cobros y pagos en un determinado período de tiempo, que oscila entre dos y diez años, siendo el período de cinco años el más normalizado. En el acuerdo entre las partes se establece efectuar pagos con base en una divisa y en una tasa de interés pactadas, por un plazo determinado, y recibir a cambio pagos en otra divisa con las mismas o diferentes características de plazo y de tasa de interés.

Las operaciones *swap* corresponden a un conjunto de transacciones individuales mediante las cuales se concreta el intercambio de flujos de títulos valores, asociados con dichas operaciones individuales, y es posible mediante tal mecanismo efectuar la reestructuración de uno de estos títulos colocándolo en condiciones de mercado.

El intercambio de tales flujos futuros tiene como propósito disminuir los riesgos de liquidez, tasa, plazo y reestructuración documental. Se pueden hacer intercambios de títulos valores de un plazo mayor por varios títulos de corto plazo; tasas de interés de una tasa variable a una fija; intercambio de deudas por acciones. Esto se hace con la finalidad de generar liquidez, incrementar la tasa, disminuir el plazo o reemplazar emisiones de documentos, dependiendo del riesgo que se pretende disminuir.

Los SWAP generalmente son utilizados para reducir los costes y riesgos de financiación o para superar las barreras de los mercados financieros es decir, un *swap* es una transacción financiera en la que dos partes contractuales acuerdan intercambiar flujos monetarios en el tiempo. Su objetivo consiste en mitigar las oscilaciones de las monedas y de los tipos de interés. Existen varios **tipos de operaciones *swap***:

- *Swap* **de tasa de interés:** Es aquella operación que reestructura deuda al cambiar la naturaleza de los pagos por intereses, es decir, que el capital no cambie de manos, por lo que se considera un intercambio de pagos a tasa fija por uno a tasa flotante, por un período determinado.

- *Swap* **sobre materias primas:** En este tipo de transacción una de las partes realiza un pago a precio fijo, por cierta cantidad de alguna materia prima (petróleo, oro, arroz, etc.). Luego la otra parte le paga un precio variable por una cantidad determinada de materia prima; las materias primas involucradas en la operación pueden ser iguales o diferentes.

- *Swap* **de índices bursátiles:** Mediante este tipo de operación se permite intercambiar el rendimiento del mercado de dinero por el rendimiento de un mercado bursátil. Este rendimiento se refiere a la suma de dividendos recibidos, ganancias y/o pérdidas de capital.

- *Swap* **de divisas:** Es un cambio de deuda de una cierta moneda a otra moneda por un período determinado, con intercambio de intereses, y casi siempre se intercambian los principales. En este tipo de operación se permite intercambiar el principal de las partes en diferentes monedas al tipo de cambio fijado en el mercado, lo cual permite romper las barreras de entrada en los mercados internacionales y negociar en ellos sin mayor dificultad, sin necesidad de tener que ir directamente a estos mercados de capital.

Por ejemplo, una empresa desea adquirir maquinaria y materias primas en cierto país, pero para realizar la operación es necesario que lo haga en la moneda local. Caso parecido ocurre con una empresa de ese país que quiere realizar operaciones en el país de origen de la primera. Al realizar una operación *swap*, ambas empresas tienen la posibilidad de intercambiar su principal por la moneda del país contrario para financiar sus operaciones. Esta operación les permite disminuir costes y el tiempo que tendría que invertir cada una de ellas si realizara la operación de cambio de divisas de la forma tradicional, y, como ya hemos indicado, sin necesidad de tener que ir directamente a estos mercados de capital.

Los **elementos** o puntos más genéricos que han de constar en el contrato de SWAP de divisas son:

1. Las dos divisas afectadas.

2. El período del contrato.

3. El montante principal (nominal) de cada divisa y el tipo de cambio *spot* del día inicial (fecha de contado).

4. La base para los pagos de los tipos de interés intercambiados (días: 360-365, mensual, semestral, anual, etc.).

5. Especificación del intercambio de los principales en la fecha de vencimiento.

6. Tipo de interés de ambas divisas.

Existen dos **clases de contratos** *swap* de divisas:

- ***Swap* de pasivos (*currency swap*).** Implican el intercambio de obligaciones de pago de una deuda por las obligaciones de pago de otra. Normalmente está basado en el intercambio de principales de préstamos obtenidos en los respectivos mercados (divisas o euromercados) y comparten el pago recíproco de los intereses que se devenguen. Al vencimiento los principales son necesariamente intercambiados al precio de contado del día inicial (*spot*) de la operación principal.

  La modalidad corriente es el *swap Plan Vanilla* o **Plan Vanilla Currency Swap**, cuyo contrato consiste en un acuerdo de comprar o vender una cantidad de una divisa a cambio de su equivalente en otra, a un tipo estipulado, generalmente el tipo *spot*, aunque pudiera referirse también al tipo *forward*, el compromiso simultáneo de recambiar la misma cantidad de divisa, normalmente al mismo tipo de cambio en una fecha especificada a medio y largo plazo, una liquidación de intereses entre ambas partes durante la vida del *swap*, pagadera a intervalos regulares (trimestral, semestral, anual, etc.) o en un pago único al vencimiento. En esta modalidad las divisas más utilizadas son el $USA y la libra esterlina.

- ***Swap* de activos (*currency asset swap*).** Conllevan el intercambio de rendimientos de una inversión por otros rendimientos con tipos de interés y divisas distintas, procedentes de otra inversión.

Las **diferencias principales con el contrato *forward*** son las siguientes:

1. Existe un intercambio de principales (nominales) en la fecha de vencimiento.

2. La vida del *swap* es más larga que la del contrato *forward*.

3. En el *swap* los intereses son intercambiados regularmente durante toda la vida del contrato.

La operativa de una operación *swap* la vemos a través de las dos actividades resueltas siguientes.

Las transacciones de *swap* y *forward* se realizan normalmente por teléfono o Internet, y al llegar a un acuerdo se confirman inmediatamente por télex o fax seguido de una confirmación escrita. La documentación utilizada es la ofrecida bien por la Bbairs (Asociación de banqueros británicos) o la Isda (Asociación internacional de agentes de swaps).

Actividad resuelta 7.9

El Banco X (español) es una entidad emisora de bonos en euros a tipo de interés fijo del 5% anual, y desea asumir pagos a tipo fijo en dólar estadounidense. Por otra parte el Banco Y (norteamericano) es una entidad emisora de bonos en USD a tipo de interés fijo del 4% anual, y desea asumir pagos a tipo fijo en euros. Determinar el cuadro de pagos y cobros del Banco X si se acuerda el siguiente **contrato *swap*** entre ambas partes:

Montante: 60.000 EUR

Vencimiento: 3 años

Tipo *spot* inicial: 0,762 EUR/USD

Liquidación de intereses para ambas partes anuales, con devolución del nominal (principal) al vencimiento.

SOLUCIÓN

- Esquema de la operación

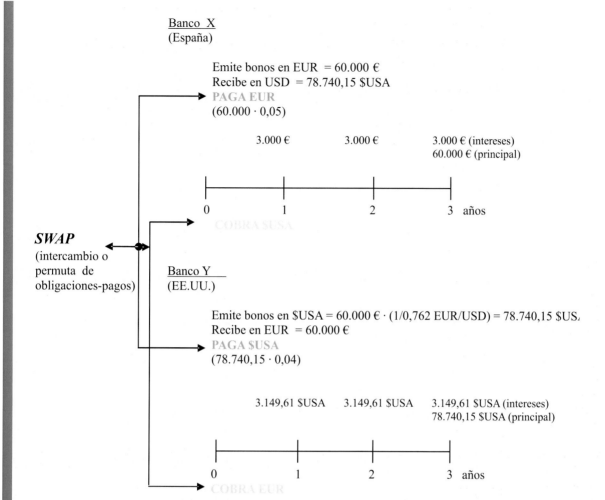

Banco X
(España)

Emite bonos en EUR = 60.000 €
Recibe en USD = 78.740,15 $USA
PAGA EUR
(60.000 · 0,05)

3.000 €   3.000 €   3.000 € (intereses)
60.000 € (principal)

```
|-------|-------|-------|
0       1       2       3   años
```

COBRA $USA

SWAP
(intercambio o
permuta de
obligaciones-pagos)

Banco Y
(EE.UU.)

Emite bonos en $USA = 60.000 € · (1/0,762 EUR/USD) = 78.740,15 $USA
Recibe en EUR = 60.000 €
PAGA $USA
(78.740,15 · 0,04)

3.149,61 $USA   3.149,61 $USA   3.149,61 $USA (intereses)
78.740,15 $USA (principal)

```
|-------|-------|-------|
0       1       2       3   años
```

COBRA EUR

- Cuadro de pagos y cobros del Banco X (español)

PERÍODO	PAGOS ($USA)–EQUIVALENTE €	COBRO (€)	SALDO (€)
1	3.149,61 USD · 0,762 €/$USA = 2.400 €	3.000	600
2	3.149,61 USD · 0,762 €/$USA = 2.400 €	3.000	600
3	3.149,61 USD · 0,762 €/$USA = 2.400 € 78.740,15 USD · 0,762 €/$USA = 60.000 €	3.000 60.000	600
TOTAL	67.200 €	69.000	**1.800**

Actividad resuelta 7.10

El Banco BKK, S.A. (inglés) es una entidad emisora de bonos en GBP a tipo de interés fijo del 7% anual, y desea asumir pagos a tipo variable en USD.

Por otra parte el BBCA, S.A. (norteamericano) es una entidad emisora de bonos en USD a tipo de interés variable, Libor a 6 meses, y desea asumir pagos a tipo fijo en GBP, siendo el Libor aplicable al pago inicial del 8% y la estimación de incremento del 1% cada año. Determinar el cuadro de pagos y cobros del Banco BKK, S.A. si se acuerda el siguiente contrato *swap* entre ambas partes:

Montante: 1.000.000 GBP

Vencimiento: 3 años

Tipo *spot* inicial: 1,5625 GBP/USD

Liquidación de intereses: semestral en USD y anual los GBP, con devolución del nominal (principal) al vencimiento (a tipo *spot*).

SOLUCIÓN

- Esquema de la operación

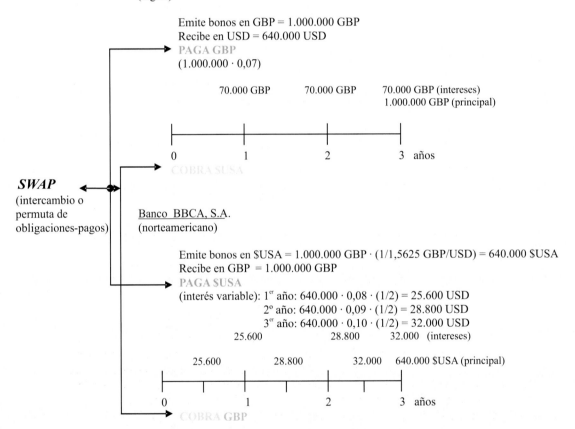

- Cuadro de pagos y cobros del Banco BKK, S.A. (inglés)

PERÍODO	PAGOS ($USA)–EQUIVALENTE GBP	COBRO (GBP)	SALDO (GBP)
1 semestre	25.600 $ (16.384 GBP)	--------	−16.384
2 semestres	25.600 $ (16.384 GBP)	70.000	53.616
3 semestres	28.800 $ (18.432 GBP)	--------	−18.432
4 semestres	28.800 $ (18.432 GBP)	70.000	51.568
5 semestres	32.000 $ (20.480 GBP)	--------	−20.480
6 semestres	32.000 $ (20.480 GBP) + 1.000.000 GBP	(70.000 + 1.000.000)	49.520
TOTAL	1.110.592 GBP	1.210.000	**99.408**

7.1 Impogest, S.A. es una empresa española que en febrero ha importado maquinaria norte-americana por valor de un millón de $USA, a pagar dentro de dos meses (abril). Dado que la dirección teme una apreciación del dólar, desea cubrir el importe de dicha operación, por lo que propone al técnico en financiación internacional que analice las posibles alternativas en función de la información del Cuadro 7.3 y la Figura 7.3. Determinar la proposición (decisión) de la opción más ventajosa para Impogest, S.A. (y justificación).

TIPO PROMEDIO AL CONTADO (*SPOT*) 0,985/1,105 $USA			
VENCIMIENTO	INTERÉS EURO (MEDIO ANUAL)	INTERÉS USD (ANUAL)	TIPO *FORWARD* Precio seguro Cº
1 mes	9,02%	5,25%	0,990/1,110 EUR/USD
2 meses	8,85%	5,35%	1,015/1,080 EUR/USD
3 meses	8,77%	5,21%	1,090/1,125 EUR/USD

Cuadro 7.3. **Datos e información financiera.**

7.2 Gestext, S.A. es una empresa española que en junio ha importado equipos electrónicos japoneses por valor de dos millones de yenes, a pagar dentro de tres meses (agosto). Dado que la dirección teme una apreciación del yen, desea cubrir el importe de dicha operacion, por lo que propone al técnico en financiación internacional que analice las posibles alternativas en función de la información del Cuadro 7.4 y la Figura 7.3. Determinar la proposición (decisión) de la opción más ventajosa para Gestext, S.A. (y justificación).

TIPO PROMEDIO AL CONTADO (*SPOT*) 0,715/730 EUR/JPY*			
VENCIMIENTO	INTERÉS EUR (MEDIO ANUAL)	INTERÉS JPY (ANUAL)	TIPO *FORWARD* Precio seguro Cº
1 mes	4,2%	3,25%	0,718/720 EUR/JPY*
2 meses	4,5%	4,35%	0,720/730 EUR/JPY*
3 meses	5,4%	5,20%	0,725/735 EUR/JPY*

Cuadro 7.4. **Datos e información financiera.**

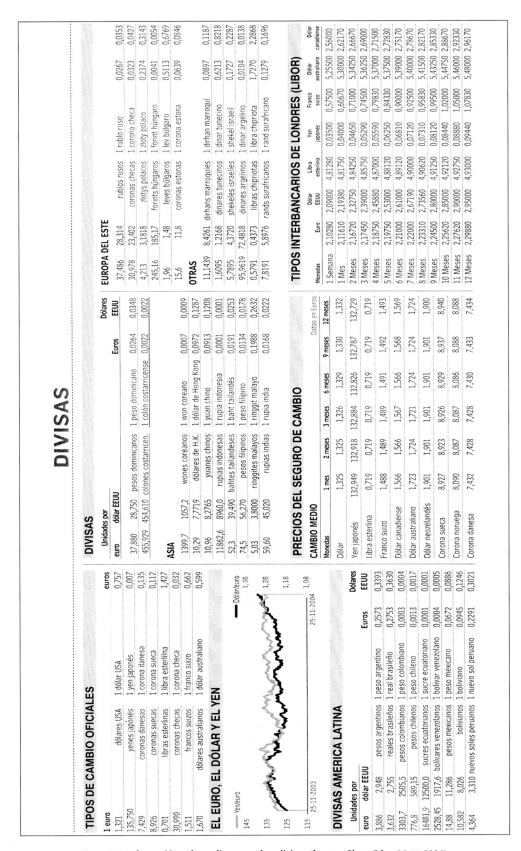

Figura 7.3. Información y datos diversos sobre divisas (fuente: *Cinco Días,* **26-11-2004).**

Contrato *swap*

7.3 El Banco J&P Morgan es una entidad emisora de bonos en dólares USA, a tipo de interés fijo del 6% anual, y desea asumir pagos a tipo variable en euros. Por otra parte, el Banco Santino, S.A. emite bonos en euros a tipo de interés variable Euribor a 6 meses, siendo el Euribor aplicable al pago inicial del 9% y estimando un crecimiento de medio punto porcentual cada año, y desea asumir pagos a tipo fijo en dólares USA. Determinar el cuadro de pagos y cobros del Banco Santino si se acuerda el siguiente contrato *swap* entre ambas partes.

- Montante: 100.000 euros a tipo *spot* 1,250 USD/EUR
- Liquidación de intereses: semestral en euros, anual en dólares USA.
- Devolución del nominal al vencimiento (a tipo *spot*), duración 3 años.

7.4 Impogest, S.A. es una empresa dedicada a la fabricación de productos para su venta en Japón. Se endeudó en $USA a tipo fijo con el objeto de adquirir maquinaria norteamericana. Actualmente su director financiero está convencido de una próxima apreciación del dólar respecto al euro, lo que le supondrá un mayor coste a la hora de pagar los intereses del préstamo y de la devolución del principal. También observa que los tipos de interés en España están bajando, pero que la empresa no puede beneficiarse de dicha circunstancia al estar endeudada en $USA a tipo fijo; por tanto, encarga a un técnico en financiación internacional que realice un estudio de la posibilidad de establecer un contrato *swap* de divisas que le permita cubrirse del citado riesgo y, a su vez, beneficiarse de la disminución del tipo de interés en España. La información de que dispone el técnico es la siguiente:

- Contrato de préstamo con Barclays Bank de un millón de $USA al 10% anual, fijo y pagadero semestralmente, a devolver en dos años.
- Tipo Euribor (variable) del euro, con revisiones semestrales y previsión para los próximos cuatro semestres del 9%, 8,75%, 8,5% y 8,25% anual, respectivamente (según departamento financiero).
- Tipo Libor (variable) del $USA, también con revisiones semestrales y previsión para los próximos cuatro semestres del 5%, 5,25%, 5,5% y 5,75% anual, respectivamente (según mismo departamento).
- Tipo *spot*: 0,940 EUR/USD (y estimaciones de apreciación del $USA, pudiendo alcanzar 1,150 EUR/USD en dos años).

Se pide el cuadro de pagos y cobros que obtendrá Impogest, S.A.

7.1 Exportimp, S.A. es una empresa dedicada a la fabricación de productos para su venta en México. Se endeudo en $USA a tipo fijo con el objeto de adquirir petróleo norteamericano. Actualmente su director financiero está convencido de una próxima apreciación del dólar respecto al euro, lo que le supondrá un mayor coste a la hora de pagar los intereses del préstamo y de la devolución del principal. También observa que los tipos de interés en España están bajando, pero que la empresa no puede beneficiarse de dicha circunstancia al estar endeudada en $USA a tipo fijo. Por tanto, encarga a un técnico en financiación internacional que realice un estudio de la posibilidad de establecer un contrato *swap* de divisas que le permita cubrirse del citado riesgo y, a su vez, beneficiarse de la disminución del tipo de interés en España. La información de que dispone el técnico es la siguiente:

- Contrato de préstamo con BBK, S.A. de un millón de $USA al 8% anual, fijo y pagadero anualmente, a devolver en dos años.

Actividades de Refuerzo

- Tipo Euribor (variable) del euro, con revisiones anuales y previsión para los dos próximos años del 8,25% y 8,40% anual, respectivamente (según departamento financiero).

- Tipo Euribor (variable) del $USA, también con revisiones anuales y previsión para los dos próximos años del 7,50% y 7,75% anual, respectivamente (según mismo departamento).

- Tipo *spot*: 0,758 EUR/USD (y estimaciones de apreciación del $USA, pudiendo alcanzar 0,900 EUR/USD en dos años).

Se pide el cuadro de pagos y cobros que obtendrá Exportimp, S.A.

7.2 Explicar la operativa o funcionamiento del seguro de cambio. Poner un ejemplo.

7.3 ¿En qué momento y por qué cantidad hay que realizar el seguro de cambio? ¿Cuáles son las ventajas reales que le suponen al importador y al exportador realizar el seguro de cambio?

7.4 ¿Cuáles son las formas e instrumentos para cubrir el riesgo de cambio?

7.5 ¿En qué consiste un contrato *swap* de divisas? ¿Qué diferencias tiene con el seguro de cambio?

Actividades Complementarias

7.1 ¿Tienen las divisas un valor constante? Razonar la respuesta.

7.2 Explicar el riesgo de cambio y las categorías en las que se manifiesta.

7.3 ¿Qué son los puntos *swap*? ¿Cómo se calculan u obtienen?

7.4 Localizar en prensa económica u otro medio (Internet, organismos u otro medio) información actualizada sobre los precios de seguro de cambio y tipo de interés Libor.

7.5 Con la información de la Figura 7.3 (fecha 26-11-2004) y la de la Figura 7.4 (fecha 13-08-2006), realizar un cuadro de análisis comparativo de fluctuación con hoja de cálculo Excel o similar, en relación con los siguientes apartados:

- Precios del seguro de cambio
- Tipos interbancarios de Londres (Libor)
- Tipos de cambio oficiales

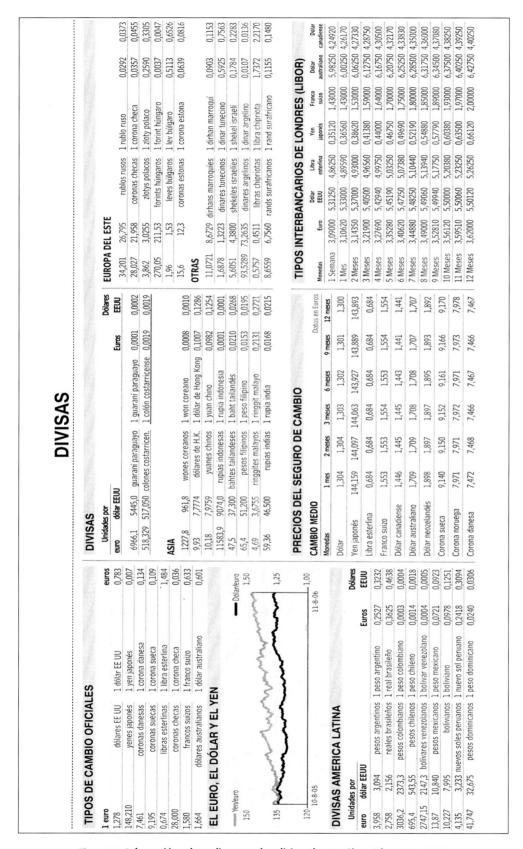

DIVISAS

TIPOS DE CAMBIO OFICIALES

1 euro			euros
1,278	dólares EE UU	1 dólar EE UU	0,783
148,210	yenes japonés	1 yen japonés	0,007
7,461	coronas danesas	1 corona danesa	0,134
9,195	coronas suecas	1 corona sueca	0,109
0,674	libras esterlinas	1 libra esterlina	1,484
28,000	coronas checas	1 corona checa	0,036
1,580	francos suizos	1 franco suizo	0,633
1,664	dólares australianos	1 dólar australiano	0,601

EL EURO, EL DÓLAR Y EL YEN

DIVISAS AMERICA LATINA

Unidades por				Dólares
euro	dólar EEUU		Euros	EEUU
3,958	3,094	1 peso argentino	0,2527	0,3232
2,758	2,156	1 real brasileño	0,3625	0,4638
3036,2	2373,3	1 peso colombiano	0,0003	0,0004
695,4	543,55	1 peso chileno	0,0014	0,0018
2747,15	2147,3	1 bolivar venezolano	0,0004	0,0005
13,87	10,840	1 peso mexicano	0,0721	0,0923
10,227	7,995	1 boliviano	0,0978	0,1251
4,135	3,233	1 nuevo sol peruano	0,2418	0,3094
41,747	32,675	1 peso dominicano	0,0240	0,0306

DIVISAS

Unidades por				Dólares
euro	dólar EEUU		Euros	EEUU
6966,1	5445,0	1 guaraní paraguayo	0,0001	0,0002
518,329	517,050	1 colón costarricen.	0,0019	0,0019

ASIA

			Euros	Dólares EEUU
1227,8	961,8	1 won coreano	0,0008	0,0010
9,93	7,7774	1 dólar de Hong Kong	0,1007	0,1286
10,18	7,9759	1 yuan chino	0,0982	0,1254
11583,9	9074,0	1 rupia indonesia	0,0001	0,0001
47,5	37,300	1 baht tailandés	0,0210	0,0268
65,4	51,200	1 peso filipino	0,0153	0,0195
4,69	3,6755	1 ringgit malayo	0,2131	0,2721
59,36	46,500	1 rupia india	0,0168	0,0215

EUROPA DEL ESTE

			Euros	Dólares EEUU
34,201	26,795	rublos rusos	1 rublo ruso	0,0292	0,0373
28,027	21,958	coronas checas	1 corona checa	0,0357	0,0455
3,862	3,0255	zlotys polacos	1 zloty polaco	0,2590	0,3305
270,05	211,53	forints húngaros	1 forint húngaro	0,0037	0,0047
1,96	1,53	leves bulgaros	1 lev bulgaro	0,5113	0,6526
15,6	12,3	coronas estonas	1 corona estona	0,0639	0,0816

OTRAS

				Euros	Dólares EEUU
11,0721	8,6729	dirhans marroquies	1 dirhan marroquí	0,0903	0,1153
1,6878	1,3223	dinares tunecinos	1 dinar tunecino	0,5925	0,7563
5,6051	4,3800	shekeles israelies	1 shekel israeli	0,1784	0,2283
93,5289	73,2635	dinares argelinos	1 dinar argelino	0,0107	0,0136
0,5757	0,4511	libras chiprotas	1 libra chipriota	1,7372	2,2170
8,6559	6,7560	rands surafricanos	1 rand surafricano	0,1155	0,1480

PRECIOS DEL SEGURO DE CAMBIO

CAMBIO MEDIO

						Datos en Euros
Monedas	1 mes	2 meses	3 meses	6 meses	9 meses	12 meses
Dólar	1,304	1,304	1,303	1,302	1,301	1,300
Yen japonés	144,159	144,097	144,063	143,927	143,889	143,893
Libra esterlina	0,684	0,684	0,684	0,684	0,684	0,684
Franco suizo	1,553	1,553	1,554	1,553	1,554	1,554
Dólar canadiense	1,446	1,445	1,445	1,443	1,441	1,441
Dólar australiano	1,709	1,709	1,708	1,708	1,707	1,707
Dólar neozelandés	1,898	1,897	1,897	1,895	1,893	1,892
Corona sueca	9,140	9,150	9,152	9,161	9,166	9,170
Corona noruega	7,971	7,971	7,972	7,971	7,973	7,978
Corona danesa	7,472	7,468	7,466	7,467	7,466	7,467

TIPOS INTERBANCARIOS DE LONDRES (LIBOR)

Monedas	Euro	Dólar EEUU	Libra esterlina	Yen japonés	Franco suizo	Dólar australiano	Dólar canadiense
1 Semana	3,09120	5,31250	4,86250	0,35120	1,43000	5,98250	4,24920
1 Mes	3,10620	5,33000	4,89590	0,36560	1,43000	6,00250	4,26170
2 Meses	3,14350	5,37000	4,93000	0,38620	1,53000	6,06250	4,27330
3 Meses	3,21900	5,40500	4,96560	0,41380	1,59000	6,12750	4,28750
4 Meses	3,27690	5,42940	4,99750	0,44000	1,64000	6,16750	4,30500
5 Meses	3,35280	5,45190	5,03250	0,46750	1,70000	6,20750	4,32170
6 Meses	3,40620	5,47250	5,07380	0,49690	1,75000	6,25250	4,33830
7 Meses	3,44880	5,48250	5,10440	0,52190	1,80000	6,28500	4,35000
8 Meses	3,49000	5,49060	5,13940	0,54880	1,85000	6,31750	4,36000
9 Meses	3,52810	5,49940	5,17750	0,57790	1,89000	6,34500	4,37080
10 Meses	3,56120	5,50000	5,20380	0,60380	1,93000	6,37500	4,38250
11 Meses	3,59510	5,50060	5,23250	0,63500	1,97000	6,40250	4,39250
12 Meses	3,62000	5,50120	5,26250	0,66120	2,00000	6,42750	4,40250

Figura 7.4. Información y datos diversos sobre divisas (fuente: *Cinco Días*, 13-08-2006).

Contratos de futuros y opciones

Introducción

Dentro de la gama de nuevos instrumentos de cobertura del riesgo de cambio surgidos en el ámbito de los mercados financieros internacionales, los contratos de futuros y opciones se manifiestan como exponentes más representativos y complementarios de las operaciones de seguro de cambio, cuentas en divisas y contrato SWAP.

Tales figuras constituyen la respuesta de los mercados financieros sobre la creciente incertidumbre en las variables del precio del dinero (opciones sobre el interés) o tipos de cambio (opciones sobre divisas), permitiendo un activo control sobre la volatilidad de dichas variables.

Ambas modalidades de contratación requieren una formalidad documental y estandarizada, a diferencia del seguro de cambio, cuyas características como mecanismos de cobertura del riesgo de cambio veremos en este capítulo.

Contenido

8.1. **El contrato de futuros**
8.2. **El contrato de opciones**
8.3. **Opciones sobre divisas**
8.4. **El premio de una opción**
Actividades de Apoyo
Actividades de Refuerzo
Actividades Complementarias

Objetivos

▶ *Familiarizar al alumno/a con el manejo de los instrumentos de cobertura del riesgo de cambio, en especial los contratos de futuros y opciones de divisas y su utilización en las transacciones internacionales.*

▶ *Analizar y comparar los contratos de futuros de divisas con el de opciones y su aplicación en determinados casos de operaciones de comercio exterior.*

8.1 El contrato de futuros

Un contrato de futuros sobre divisas es un acuerdo legalmente vinculante efectuado en el *trading floor* de una bolsa de futuros para comprar o vender una cantidad estandarizada (paquetes de divisas) de una determinada divisa a cambio de otra con dos condiciones básicas:

1. Entrega a un tipo de cambio especificado previamente y único, tanto para compra como para venta; por consiguiente, no existe un *spread* diferencial.

2. La entrega se hará en una fecha futura predeterminada.

Los contratos de futuros se negocian en los mercados y bolsas de futuros, los cuales disponen de los medios y organización necesarios. Sus principales características son:

1 Un movimiento en el precio (ascendente o descendente) en el mercado de futuros viene a representar un cambio en el tipo de cambio para las divisas en los mercados de divisas correspondientes, tanto en el *spot* como en el *forward*, y en el supuesto de pequeñas diferencias cabe la posibilidad de *arbitraje*.

2 En cuanto a la cantidad fijada de entrega se asume un estándar por contrato, de tal forma que para cantidades mayores se requerirá un múltiplo de dicha cantidad, y generalmente cada divisa se negocia contra el $USA. Si, por ejemplo, el contrato de futuro estándar de la libra esterlina es de 62.500 £ y se quiere comprar un millón, por cociente resultará una adquisición y compra de 16 paquetes (contratos de futuro).

3 La negociación de fecha de entrega usualmente es trimestral, existiendo también fechas estandarizadas que en el caso de la Bolsa de Chicago, que corresponden a los meses de marzo, junio, septiembre y diciembre.

4 El precio se acuerda entre comprador y vendedor en el IMM (*International Monetary Market*), concretamente la división especializada en divisas y tipos de interés con oficinas en Chicago, Nueva York, Londres y Tokio; y se cotizan en $USA por unidad de la otra divisa.

5 El precio de mercado fluctúa continuamente; por tanto, un incremento en el precio representa un beneficio para el comprador y una pérdida para el vendedor, y una caída en el precio, a la inversa.

6 Cada punto de variación mínima en el precio se denomina *tick*.

7 La mayoría de las operaciones en futuros sobre divisas son realizadas por instituciones financieras, si bien las empresas medianas e inversores individuales pueden operar a través de intermediarios o *brokers*. Las razones de su negociación pueden ser: cobertura de riesgo en divisas, especulación y arbitraje.

8.1.1. Funcionamiento del contrato de futuros

El proceso de colocación de un contrato de futuros, derivado de las órdenes de compra y venta a través de los agentes intermediarios en cada bolsa de futuros, se realiza por medio de un sistema de **cámara de compensación** o *clearing house,* que está formada por diversas firmas miembros de la misma. Las bolsas de futuros que pertenecen a la cámara de compensación se componen de un número limitado de miembros, que suelen ser firmas especializadas, tales como fondos de inversión, fondos de pensiones, compañías de seguros, entidades financieras —bancarias o no—, instituciones especializadas, bolsas de gestores de fondos, creadores de mercado, etc., todas ellas de enorme prestigio y experiencia en los distintos países.

En todo el proceso de órdenes de compra y venta, ejecución de la operación, confirmación, instrucciones de liquidación y pagos de márgenes, han originado crecientes y nuevos sistemas

Página web de información básica sobre MEFF Renta Variable (productos negociados, futuros, opciones, miembros del mercado, cotizaciones, etc.):

http://www.meffrv.es

de negociación electrónica, como el Deutsche Terminbörse (DTB) en Francfort y el Mercado Oficial de Futuros y Opciones Financieros (MEFF) en España. El MEFF inició su actividad en noviembre de 1989 y actúa como mercado y cámara de compensación. Es un mercado oficial y, por lo tanto, está totalmente regulado, controlado y supervisado por las autoridades económicas (Comisión Nacional del Mercado de Valores y Ministerio de Economía). Cualquier persona física o jurídica, española o extranjera puede ser cliente y operar en el mercado MEFF, realizando compras y/o ventas de futuros y opciones.

Las funciones de la cámara o centro de compensación son:

1. Recibir los datos y detalles de las compras y ventas por parte de las respectivas firmas miembros y a través de la comunicación previa de los intermediarios, agentes o *brokers* que éstos reciben de sus clientes y transfieren a las firmas miembros.
2. Casar o encajar ambas operaciones de compra y venta.
3. Garantizar cada operación (como contraparte), asegurando el cumplimiento de las obligaciones del contrato por cada parte.
4. Recibir la confirmación de pagos por los bancos liquidadores y cobrar los márgenes iniciales que cada comprador o vendedor de contratos debe depositar a su *broker,* quien a su vez establece la apertura de un depósito en la cámara de compensación y fija una cantidad entre el 1% y el 5% del valor del contrato. Estos márgenes iniciales son recuperables en cada cierre de operación y sin abono de intereses, como regla general.
5. Cobrar o pagar las variaciones producidas en los márgenes de mantenimiento, es decir, la cantidad mínima reservada en depósito para atender el contrato de futuros. La bolsa establece un margen de mantenimiento para los miembros y los *brokers,* a su vez, con sus clientes. Los miembros de la cámara de compensación efectúan un seguimiento de dicho margen correspondiente a las cuentas de cada cliente y en correspondencia efectúan llamadas de variación al margen conforme a las que se hayan producido.
6. Dictar instrucciones de liquidación de operaciones a los bancos liquidadores y firmas miembros.

8.1.2. La forma de negociación

La negociación en el MEFF de futuros (bolsa de futuros) supone la compra y venta de este tipo de contratos. El sistema de contacto entre compradores y vendedores puede hacerse personalmente en el parqué de las bolsas o por medios electrónicos (sistema GLOBEX), con intervención directa de un *broker* o indirectamente a través de una institución financiera (entidades financieras especializadas autorizadas) no miembro del mercado, que canalizará la operación hacia un *broker* del mercado.

El sistema GLOBEX es un medio de negociación electrónica de amplia utilización en las operaciones con futuros y opciones sobre divisas, con cobertura las 24 horas del día y adoptado por la Bolsa de Chicago, el *Chicago Mercantile Exchange* (CME), que cuenta con una división especializada en la negociación de futuros sobre divisas y tipos de interés, denominada *International Monetary Market* (IMM).

No obstante, la mayor parte de la negociación se realiza en el parqué (*floor*) de las bolsas en los denominados corros o *pits* a pesar de la implantación de los sistemas electrónicos (MEFF es España). Un *pit* es un área reducida de compraventa de contratos de futuros, empleando un sistema espectacular denominado *open outcry* o "a viva voz", consistente en un tipo de subasta de libre ejercicio (doble subasta) de compradores y vendedores.

Debido al ruido de la sala, se utilizan variedad de señales manuales, gestos y mímica que permiten indicar una posición de compra o venta, el número de contratos y el precio. A las personas que actúan por cuenta de una determinada firma se las identifica por el color de su vestimenta.

Por el sistema de subasta competitiva, al llegar a un acuerdo entre comprador y vendedor se forma el precio, manteniendo la máxima transparencia y publicidad.

Los *dealers* que desean comprar demandarán un precio, y si desean vender ofrecerán un precio. Únicamente se mantendrán el precio más bajo ofrecido por la divisa y el precio más alto demandado por la divisa. Para futuros en divisas, el *spread* o diferencial entre los precios de oferta y demanda puede ser bastante amplio. No existe discriminación de precio entre agentes privados y *dealers* que adquieren miles de contratos.

Los empleados de cada bolsa mantienen la vigilancia de negociación en cada corro o *pit* y cuando se registran cambios en los precios informan a la dirección del mercado, vinculada al sistema informático de diseminación de precios, y la información es transmitida a los paneles de cotización del mercado y, electrónicamente, a todo el mundo.

8.1.3. Proceso de ejecución de órdenes

Cualquier persona puede negociar en futuros dando una orden a través de un *broker* que sea miembro de la bolsa, quien cargará una comisión en concepto de cobertura de costes de negociación en el *pit* más un margen. Aunque la mayoría de los que intervienen son entidades financieras, fondos de inversión, fondos de pensiones o compañías de seguros. Los porcentajes de comisión varían según la importancia negociadora del cliente.

Las órdenes se dan por vía telefónica o por pantalla y se transmiten al corro del parqué. La orden puede darse por escrito, entregada en mano o mediante señales manuales realizadas en el corro. En el *floor* el *broker* realiza la transacción y devuelve la orden endosada (*deal ticket*) detallando la hora, el precio y cantidad de los contratos comprados o vendidos, con la identificación del *broker* que ha negociado.

La realización de la transacción es comunicada por el *broker* al cliente y las características de la operación se someten a la cámara de compensación de la bolsa.

El proceso de ejecución de una orden de transacción Globex es el siguiente:

1. La orden debe ser introducida en un terminal por un miembro del centro de compensación.
2. Cada orden debe ser comprobada para garantía del miembro del centro de compensación, de acuerdo con los parámetros establecidos.
3. Las órdenes de compra y de venta son ejecutadas en función de la prioridad, el tiempo y el precio.
4. Las órdenes de ejecución son comunicadas inmediatamente a los terminales de comprador y vendedor.
5. Existe una información actualizada de precios en pantalla, con detalles de la negociación.
6. Cada negociación va a su vez dirigida a la cámara de compensación de la bolsa para su liquidación.
7. El miembro de la cámara de compensación ajustará las cuentas de sus clientes y tendrá a su cargo la gestión y compromiso de los pagos en concepto de márgenes iniciales, aplicables a ambos lados de la transacción.

8.1.4. Criterios para operar en futuros sobre divisas

La decisión por parte de una persona física o jurídica de operar en futuros sobre divisas implica el conocimiento previo del mercado de futuros, cómo trabajan y cuál puede ser su utilización, con el objetivo de minimizar riesgos. Por tanto, conviene tener en cuenta los siguientes criterios o pautas de actuación en la elección de negociación de un contrato de futuros alternativo a uno *forward*, seguro de cambio u otro sistema de cobertura de riesgos de cambio de divisas, junto con sus diferencias y similitudes.

1. Tener claro y comprender la razón de operar en futuros y no en *forwards*. Las diferencias elementales entre el contrato de futuros y el de *forward* sobre divisas se pueden observar en el Cuadro 8.1.

FUTUROS SOBRE DIVISAS	FORWARD SOBRE DIVISAS
• Negociado en bolsa • No existe *spread* • Precio único	• *Over the counter* (OTC) • Existe *spread* en precios • Horquilla (intervalo) de precios
• Contrato estandarizado en cantidad y clase de divisas. • Son escasos los contratos que llegan a la entrega de la divisa.	• Es aplicable a cualquier montante y divisa. • La mayoría de los contratos finalizan con la entrega de la divisa.
• Compras y ventas por mediación entre clientes. • *Clearing house* asume la función de contraparte.	• Se trata de una contratación directa entre entidad bancaria y cliente. • No existen intermediarios.
• Se establecen depósitos para la compra y venta. • Sin riesgo de crédito por efecto de los márgenes. • Existe pago de comisiones.	• No se requieren depósitos. • Las entidades bancarias asumen riesgos de créditos por incumplimiento de clientes. • No se pagan comisiones.
• Las fechas de entrega son estandarizadas por la bolsa. • Los participantes liquidan posiciones antes de la fecha de entrega.	• Las fechas de ejecución son acordadas individualmente entre las partes. • El *closing out* del contrato debe negociarse entre las partes.

Cuadro 8.1. **Comparación de contratos a plazo.**

2. Tener en cuenta las diferencias respecto al seguro de cambio que supongan la decantación por una u otra alternativa. Estas diferencias se pueden resumir básicamente en que los contratos de futuros son estandarizados, su importe a cubrir es superior al valor nominal del contrato, se venden en mercados por medio de una central de compensación sin que vendedores y compradores se conozcan y tienen un marcado carácter especulativo.

3. Elección de un *broker* que pertenezca al mercado y éste acepte.

4. Apertura de una cuenta de libre disposición para cubrir los márgenes iniciales, llamadas de margen, ingresos de liquidaciones positivas, liquidaciones de cierre de contratos y pagos de comisiones.

5. Clarificación en las órdenes de compra y venta. Establecer una orden de obtención del mejor precio posible y ordenarse alternativamente la compra o venta únicamente si se obtiene un precio máximo o mínimo, o solamente si el precio de mercado alcanza un cierto nivel.

6. Para las órdenes muy importantes, éstas pueden dividirse en otras más pequeñas y negociarse una a una con el fin de prevenir un cambio de precio adverso.

7. Verificar inmediatamente los detalles de la transacción comunicada por escrito por el *broker* para corregir cualquier error.

Actividad resuelta 8.1

Una empresa adquirió en marzo dos contratos de futuros USD/GBP para el mes de septiembre a 1,750 USD/GBP; cada contrato se negocia a 125.000 GBP de futuro estándar o tipo.

Suponiendo que antes de septiembre cierra su posición mediante la venta de los dos contratos a 1,780 USD/GBP, ¿qué beneficio se obtendrá?

SOLUCIÓN

● Gráficamente:

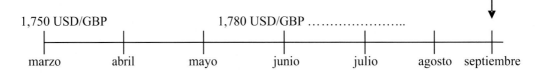

● Coste de adquisición:

Dos contratos: 125.000 GBP · 1,750 USD/GBP = 218.750 $USA

● Importe de la venta (cierre de posición en junio):

Dos contratos: 125.000 GBP · 1,780 USD/GBP = 222.500 $USA

● Resultado:

Beneficio = Venta – Coste adquisición = 222.500 – 218.750 = **3.750 $USA**

Actividad resuelta 8.2

Una empresa española con vínculos internacionales debe pagar la cantidad de 2.000.000 de GBP en el mes de junio. A su vez, la empresa recibirá un ingreso equivalente en USD en la misma fecha. Una apreciación de la GBP frente al USD representaría una exposición al riesgo de cambio. El precio actual (marzo) de contrato de futuros con vencimiento en junio es de 1,790 USD/GBP y el estándar negociado son 150.000 GBP por contrato. Si en mayo el tipo *spot* de cambio fuese de 0,530 GBP/USD y el precio a futuro de junio fuese 1,850 USD/GBP, calcular:

a) El número de contratos a negociar por la empresa española.

b) El coste neto de las GBP, teniendo en cuenta la venta de *futuros* en mayo.

SOLUCIÓN

a) Número de contratos:

· 2.000.000 GBP/150.000 GBP = 13,3333: implica 14 contratos, para que quede cubierta la cantidad a pagar; con trece no tendríamos bastante.

Coste de adquisición en marzo:

14 contratos: 150.000 GBP · 1,790 USD/GBP = 3.759.000 USD

b) Coste neto (estrategia en mayo):

Comprar las GBP a tipo *spot* y vender los contratos de *futuros*.

− Coste de adquisición en mayo: 2.000.000 GBP · (1/0,530 GBP/USD) = 3.773.584,91 USD

244

– Ingreso por venta *c. futuros*: 14 · 150.000 GBP · 1,850 USD/GBP = 3.885.000 USD

– Resultado por venta de contratos de *futuros*:

Beneficio *futuros* = Venta – Compra = 3.885.000 – 3.759.000 = 126.000 USD

– Coste neto de compra de las GBP = Coste de adquisición en mayo – Beneficio venta de futuros = 3.773.584,91 – 126.000 = **3.647.584,91 USD**

Resulta menos costoso que si el precio a plazo o *forward* fuese de 1,850 USD/GBP: implicaría un coste de las GBP 2.000.000 · 1,850 = 3.700.000 USD.

Actividad resuelta 8.3

Una empresa abre una cuenta con un *broker* en CME (*Chicago Mercantile Exchange*) el 1 de junio y compra un contrato de futuros en 10.000 francos suizos (CHF) para septiembre a un precio de 0,800 USD/CHF. Un contrato se negocia a 125.000 CHF a futuro estándar y el beneficio o pérdida por un *tick* es de 0,0001 USD/CHF. Esto implica que un vendedor de futuro sobre septiembre ha aceptado la venta de 125.000 CHF a 0,800 USD/CHF, es decir, por un total máximo por contrato de 100.000 USD para entregar en el mes de septiembre. Si el precio de mercado asciende de 0,800 USD/CHF a 0,810 USD/CHF, el incremento de 0,01 CHF equivale a un incremento de 100 puntos. Tal incremento equivale a pasar de 100.000 USD a 101.250 USD; es decir, el incremento de 100 puntos en el precio de mercado repercute en 1.250 USD en el valor de cambio para su entrega en el mes de septiembre. Ello representa una pérdida para el vendedor y una ganancia para el comprador. En cambio, un descenso del tipo de cambio implicaría una situación inversa. Como la compra ha sido por importe de 10.000 USD, un 10% del máximo que tiene derecho por contrato, el incremento anterior habría repercutido en 1.250 · 10% = 125 USD de ganancia para el comprador. **El margen inicial** que exige el *broker* al comprador se establece en un 2% sobre el valor del contrato (125.000 USD · 0,02 = 2.500 USD). Y el *broker* efectuará una **llamada por variación del margen** si el balance de la cuenta cae por debajo de 2.000 USD. Se pide:

a) Completar el cuadro siguiente con las cantidades correspondientes de las tres últimas columnas.

b) El resultado de la operación.

SOLUCIÓN

a) Cuadro operativo:

FECHA	Precio/importe de cierre diario a futuro	Cambio de precio	Beneficio o pérdida	Balance: estado de cuenta
1 de junio Margen inicial	10.000 USD			2.500 USD
2 de junio *Mark-to-market*	9.980 USD	(9.980 – 10.000) **–20**	20 · 12,5 **<250> USD**	2.500-250 **2.250 USD**
3 de junio *Mark-to-market* Llamada variación de margen	9.950 USD	(9.950 – 9.980) **–30**	30 · 12,5 **<375> USD** 625 USD	2.250-375 **1.875 USD** 2.500
4 de junio *Mark-to-market*	9.990 USD	(9.990 – 9.950) **+40**	40 · 12,5 **500 USD**	2.500 + 500 **3.000 USD**
5 de junio Vende el contrato	10.010 USD	(10.010 – 9.990) **+20**	20 · 12,5 **250 USD**	3.000 + 250 **3.250 USD**

b) Resultado de la operación entre los días 1 y 5 de junio:

El valor del *tick* por contrato es: 125.000 CHF · 0,0001 USD/CHF = 12,5 USD

El beneficio obtenido ha sido de 10 puntos básicos: 10.010 USD – 10.000 USD = 10 USD, que traducido a importe total = 10 · 12,5 USD = **125 USD de beneficio**

También se puede obtener por la suma diaria: –250 – 375 + 500 + 250 = 125 USD

8.2 El contrato de opciones

La opción americana es más utilizable en operaciones de especulación y se ajusta poco a operaciones comerciales.

Una opción sobre divisas es un acuerdo entre dos partes, un comprador y un vendedor, por el que se da al mencionado comprador el derecho pero no la obligación de comprar o vender una determinada cantidad de una divisa específica a cambio de otra en una bolsa o mercado a un tipo de cambio fijo, antes de la fecha o en el propio día de expiración de la opción. El tipo de cambio prefijado recibe el nombre de precio de ejercicio (***strike price***).

Las opciones sobre divisas son un instrumento más moderno de cobertura de riesgos de cambio. Sus características más importantes son las siguientes:

1. Corresponde a un derecho opcional de compra futura de una divisa por otra con especificación del tipo de cambio contratado.

2. La opción es adquirida por el comprador al vendedor mediante el pago de un *premio* o *prima*.

3. La opción puede ejercitarse en una fecha futura especificada o durante un período hasta dicha fecha.

4. Constituye una alternativa a los contratos *forward*, en la cobertura de riesgos potenciales en divisas; pudiendo ser más atractivas que éstos cuando existe incertidumbre sobre la materialización de pagos o cobros periódicos o montante total en divisas. También puede utilizarse como medio de especulación y para evitar limitaciones de crédito bancario a la empresa.

Los elementos integrantes de la opción son:

- Divisa subyacente.
- Derecho de compra o venta de la divisa subyacente a cambio de otra.
- Montante de la divisa subyacente.
- Precio de ejercicio (*strike price*).
- Fecha de contrato.
- Fecha de expiración o vencimiento.
- Fecha de liquidación:
    - Último día fecha de vencimiento: **estilo europeo**.
    - Cualquier momento antes fecha de vencimiento: **estilo americano**.
- Prima a pagar por el comprador en función de las anteriores.

Las formas de negociación de las opciones son:

a) Negociación entre el cliente y entidad bancaria directamente, en OTC (*over the counter*, "sobre el mostrador"). Mercados cuyas transacciones se realizan normalmente por teléfono o vía ordenador, sin lugar físico de negociación. Es un tipo de mercado distinto al mercado organizado, que se desarrolla en el *exchange* o bolsa, con el apoyo de un *clearing house* o cámara de compensación.

b) Negociación en el mercado de opciones (*traded options*), que pueden ser revendidas y recompradas en un mercado secundario antes de la fecha de vencimiento. Se diferencia del OTC en la estandarización de sus características cuya negaciación está limitada a las divisas denominadas *fuertes:* $USA, yen y libra esterlina.

8.2.1. Funcionamiento del contrato de opciones

Según podemos ver en la Figura 8.1, el proceso se inicia en el momento o fecha de contrato, cuando el interesado decide comprar o vender una opción, pudiendo optar por dos vías o estilos de opciones, una la europea y otra la americana.

En la opción europea sobre el derecho de compra o venta de una divisa, el titular ejerce o cancela la opción sólo al vencimiento. En cambio, en la opción americana se puede ejercer o cancelar en cualquier otro momento (fecha de ejercicio, fecha de liquidación) y hasta la fecha de vencimiento.

Una diferencia con el seguro de cambio es que éste no se puede anular, salvo que esté justificado, y las diferencias de cambio son para el asegurado, mientras que en las opciones se puede no ejercitar la opción al vencimiento, que sería como una anulación (estilo europeo), y se puede renunciar a la opción en cualquier momento antes del vencimiento (estilo americano). También en el seguro de cambio el cambio a plazo lo fija el banco; en las opciones el cambio lo fija el comprador de la opción.

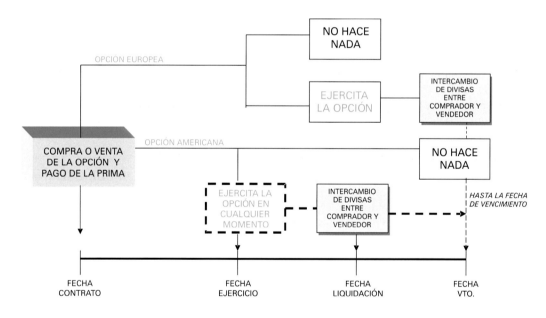

Figura 8.1. **Cronología del proceso operativo de una opción sobre divisas.**

Según dónde sea negociada la opción podemos tener dos precios (tipos de cambio):

1. En OTC será elegido por el cliente, que actúa como comprador, y la entidad bancaria, en calidad de vendedor de la opción, aplicará un premio (*premium* o prima) mayor o menor de acuerdo con el precio elegido o en función de las condiciones específicas de la opción y del mercado de cambios.

2. En la Bolsa, el precio quedará fijado por el libre juego de la oferta y la demanda, estableciendo unos precios por encima o por debajo del pecio del mercado. A cado precio de ejercicio (*strike price*) le corresponde una prima de compra.

Por consiguiente, el precio de ejercicio de una opción de divisas, en comparación con el tipo de cambio en el momento de contratarla, puede dar lugar a cuatro categorías, que son:

a) Precio de ejercicio = tipo *spot* (***at-the-money-spot***) **ATMS**

b) Precio de ejercicio más ventajoso que tipo *spot* (***in-the-money***) **ITM**

Implica una situación de beneficio para el comprador de opción *call.*

c) Precio de ejercicio menos ventajoso que tipo *spot* (***out-of-the-money***) **OTM**

Implica abandono de la opción si el precio de mercado no se mueve favorablemente hacia el precio del ejercicio en una compra de opción *put.*

d) Precio de ejercicio = tipo *forward* (***at-the-money-forward***) **ATMF**

Actividad resuelta 8.4

Una empresa española obtiene una opción de compra por parte de una entidad bancaria (Banco X) para adquirir 1.000.000 $USA a un cambio de 0,850 EUR/USD, con fecha de vencimiento el 30 de diciembre (fecha de ejercitar la opción). Se pide:

a) Analizar las alternativas que tiene la empresa española.

b) Obligaciones de la entidad financiera.

SOLUCIÓN

a) Alternativas del comprador (empresa española)

- *1.ª alternativa (ejercitar la opción):*

  Si el tipo de cambio *spot* del día 30/12 es superior a 0,850 EUR/USD (por ejemplo, 0,950 EUR/USD) implica una apreciación del dólar; por tanto, supone entregar más euros a cambio de dólares, con lo cual al comprador le resultará más económico adquirir el millón de USD de la *opción* que acudir directamente al banco para su compra a tipo *spot*. En conclusión, el comprador *ejercita la opción.*

- *2.ª alternativa (no ejercitar la opción):*

  Si, por el contrario, el tipo de cambio *spot* del día 30/12 es inferior a 0,850 EUR/USD (por ejemplo, 0,750 EUR/USD), ello implica una depreciación del dólar; por tanto, supone entregar menos euros a cambio de dólares, con lo cual al comprador le resultará más económico o rentable adquirir el millón de dólares directamente del Banco a tipo de cambio de contado del día (*spot*). En conclusión, el comprador *no ejercita la opción.*

b) Obligaciones del banco

Si el comprador decide ejercitar la *opción*, la entidad financiera (el banco) está obligada a vender la *opción*, ya sea de compra o de venta. Debe cumplir con el acuerdo de vender (*opción compra*) o de comprar (*opción venta*) de la divisa contratada al tipo de cambio acordado y fijado en el contrato. En caso contrario, la *opción* expira al vencimiento.

8.3 Opciones sobre divisas

Los compradores de opciones son las empresas y los particulares; los vendedores son entidades financieras. En cuanto a los que intervienen y protagonizan el comercio internacional, los importadores compran *call options* y los exportadores compran *put options.*

Una diferencia básica con el seguro de cambio es que en éste se contrae una obligación de cumplimiento y en la opción, un derecho, pero no una obligación. Los objetivos fundamentales que se pretende cubrir en la utilización de cualquier tipo de opciones son los siguientes:

1. Para constituir una alternativa a los contratos *forward* en la cobertura de riesgos de cambio.

2. Una cobertura de riesgos potenciales en divisas: las opciones son más efectivas ante la incertidumbre sobre materialización de pagos o cobros. En especial son más interesantes cuando una empresa ha ofertado un precio para un contrato en divisa extranjera.

3. Una cobertura más amplia que posiciones *forward* de exposición al riesgo, ante montantes de pagos o ingresos en divisa extranjera de bastante incertidumbre.

4. Servir de medio de especulación: debido a la diferencia entre el coste de la opción (*premium*) y el beneficio obtenido de movimientos favorables tipo *spot*, cuando no existe una transacción con riesgos a cubrir.

5. Para evitar limitaciones de crédito bancario a la empresa. Si una empresa no dispone de líneas de crédito bancario suficientes, puede elegir la cobertura de riesgos en divisas mediante contratos de opciones.

8.3.1. Opciones *call* y *put*

La opción *call* u opción de compra confiere a su comprador el derecho de adquirir una cantidad específica de una divisa a cambio de otra.

La opción *put* u opción de venta confiere a su comprador es derecho de vender una cantidad determinada de una divisa a cambio de otra.

El vendedor de una opción *call* deberá vender la divisa al comprador si la opción es ejercitada, mientras que el vendedor de una opción *put* deberá comprar la divisa a su comprador si la opción es ejercitada por éste, en ambos casos al tipo de cambio acordado en la opción.

Actividad resuelta 8.5

Una empresa española concierta una opción *call* europea sobre francos suizos de 1.200.000 CHF contra euros (EUR) a un precio de ejercicio de 0,650 EUR/CHF, con fecha 30 de mayo para el vencimiento de la opción. El premio establecido por la opción es de 10.000 euros. Para dicha fecha (30 de mayo) estimamos que el tipo *spot* cotiza a:

a) 0,680 EUR/CHF
b) 0,580 EUR/CHF

Determinar:

1. Los elementos integrantes de la opción.
2. Análisis de las distintas hipótesis de ejercitar la opción de compra.

SOLUCIÓN

1. Elementos:

1. Divisa subyacente: Franco suizo (CHF)
2. Tipo de opción: *call* (compra)
3. Montante divisa subyacente: 1.200.000 CHF
4. Precio de ejercicio: 0,650 EUR/CHF
5. Fecha de contrato: Cualquiera anterior a la fecha de vencimiento
6. Fecha de liquidación: 30-05-20XX
7. Fecha de vencimiento: 30-05-20XX
8. Premio o prima: 10.000 EUR

2. Análisis de hipótesis:

A) *Hipótesis 1.ª:* Tipo *spot* a 0,680 EUR/CHF > 0,650 EUR/CHF

El precio de ejercicio de la *opción* es más favorable que el tipo *spot*; esto implica que **se ejercita** (ejecuta) la opción al precio de 0,650 EUR/CHF.

Coste de la opción:

+ Adquisición de los CHF: 1.200.000 CHF · 0,650 EUR/CHF .... = 780.000 EUR
+ Prima de la opción (máximo coste) .... = 10.000 EUR
Coste total .... = 790.000 EUR
Coste efectivo unitario = 790.000 EUR/1.200.000 CHF .... = **0,658 EUR/CHF**

Coste compra a tipo *spot* (mercado contado el 30/05):

+ Adquisición de los CHF: 1.200.000 CHF · 0,680 EUR/CHF .... = 816.000 EUR

Conclusión (consecuencias de la opción *call*):

    a) Beneficio obtenido por el comprador (empresa): 816.000 − 790.000 = **26.000 EUR**

    b) Pérdida o coste para el vendedor de la opción (banco)..................... = 26.000 EUR

B) *Hipótesis 2.ª:* Tipo *spot* a 0,580 EUR/CHF < 0,650 EUR/CHF

El precio *spot* del mercado es más favorable que el tipo de ejercicio de la opción; esto implica **no ejercitar** (no ejecutar) la opción de compra y realizar la compra al tipo de contado.

Coste de compra a tipo *spot* (mercado contado al 30/05)

+ Adquisición de los CHF: 1.200.000 CHF · 0,580 EUR/CHF ....= 696.000 EUR
+ Prima de la opción (máxima pérdida)...= 10.000 EUR
Coste total ....= 706.000 EUR
Coste efectivo unitario = 706.000 EUR/1.200.000 EUR ....= **0,588 EUR/CHF**

Coste de la *opción*: El coste total (hipótesis 1.ª) = 790.000 EUR.

Conclusión (consecuencia de la opción *call*):

    a) Pérdida o coste para el comprador-empresa: la "prima"............... = 10.000 EUR
    b) Beneficio para el vendedor (banco): la "prima" .... = 10.000 EUR
    c) Ahorro para el comprador (empresa):

        Beneficio bruto = Coste de la opción − Coste *spot* = 790.000 − 696.000 = 94.000 EUR
        Beneficio neto = Beneficio bruto − Prima de la opción = 94.000 − 10.000 = **84.000 EUR**

Observación: Esta segunda hipótesis sería la más favorable para ambas partes.

La comparación entre las opciones *call* y *put* se observa en el Cuadro 8.2. La posición compradora es asumida por entidades tanto financieras como no financieras. Su principal atractivo reside en que la opción asegura un tipo de cambio en la compra o en la venta de divisas, que puede ser utilizado si su aplicación da como resultado mejores condiciones que las obtenidas en su momento en el mercado *spot* de divisas. También adquiere especial importancia el hecho de que el comprador no esté obligado al ejercicio de la opción.

La posición vendedora de una opción de divisas puede ser asumida por un banco, o, si la opción es del tipo negociado en bolsa, un intermediario de los mercados que negocian alrededor del mundo. El beneficio que puede obtener el vendedor de una opción, ya sea *call* o *put*, es el premio generado en la venta de la opción.

El riesgo que asume el vendedor se centra en que la opción sea ejercitada al *strike price*, por ser éste un precio más favorable para el comprador que el cambio corriente de mercado. Si el diferencial entre ambos precios es mayor que el importe de la prima, se generará una pérdida para el vendedor. El vendedor de una opción estará obligado a comprar o vender la divisa a un tipo menos favorable que el de mercado.

POSICIÓN	OPCIÓN *CALL*	SITUACIÓN/ HIPÓTESIS	OPCIÓN *PUT*	SITUACIÓN/ HIPÓTESIS
COMPRADORA	**COMPRA OPCIONES DE COMPRA** Cliente: Posee la opción y tiene el derecho a ejercerla. Banco: Tiene la obligación de venta.	A) PE < SPOT (**SÍ** ejercita la opción con beneficio) B) PE > SPOT (**NO** ejercita la opción con pérdida de la "prima")	**COMPRA OPCIONES DE VENTA** Cliente: Posee la opción y tiene el derecho a ejercerla. Banco: Tiene la obligación de compra.	A) PE < SPOT (**NO** ejercita la opción con pérdida de la "prima") B) PE > SPOT (**SÍ** ejercita la opción con beneficio)
VENDEDORA	**VENTA OPCIONES DE COMPRA** Cliente: Emite la opción con obligación de venta. Banco: Compra la opción con derecho a ejercer la compra.	A) PE < SPOT (**SÍ** ejercita la opción con pérdida) B) PE > SPOT (**NO** ejercita la opción con beneficio de la "prima")	**VENTA OPCIONES DE VENTA** Cliente: Emite la opción con obligación de compra. Banco: Compra la opción con derecho a ejercer la venta.	A) PE < SPOT (**NO** ejercita la opción con beneficio de la "prima") B) PE > SPOT (**SÍ** ejercita la opción con pérdida de la "prima")

PE: Precio de ejercicio; tipo de cambio que tiene la divisa de la *opción* negociada en la fecha de ejercicio.

CLIENTE: Exportador o importador que realiza el contrato de *opción* con una entidad financiera banco, Caja de ahorros, etc.).

SITUACIÓN/HIPÓTESIS: Resultado para quien tiene el derecho de ejercitar la *opción* tanto de compra como de venta, según PE mayor o menor que el *spot* y posición adoptada (dando lugar a ocho posibles *escenarios* o situaciones).

Cuadro 8.2. **Alternativas según posición de compra o venta de opciones.**

Actividad resuelta 8.6

Los elementos integrantes de una *opción* referente a una exportación son:

1. Divisa subyacente: Franco suizo (CHF)

2. Tipo de opción: PUT (venta)

3. Montante divisa subyacente: 1.200.000 CHF

4. Precio de ejercicio: 0,650 EUR/CHF

5. Fecha de contrato: Cualquiera anterior a la fecha de vencimiento.

6. Fecha de liquidación: 90 días (estilo europeo)

7. Fecha de vencimiento: 90 días

8. Premio: 0,01 EUR/CHF

Determinar el análisis del derecho a ejercitar la opción para un tipo *spot* en fecha de vencimiento, según hipótesis:

a) 0,680 EUR/CHF

b) 0,580 EUR/CHF

SOLUCIÓN

- Análisis de hipótesis:

A) *Hipótesis 1.ª:* Tipo *spot* a 0,680 EUR/CHF > 0,650 EUR/CHF

En este caso el cliente exportador posee la opción *put* y **no ejerce la opción**, con pérdida de la prima.

Venta en el mercado *spot*:

+ Recibido por venta CHF = 1.200.000 CHF · 0,680 EUR/CHF = 816.000 EUR

− Coste de la "prima" de la opción = 0,01 EUR/CHF · 1.200.000 CHF = <12.000> EUR

Total neto recibido = 804.000 EUR

Venta de la opción:

+ Recibido por venta *put* CHF: 1.200.000 CHF · 0,650 EUR/CHF = 780.000 EUR

- Coste de la "prima" de la opción .... = <12.000> EUR

Total neto recibido = 768.000 EUR

Conclusión:

a) Pérdida para el cliente exportador: la "prima" .... = 12.000 EUR

b) Beneficio para el banco: la "prima" .... = 12.000 EUR

c) Beneficio neto para el cliente exportador = 804.000 − 768.000 .... = **36.000 EUR**

B) *Hipótesis 2.ª:* Tipo *spot* a 0,580 EUR/CHF < 0,650 EUR/CHF

En este caso el cliente exportador, al poseer la opción, **sí ejerce la opción**, obteniendo un beneficio mayor que en la hipótesis 1.ª

Venta de la opción:

+ Recibido por venta *put* CHF: 1.200.000 CHF · 0,650 EUR/CHF .. = 780.000 EUR

− Coste de la "prima" de la opción .... = <12.000> EUR

Total neto recibido = 768.000 EUR

Venta en el mercado *spot*:

+ Recibido por venta CHF = 1.200.000 CHF · 0,580 EUR/CHF = 696.000 EUR

− Coste de la "prima" de la opción = 0,01 EUR/CHF · 1.200.000 CHF = <12.000> EUR

Total neto recibido = 684.000 EUR

Conclusión:

a) Beneficio para el banco: la "prima" .... = 12.000 EUR

b) Beneficio neto para el cliente exportador = 768.000 − 684.000 .... = **84.000 EUR**

8.4 El premio de una opción

El propio importador o exportador que adquiere la opción es quien negocia y fija el precio a que quiere adquirir o vender determinada divisa en un día concreto. Este tipo de cambio de la opción se denomina *strike price*. En función del cambio fijado, el adquirente tiene que pagar una prima al banco vendedor. Esta prima se paga en el momento de la adquisición y también recibe el nombre de *premium* o prima.

Al pagar una prima, el coste definitivo de una opción es *prima + lucro cesante*, entendiendo por lucro cesante el rendimiento que se hubiera obtenido por una colocación alternativa del dinero pagado por la prima.

La prima de la opción se paga al comprar una opción y se cobra al venderla, y es el precio que se cobra o paga por tener el derecho de ejercer o no la opción en una determinada fecha. Ésta es otra diferencia fundamental con el seguro de cambio, en el cual no se paga nada en concepto de desembolso inicial (salvo la comisión bancaria), y en la opción se paga una prima por adelantado.

El premio, *premium* o prima aumentará en razón directa a las opciones con mayores posibilidades de ser ejercitadas. Al igual que el precio del ejercicio, según dónde sea negociada la opción se pueden obtener distintos premios:

En OTC, los términos de la opción que incluyen los premios son negociados entre comprador y vendedor. El banco que actúa de vendedor especificará el premio que demanda la opción, pudiendo negociar el premio en función de distintos precios de ejercicio, o según el estilo europeo o americano. En la bolsa, los premios son los cotizados por efecto de las dobles subastas entre compradores y vendedores. El montante del premio o prima depende de varios factores:

a) De los tipos de interés de ambas divisas.

b) Del tipo de cambio al que ejercitar la opción, respecto al tipo corriente de mercado.

c) De la volatilidad implícita del tipo de cambio entre las dos divisas.

d) Del período de tiempo hasta la fecha de vencimiento.

e) Del estilo de la opción.

Para la determinación de la prima se utilizan diversos modelos matemáticos, realizando estudios de ofertas de otras entidades, comparando cotizaciones o bien basándose en la teoría de precios de las opciones, que busca establecer como operarían los factores anteriores en las opciones, o la teoría de las opciones, que asume dos componentes en el premio o prima. El valor temporal y el valor intrínseco de la opción.

El **valor intrínseco** es la diferencia entre el precio del ejercicio de una opción y el tipo *spot* de cambio corriente. Únicamente existe valor intrínseco cuando la opción está ITM (in-the-money).

El **valor temporal** es la expresión de aquellos factores que pueden incrementar la probabilidad de que la opción sea ejercitada en el tiempo, antes de su expiración, generando un beneficio para el comprador.

Actividad resuelta 8.7

Los elementos integrantes de una *opción* referente a un importador español son:

1. Divisa subyacente: Dólar USA (USD)

2. Tipo de opción: *call* (compra)

3. Montante divisa subyacente: 1.000.000 USD
4. Precio de ejercicio: 0,950 EUR/USD
5. Fecha de contrato: 1 de abril
6. Fecha de vencimiento: Tres meses
7. Fecha de liquidación: Estilo europeo
8. Premio: 10.000 EUR

Determinar el análisis del derecho a ejercitar la opción para un tipo *spot* de cotización estimado en fecha de vencimiento:

a) 1,05 EUR/USD

b) 0,925 EUR/USD

SOLUCIÓN

- *Hipótesis a):* El tipo *spot* 1,05 EUR/USD > 0,950 EUR/USD

  Al ser el precio de ejercicio de la opción menor, es más favorable que el tipo *spot*, por lo que la empresa ejercitará la opción, comprando los dólares USA a 0,950 EUR/USD.

  Coste de la opcion:

  + Adquisición de los USD: 1.000.000 USD · 0,950 EUR/USD   = 950.000 EUR

  + Prima de la opción (máximo coste) .... =   10.000 EUR

  Coste total.. = 960.000 EUR

  Coste efectivo unitario = 960.000 EUR/1.000.000 USD = **0,960 EUR/USD**

  Coste de compra mercado *spot*:

  + Adquisición de los USD: 1.000.000 USD · 1,05 EUR/USD = 1.050.000 EUR

  Conclusión (consecuencias de la *call option*):

  a) Beneficio obtenido por el cliente comprador = 1.050.000 − 960.000 = **90.000 EUR**

  b) Pérdida o coste para el vendedor de la opción (banco) = 90.000 EUR

- *Hipótesis b):* El tipo *spot* 0,925 EUR/USD < 0,950 EUR/USD

  El precio *spot* del mercado es más favorable que el tipo de ejercicio de la opción, por lo que no se ejercitará.

  Coste de compra mercado *spot*:

  + Adquisición de los USD: 1.000.000 USD · 0,925 EUR/USD   = 925.000 EUR

  + Premio o prima de la opción.. =   10.000 EUR

  Coste total.. = 935.000 EUR

  Coste efectivo unitario de la divisa = 935.000 EUR/1.000.000 USD = **0,935 EUR/USD**

  Coste de la opción = Coste total (hipótesis a) = 960.000 EUR

  Conclusión (consecuencias de la *call option*):

  a) Coste para el cliente comprador: la "prima" .... = 10.000 EUR

  b) Beneficio para el vendedor de la opción (banco): la "prima" = 10.000 EUR

Actividad resuelta 8.8

Expotransit, S.L. emite o vende una *put option* (en enero) al Banco X, S.A. sobre GBP, ya que prevé una tendencia al alza de cotización EUR/GBP durante los tres próximos meses. Los elementos de la opción son:

1. Divisa subyacente: Libra esterlina (GBP)
2. Tipo de opción: *put* (venta)
3. Montante de la divisa subyacente: 1.000.000 GBP
4. Precio de ejercicio: 1,4384 EUR/GBP
5. Fecha de vencimiento: Abril
6. Fecha de liquidación: Estilo europeo
7. Prima o premio: 10.000 EUR

Si la cotización de mercado (*spot*) a 30 de abril fuese de 1,4284 EUR/GBP, determinar el resultado para ambas partes (Expotransit, S.L. y Banco X).

SOLUCIÓN

En principio, al ser el precio de ejercicio de la opción 1,4384 EUR/GBP mayor que el tipo *spot* de mercado a 1,4284 EUR/GBP, interesaría a priori ejercer la opción *put*; no obstante, conviene realizar los cálculos oportunos y estudiar la operación, ya que si el banco ejercita la opción con derecho a venta de la divisa, Expotransit, S.L. está obligada a comprarla.

- Resultado para el banco:

    Ejerce la opción:

    + Venta de las GBP: 1.000.000 GBP · 1,4384 EUR/GBP = 1.438.400 EUR

    − Premio o prima... = < 10.000> EUR

    Total neto recibido.. = 1.428.400 EUR

    No ejerce la opción:

    + Venta de las GBP a tipo *spot*: 1.000.000 · 1,4284 .... = 1.428.400 EUR

    Beneficio para el banco = 1.428.400 − 1.428.400 = 0 (*nulo*)

- Resultado para Expotransit, S.L.: También será nulo.

Por tanto, al cubrir la prima la diferencia de precios de la divisa, le será indiferente ejercer o no la opción: se obtiene el mismo montante en euros.

Si comparamos las opciones y los *forwards* en divisas, vemos que la diferencia primordial es el pago de la prima por adelantado en el momento de adquirir o firmar el contrato de opciones; en un contrato *forward* no se paga prima. Para más diferencias véase el Cuadro 8.3.

La prima o premio se expresa como una fracción monetaria de cada unidad de divisa negociada en la opción o como un porcentaje del montante.

- Hipótesis 1.ª: Si el tipo de cambio *spot* USD/GBP es de 1,2550 USD y el premio para un contrato *forward* a un año es 0,0250 USD, el tipo de cambio para un contrato *forward* sería:

    1,2550 − 0,0250 = 1,2300 USD/GBP.

Una opción USD en ATMF (*at-the-money-forward*) tendrá como precio de ejercicio 1,2300 USD/GBP.

• Hipótesis 2.ª: Si el tipo de cambio *spot* USD/GBP es de 1,2550 USD y el descuento para un contrato *forward* a un año es de 0,038 USD, el tipo de cambio para un contrato *forward* sería de:

$$1,2550 + 0,038 = 1,293 \text{ USD/GBP}$$

Una opción USD en ATMF tendría como precio de ejercicio 1,293 USD/GBP, siendo la **prima una fracción de 3,80 centavos** de USD por cada GBP negociado. Para un contrato de opción de 250.000 USD contra GBP la prima sería de:

$$250.000 \cdot 0,038 = 9.500 \text{ USD}$$

que expresada en porcentaje será del 3,8% sobre el montante del contrato.

OPCIONES	FORWARDS
Acuerdo individual entre banco y cliente, o compraventa en bolsa.	Acuerdo entre banco y cliente.
Acuerdo entre comprador y vendedor (puede ser una entidad bancaria)	Acuerdo entre banco y cliente
La opción es adquirida por el comprador al vendedor, mediante **el pago de un PREMIO o PRIMA**.	**No se paga PRIMA**. El beneficio bancario se obtiene del diferencial entre la compra y la venta de la divisa.
Se especifica el tipo de cambio contratado.	El tipo de cambio es fijo, basado en el **TIPO SPOT + DESCUENTO o TIPO SPOT − PREMIO**.
Corresponde a un derecho opcional de compra futura de una divisa por otra.	Contrato en firme de compra futura de una cantidad de divisa por otra.
El ejercicio de una opción requiere la previa notificación del comprador al vendedor de la misma.	La liquidación de un contrato *forward* debe ser realizada por ambas partes.
La opción puede ejercitarse en una fecha futura especificada o durante un período hasta dicha fecha.	Corresponde a una fecha fija futura o cualquier momento entre dos fechas futuras especificadas.
Existen **dos modalidades *call* y *put*** con doble alternativa de compra y venta.	Sólo hay **una opción de contrato** a plazo del tipo de cambio.
En el momento de ejercitar la opción pueden ser al estilo *europeo* o *americano*.	Sólo hay un momento de ejercer el contrato.

Cuadro 8.3. **Comparación de instrumentos de cobertura del tipo de cambio.**

Actividad resuelta 8.9

Un exportador nacional va a recibir 100.000 USD dentro de tres meses.

Tipo *spot* (contado) .... 0,752 EUR/USD

Cotización del seguro de cambio .... 0,780 EUR/USD

El exportador quiere recibir dólares USA a 0,750 EUR/USD, por lo cual negocia una *put option* (opción de venta) a 0,750 EUR/USD. El banco vendedor le cobra una **prima del 2,25%** sobre el montante. Se pide analizar el derecho a ejercitar la opción para las siguientes hipótesis:

a) Opción europea con tipo *spot* (mercado contado) el día del vencimiento de la opción de 0,800 EUR/USD.

b) Opción europea con tipo *spot* (mercado contado) el día del vencimiento de la opción de 0,700 EUR/USD.

c) Opción americana con tipo *spot* a los 30 días de la compra de 0,790 EUR/USD, pagando una prima de 0,017 euros.

SOLUCIÓN

Hipótesis a): Resultado obtenido de opción europea

Coste de la opción:

+ *Strike price* (precio ejercicio venta dólares) .... 0,750 EUR/USD

+ Coste de la prima (0,752 EUR/USD · 0,0225) ...... 0,01692 EUR/USD

Total = 0,750 + 0,01692 = 0,76692 EUR/USD

Resultado unitario = tipo *spot* día vencimiento (ejercita opción) – coste opción

Resultado unitario = 0,800 EUR/USD − 0,76692 EUR/USD = **0,03308 EUR/USD** (implica un beneficio)

Beneficio total = 100.000 USD · 0,03308 EUR/USD = **3.308 EUR**

Conclusión: sí ejercita la opción.

Hipótesis b): Resultado obtenido de opción europea

Resultado unitario = tipo *spot* día vencimiento (ejercita opción) – coste opción

Resultado unitario = 0,700 EUR/USD − 0,76692 EUR/USD **= −0,06692 EUR/USD** (implica una pérdida)

Conclusión: no ejercita la opción y venderá los dólares a 0,700 EUR/USD.

Hipótesis c): Resultado obtenido de opción americana

Coste de la opción:

+ *Strike price* (precio ejercicio venta dólares) .... 0,750 EUR/USD

+ Coste de la prima antes fecha vencimiento .... 0,017 EUR/USD

Total = 0,750 + 0,017 = 0,767 EUR/USD

Resultado unitario = tipo *spot* **anterior** vencimiento (ejercita opción) – coste opción

Resultado unitario = 0,790 EUR/USD − 0,767 EUR/USD **= 0,023 EUR/USD** (implica un beneficio)

Beneficio total = 100.000 USD · 0,023 EUR/USD = **2.300 EUR**

Conclusión: sí ejercita la opción.

Tanto en el caso de la opción europea como en el de la americana el riesgo que se corre viene dado por el importe satisfecho por la prima.

Contrato de futuros

8.1 Hoy miércoles, un inversor compra en el CBE (*Chicago Board Exchange*) un contrato de futuros en libras esterlinas con vencimiento el viernes próximo. Dadas las cotizaciones de cierre diarias, determinar las pérdidas o ganancias diarias (*mark-to-market*) generadas por este contrato. Normalización del contrato 125.000 $USA. Datos:

- Miércoles: Compra contrato futuro: 1,920 USD/GBP
- Cierre miércoles: Precio del futuro: 1,940 USD/GBP
- Cierre jueves: Precio del futuro: 1,925 USD/GBP
- Cierre viernes: Precio del futuro: 1,910 USD/GBP

8.2 Una empresa adquirió dos contratos de futuros USD/EUR para el mes de junio a 1,228 USD/EURO; cada contrato se negocia a 100.000 euros a futuro. Suponiendo que antes de junio cierra su posición mediante la venta de los dos contratos a 0,875 EUR/USD, determinar el beneficio o la pérdida obtenida.

Contrato de opciones

8.3 Una empresa española espera recibir 100.000 $USA dentro de tres meses, producto del cobro de una exportación. Para cubrirse de una posible apreciación del euro, decide adquirir opciones, con la información que se adjunta. Determinar los resultados obtenidos ante una apreciación del euro (depreciación del $USA) en el mes de julio para la empresa española.

- Mayo: tipo de cambio *spot*: 0,850 EUR/USD
- Montante: 100.000 $USA
- Precio de ejercicio: 0,950 EUR/USD
- Vencimiento: septiembre
- Prima opción venta: 0,50 euros por dólar
- Opción *put*.
- Julio: tipo de cambio *spot*: 0,990 EUR/USD
- Prima opción de venta: 0,90 euros por dólar

8.4 Exporesol, S.A. emite o vende una opción *call* al Crédit Lyonnais sobre francos suizos ya que prevé un descenso de cotización EUR/CHF en los próximos tres meses. Los elementos de la opción son:

- Divisa subyacente: franco suizo
- Montante: 1.000.000 CHF
- Precio ejercicio: 0,650 EUR/CHF
- Fecha vencimiento: junio/20XX
- Prima: 1.000 euros

Si la cotización *spot* a finales de junio fuese de

1. 0,850 EUR/CHF
2. 0,575 EUR/CHF

Se pide:

a) Actuación del banco para cada caso.
b) Resultados para ambos.

8.5 Exporesol, S.A. emite o vende una opción *put* al Crédit Lyonnais sobre francos suizos, ya que prevé una tendencia al alza de cotización EUR/CHF durante la vida de la opción. Los elementos de la opción son los mismos del ejercicio anterior, excepto que es una venta de opción *put*. Teniendo en cuenta las mismas hipótesis de mercado, determinar la actuación del banco y el resultado para ambos.

Actividades de Refuerzo

8.1 Una empresa adquirió en marzo diez contratos de futuros USD/GBP para el mes de junio a 1,905 EUR/GBP. Cada contrato se negocia a 125.000 GBP a futuro, estándar o tipo. Suponiendo que en mayo cierra su posición mediante la venta de los diez contratos a 1,910 EUR/GBP, determinar el beneficio o la pérdida obtenida.

8.2 Una empresa adquirió en marzo quince contratos de futuros USD/EUR para el mes de junio a 1,225 USD/EUR. Cada contrato se negocia a 125.000 euros a futuro estándar o tipo. Suponiendo que en mayo cierra su posición mediante la venta de los diez contratos a 0,790 EUR/USD, determinar el beneficio o la pérdida obtenida.

8.3 Impogest, S.A. emite o vende una opción *put* (en febrero) al BBKA, S.A. sobre $USA, ya que prevé una tendencia al alza de cotización EUR/USD durante los próximos dos meses. Los elementos de la opción son:

- Divisa subyacente: dólar USA (USD)
- Montante: 1.000.000 $USA
- Opción *put*
- Precio ejercicio: 0,860 EUR/USD
- Fecha vencimiento: abril/20XX
- Prima (premio): 1.000 EUR

Si la cotización de mercado (*spot*) a 30-04-2005 fuese de 0,875 EUR/USD, se pide:
- Actuación del BBKA, S.A. (justificación)
- Resultado para ambos

8.4 Impogest, S.A. emite o vende una opción *call* (en febrero) al BCHSS, S.A. sobre $USA, ya que prevé una tendencia a la baja de cotización EUR/USD durante los próximos dos meses. Los elementos de la opción son:

- Divisa subyacente: Dólar USA
- Montante: 1.000.000 $USA
- Opción *call*
- Precio ejercicio: 0,860 EUR/USD
- Fecha vencimiento: abril /20XX
- Fecha liquidación: marzo/20XX
- Prima (premio): 1.000 EUR

Si la cotización de mercado (*spot*) a 30-04-20XX fuese de 0,845 EUR/USD, se pide:
- Actuación del BCHSS, S.A. (justificación)
- Resultado para ambos

8.5 Una empresa exportadora española cierra una operación comercial con un importador de EE.UU. por valor de 100.000 $USA a cobrar en tres meses. Dispone de la siguiente información:

- Tipo de cambio *spot* (hoy): 1,1235 EUR/USD
- Tipo de cambio *spot* (1 mes) hipótesis: 1,1245 EUR/USD
- Tipo de cambio *spot* (2 meses) hipótesis: 1,1250 EUR/USD
- Tipo de cambio *spot* (3 meses) hipótesis: 1,4205 EUR/USD
- Tipo de cambio contrato *forward* (3 meses): 1,1305 EUR/USD
- Tipo interés euro (euribor): 2,75%-3,25% anual (depósito-préstamo)
- Tipo interés dólar (libor): 3,25-4,25% (depósito-préstamo)
- Contrato de futuro a 50.000 USD (estándar), a tres meses a un precio de 1,1325 EUR/USD.
- Contrato de *call option*, con los siguientes elementos:
  − Montante: 100.000 USD
  − Precio de ejercicio: 1,1375 EUR/USD
  − Vencimiento: 3 meses
  − Fecha de liquidación: estilo europeo (último día fecha vencimiento)
  − Prima opción: 2,01 euros por dólar.

Determinar:

a) Las posibles alternativas y elección de la mejor en el supuesto de que el exportador en cuestión necesite financiación hoy.

b) Las posibles alternativas y elección de la mejor en el supuesto de que el exportador en cuestión pueda esperar a la fecha de cobro de la exportación.

8.1 Realizar un análisis mediante un esquema-resumen del contenido de la Figura 8.2 sobre opciones financieras, en tratamiento de textos Word o similar.

LAS OPCIONES FINANCIERAS

● QUÉ ES Y EN QUÉ CONSISTE

Una opción es un contrato por el que el comprador adquiere el derecho, pero no la obligación, de comprar o vender un activo («activo subyacente»), a un precio determinado («precio de ejercicio») en una fecha futura. Si este derecho se puede ejercer sólo en la fecha de vencimiento del contrato, la opción es de tipo europeo, y si se puede ejercer en cualquier momento durante la vida del mismo, la opción es de tipo americano.

En una opción de compra (opción call), el comprador adquiere el derecho de comprar (y el vendedor la obligación de vender) el activo subyacente. El comprador de una «call» ejercerá su opción sólo si el precio del subyacente es mayor que el precio de ejercicio. El beneficio para el comprador (pérdida para el vendedor) será la diferencia entre el precio del subyacente y el precio de ejercicio y, por tanto, puede ser ilimitado.

Al comprar una «call» pagamos una prima con la esperanza de que un incremento en el precio del subyacente nos genere unos beneficios superiores. Al vender una «call» ingresamos la prima y esperamos que los precios no suban demasiado y no se generen pérdidas. En el gráfico se muestran los beneficios o pérdidas en los que incurriríamos al comprar una opción call sobre Telefónica según evolucione la cotización de la acción.

En una opción de venta (opción put) el comprador adquiere el derecho de vender (y el vendedor la obligación de comprar) el activo subyacente. El comprador de la «put» ejercerá su opción sólo si el precio del subyacente es menor que el precio de ejercicio.

El beneficio para el comprador (pérdida para el vendedor) será la diferencia entre el precio de ejercicio y el precio del subyacente. En este caso el beneficio sí está limitado: será máximo (igual al precio de ejercicio) cuando el precio del subyacente sea cero. La compra de «puts» actúa como la compra de un seguro frente a una bajada del precio del subyacente. La venta de «puts» supone el ingreso de unas primas con la esperanza de que el precio

del subyacente no baje mucho o demasiado (es decir, que las opciones no sean ejecutadas).

● CÓMO SE MIDE EL VALOR DE UNA OPCIÓN

El valor de una opción viene determinado por la suma de su valor intrínseco y su valor temporal. El valor intrínseco es el valor que tendría la opción si se ejerciese hoy.

Para opciones «call» será la diferencia entre el precio actual del subyacente y el precio de ejercicio de la opción. Según esta diferencia sea negativa, cero, o positiva se dice que la «call» está «fuera del dinero» (out-of-the-money), «en dinero» (at-the-money), o «dentro del dinero» (in-the-money), respectivamente.

Cinco variables

El valor temporal de una opción mide la posibilidad de que los precios se muevan favorablemente antes del vencimiento de la opción, y será tanto mayor cuanto mayor sea la variabilidad (volatilidad) del precio del subyacente. La prima de la opción se calcula en función

de cinco variables: Precio de ejercicio, precio del subyacente, tiempo hasta vencimiento, tipo de interés y volatilidad del precio del subyacente. Todas estas variables son directamente observables en el mercado, excepto la volatilidad, que se puede estimar utilizando datos históricos o implícitamente.

Las variaciones que se producen en el precio de una opción al cambiar las variables de las que depende se miden mediante las «griegas» de la opción. La más importante es la Delta de la opción que mide la variación del valor de la opción con el precio del subyacente. Gamma nos da la variación de Delta con el precio del subyacente. Finalmente, Theta y Vega miden cuánto varía la prima de la opción con la fecha de vencimiento y la volatilidad, respectivamente.

Las opciones se negocian en mercados no organizados (mercado OTC) y en mercados organizados. En España, el mercado oficial de opciones (y futuros) es el Mercado Español de Futuros Financieros, MEFF S.A., quien realiza a la vez las funciones propias del mercado y las funciones de cámara de compensación.

En la actualidad, se negocian opciones sobre acciones (BBV, Endesa, Iberdrola, Repsol, y Telefónica), opciones sobre el IBEX 35 y opciones sobre el bono nacional a tres y diez años, y el MIBOR 90.

COMPRA DE UNA OPCIÓN CALL SOBRE TELEFÓNICA
Cotización 1.970, precio ejercicio 2.100, vencimiento 3 meses, prima 65

(gráfico: BENEFICIOS frente a Cotización de telefónica al vencimiento)

● UTILIDAD DE LAS OPCIONES

Las opciones son los productos financieros que mejores posibilidades de cobertura ofrecen, ya que pueden eliminar los riesgos de pérdidas en las posiciones de partida preservando el potencial de beneficios. Para ello el comprador de la opción ha de pagar una prima que, en ocasiones, puede representar un porcentaje importante del nominal del contrato. La cobertura de una posición compradora en el subyacente se realiza mediante la compra de opciones «put». Cuando el precio del subyacente baja, lo que perdemos en el activo se ve compensa con la ganancia en el valor de la opción.

Sin embargo, cuando el precio del subyacente sube, lo que ganamos en el activo sólo se ve reducido por la prima que pagamos al comprar la «put», ya que la opción no sería ejercida por su comprador. De forma análoga, la cobertura de una posición vendedora en el subyacente se realiza comprando opciones «call». Para reducir el coste de la cobertura de una cartera se utilizan estrategias mixtas. La compra de «puts» se puede financiar mediante la venta de «calls» (de precio de ejercicio superior). Las opciones son también unos instrumentos extremadamente útiles para la especulación.

Partiendo de las cuatro posiciones básicas, (comprar o vender calls y comprar o vender una puts) podemos generar una gran variedad de combinaciones (estrategias) que serán más o menos apropiadas según las expectativas del inversor: spread alcista (bull spread), spread bajista...

● CONCLUSIÓN

Las opciones son unos de los exponentes más claros del proceso de innovación financiera que estamos viviendo. Desde su aparición en los mercados organizados, hace casi 25 años, su desarrollo ha sido espectacular, convirtiéndose en instrumentos fundamentales para la gestión de carteras y coberturas de riesgos.

Javier FERNÁNDEZ NAVAS
(Profesor del Instituto de Empresa)

Figura 8.2. **Opciones de compra y venta** (*call–put*) (**fuente:** *ABC*).

Cuestionario de repaso-recordatorio **Bloque II**

BII.1 Un mercado financiero OTC (*over-the-counter*) es aquel donde:

a) Se negocian contratos relativos a instrumentos financieros en el mostrador del banco

b) Mercado financiero sin localización espacial concreta

c) Ninguno de los dos

BII.2 La cotización directa (o cotización volumen) se forma relacionando:

a) Cantidad de moneda nacional por unidad de moneda extranjera

b) Cantidad de moneda extranjera por unidad de moneda nacional

c) La suma de ambas

BII.3 La cantidad de unidades monetarias a entregar para recibir una unidad de otra moneda es:

a) El balance comercial

b) Menor en países con alta tasa de inflación

c) El tipo de cambio

d) Una función de economía más de las variables políticas

BII.4 La cotización de divisas válida para entregas dentro de dos días hábiles es:

a) Tipo de cambio a plazo

b) Tipo de cambio contado

c) Cotización directa

d) Tipo de cambio cruzado

BII.5 La cotización de divisas válida para entregas más allá de los dos días de la fecha es:

a) Probablemente muy incorrecta

b) Una transacción interbancaria

c) Tipo de cambio contado

d) Tipo de cambio a plazo

BII.6 El tipo de cambio a plazo:

a) No debe tenerse en cuenta si el tipo de cambio contado esperado en el futuro es significativamente distinto del tipo de cambio a plazo

b) Es el tipo de cambio que da un exportador a un importador para fijar el precio de operaciones futuras

c) Es el tipo de cotización que regirá para la entrega de divisas en el futuro

d) Es igual al tipo de cambio contado futuro o esperado

BII.7 La diferencia entre los tipos de cambios *bid* y *ask* es:

a) Que el tipo de cambio *bid* es el tipo de venta y el *ask* el tipo de compra

b) El margen sobre el que se obtendrá un beneficio en cualquier operación

c) Fijada por el exportador

d) Normalmente lo fija el operador comprando a un precio elevado y vendiendo a bajo precio

BII.8 El tipo de cambio cruzado:

a) Es el tipo de cambio de dos divisas calculadas desde sus valores en dólares

b) Es el cálculo de los tipos de cambio según se trate de economías de mercado o planificadas

c) Pueden calcularse sólo dos tipos de cambios a plazo

BII.9 El diferencial entre el tipo de cambio de contado y a plazo es siempre:

a) Positivo

b) Negativo

c) Independiente del tipo de cambio a plazo

d) La diferencia entre el tipo de cambio de contado y a plazo

BII.10 ¿En cuál de los siguientes mercados financieros se da el mayor
volumen de transacciones en divisas?

a) Nueva York

b) Tokio

c) Hong Kong

d) Londres

BII.11 Los *brokers* de divisas:

a) Intercambian sólo con otros *brokers*

b) No pueden operar directamente en los Mercados Financieros Internacionales

c) Facilitan los intercambios entre bancos

d) Trabajan en bancos comerciales

BII.12 Una divisa fuerte:

a) Es relativamente difícil de convertir

b) Opera fuera del control de las autoridades administrativas

c) Es por lo general convertible de residentes a no residentes

d) Es por lo general convertible sólo entre no residentes

BII.13 Las monedas que operan normalmente fuera del control de las autoridades de control son:

a) Monedas fuertes

b) Monedas con tipo de cambio fijo

c) Monedas no paralelas

d) Monedas del mercado negro

BII.14 Comprar y vender una divisa obteniendo un beneficio debido a la diferencia de precios es:

a) Un *swap*

b) Un arbitraje

c) Una cobertura de riesgo

BII.15 Operar en el mercado a plazo con la intención de minimizar las pérdidas potenciales producidas por esos tipos de cambios es:

a) Especular

b) Hacer arbitraje

c) Simplemente una operación comercial

d) Una cobertura de riesgo

BII.16 La relación entre la tasa de inflación y los tipos de cambio se conoce como:

a) Efecto Fisher

b) Efecto Fisher Internacional

c) La teoría de la paridad del poder adquisitivo

d) Efecto Heckscher-Ohlin

BII.17 La relación entre la tasa de inflación y los tipos de interés se conoce como:

a) Efecto Fisher

b) Efecto Fisher Internacional

c) La teoría de la paridad del poder adquisitivo

d) Efecto Heckscher-Ohlin

BII.18 La relación entre los tipos de interés y los tipos de cambio se conoce como:

a) Efecto Fisher

b) Efecto Fisher Internacional

c) La teoría de la paridad del poder adquisitivo

d) Efecto Heckscher-Ohlin

BII.19 Las opciones *europeas* y *americanas* se negocian en las diferentes plazas financieras mundiales, por lo que su acepción geográfica no tiene gran sentido.

a) Verdadero

b) Falso

c) Se separan geográficamente de las *asiáticas*

BII.20 Una opción *put* está *in-the-money* cuando:

a) El precio de ejercicio es superior al precio de contado al vencimiento

b) El precio de ejercicio es superior al precio de contado en el momento de la contratación

c) El precio de ejercicio es inferior al precio de contado en el momento de la contratación

BII.21 Una *call option* está *in-the-money* cuando el precio de mercado del activo (divisa) subyacente es:

a) Igual al precio de ejercicio

b) Superior al precio de ejercicio

c) Inferior al precio de ejercicio

BII.22 Cuando el precio del activo (divisa) subyacente aumenta, la prima de la opción de compra generalmente:

a) Aumenta

b) Disminuye

c) Se mantiene constante

BII.23 Si el euro se vende a 1,85 EUR/USD y el CHF (franco suizo) a 1,53 CHF/USD, el tipo de cambio cruzado es:

a) 1,208 EUR/CHF

b) 0,830 EUR/CHF

c) 8,300 EUR/CHF

d) 1,204 EUR/CHF

BII.24 Las monedas que los residentes de un país pueden cambiar por monedas de otros países es una:

a) Moneda del mercado negro

b) Moneda convertible

c) Moneda fuerte

d) Moneda flotante

BII.25 Si el tipo de cambio a plazo de una determinada divisa es superior al tipo de cambio de contado, dicha divisa se está vendiendo en el mercado a plazo con:

a) Premio (prima)

b) Descuento

c) Tipo cruzado

d) Margen cero

BII.26 Si el tipo de cambio a plazo de una determinada divisa es inferior al tipo de cambio de contado, dicha divisa se está vendiendo en el mercado a plazo con:

a) Premio (prima)

b) Descuento

c) Tipo cruzado

d) Margen cero

BII.27 Si se posee una cartera de obligaciones a tipo fijo, y los tipos de interés evolucionan al alza, se debería:

a) Comprar contratos de futuros

b) Vender contratos de futuros

c) No comprar ni vender

BII.28 Se anuncia una inversión a tipo fijo dentro de tres meses. Para cubrirse, se debe:

a) Vender contratos de futuros

b) Comprar contratos de futuros

c) No comprar ni vender

BII.29 El término "volatilidad" de una divisa significa:

a) Frecuencia de las fluctuaciones u oscilaciones del precio de un activo financiero (divisa)

b) Una calificación crediticia

c) Determinación del tipo de cambio fijo del día

BII.30 El término *spread* de una divisa, significa:

a) La diferencia entre el precio de compra y el precio de venta de un activo (divisa)

b) Precio de compra o demanda de una divisa

c) Principal índice de la Bolsa de Nueva York

Bloque III

Alternativas de financiación y seguro de crédito a la exportación

Modalidades financieras de operaciones de comercio exterior

Introducción

Las empresas, en sus actividades de comercio exterior, pueden acudir a entidades financieras privadas u organismos públicos y optar por financiaciones vinculadas a operaciones comerciales (financiación comercial), es decir, importaciones y exportaciones de mercancías y servicios o financiación pura no ligada a ninguna operación comercial.

La financiación comercial tiene como soporte una operación de intercambio de un producto concreto cuya compraventa da lugar a una facturación y un pago o cancelación en los plazos adecuados de la misma a través del crédito solicitado. Al actuar distintos países y monedas da lugar a una combinación entre la facturación y financiación. El determinar la alternativa más ventajosa o interesante desde el punto de vista importador o exportador nacional será el objeto de estudio y análisis de esta unidad.

Contenido

Objetivos

▶ *Comprender y dominar el concepto de financiación y su aplicación en operaciones internacionales.*

▶ *Discernir correctamente la financiación de importación de la de exportación y mediante esquemas y aplicación del cálculo necesario decidir por la opción más favorable entre todas las modalidades posibles.*

▶ *Conocer otras figuras de financiación a través de sus características significativas (forfaiting, factoring, leasing y operaciones de compensación y triangulares).*

9.1 Financiación de las importaciones

Las relaciones internacionales a nivel comercial y financiero precisan de importantes recursos y ayudas de financiación que hagan posibles los intercambios y transacciones de productos, servicios y divisas entres los distintos países.

Cuando la base de la relación consiste en una operación comercial, es decir, ligada a una operación de comercio exterior, ya sea de importación o de exportación de bienes y servicios, se trata de **financiación comercial** en sus dos vertientes, la financiación de las importaciones y la financiación de las exportaciones, que será la materia a tratar en este capítulo. Por tanto, ambas tienen en común la existencia de un bien o servicio objeto de intercambio, cuya compraventa (entrega de mercancía y contraprestación monetaria) es precisamente el objeto de la financiación.

Las operaciones de financiación en el comercio internacional pueden efectuarse en euros o en cualquier divisa convertible, a diferencia del nacional o doméstico. A veces, aunque las operaciones de financiación en divisas comportan ciertos riesgos y gastos, cuando el intervalo de los diferenciales de tipos de interés es importante y amplio, puede resultar rentable contraer deudas en moneda extranjera. Los préstamos en divisas pueden obtenerse de bancos extranjeros o de bancos nacionales. Cualquier banco español puede tomar créditos en moneda extranjera al objeto de hacer frente a los préstamos concedidos a sus clientes.

En otras relaciones internacionales, cuando la operación de financiación en divisas no está vinculada o no tiene de soporte una operación comercial de compraventa de mercancías, obedeciendo a otras razones de tipo estructural, infraestructuras, construcciones, cancelación de deudas, etc., a través de préstamos internacionales y fondos de ayuda al desarrollo en divisas se trataría de una financiación no comercial o financiación financiera (pura).

En este epígrafe analizamos la vertiente de financiación de las importaciones y más adelante la de exportación.

Financiar una importación es la posibilidad que tienen los sujetos importadores de obtener recursos monetarios para poder comprar productos en el exterior, recurriendo a entidades financieras en general, y especialmente cuando los pagos son en una moneda no nacional. Es una alternativa financiera concedida al importador que le habilita para demorar o retrasar los pagos de sus compras al exterior. Se financia así el período que media entre la recepción de la mercancía y el pago de ésta. Los elementos o factores a tener en cuenta son:

1. El *período de financiación*: es el tiempo que media entre la recepción de la mercancía en el almacén del importador y el pago de aquélla, el cual variará según la categoría de los bienes importados y negociación de las partes.

2. La *categoría de bienes importados*, según el Cuadro 9.1:

CATEGORÍA DE BIENES	DESTINO O USOS	CICLO	DURACIÓN	SUJETO IMPORTADOR
Bienes de consumo	Consumo inmediato	Corto	60-90-120-180 días	Detallista/ mayorista
Materias primas y bienes intermedios	Fabricación y transformación en otros productos	Medio	Desde 180 días hasta un año	Fabricantes distribuidores
Bienes de equipo	Fabricación de otros productos	Largo	Más de un año	

Cuadro 9.1. **Categorías de productos o bienes de importación.**

3. Los *sujetos financiadores*: habitualmente pueden ser dos: el propio exportador-proveedor extranjero y la entidad financiera del importador; incluso, a veces, la financiación puede ser mixta y concedida enlazadamente por ambos sujetos. Por tanto, podemos tener las siguientes combinaciones de intervención de sujetos financiadores y pago de mercancía (Cuadro 9.2).

SUJETO FINANCIADOR	MODALIDAD DE PAGO (GARANTÍA)	RIESGO DE IMPAGO
Exportador (proveedor)	Al contado (Figura 9.1)	Exportador
	Letra sin aval (Figura 9.2)	Exportador
	Letra con aval (Figura 9.3)	Avalista
	Crédito documentario (Figura 9.4)	Banco que abre el crédito
Banco del importador	Póliza de crédito Póliza de préstamo (Figura 9.5) Descuento letra de cambio Cuenta crédito en divisa	Banco financiador

Cuadro 9.2. **Tipos de intervención de sujetos financiadores y pago de mercancía.**

9.1.1. Funcionamiento de la financiación

La financiación puede otorgarse al importador por dos sujetos, bien por el propio exportador o bien por una entidad bancaria. La financiación otorgada por el exportador extranjero consiste en un aplazamiento de pago que suele instrumentarse para mayor seguridad mediante una **remesa documentaria** pagadera a plazo con letra avalada por un banco de reconocido prestigio o primera línea o por un **crédito documentario irrevocable** pagadero a plazo por aceptación de letra de cambio.

La financiación bancaria puede concederse mediante una **póliza de préstamo**, en la que el importador dispone del dinero de una sola vez pagando al contado la importación y reembolsando al banco al vencimiento o con amortizaciones parciales. Se le aplican intereses por todo el período (véase la Figura 9.5), mediante una **póliza de crédito**, en la que el importador cuenta con una *línea de crédito* para ir disponiendo del dinero según sus necesidades, devolviéndolo al banco correspondiente. Es un instrumento útil si el importador efectúa compras al exterior con carácter habitual, a través de un **descuento de letra de cambio**, por el que el importador acepta una letra de cambio girada por el banco, por el importe del crédito concedido y el plazo de financiación acordado. El banco descuenta la letra al importador y le cobra los intereses anticipadamente; es un procedimiento en desuso. Y, por último, mediante **cuentas de crédito en divisas**, en las que el importador opta por financiar sus compras al exterior en divisas y, por tanto, dispone de un límite de crédito máximo con un plazo indeterminado. El coste de la financiación depende del tipo de interés de la divisa seleccionada, y los intereses se aplican siempre al vencimiento. Este tipo de financiación está desbancando a la financiación clásica.

Financiación concedida por el exportador-proveedor

En este tipo de financiación pueden darse diferentes casos o situaciones según el período de financiación y forma de pago de la importación. En cada caso se acompaña un gráfico ilustrativo y a continuación una breve descripción del proceso. Las situaciones pueden ser:

1. El exportador concede directamente la financiación, con cobro aplazado **sin documento de garantía** (confía totalmente en el importador nacional). El período de financiación

Crédito documentario: Es un convenio en virtud del cual un banco (banco emisor), obrando a petición de un cliente (ordenante) y de conformidad con sus instrucciones, se obliga a efectuar un pago a un tercero (beneficiario) o autoriza a otro banco a efectuar dicho pago, contra presentación de los documentos exigidos dentro del tiempo límite especificado, siempre y cuando se hayan cumplido los términos y condiciones del crédito.

transcurre desde que el importador recibe la mercancía hasta que la paga al vencimiento del plazo acordado (Figura 9.1).

Figura 9.1. **Cobro aplazado sin garantía.**

En este caso, el importador recibe la mercancía del exportador, que se pagará en un vencimiento posterior pactado según la categoría del producto (1). El importador paga el importe de la mercancía al vencimiento y plazo acordado de antemano (2).

2. El exportador concede la financiación (Figura 9.2), con cobro aplazado y formalización de **letra de cambio sin aval** (confía parcialmente en el importador nacional).

Figura 9.2. **Cobro aplazado con garantía de letra sin aval.**

En esta situación, el importador recibe la mercancía enviada por el exportador (1). El importador acepta una letra sin aval con vencimiento pactado y que entrega al exportador, siendo pagadera en el vencimiento fijado (2). El exportador puede presentar dicha letra al descuento bancario, obteniendo por anticipado el nominal menos los intereses de descuento y otros gastos.

3. El exportador concede la financiación, con cobro aplazado y formalización de **letra de cambio con aval**, normalmente por una entidad financiera (desconfía un poco del importador; no quiere correr con el riesgo de la operación). El período de financiación transcurre desde que el importador recibe la mercancía hasta el momento del vencimiento de la letra avalada pagando el importe acordado de la importación (Figura 9.3).

Figura 9.3. **Cobro aplazado con garantía de letra con aval.**

En este caso, el importador recibe la mercancía enviada por el exportador (1). El exportador con el envío de la mercancía le presenta una letra para su aceptación por el importador y avalada por tercera persona (normalmente entidad bancaria) fijando un vencimiento de pago (2). Llegado el vencimiento el importador o avalista pagan la letra (3).

4. El exportador concede la financiación, con cobro aplazado y formalizando un **crédito documentario** abierto en el banco del importador (el exportador desconfía totalmente del importador nacional), quien correrá con el riesgo de impago (Figura 9.4).

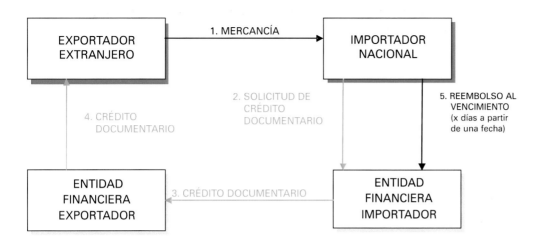

Figura 9.4. **Cobro aplazado con garantía de crédito documentario.**

En esta situación, el importador recibe la mercancía del exportador en las condiciones de *incoterms* pactadas (1). El importador solicita la apertura de un crédito documentario irrevocable, a través de su entidad financiera (banco) (2). El banco exportador pagará el importe de la mercancía al exportador, mediante garantía del crédito documentario remitido y concedido por banco importador (3) (4). El importador reembolsa al vencimiento el importe del crédito documentario a su banco (5).

Financiación concedida por la entidad financiera del importador

En este tipo de financiación sólo puede darse una situación, cuyo período de financiación transcurre desde que el importador paga al contado la mercancía hasta que se reembolsa el préstamo a la entidad financiera (Figura 9.5).

El banco del importador concede la financiación mediante formalización de **crédito o préstamo** al importador con **pago al contado** al exportador-proveedor (el exportador desconfía totalmente del importador nacional).

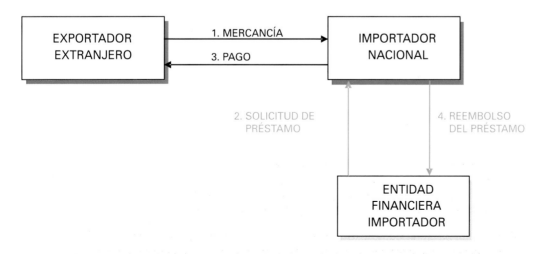

Figura 9.5. **Cobro al contado mediante contrato de préstamo.**

> *Incoterms:* Son unas reglas internacionales para la interpretación de los términos comerciales fijados por la Cámara de Comercio Internacional. Su objetivo es establecer criterios definidos sobre la distribución de gastos y transmisión de riesgos entre exportador e importador. Algunos son: EXW-FAS-FOB-CFR-CIF-CPT-CIP-DES-DEQ-DAF-DDP-DDV.

Aquí, el importador recibe la mercancía del exportador (1); previamente el importador habrá solicitado y recibido un préstamo que ha podido obtener antes de la recepción del producto (2). Con lo obtenido del préstamo paga al exportador el importe de la factura (3). El importador reembolsa el préstamo en la entidad financiera según las condiciones pactadas entre ambos (tipo de interés, duración, amortización, etc.) (4).

9.1.2. Instrumentos mercantiles y moneda de financiación

Dependiendo de la confianza que tenga el exportador extranjero en el importador nacional y del período de aplazamiento de cobro de la operación, se decidirán los **instrumentos mercantiles** de garantía necesarios y por medio de quién se otorga la financiación, de manera que, si hay poca confianza y el período de aplazamiento es muy amplio, el exportador exigirá un instrumento de cobro con la máxima garantía, por ejemplo: *el crédito documentario*.

Como el pago de las importaciones puede estar expresado en cualquiera de las divisas admitidas a cotización, convertible o en moneda nacional (euros), con independencia de quién sea el sujeto financiador, el instrumento de pago y la moneda de facturación, podemos hacer combinaciones de monedas y tener cinco posibilidades financieras con las que podemos contar, que son las indicadas en la Figura 9.6, y en función de éstas se desarrolla el epígrafe siguiente.

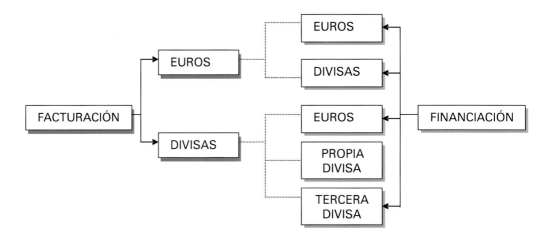

Figura 9.6. **Posibilidades de financiación en las importaciones.**

Cuando la financiación es otorgada por el exportador, los instrumentos mercantiles (documentos o medios de pago) empleados con mayor frecuencia son:

1. Venta con **remesa documentaria** a plazo (letras de cambio) **sin avalar** o **con aval** de entidad financiera de primer orden.

2. Venta mediante **crédito documentario** pagadero a plazo y utilizable por aceptación en la entidad financiera confirmadora.

Cuando la financiación es otorgada por el banco del país del importador, los instrumentos mercantiles (documentos o medios de pago) empleados con mayor frecuencia son:

1. **Póliza de crédito:** Es un contrato mercantil donde se recogen las condiciones de crédito y los derechos y obligaciones del importador y del banco. Se trata de una línea de crédito que ofrece la posibilidad al importador de ir disponiendo del dinero a medida que lo necesite, pagando intereses solamente por la parte de crédito dispuesta y por el tiempo de utilización. Suele ser muy útil en financiaciones continuadas por importaciones sucesivas y de frecuencia repetitiva.

2. **Póliza de préstamo:** También es un documento contractual en el que se reflejan las obligaciones y derechos para ambas partes (intereses, plazo de amortización, vencimiento, porcentaje penalización por cancelaciones anticipadas, comisiones, etc.). El prestatario (importador) dispone del dinero de una sola vez; con él paga la importación, reembolsando el capital más los intereses al banco según el sistema de amortización convenido. Se utiliza normalmente para financiaciones esporádicas, puntuales y singulares. Para los préstamos nominados en divisas la entidad financiera utiliza el tipo de interés Libor, que es el tipo de interés básico ofrecido en el mercado interbancario de Londres, más un diferencial entre uno y dos puntos, dependiendo de la coyuntura económica.

9.1.3. Modalidades de financiación

Las distintas modalidades de financiación de las importaciones son:

a) Financiación en euros:

- Facturación en euros
- Facturación en divisas

b) Financiación en divisa:

- Facturación en la propia divisa de financiación (con y sin riesgo de cambio)
- Facturación en distinta divisa de financiación
- Facturación en euros (con y sin riesgo de cambio)

Financiación en euros de las importaciones

Según la opción de facturación tenemos las dos primeras modalidades: por un lado, financiación y facturación en euros y, por otro, financiación en euros y facturación en divisa.

Para la **primera modalidad,** el resumen del proceso de la operación conforme a los puntos de la Figura 9.7 es el siguiente. El exportador extranjero entrega la mercancía al importador nacional (1). El importador nacional solicita y recibe un préstamo (o crédito) en euros de su entidad financiera (2). Con el importe del préstamo paga al exportador en euros (3). Según lo acordado el importador reembolsa el préstamo a su entidad financiera, el capital más intereses en cada período y sistema de amortización pactado, quedando cancelado al vencimiento (4).

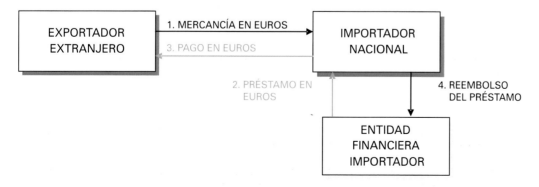

Figura 9.7. **Financiación y facturación en euros.**

Con este procedimiento simple, el importador puede traspasar el riesgo de cambio al exportador, la financiación puede ser otorgada por el propio proveedor, pagar al contado al exportador, y obtener así un posible descuento por pronto pago y comercializar la mercancía hasta el reembolso del crédito. El coste de tal financiación se limita a los intereses devengados del crédito otorgado una vez deducido el descuento, en su caso, por pronto pago.

> **Coste financiero = interés del préstamo (crédito) – descuento comercial (pronto pago)**

Actividad resuelta 9.1

Impofinan, S.A., empresa nacional, compra productos a una empresa exportadora estadounidense con las siguientes características:

- Valor de la mercancía (productos): 100.000 euros
- Forma de pago: al contado con descuento del 2% de los productos por pronto pago, mediante remesa simple de letras a la vista

Para poder pagar la factura, el importador nacional solicita a su banco un préstamo por el importe de la factura en euros, a un tipo de interés del 10% anual a devolver en 6 meses (año comercial) sistema simple.

El importador, al retirar la mercancía de la aduana, paga la/s letra/s con el importe del préstamo y, finalmente, con lo que obtiene de comercializar los productos liquida o cancela la deuda por el préstamo con el banco.

Calcular el coste financiero de la operación.

SOLUCIÓN

Sabemos que:

$$\text{Coste financiero = intereses préstamo – descuento pronto pago}$$

Primero determinamos el importe de la factura (IF):

$$IF = \text{valor mercancía – descuento comercial (pronto pago)}$$

$$IF = 100.000 \text{ EUR} - 0,02 \cdot 100.000 = 98.000 \text{ €}$$

Intereses del préstamo (I): al solicitar un préstamo por valor de 98.000 €, al vencimiento habrá que pagar intereses:

$$I = C_0 \cdot i \, (n/k) = 98.000 \cdot 0,1 \cdot (6/12) = 98.000 \cdot 0,1 \, (180 \text{ días}/360) = 4.900 \text{ €}$$

Coste financiero de la operación (CF):

$$CF = 4.900 - 2.000 = \textbf{2.900 €}$$

Observación: Si el descuento comercial (poco probable) fuese mayor que los intereses del préstamo, el coste financiero sería negativo, lo que significaría una rentabilidad o beneficio para el importador. Por tanto, el coste financiero puede ser de signo positivo, nulo o negativo (en este último caso implica una rentabilidad).

Para la **segunda modalidad**, el resumen del proceso de la operación conforme a los puntos de la Figura 9.8 es el siguiente. El exportador extranjero entrega la mercancía al importador nacional (1). El importador nacional solicita y recibe un préstamo (o crédito) en euros de su entidad financiera (2). Con el importe del préstamo en euros, vende éstos en el mercado de divisas (3) y compra la divisa objeto de pago en el mercado de divisas (4). Paga con la divisa al exportador extranjero según la divisa facturada (5). Según lo acordado el importador reembolsa el préstamo en euros a su entidad financiera, el nominal más los intereses en cada período y sistema de amortización pactado, quedando cancelado al vencimiento (6).

En esta operación permite al importador pagar al contado y obtener en su caso un posible descuento por pronto pago. No se produce riesgo de cambio por realizar el intercambio de divisas en el mercado de contado. Es asumido el riesgo de cambio inherente a la operación. El coste de financiación queda reducido a los intereses del crédito menos el posible descuento comercial por pronto pago.

Coste financiero = interés del préstamo (crédito) – descuento comercial (pronto pago)

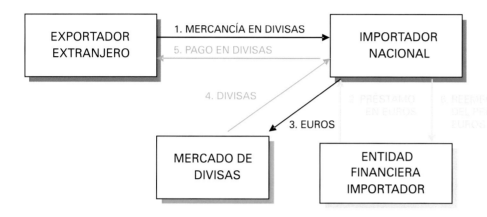

Figura 9.8. **Financiación en euros y facturación en divisas.**

Actividad resuelta 9.2

Impofinan, S.A., empresa nacional, compra productos a una empresa exportadora estadounidense con las siguientes características:

- Valor de la mercancía (productos): 100.000 $USA (dólares USA)
- Tipo de cambio *spot* (contado): 0,975 EUR/USD
- Forma de pago: al contado con descuento del 2% de los productos por pronto pago, mediante remesa simple de letras a la vista

Para poder pagar la factura, el importador nacional solicita a su banco un préstamo por el importe de la factura en euros, a un tipo de interés del 10 % anual a devolver en 6 meses (año comercial) sistema simple.

El importador, al retirar la mercancía de la aduana, paga la/s letra/s con el importe del préstamo y, finalmente, con lo que obtiene de comercializar los productos liquida o cancela la deuda por el préstamo con el banco.

Calcular el coste financiero de la operación.

SOLUCIÓN

- Importe de factura: IF = 100.000 $USA − 0,02.100.000 = 98.000 $USA
- Importe de préstamo: El importador necesita el equivalente en euros a los 98.000 $USA.

  Compra euros en el mercado de divisas de contado, a tipo *spot*:

  $$98.000 \text{ USD} \cdot 0,975 \text{ EUR/USD} = 95.550 \text{ EUR}$$
- Intereses del préstamo (I): $I = C_0 \cdot i \cdot (n/k) = 95.550 \cdot 0,1 \cdot (6/12) = 4.775,5 \text{ €}$

- Coste financiero (*CF*):

    Equivalente en euros del descuento pronto pago = 2.000 USD · 0,975 EUR/USD = 1.950 €

    CF = intereses del préstamo – descuento pronto pago = 4.775,5 – 1.950 = **2.827,5 €**

Observación: El coste financiero dependerá de la cotización de la divisa contra el euro en ese momento en el mercado de contado, lo que implicará una mayor o menor cantidad de solicitud de préstamo y, en consecuencia, mayor o menor coste por intereses.

Financiación en divisas de las importaciones

Según la opción de facturación tenemos las tres siguientes modalidades: financiación y facturación en la misma divisa (con y sin riesgo de cambio), financiación y facturación en distinta divisa, y la tercera modalidad, financiación en divisa y facturación en euros.

Para la **primera modalidad** (con riesgo de cambio), el resumen del proceso de la operación conforme a los puntos de la Figura 9.9 es el siguiente. El exportador extranjero envía la mercancía al importador nacional (1). El importador nacional solicita y recibe un préstamo (o crédito) en divisas de su entidad financiera (2). Con el importe del préstamo en divisas, paga al contado en la misma divisa de facturación al exportador (3). Al vencimiento del préstamo (crédito) el importador vende euros en el mercado de divisas (4). El importador compra en el mercado de contado de divisas el nominal más los intereses en divisas (5). Según lo acordado el importador reembolsa el préstamo en la divisa comprada a su entidad financiera, el nominal más los intereses en cada período y sistema de amortización pactado, quedando cancelado al vencimiento (6).

El coste financiero de la operación será el tipo de interés Libor más un diferencial sumando o restando la diferencia de cambio de la divisa negociada.

$$\text{Coste financiero} = (\text{Libor} + \text{diferencial}) \pm \text{diferencia de cambio}$$

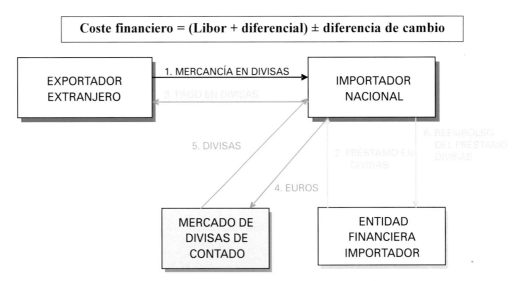

Figura 9.9. **Financiación y facturación misma divisa (con riesgo de cambio).**

Pero si optamos por la **primera modalidad** (sin riesgo de cambio), el resumen del proceso de la operación conforme a los puntos de la Figura 9.10 es el siguiente. El exportador extranjero envía la mercancía al importador nacional (1). El importador nacional solicita y recibe un préstamo (o crédito) en divisas de su entidad financiera con **contravalor de cambio concertado** (2). Con el importe del préstamo en divisas, paga al contado en la misma divisa de facturación al exportador (3). Al vencimiento del préstamo (crédito) el importador vende euros en el mercado de divisas a plazo (4). El importador compra divisas en el mercado de divisas a plazo, el nominal más los intereses del préstamo (5). Según lo acordado el importador reembolsa el préstamo en la divisa comprada a su entidad financiera, el nominal más los intereses en cada período y sistema de amortización pactado, quedando cancelado al vencimiento (6).

El coste financiero de la operación es la suma del tipo de interés Libor más un diferencial y más el seguro de cambio o prima de opción.

> **Coste financiero = (Libor + diferencial) + seguro de cambio o prima de opción**

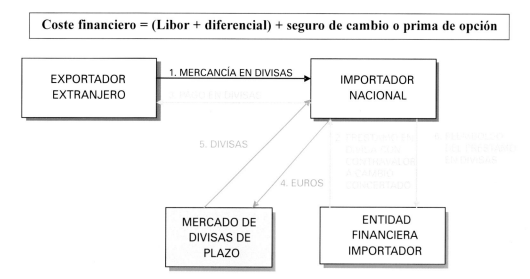

Figura 9.10. **Financiación y facturación en misma divisa (sin riesgo de cambio).**

Actividad resuelta 9.3

Impofinan, S.A., empresa nacional, compra productos a una empresa exportadora estadounidense con las siguientes características:

- Valor de la mercancía (productos): 100.000 $USA (dólar estadounidense)
- Forma de pago: al contado con descuento del 2% de los productos por pronto pago, mediante remesa simple de letras a la vista
- Información del mercado de divisas:
    - Tipo de cambio a plazo (*forward*): 1,285 USD/EUR
    - Tipo de cambio *spot* (a los 6 meses): 1,280 USD/EUR
    - Tipo de interés del USD (Libor): 3% + 1% diferencial

Para poder pagar la factura, el importador nacional solicita a su banco un préstamo por el importe de la factura en USD, a devolver en 6 meses (año comercial) sistema simple.

Se pide analizar la alternativa más rentable:

a) Con seguro de cambio

b) Sin seguro de cambio

SOLUCIÓN

a) Con seguro de cambio

$$\text{Importe de factura} = 100.000\ \$USA - 0,02 . 100.000 = 98.000\ \$USA$$

Solicita un préstamo en USD de 98.000 $USA y paga al exportador.

Los intereses del préstamo serán:

$$I = \text{nominal} \cdot (\text{Libor} + \text{diferencial}) \cdot \text{tiempo}$$

$$I = 98.000 \cdot (0,03 + 0,01) \cdot (6/12) = 1.960 \ \$USA$$

A los seis meses Impofinan, S.A. vende euros en el mercado de divisas a plazo a tipo *forward* concertado y compra el equivalente del nominal más intereses en USD, cancelando el préstamo obtenido.

$$\text{Coste en euros} = 98.000 \ \$USA + 1.960 \ \$USA = 99.960 \ \$USA$$

$$\text{Coste} = 99.960 \ USD \cdot (1/1,285 \ USD/EUR) = \textbf{77.789,88 €}$$

b) Sin seguro de cambio

A los seis meses Impofinan, S.A. vende euros en el mercado de contado a tipo *spot*.

$$\text{Coste en euros} = 99.960 \ USD \cdot (1/1,280 \ USD/EUR) = \textbf{78.093,75 €}$$

Conclusión: La cotización a plazo a tipo concertado con seguro de cambio es la más favorable para el importador debido al diferencial del tipo de cambio suponiendo un ahorro de 78.093,75 − 77.789,88 = 303,87.

Observación: Si el tipo de cambio *spot* (6 meses) fuese de 1,310 USD/EUR, tendríamos que dicha opción sin seguro de cambio sería la más favorable.

Para la **segunda modalidad** el resumen del proceso de la operación conforme a los puntos de la Figura 9.11 es el siguiente. El exportador extranjero envía la mercancía facturada en *divisa Y* al importador nacional (1). El importador nacional solicita y recibe un préstamo (o crédito) en *divisa X* de su entidad financiera (2). Con el importe del préstamo en *divisa X* la vende en el mercado de contado de divisas (3). El importador compra la *divisa Y* en el mercado de contado de divisas, contravalor de la *divisa X* vendida (4). El importador paga al exportador extranjero con *divisa Y* comprada anteriormente (5). El importador vende euros en el mercado de plazo (6) y compra la *divisa X* en el mercado de plazo de divisas, contravalor de los euros vendidos anteriormente (7). Según lo acordado el importador reembolsa el préstamo en la *divisa X* comprada a su entidad financiera, el nominal más los intereses en cada período y sistema de amortización pactado, quedando cancelado al vencimiento (8).

Esta modalidad de financiación es la más complicada y en la práctica se utiliza en pocas operaciones comerciales.

Supongamos, a modo de ejemplo, que un importador español tiene una deuda derivada de una operación comercial que se factura en USD. Teniendo en cuenta la inestabilidad de dicha moneda, decide financiarse en otra divisa que ofrezca un bajo riesgo de cambio y un atractivo tipo de interés, la cual puede ser el JPY (yen japonés). El planteamiento resumido de las etapas de financiación sería: la entidad financiera del importador adquiere de sus depósitos en divisa o de sus cuentas en bancos extranjeros el importe de la factura en USD y paga al contado al exportador extranjero. Al mismo tiempo acude al mercado internacional para vender los JPY (yenes) a plazo y comprar USD (dólares) también a plazo. Al vencimiento del plazo pactado, el importador obtiene en el mercado de divisas los yenes que debe al banco financiador y se los abona. El banco financiador acude de nuevo al mercado internacional devolviendo los yenes a cambio de los dólares que necesita para sus depósitos.

El coste financiero si se contrata un seguro de cambio o una opción de compra de divisas será:

Coste financiero = (Libor + diferencial) + seguro de cambio o prima de opción

Si por el contrario, no se contrata un seguro de cambio el coste financiero será:

$$\text{Coste financiero} = (\text{Libor} + \text{diferencial}) \pm \text{diferencia de cambio}$$

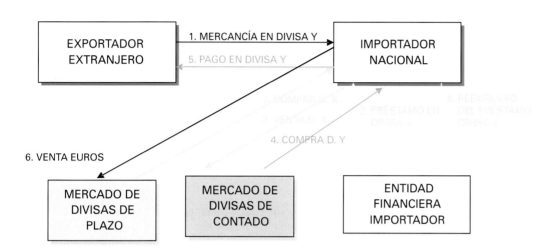

Figura 9.11. **Financiación y facturación en distinta divisa.**

Para la **tercera modalidad** (**con riesgo** de cambio), el resumen del proceso de la operación conforme a los puntos de la Figura 9.12 es el siguiente. El exportador extranjero envía la mercancía facturada en *euros* al importador nacional (1). El importador nacional solicita póliza y recibe un préstamo (o crédito) en la *divisa* elegida de su entidad financiera (2). Con el importe del préstamo en *divisa*, la vende en el mercado de contado de divisas (3). El importador compra euros en el mercado de contado de divisas, contravalor de la *divisa* vendida anteriormente (4). El importador paga al exportador extranjero con los euros comprados anteriormente (5). El importador vende euros en el mercado de contado en cada período de vencimiento del préstamo (6). Posteriormente compra la *divisa* elegida en el mercado de contado de divisas, contravalor de los euros vendidos anteriormente (7). Según lo acordado el importador reembolsa el préstamo en la *divisa* comprada anteriormente, a su entidad financiera: el nominal más los intereses en cada período y sistema de amortización pactado, quedando cancelado al vencimiento (8).

Esta tercera modalidad de financiación es una opción *muy atractiva para el importador español*, ya que le permite elegir una divisa con escaso riesgo de cambio y un tipo de interés aceptable para realizar su financiación.

Supongamos que el importador se decanta por la libra esterlina (GBP) y no contrata un seguro de cambio. El proceso resumido de las etapas de financiación sería: el banco financiador obtiene un préstamo en GBP y los cambia por euros, pagando al contado al exportador extranjero. Al vencimiento el importador acude al mercado de divisas para comprar los GBP y devolvérselos al banco financiador. El banco financiador *deshace* la operación en el mercado internacional devolviendo los GBP.

El coste financiero asumido por el importador se determina en función del tipo de interés de la divisa (Libor más diferencial), ajustada, en su caso, por la diferencia de cambio.

$$\text{Coste financiero} = (\text{Libor} + \text{diferencial}) \pm \text{diferencia de cambio}$$

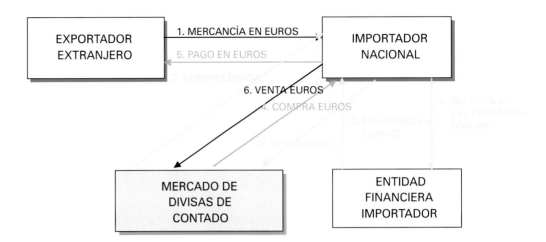

Figura 9.12. **Financiación en divisa y facturación en euros (con riesgo de cambio).**

Por último, en la **tercera modalidad**, pero **sin riesgo** de cambio, el resumen del proceso de la operación conforme a los puntos de la Figura 9.13 es el siguiente. El exportador extranjero envía la mercancía facturada en euros al importador nacional (1). El importador nacional solicita y recibe un préstamo (o crédito) en *divisa* por importe de la mercancía (facturada) de su entidad financiera (2). Con el importe del préstamo en *divisa* la vende en el mercado de contado de divisas (3). El importador compra los euros en el mercado de contado de divisas, el equivalente de la *divisa* vendida (4). El importador paga al exportador extranjero con los euros comprados anteriormente (5). El importador vende euros en el mercado de plazo del nominal más intereses del préstamo (6). Compra el equivalente en la *divisa* (nominal más intereses) en el mercado de plazo de divisas, contravalor de los euros vendidos anteriormente (7). Según lo acordado el importador reembolsa el préstamo en la *divisa* comprada a su entidad financiera: el nominal más los intereses en cada período y sistema de amortización pactado, quedando cancelado al vencimiento (8).

El coste financiero es la suma del tipo de interés de la divisa (Libor más diferencial) y el coste del seguro de cambio.

$$\text{Coste financiero} = (\text{Libor} + \text{diferencial}) + \text{seguro de cambio}$$

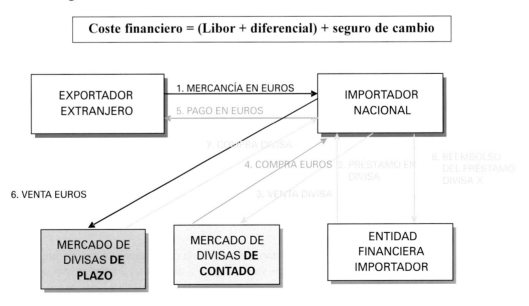

Figura 9.13. **Financiación en divisa y facturación en euros (sin riesgo de cambio).**

Coste financiero en la financiación de las importaciones

En el Cuadro 9.3 recogemos un resumen comparativo del coste financiero para las distintas modalidades de financiación vistas anteriormente y en algunas con la doble alternativa de cobertura del riesgo financiero (con o sin riesgo de cambio).

FINANCIACIÓN EN EUROS			
FINANCIACIÓN	FACTURACIÓN	RIESGO FINANCIERO	COSTE FINANCIERO
Euros	Euros	No	(Euribor + diferencial) – descuento p.p.
Euros	Divisas	No	(Euribor + diferencial) – descuento p.p.
FINANCIACIÓN EN DIVISAS			
Divisa	Misma divisa	Sí	(Libor + diferencial) ± diferencia de cambio
Divisa	Misma divisa	No	(Libor + diferencial) + seguro de cambio
Divisa	Misma divisa	No	(Libor + diferencial) + prima de opción
Divisa	Distinta divisa	No	(Libor + diferencial) + seguro de cambio
Divisa	Distinta divisa	No	(Libor + diferencial) + prima de opción
Divisa	Distinta divisa	Sí	(Libor + diferencial) ± diferencia de cambio
Divisa	Euros	Sí	(Libor + diferencial) ± diferencia de cambio
Divisa	Euros	No	(Libor + diferencial) + seguro de cambio

Cuadro 9.3. **Comparación de coste entre la financiación en euros y en divisas.**

Actividad resuelta 9.4

Impofinan, S.A., empresa nacional, compra productos a una empresa exportadora estadounidense con las siguientes características:

- Valor de la mercancía (facturación): 100.000 $USA
- Forma de pago: al contado con descuento del 2% de los productos por pronto pago mediante remesa simple de letras a la vista

Como necesita financiación ya que no dispondrá de liquidez hasta dentro de seis meses, solicita a su entidad financiera un préstamo, la cual le facilita la siguiente información:

Mercado monetario:

Financiación en euros (Euribor a seis meses): 4% + 1% diferencial

Financiación en dólar USD (Libor a seis meses): 3% + 1% diferencial

Financiación en yenes JPY (Libor a seis meses): 0,85% + 1% diferencial

Mercado de divisas:

Tipo de cambio a plazo (*forward*): 1,285 USD/EUR

Tipo de cambio a plazo (*forward*): 125,65 JPY/EUR

Determinar la mejor alternativa de financiación para:

a) Financiación en euros

b) Financiación en USD

c) Financiación en JPY

SOLUCIÓN

La mejor alternativa de financiación será aquella cuyo coste en euros sea la menor.

a) Financiación en euros
- Importe de factura: 100.000 $USA − 0,02.100.000 = 98.000 $USA
- Solicita préstamo en euros equivalente a 98.000 $USA.
- Coste de compra de euros: 98.000 $USA · (1/1,285 USD/EUR) = 76.264,59 €
- Intereses del préstamo: 76.264,59 · (0,04 + 0,01) · (6/12) = 1.906,61 €
- Coste financiero en euros del reembolso del préstamo:

$$CF = 76.264,59 + 1.906,61 = \mathbf{78.171,20\ €}$$

b) Financiación en USD
- Importe factura: 98.000 $USA
- Solicita préstamo en $USA por los 98.000 $USA
- Intereses del préstamo: 98.000 · (0,03 + 0,01) · (6/12) = 1.960 $USA
- Coste financiero en $USA del reembolso del préstamo: 98.000 + 1960 = 99.960 $USA
- Coste financiero en euros equivalentes al $USA:

$$99.960\ \$USA · (1/1,285\ USD/EUR) = \mathbf{77.789,88\ €}$$

c) Financiación en JPY
- Importe factura: 98.000 $USA
- Solicita préstamo en yenes equivalentes a 98.000 $USA y al tipo de cambio cruzado (teórico):
$$125,65\ JPY/EUR · (1/1,285\ EUR/USD) = 97,782\ JPY/EUR$$
- Importe del préstamo: 98.000 $USA · 97,782 JPY/USD = 9.582.636 JPY
- Intereses del préstamo: 9.582.636 JPY · (0,0085 + 0,01) · (6/12) = 88.639,38 JPY
- Coste financiero en euros del reembolso del préstamo en yenes:
$$(9.582.636 + 88.639,38) · (1/125,65\ EUR/JPY) = 76.969,96\ €$$

Conclusión: La mejor alternativa de financiación es solicitar un préstamo en yenes el ahorro en coste respecto a la más alta de euros es:
$$78.171,20 − 76.969,96 = \mathbf{1.201,24\ €}$$

9.2 Financiación de las exportaciones

Las compañías exportadoras, al margen de su propia actividad como industriales o comerciantes, que precisan financiación genérica de su negocio primario, tienen necesidades muy determinadas para financiar sus ventas exteriores.

La competencia internacional es muy grande y fuerte y no solamente se compite en producto, sino que factores como plazo de entrega, precio y financiación condicionan la captación de un pedido del extranjero.

Resultado de la competencia internacional es la casi obligación que tiene el exportador de conceder crédito (aplazamiento de pago) a su comprador extranjero.

La financiación de las exportaciones es la obtención de recursos monetarios por parte del exportador nacional que desea, bien fabricar un producto que luego exportará, bien el mantenimiento de un stock o adquisición de mercancías con destino a la exportación, o bien, finalmente, el aplazamiento o movilización de los cobros en sus ventas al exterior. Las características a tener en cuenta son las que siguen:

1. Existen dos tipos de financiación:

   - Crédito de prefinanciación, cuyo objeto es fabricar y/o adquirir mercancías con destino a la exportación, pudiendo ser de dos tipos: singulares, cuando es para financiar un pedido concreto y puntual, y genéricos, cuya finalidad es financiar la actividad exportadora en general hasta el momento de la venta de mercancías.
   - Crédito de financiación, cuyo objeto es cobrar el importe de una exportación, venta aplazada.
   - Crédito de refinanciación de los aplazamientos de pago, cuyo objeto es conceder anticipos al exportador, para movilizar los cobros aplazados de sus ventas al exterior.

2. Los sujetos financiadores son normalmente entidades de crédito españolas.

3. Los plazos de financiación son: en la prefinanciación, desde el pedido al embarque, y en la refinanciación y financiación, desde el embarque al cobro.

4. Los riesgos a los que está expuesto el exportador son:

   - Riesgo de anulación del pedido.
   - Riesgo de cobro aplazado, por riesgo país (decisiones unilaterales del país comprador para congelar los pagos al exterior) y riesgo importador de insolvencia.

5. La cobertura de los riesgos anteriores puede asegurarse por medio de lo siguiente: en el período de prefinanciación, con crédito documentario irrevocable y confirmado, aval bancario, anticipos; en el período a partir del embarque, con aval bancario, crédito documentario confirmado y con seguros CESCE (compañía española de seguros de crédito a la exportación).

Otras características diferenciales entre una venta internacional y una nacional pueden verse en el Cuadro 9.4.

CARACTERÍSTICAS	DIFERENCIAS	
	VENTA INTERNACIONAL	VENTA NACIONAL
Riesgo país	Existe	No existe
Idioma	Gran diferencia entre vendedor y comprador	Poca diferencia
Legislaciones distintas de los países contratantes	Legislación país vendedor y comprador	Una sola legislación
Mecanismos para solución de litigios entre contratantes	Complejos	Usuales
Costumbres comerciales diferentes	Entre vendedor y comprador	Escasa diferencia
Distancia geográfica entre contratantes	Puede ser mucha	Reducida
Forma y lugar de entrega de la mercancía	Regulada internacionalmente	Fábrica, tienda, domicilio
Moneda en que se factura la venta	Cualquier divisa	Euros
Medios de pago	Internacionales	Nacionales

Cuadro 9.4. **Diferencias entre venta internacional y venta nacional.**

9.2.1. Instrumentos mercantiles y moneda de la financiación

Los instrumentos mercantiles de la financiación y prefinanciación varían según el medio de pago documental que se utilice. Considerando como instrumento mercantil la forma contractual de movilizar el documento como medio de pago entre el exportador y la entidad financiera, podemos realizar un cuadro resumen como el Cuadro 9.5.

TIPO CRÉDITO	INSTRUMENTO MERCANTIL	MEDIO DE PAGO DOCUMENTAL
PREFINANCIACIÓN	Póliza de crédito Póliza de préstamo	CHEQUE ORDEN DE PAGO
FINANCIACIÓN	Descubierto en cuentas Póliza de crédito Póliza de préstamo	
	Descuento de letras sin recurso Descuento de letras con recurso	REMESA SIMPLE PAGADERA A PLAZO REMESA DOCUMENTARIA PAGADERA A PLAZO
	Anticipo sobre documentos	CRÉDITO DOCUMENTARIO PAGADERO A PLAZO

Cuadro 9.5. **Instrumentos mercantiles de la financiación y prefinanciación.**

Respecto a la moneda de financiación, el cobro de las exportaciones puede estar expresado en cualquiera de las divisas admitidas a cotización o en moneda nacional (euros) convertible, con independencia de quién sea el sujeto financiador, el instrumento de pago y la moneda de facturación. Las posibilidades financieras (5) son las que se indican en la Figura 9.14, y en función de estas se desarrolla el siguiente epígrafe. Según se realice o no con cobertura del riesgo de cambio, dará lugar a distintos costes financieros.

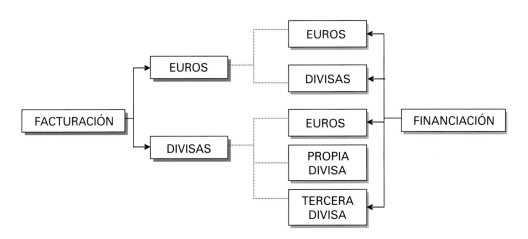

Figura 9.14. **Posibilidades de financiación en las exportaciones.**

Actividad resuelta 9.5

Expofinan, S.A., empresa nacional, vende productos a un importador estadounidense, facturando la exportación en 100.000 euros y concediendo un aplazamiento de pago de 6 meses.

Se pide analizar la operación desde los posibles riesgos en el aplazamiento y distintos medios mercantiles de instrumentalizar la operación.

SOLUCIÓN

- Riesgos:

  Expofinan, S.A., al facturar en euros, no tendrá riesgo de cambio si se financia en la misma moneda; cosa distinta sería si financiera en divisa.

En cuanto al riesgo de anulación de pedido y de cobro aplazado (por riesgo país, insolvencia del importador, etc.), se puede cubrir instrumentalizando la operación con medios mercantiles adecuados: remesa de letras o crédito documentario pagadero a plazo, aval bancario, seguros CESCE, etcétera.

- Instrumentos mercantiles:

Suponiendo que Expofinan, S.A. acuerde el pago mediante una letra o un crédito documentario, el Banco podrá anticipar al exportador el importe de los 100.000 euros, descontándole los intereses correspondientes. Por ejemplo: si la letra es descontada a través de la operación financiera de descuento comercial al tipo de descuento anual del 10% y comisión del uno por mil del nominal, el resultado será:

- Intereses de descuento: $DC = 100.000 \cdot 0,10 \cdot (6/12) = 5.000 €$
- Comisión: $100.000 \cdot 0,001 = 100 €$
- Efectivo que recibe Expofinan, S.A. anticipadamente = $100.000 - 5.100 = 94.900 €$

El banco paga 94.900 € al exportador y a los 6 meses recibirá los 100.000 € del importador extranjero, quedando cancelada la operación.

El descuento generalmente se hace con recurso, ya que en la hipótesis de impago al vencimiento por parte del importador, el banco adeudará en la cuenta del exportador los 100.000 €, evitando el riesgo que corre la entidad financiera en este tipo de operación.

9.2.2. Modalidades de financiación

Las distintas modalidades de financiación de las exportaciones son:

a) Financiación en euros
- Facturación en euros
- Facturación en divisas (con y sin riesgo de cambio)

b) Financiación en divisas
- Facturación en la propia divisa de financiación
- Facturación en distinta divisa de financiación (con y sin riesgo de cambio)
- Facturación en euros.

Financiación en euros de la exportación

Al igual que en las importaciones, según la opción de facturación tenemos dos modalidades: financiación y facturación en euros y financiación en euros con facturación en divisas.

Para la **primera modalidad**, el resumen del proceso de la operación conforme a los puntos de la Figura 9.15 es el siguiente. El exportador nacional envía la mercancía al importador, facturada en euros (1). El exportador recibe la financiación en euros de la entidad financiera, mediante concesión de préstamo (2). Posteriormente el importador paga en euros el importe de la mercancía (factura) al exportador en el plazo pactado (3). El exportador reembolsa el nominal más intereses y cancela el préstamo concedido por la entidad financiera en el plazo y sistema de amortización acordado (4).

El coste financiero de la operación será:

> **Coste financiero = Euribor + diferencial (tipo de interés del euro)**

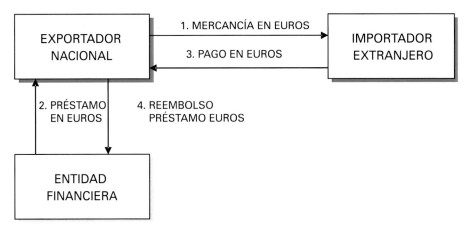

Figura 9.15. **Financiación y facturación en euros.**

Actividad resuelta 9.6

Expofinan, S.A., empresa nacional, vende productos a un importador estadounidense en las siguientes condiciones e información adicional del mercado monetario y de divisas.

- Facturación importe-moneda:100.000 euros
- Vencimiento (duración): 6 meses
- Medio de pago: orden de pago al vencimiento
- Instrumento mercantil: póliza de préstamo
- Financiación (moneda): euros
- Tipo de interés: Euribor: 5% + 1% diferencial
- Riesgos: ninguno

Calcular el coste financiero de la operación para el exportador.

SOLUCIÓN

- Intereses del préstamo:

$$I = 100.000 \cdot (0,05 + 0,01) \cdot (6/12) = 3.000 \ €$$

$$\text{Coste financiero} = \text{Euribor} + \text{diferencial} = 5\% + 1\% = 6\%$$

El exportador recibe los 100.000 euros de la venta, en un préstamo, y a los seis meses, cuando pague el importador, devolverá dicha cantidad más los 3.000 € de intereses, cancelando el préstamo. En esta modalidad no hay riesgo de cambio.

Para la **segunda modalidad con riesgo** de cambio (cambio provisional), el resumen del proceso de la operación conforme a los puntos de la Figura 9.16 es el siguiente. El exportador nacional envía la mercancía al importador facturado en *divisa* (1). El exportador recibe la financiación en euros de la entidad financiera, mediante la operación concertada (préstamo, descuento letras, etc.) (2). Posteriormente el importador paga en *divisa* el importe de la mercancía (factura) al exportador en el plazo pactado (3). El exportador vende *divisas* en el mercado de contado (4). El exportador compra euros en el mercado de contado, el contravalor a la venta de *divisa* anterior (5). Con los euros recibidos el exportador reembolsa la deuda contraída con la entidad financiera el nominal más intereses, en el plazo y sistema acordado (6). La entidad financiera realiza la liquidación definitiva por diferencias de cambio (7). El coste financiero de la operación será:

$$\text{Coste financiero} = (\text{Euribor} + \text{diferencial}) \pm \text{diferencia de cambio}$$

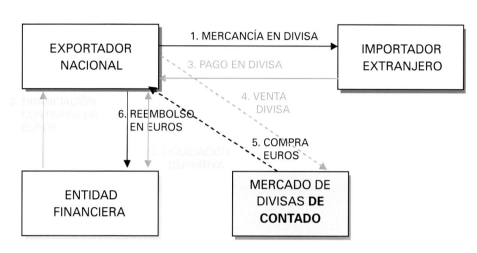

Figura 9.16. **Financiación en euros y facturación en divisas (cambio provisional).**

En la **segunda modalidad sin riesgo** de cambio (cambio definitivo), el resumen del proceso de la operación conforme a los puntos de la Figura 9.17 es el siguiente. El exportador nacional envía la mercancía al importador, facturada en *divisa* (1). El exportador recibe la financiación en euros de la entidad financiera, mediante la operación concertada (préstamo, descuento letras, etc.) y contravalor a tipo de cambio concertado (2). Posteriormente el importador paga en *divisa* el importe de la mercancía (factura) al exportador en el plazo pactado (3). El exportador vende *divisas* en el mercado de plazo (4). El exportador compra euros en el mercado de plazo, el contravalor a la venta de *divisa* anterior (5). Con los euros recibidos el exportador reembolsa y cancela la deuda contraída con la entidad financiera: el nominal más intereses, en el plazo y sistema acordado (6).

El coste financiero de la operación es:

$$\text{Coste financiero} = (\text{Euribor} + \text{diferencial}) \pm \text{seguro de cambio}$$

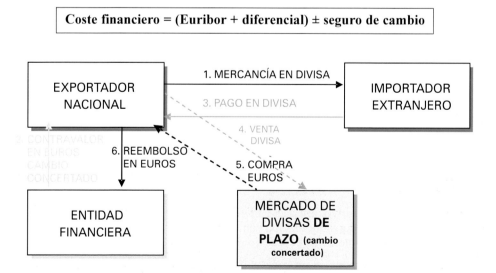

Figura 9.17. **Financiación en euros y facturación en divisas (cambio definitivo).**

Actividad resuelta 9.7

Expofinan, S.A., empresa nacional, vende productos a un importador estadounidense en las siguientes condiciones e información adicional del mercado monetario y de divisas.

- Facturación (importe-moneda): 100.000 $USA
- Vencimiento (duración): 6 meses
- Medio de pago: letra/s aceptada/s
- Instrumento mercantil: descuento de letra/s
- Financiación (moneda): euros
- Tipo de interés de descuento Euribor: 7% + 1% diferencial
- Tipo *spot* (provisional): 1,218 USD/EUR
- Riesgos: Expofinan, S.A. no desea ni comprar una opción de venta de divisas ni contratar un seguro de cambio. Por tanto, asume el riesgo del cambio definitivo a la fecha de vencimiento, ya que según informes técnicos se estima que el USD va a aumentar su valor con respecto al euro.

Se pide realizar el correspondiente análisis para las hipótesis siguientes, tanto en el momento actual como al vencimiento:

a) Cambio definitivo al vencimiento de 1,230 USD/EUR
b) Cambio definitivo al vencimiento de 1,210 USD/EUR
c) Cambio definitivo al vencimiento de 1,218 USD/EUR

SOLUCIÓN

1. *Momento actual* (envío de la mercancía y recepción de letra/s)

   Expofinan, S.A. procede al descuento de la/s letra/s en una entidad financiera, determinando el equivalente en euros a la facturación a cobrar en dólares USA.

   - Nominal equivalente en euros a cambio *spot* (provisional):
     $$100.000 \ \$USA \cdot (1/1,218 \ USD/EUR) = 82.101,81 \ €$$
   - Intereses descuento de la letra:
     $$I = 82.101,81 \cdot (0,07 + 0,01) \cdot (6/12) = 3.284,07 \ €$$
   - Efectivo líquido que recibe el exportador: $82.101,81 - 3.284,07 =$ **78.817,74 €**

2. *Al vencimiento* (el importador paga los 100.000 USD); hipótesis:

   a) Si el euro está al cambio definitivo de 1,230 USD/EUR, ello implica que éste se ha apreciado (aumentado su valor) respecto al dólar, con perjuicio para la exportación. El banco le cargará al exportador la diferencia de cambio.

   Coste financiero = 8% + diferencia de cambio = $0,08 + ((1,230 - 1,218)/1,230) \cdot 100 \cdot (12/6) =$
   $$= 8\% + 1,95\% = \mathbf{9,95\%}$$

   b) Si el euro está al cambio definitivo de 1,210 USD/EUR, ello implica que el euro se ha depreciado (disminuido su valor) respecto al dólar USA, beneficiando a la exportación. El banco al liquidar la operación debe abonar al exportador la diferencia de cambio.

   Coste financiero = 8% − diferencia de cambio = $0,08 - ((1,210 - 1,218)1,210) \cdot 100 \cdot (12/6) =$
   $$= 8\% - 1,32 \ \% = \mathbf{6,68\%}$$

   c) Si el euro cotiza a cambio definitivo de 1,218 USD/EUR igual que el *spot* (provisional), la entidad financiera no realizará ninguna liquidación complementaria al exportador. El coste financiero será únicamente el tipo de interés de descuento de la/s letra/s 8%.

Observación: Si fuese negativo supondría un beneficio extra para el exportador, debido a una alta diferencia de cambio (poco probable en la realidad).

Actividad resuelta 9.8

Expofinan, S.A., empresa nacional, vende productos a un importador estadounidense en las siguientes condiciones e información adicional del mercado monetario y de divisas.

- Facturación (importe-moneda): 100.000 $USA
- Vencimiento (duración): 6 meses
- Medio de pago: letra/s aceptada/s
- Instrumento mercantil: descuento de letra/s
- Financiación (moneda): euros
- Tipo de interés de descuento Euribor: 7% + 1% diferencial
- Riesgos: Expofinan, S.A. decide contratar un seguro de cambio del dólar a 6 meses, y el precio del seguro de cambio es de 1,205 USD/EUR. Esto supone abonar al exportador por el banco al vencimiento el equivalente en euros a cambio de los dólares que reciba el exportador de la venta.

Se pide analizar la operación y calcular el coste financiero de la operación.

SOLUCIÓN

A) *Momento actual* (envío de mercancía y recepción de letra)

El exportador descuenta la letra en un banco por un importe equivalente en euros de la facturación a cobrar en dólares y con seguro de cambio.

- Nominal equivalente en euros al precio de seguro de cambio:

$$100.000 \text{ USD} \cdot (1/1,205 \text{ USD/EUR}) = 82.987,55 \text{ €}$$

- Intereses de descuento de la letra:

$$I = 82.987,55 \; 3 \cdot 0,08 \; (6/12) = 3.319,50 \text{ €}$$

- Efectivo líquido que recibe el exportador = 82.987,55 − 3.319,50 = **79.668,05 €**

B) *Al vencimiento*: (el importador paga los 100.000 $USA)

A los seis meses se cancela el seguro de cambio, recibiendo el banco el nominal en USD de la letra descontada, sin que existan diferencias a favor o en contra para el exportador.

- Coste financiero de la operación para Expofinan, S.A.

$$\text{Coste financiero} = 8\% - \text{seguro de cambio} = 8\% - ((1,205 - 1,218)/1,205) \cdot 100 \cdot (12/6) =$$
$$= 8\% - 2,15\% = \textbf{5,85\%}$$

Conclusión: El coste financiero es menor que el Euribor debido al seguro de cambio, el cual ha eliminado el riesgo derivado de la diferencia de cambio, conociendo todos los datos por anticipado. Además el efectivo líquido recibido del descuento es mayor (79.668,05 €) que el de la Actividad resuelta 9.7 (78.817,74 €).

Financiación en divisas de la exportación

Análogamente que en las importaciones, según la opción de la moneda de facturación tenemos otras tres modalidades, que son: financiación y facturación en la misma divisa, financiación y facturación en distinta divisa y financiación en divisa con facturación en euros.

Para la **primera modalidad** el resumen del proceso de la operación conforme a los puntos de la Figura 9.18 es el siguiente. El exportador nacional envía la mercancía al importador, facturada en divisa (1). El importador extranjero acepta y envía la/s letra/s (u otro medio de pago documental) a 90, 120, 180 días u otro vencimiento (2). Posteriormente el exportador presenta la letra aceptada (u otro medio de pago) en divisa a la entidad financiera al descuento o anticipo en divisas (3). La entidad financiera entrega la divisa al exportador con descuento de intereses por el anticipo (4). El importador paga la factura en divisa (5). El exportador reembolsa la deuda con la entidad financiera las divisas recibidas (6). El coste financiero de la operación será:

> **Coste financiero = Libor + diferencial (tipo de interés de la divisa)**

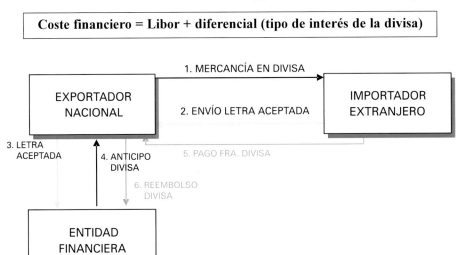

Figura 9.18. **Financiación y facturación en la misma divisa.**

Actividad resuelta 9.9

Expofinan, S.A., empresa nacional, vende productos a un importador estadounidense en las siguientes condiciones e información adicional del mercado monetario y de divisas.

- Facturación (importe-moneda): 100.000 $USA
- Vencimiento (duración): 6 meses (180 días)
- Medio de pago: crédito documentario a plazo
- Instrumento mercantil: anticipo sobre documento
- Financiación (moneda): misma divisa ($USA)
- Tipo de interés de descuento Euribor: 7% + 1% diferencial
- Tipo de interés (Libor a seis meses): 6,50 % + 1% diferencial
- Tipo *spot* de mercado: 1,218 USD/EUR
- Riesgos: Al vender la divisa (USD) por anticipado (antes de recibirla a los 6 meses) cubre de forma automática el riesgo de cambio; por lo tanto, el exportador oferta su mercancía y la exporta sobre bases ciertas y conociendo de antemano su coste real. El exportador asumirá el riesgo de revalorización del dólar ya que al vender los dólares al contado perderá la oportunidad de beneficiarse del saldo favorable.

Se pide analizar la operación y calcular el coste financiero de ésta en el momento actual.

SOLUCIÓN

A) *Momento actual* (envío de mercancía y recepción del crédito documentario)

Expofinan, S.A. al financiarse en USD presenta los documentos para recibir el anticipo por el tiempo adelantado.

Nominal del crédito documentario = 100.000 $USA

Intereses de anticipo que cobra el banco (Libor + diferencial):

$$I = 100.000 \cdot (0,065 + 0,01) \cdot (6/12) = 3.750 \ \$USA$$

Líquido a percibir $= 100.000 - 3.750 = 96.250 \ \$USA$

Si necesitase euros, Expofinan, S.A. vendería los dólares en el mercado de contado a tipo *spot* sin riesgo de cambio:

$$\text{Euros equivalentes} = 96.250 \ \$USA \cdot (1/1,218 \ USD/EUR) = \mathbf{79.022,99 \ €}$$

B) *Al vencimiento* (el importador paga la factura)

Si el importador paga los 100.000 $USA, al recibirlos el exportador, éste los reembolsará a la entidad financiera que los descontó y anticipó, con el objeto de cancelar la deuda.

En cambio, existe el riesgo de impago de la exportación, bien porque el importador se retrase en el pago o bien porque directamente no pague. En la primera situación de retraso, el exportador tendrá que volver a negociar con el banco la demora en el pago. Ahora bien, si es un impagado en firme, el banco o entidad financiera comprará las divisas que el exportador debe en el mercado de contado por cuenta y riesgo del exportador para que éste cancele la deuda, y las diferencias que se produzcan se liquidarán al exportador bien a su favor o bien en contra.

$$\text{Coste financiero} = \text{Libor} + \text{diferencial} = 6,5\% + 1\% = \mathbf{7,5\%}$$

Conclusión: Para que resulte rentable esta financiación el tipo de interés de la divisa (Libor) debe ser menor que el del euro (Euribor).

Para la **segunda modalidad con riesgo** de cambio (cambio provisional), el resumen del proceso de la operación conforme a los puntos de la Figura 9.19 es el siguiente. El exportador nacional envía la mercancía al importador, facturada en *divisa X* (1). El exportador recibe la financiación en *divisa Y* de la entidad financiera, mediante la operación concertada (préstamo, descuento letra, etc.) y contravalor a tipo de cambio provisional (2). Posteriormente el importador paga en *divisa X* el importe de la mercancía (factura) al exportador en el plazo pactado (3). El exportador vende la *divisa X* obtenida anteriormente en el mercado de contado (4). El exportador compra la *divisa Y* en el mercado de contado, el contravalor a la venta de *divisa X* anterior (5). Con la *divisa Y* recibida el exportador reembolsa y cancela la deuda contraída con la entidad financiera: el nominal más intereses, en el plazo y sistema acordado (6). El coste financiero de la operación será:

> **Coste financiero = (Libor divisa financiación) + diferencial ± diferencia de cambio**

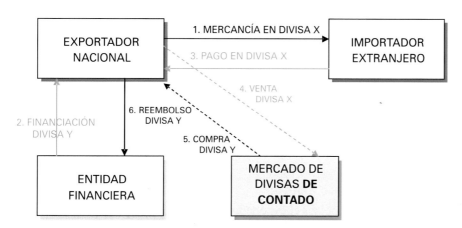

Figura 9.19. Financiación y facturación en distinta divisa (cambio provisional).

En la misma **segunda modalidad**, pero **sin riesgo** de cambio (cambio definitivo), el resumen del proceso de la operación conforme a los puntos de la Figura 9.20 es el siguiente. El exportador nacional envía la mercancía al importador, facturada en *divisa X* (1). El exportador recibe la financiación en *divisa Y* de la entidad financiera, mediante la operación concertada (préstamo, descuento letra, etc.) y contravalor a tipo de cambio concertado, definitivo (2). Posteriormente el importador paga en *divisa X* el importe de la mercancía (factura) al exportador en el plazo pactado (3). El exportador vende la *divisa X* obtenida anteriormente en el mercado de plazo o futuros (4). El exportador compra la *divisa Y* en el mercado de futuros, el contravalor a la venta de divisa X anterior (5). Con la *divisa Y* recibida el exportador reembolsa y cancela la deuda contraída con la entidad financiera: el nominal más intereses, en el plazo y sistema acordado (6).El coste financiero de la operación será:

> **Coste financiero = (Libor divisa financiación) + diferencial ± seguro de cambio**

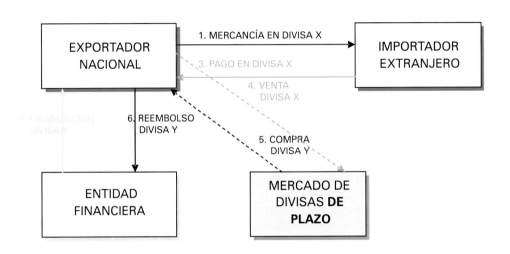

Figura 9.20. **Financiación y facturación en distinta divisa (cambio definitivo).**

Actividad resuelta 9.10

Expofinan, S.A., empresa nacional, vende productos a un importador estadounidense en las siguientes condiciones e información adicional del mercado monetario y de divisas.

- Facturación (importe-moneda): 100.000 $USA
- Vencimiento (duración): 6 meses (180 días)
- Medio de pago: crédito documentario a plazo
- Instrumento mercantil: anticipo sobre documento
- Financiación (moneda): distinta divisa (CHF)
- Tipo de interés de descuento Euribor: 7% + 1% diferencial
- Tipo de interés USD (Libor a seis meses): 6,50% + 1% diferencial
- Tipo de interés CHF (Libor a seis meses): 5,25% + 1% diferencial
- Tipo *spot* (provisional USD): 1,218 USD/EUR
- Tipo *spot* (provisional CHF): 1,528 CHF/EUR
- Riesgos: Al financiarse en francos suizos el exportador tiene un riesgo de cambio, cuya financiación sólo interesará si el franco suizo se deprecia respecto al dólar.

Se pide realizar el correspondiente análisis de la operación para los siguientes supuestos:

a) Coste financiero sin seguro de cambio.

b) Coste financiero con seguro de cambio si el precio del seguro del dólar es 1,230 USD/EUR y el del franco suizo de 1,505 CHF/EUR.

SOLUCIÓN

a) Sin seguro de cambio

- Nominal equivalente en CHF a los dólares de facturación en el mercado de contado: Al no tener el cambio CHF/USD, se determina a través del cambio cruzado (teórico), donde:

$$100.000 \text{ USD} \cdot 1,528 \text{CHF/EUR} \cdot (1/1,218) \text{EUR/USD} = 125.451,56 \text{ CHF}$$

- Intereses por el anticipo, que cobra el banco:

$$I = 125.451,56 \text{ CHF} \cdot (0,0525 + 0,01) \cdot (6/12) = 3.920,36 \text{ CHF}$$

- Líquido a percibir en CHF = 125.451,56 –3.920,36 = 121.531,20 CHF

- Líquido equivalente a percibir en euros con venta de CHF:

$$121.531,20 \text{ CHF} \cdot (1/1,528) \text{ EUR/CHF} = \textbf{79.536,12 €}$$

Comparando esta cantidad con la percibida de 79.022,99, al financiarse en dólares (Activ. resuelta 9.9) le interesa la financiación en CHF. Ha conseguido financiarse más barato (6,25 %) que con el USD (7,5 %), aunque tenga un riesgo de cambio al vencimiento.

- Coste financiero = Libor (CHF) + diferencial + diferencia de cambio

La diferencia de cambio dependerá del tipo de cambio del CHF a los seis meses, momento de cobro del importador, en que el exportador recibirá los 100.000 dólares que venderá en el mercado de contado y comprará los CHF para cancelar la deuda con el banco.

b) Con seguro de cambio

- Nominal equivalente en CHF a los dólares de facturación en el mercado de plazo o futuros [a través del cambio cruzado (teórico)].

$$100.000 \text{ USD} \cdot 1,505 \text{ CHF/USD} \cdot (1/1,230) \text{ EUR/USD} = 122.357,72 \text{ CHF}$$

- Intereses por el anticipo recibido del banco:

$$I = 122.357,72 \cdot (0,0525 + 0,01) \cdot (6/12) = 3.823,68 \text{ CHF}$$

- Líquido a percibir en CHF = 122.357,72 – 3.823,68 = 118.534,04 CHF

- Líquido equivalente a percibir en euros por venta de los CHF:

$$118.534,04 \text{ CHF} \cdot (1/1,505) \text{ EUR/CHF} = \textbf{78.760,16 €}$$

- Coste financiero = Libor (CHF) + diferencial + Seguro de cambio =

$$= 5,25\% + 1\% + ((1,528 - 1,505)/1,505) \cdot 100 \cdot (12/6) = 6,25\% + 3\% = \textbf{9,25\%}$$

Conclusión: Evidentemente es más rentable financiarse sin seguro de cambio, asumiendo el riesgo de cambio, ya que los euros percibidos, 79.536,12, son más que los que se perciben con seguro de cambio: 78.760,16 €.

Finalmente, para la **tercera modalidad** el resumen del proceso de la operación conforme a los puntos de la Figura 9.21 es el siguiente. El exportador nacional envía la mercancía al importador, facturada en euros (1). El exportador recibe la financiación en *divisa* de la entidad financiera, mediante la operación concertada (préstamo, descuento letra, anticipo documentario, etc.) (2). El exportador vende la *divisa* obtenida anteriormente en el mercado de contado (3). El exportador compra los euros en el mercado de contado, el contravalor de la venta de *divisa* anterior (4). Recibe del importador los euros como pago de la factura de la mercancía (5).

Vende los euros obtenidos anteriormente en el mercado de contado (6). Compra *divisa* en el mercado de contado, el equivalente a los euros anteriores (7). Con la *divisa* recibida el exportador reembolsa y cancela la deuda contraída en divisas con la entidad financiera: el nominal más intereses, en el plazo y sistema acordado (8). El coste financiero de la operación será:

> **Coste financiero = (Libor divisa financiación) + diferencial ± diferencia de cambio**

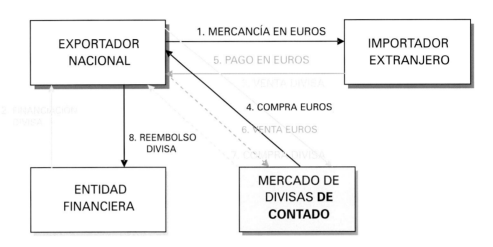

Figura 9.21. **Financiación en divisas y facturación en euros.**

Actividad resuelta 9.11

Expofinan, S.A., empresa nacional, vende productos a un importador estadounidense en las siguientes condiciones e información adicional del mercado monetario y de divisas.

- Facturación (importe-moneda): 100.000 euros
- Vencimiento (duración): 6 meses
- Medio de pago: orden de pago al vencimiento
- Instrumento mercantil: póliza de préstamo
- Financiación (moneda): divisa (USD)
- Tipo de interés Euribor: 5% + 1% diferencial
- Tipo de interés USD (Libor a 6 meses): 6,5 % + 1% diferencial
- Tipo *spot* de contado: 1,218 USD/EUR
- Riesgos: ninguno

Calcular el coste financiero de la operación si el tipo de cambio a plazo (6 meses) fuese de 1,270 USD/EUR, en el momento actual y al vencimiento.

A) *Momento actual*

El exportador solicita un préstamo en USD, equivalente al importe de facturación al tipo de cambio de contado, y posteriormente compra euros.

- Nominal del préstamo en USD:

$$100.000 \text{ EUR} \cdot 1,218 \text{ USD/EUR} = 121.800 \text{ USD}$$

- Intereses del préstamo:

$$I = 121.800 \text{ USD} \cdot (0,065 + 0,01) \cdot (6/12) = 4.567,5 \text{ USD}$$

- Efectivo recibido en USD = 121.800 − 4.567,5 = 117.232,5 USD
- Compra de euros: 117.232,5 USD · (1/1,218) EUR/USD = **96.250 €**

B) *Al vencimiento*

El importador paga los 100.000 € al exportador.

- Venta de euros en mercado de contado y recibe el equivalente en USD:

$$96.250 \text{ EUR} \cdot 1,270 \text{ USD/EUR} = 122.237,5 \text{ USD}$$

- Cancelación del préstamo y obtención de un beneficio por la diferencia de cambio de:

$$122.237,5 \text{ USD} − 121.800 \text{ USD} = 437,5 \text{ USD}$$

- Coste financiero = Libor + diferencial − diferencia de cambio =

$$6,5\% + 1\% − ((1,270 − 1,218)/1,270) \cdot 100 \cdot (12/6) = 7,5\% - 8,18\% = \textbf{<0,68\%>}$$

Conclusión: Al financiarse en USD y dada la apreciación del euro, ha generado una rentabilidad para el exportador del 0,68%.

Coste financiero en la financiación de las exportaciones

En el Cuadro 9.6 resumimos a modo de comparación el coste financiero de las distintas modalidades de financiación a la exportación vistas anteriormente.

FINANCIACIÓN EN EUROS			
FINANCIACIÓN	**FACTURACIÓN**	**RIESGO FINANCIERO**	**COSTE FINANCIERO**
Euros	Euros	No	Euribor + diferencial.
Euros	Divisas	Sí	(Euribor+diferencial) ± diferencia de cambio
Euros	Divisas	Sí (cobertura)	(Euribor+ diferencial) ± seguro de cambio
FINANCIACIÓN EN DIVISAS			
Divisa	Misma divisa	No	Libor+diferencial
Divisa	Distinta divisa	Sí	(Libor +diferencial) ± diferencia de cambio
Divisa	Distinta divisa	Sí (cobertura)	(Libor +diferencial) ± seguro de cambio
Divisa	Euros	Sí	(Libor + diferencial) ± diferencia de cambio
Divisa	Euros	Sí (cobertura)	(Libor + diferencial) ± seguro de cambio

Cuadro 9.6. **Comparación de coste entre la financiación en euros y en divisas.**

Modalidades en la prefinanciación de las exportaciones

La prefinanciación consiste en financiar el período de fabricación de una mercancía o su adquisición con destino a la exportación. Por tanto, existe un intervalo de tiempo que va desde el inicio de fabricación o pedido en firme de un producto hasta el embarque de la mercancía para la exportación. Normalmente los documentos mercantiles con los que se instrumentaliza la operación son la póliza de crédito y el préstamo.

En el Cuadro 9.7 mostramos un resumen comparativo del coste financiero incurrido para las distintas alternativas de moneda de facturación y prefinanciación.

Escandallo: Determinación del precio del coste o de la venta de una mercancía con relación a los factores que la integran (materia prima, carga, flete, transporte, descarga, seguro, etc.).

FACTURACIÓN Y PREFINANCIACIÓN EN EUROS	
• No tiene riesgo de cambio. • Requiere confección de cuadro de costes **escandallo**, con precio cierto. • Coste financiero en euros.	Coste financiero = Euribor

FACTURACIÓN EN EUROS PREFINANCIACION EN DIVISAS	

• Sin seguro de cambio
  — Tiene riesgo de cambio.
  — Se financia más ventajosamente.
• Con seguro de cambio
  — No tiene riesgo de cambio.
  — Se financia más ventajosamente.
	Coste financiero = Libor + diferencial ± diferencia de cambio
	
	Coste financiero = Libor + diferencial ± seguro de cambio o prima *opción*

FACTURACIÓN EN DIVISAS Y PREFINANCIACION EN EUROS	
• Sin seguro de cambio: no puede realizar un cuadro de costes *escandallo* realista. • Con seguro de cambio: sí puede realizar un cuadro de costes *escandallo* realista.	Coste financiero = Euribor ± diferencia de cambio Coste financiero = Euribor ± seguro de cambio o prima

FACTURACIÓN EN DIVISAS Y PREFINANCIACIÓN EN LA MISMA DIVISA	
• No tiene riesgo de cambio. • Se confecciona un cuadro de costes *escandallo* realista. • Se financia a tipos ventajosos.	Coste financiero = Libor + diferencial

FACTURACIÓN EN DIVISAS Y PREFINANCIACIÓN EN DISTINTA DIVISA	
• Tiene dos riesgos de cambio. • Puede asegurar los dos o uno solo. • Se aprovecha de una financiación ventajosa. • Puede o no confeccionar un cuadro de costes *escandallo* realista, según recurra o no a un seguro de cambio u *opciones*.	El coste financiero variará según la combinación elegida. Coste financiero = Libor + diferencial + seguro de cambio − (seguro de cambio de la venta a plazo según los casos)

Cuadro 9.7. **Comparación del coste financiero en la prefinanciación de la exportación.**

9.3 El *forfaiting* y el *factoring* de exportación

El *forfaiting* y el *factoring* son dos tipos de financiación especiales de la exportación. El primero es un vocablo inglés que procede del francés *forfait*. En él, una entidad financiera generalmente (*forfaiter*) compra los créditos comerciales al exportador originados en la exportación de bienes y servicios, sin recurso, de tal manera que, si el importador no paga, la entidad financiera no pueda ejercer ninguna acción o recurso contra el exportador.

En el *factoring*, además de una entidad financiera, pueden ser compañías especializadas (denominadas sociedades de *factoring* o facturación) que prestan un conjunto de servicios administrativos y financieros al exportador, e incluso la adquisición, también, de los créditos comerciales a corto plazo (normalmente 180 días) como consecuencia de la venta al importador.

9.3.1. *Forfaiting*

La finalidad del *forfaiting* consiste en la compra por parte de una entidad financiera de los derechos o créditos comerciales sobre el exterior al exportador. Con lo cual el exportador cobra su venta al contado, sin que posteriormente la entidad financiera pueda ejercer ningún tipo de recurso contra él.

Los **riesgos** del *forfaiting* para el exportador no existen: elimina el riesgo de impago y cambio en su totalidad; no tiene riesgos de intereses. El tipo de descuento al que realiza el *forfaiting* es fijo. Traslada los riesgos de insolvencia del importador y el riesgo país a la entidad financiera. Los riesgos de insolvencia de importador, país avalista, son estudiados por la entidad financiera, y los asegurables, en algunos casos, por compañías de seguros especializadas.

Las **ventajas económicas** del *forfaiting* para el exportador son que elimina gastos inherentes a los cobros, permite competir en los mercados internacionales ofreciendo largos plazos de pago y desparece la operación de su balance mejorando sus ratios o indicadores de endeudamiento, tesorería y liquidez.

La formalización del *forfaiting* se realiza por medio del descuento de letras de cambio, pagarés, etc. y con un documento final de aceptación de la operación por parte de la entidad financiera. La exportación debe estar nominada en euros convertibles o divisas admitidas a cotización oficial en el mercado de Madrid.

El **coste financiero** de las operaciones de *forfaiting* lo toman siempre las entidades financieras al descuento abonando al exportador el nominal de la exportación menos los intereses de descuento correspondientes a un tipo fijo. El tipo de interés dependerá de la moneda y del plazo de la operación y también del riesgo que el banco debe asumir: riesgo comercial y político del importador y avalista, que incluye el riesgo país.

El resumen del proceso de la operación conforme a los puntos de la Figura 9.22 es el siguiente. El envío de las mercancías lo realiza el exportador al importador (1). El envío de letra sin recurso se hace del exportador a la entidad financiera (2). El exportador recibe el dinero de la entidad financiera por anticipado (mediante contrato de *forfaiting*) y el reembolso del crédito es por parte del importador a la entidad financiera (3).

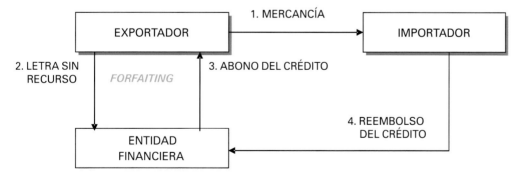

Figura 9.22. **Forfaiting** de exportación.

9.3.2. *Factoring*

La **finalidad** del *factoring* consiste en asumir un conjunto de servicios de tipo administrativo y financiero por parte de la empresa de *factoring* (entidad financiera) con relación a los créditos comerciales a corto plazo (normalmente 180 días) comprando las facturas del exportador-cliente, sin poder beneficiarse de un recurso contra él en caso de impago.

Los **sujetos intervinientes** son:

- Factor: sociedad que compra las facturas de sus clientes, en el momento de su creación, con todas las obligaciones y servicios que comporta.
- Deudor: es el importador.
- Cliente: es el exportador que ha firmado el contrato de *factoring*.
- Factor exportador: es la sociedad de *factoring* establecida en el país del exportador y que responde ante el cliente del buen fin financiero de la exportación.
- Factor importador: es la sociedad de *factoring* establecida en un país extranjero importador y que actúa de corresponsal del factor exportador.
- Cadena de *factoring*: red internacional de sociedades de *factoring* establecida con el fin de permitir la cooperación entre las sociedades miembros de ella.

Los servicios que ofrece la sociedad *factor* al cliente-exportador son los siguientes:

- Estudio de deudores: realiza un estudio de solvencia de los importadores clientes del exportador y se preocupa de actualizar dicha información y de obtenerla en caso de nuevos deudores.
- Administración de los créditos: una de sus obligaciones es llevar la contabilidad de los créditos de su cliente (exportador) y mantener con él una cuenta corriente.
- Gestión de cobro: se preocupa de gestionar los cobros de sus clientes, presentando las facturas, letras, etc. en debida forma y tiempo oportuno a los librados (importadores).
- Anticipo de fondos: mediante el contrato de *factoring* el factor puede anticipar los importes de los créditos cedidos al exportador. Estos anticipos devengan los intereses estipulados entre las partes a favor del factor.
- Aseguramiento de los créditos: el factor, al comprar *sin recurso* los créditos de su cliente exportador, está garantizando el riesgo de insolvencia de los compradores extranjeros. Esta operativa es posible por pertenecer el factor a una cadena de *factoring*, ya que la sociedad de *factoring* del país importador es la que está en mejores condiciones para cobrar del deudor, e incluso para hacer gestiones judiciales en caso de impago. Por ello en los contratos se hace constar una cláusula de cesión a favor de la sociedad de *factoring* del país del importador, a pesar de que el contrato de *factoring* esté firmado con el factor del país exportador.

Las **características de los créditos** son la existencia de facturas por venta de mercancías (se excluyen las ventas de servicios), que sean ventas de productos no inmediatamente perecederos, que se repitan con cierta frecuencia los embarques (no indispensable) y que las deudas (aplazamientos del pago) sean a corto plazo.

Las **clases de *factoring*** son:

- Según el momento de disponibilidad del crédito:
  - Factoring de simple gestión de cobro: el cliente cobra al vencimiento.
  - *Factoring financiado*: si además de la gestión de cobro el factor anticipa al cliente el importe del crédito comercial.
- Según que el *factor* asuma o no el riesgo:
  - *Factoring propio o sin recurso*: se garantiza la solvencia mediante una comisión de garantía.
  - *Factoring impropio o con recurso*: el riesgo de impago lo asume el cliente, entendiéndose la cesión *salvo buen fin* y con recurso.

Las **principales obligaciones del exportador** son: ceder todos los créditos que haya acordado con el factor, pagar la remuneración del factor acordada, enviar comunicación a sus importadores respecto a la cesión de los créditos al factor, incluir en las facturas la cláusula de cesión, someter a la aprobación del factor los nuevos deudores o ampliaciones de riesgo. El exportador también tiene que autorizar la revisión de sus registros de ventas y facilitar la documentación pertinente sobre los créditos cedidos al factor, entregar a la sociedad *factoring* cantidades que, eventualmente, hubiera recibido de los importadores, informar al factor de cualquier incidente que surja respecto de los créditos cedidos, así como prestar asistencia al factor para el ejercicio de sus derechos frente al importador y garantizar la existencia del crédito cedido (entrega real de la mercancía).

Las **ventajas para el exportador** son de dos tipos:

- De gestión: disminuye el inmovilizado en cuentas de clientes, disminuye el trabajo administrativo, desaparece la preocupación de los fallidos, consolida su clientela, mejora la selección de clientela, mejora el flujo de tesorería y le posibilita el introducirse en nuevos mercados sin riesgo.

- Económico-financieras: ahorra tiempo y gastos en la obtención de información, no tiene gastos financieros por retrasos en los reembolsos, elimina gastos de procedimientos contenciosos en caso de impago, reduce el coste de material de oficina, gastos de comunicación, etc. y reduce costes fijos en la estructura administrativa.

Las **tarifas o coste del *factoring*** consisten en que la tarifa del factor es un tanto por ciento por factura y depende de diversas circunstancias: países importadores (riesgo país), cifra de negocios, número de deudores, plazo del cobro, número de facturas/año e importe medio por factura.

El proceso gráfico de la operación podemos seguirlo conforme a los puntos enumerados de la Figura 9.23 siguiente.

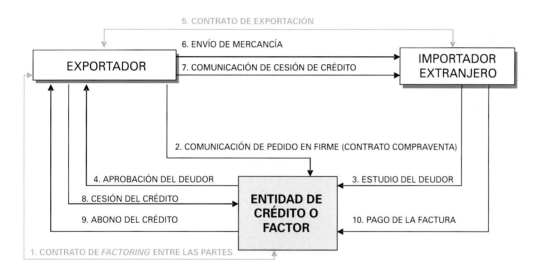

Figura 9.23. *Factoring* de exportación.

9.4 El *leasing* de exportación

El término *leasing* proviene del verbo inglés *to lease,* que significa "arrendar" o "dejar en arriendo". En Francia se denomina *crédit-bail;* en Bélgica, *location-financement,* y en España, *arrendamiento financiero.* Por tanto, se considera al *leasing* como una financiación destinada a ofrecer a los industriales y comerciantes un medio flexible y nuevo de disponer de un bien alquilándolo en vez de comprarlo, con la opción de compra al finalizar el período del contrato.

El *leasing* ofrece la **posibilidad de modernización** de instalaciones sin grandes desembolsos y brinda las siguientes alternativas al finalizar el período del contrato: cambiar el bien arrendado por uno nuevo con abono del valor residual del viejo, adquirir el bien arrendado abonando el valor residual, devolver el bien arrendado a la empresa de *leasing* o prorrogar el contrato por otro período, en condiciones más ventajosas y un plazo más corto.

Los **sujetos intervinientes** en el *leasing* (véase la Figura 9.24) son:

- La sociedad de *leasing*: paga el precio del bien y obtiene la propiedad del bien, arrendando a su vez el bien a la empresa financiada a cambio de un canon o renta durante un período irrevocable; suele ser una entidad financiera.
- La empresa financiada es la que asume la elección y riesgos del bien (importador extranjero).
- El fabricante o vendedor del bien (exportador).

Existen diferentes **clases de *leasing***:

- *Leasing* **mobiliario e inmobiliario**: según sean máquinas, vehículos, ordenadores, etc., o locales, viviendas, etc.
- *Leasing* de **apoyo a la exportación**: cuando el exportador español utiliza una sociedad de *leasing* del país del importador, que será el receptor de los bienes exportados.
- *Leasing* ***cross-border***: operación directa entre exportador e importador, haciendo el exportador de sociedad de *leasing*.
- ***Lease back***: el propietario de un bien lo vende a la sociedad de *leasing*, que a su vez cede su uso en virtud de un contrato de *leasing*.
- ***Lease back* de financiación**: el objeto son bienes fabricados por la propia empresa financiada que ésta vende a la sociedad *leasing* y recibe de nuevo en *leasing*.

El proceso gráfico de la operación podemos seguirlo conforme a los puntos enumerados de la Figura 9.24.

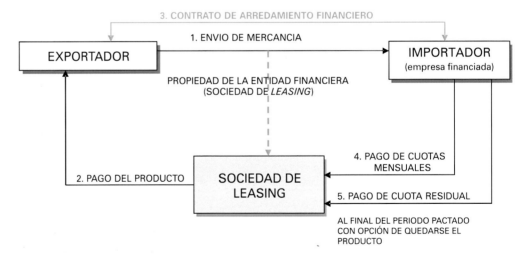

Figura 9.24. ***Leasing* de exportación.**

9.4.1. El *leasing* como fuente de financiación

El *leasing* es, por tanto, una operación de crédito asimilable a cualquier otra (préstamo, crédito hipotecario, descuento, anticipo, etc.), pero que posee una serie de atributos distintivos que lo diferencian de otras figuras; son los siguientes:

a) La adquisición del bien objeto de la operación (previamente seleccionado por el futuro importador) es efectuada por la sociedad de *leasing* que paga al contado el valor de aquél al suministrador o exportador.

b) El importador dispone del bien con carácter de arrendatario, lo que implica la existencia de una cesión del derecho de disfrute del mismo por parte de su propietario (sociedad de *leasing*).

c) La operación de crédito se plasma en un contrato de arrendamiento que compromete al importador (deudor-arrendatario) al pago de una cuota de alquiler o canon de alquiler determinado a la sociedad de *leasing* (acreedora).

d) El contrato de arrendamiento incorpora una opción de compra a favor del importador.

Las ventajas y desventajas del *leasing* son las siguientes:

a) Ventajas para el exportador:

- El exportador, suministrador, tiene a su disposición una fórmula alternativa y adicional de financiación para ofrecer al importador.

- Cobro al contado a través de la sociedad de *leasing*, evitando el incumplimiento en los pagos (riesgo de impago, riesgo país) y mejorando su gestión de ventas, ya que los costes financieros son nulos.

b) Ventajas para la sociedad de *leasing*:

- La garantía que representa la propiedad del bien objeto de *leasing*, cualidad específica de la operación como método de financiación.

- Se exime por lo general de la responsabilidad por la elección, entrega e instalación del material, así como de los gastos de conservación, entretenimiento y aseguramiento del mismo. Y en el supuesto de cubrir la sociedad de *leasing* los servicios de administración y mantenimiento de los bienes, repercutirá dicho coste en las cuotas de alquiler, a pagar por el importador (comprador).

c) Ventajas para el importador:

- El ahorro de impuestos y amortización acelerada. Las cuotas de alquiler de la operación son deducibles fiscalmente de la cuenta de resultados. Y la amortización o recuperación del bien es rápida. Esto evita el riesgo de obsolescencia o envejecimiento prematuro del bien contratado y supone una mayor adaptabilidad de la empresa importadora a los cambios tecnológicos.

- Financiación íntegra (100%) del material, ya que exige, a diferencia de otras modalidades de financiación, desembolsos iniciales poco significativos y sin grandes formalidades, tales como anticipos de una o más cuotas, gastos de documentación, de letras etc., estableciendo una buena planificación y control presupuestario y sin grandes fluctuaciones de tesorería.

d) Desventajas para la sociedad de *leasing*:

- La recuperación del bien arrendado en caso de litigio o quiebra del arrendatario puede ser problemática debido a una legislación deficiente, incompleta y diferente entre países.

- En ocasiones, un coste elevado respecto a fórmulas competidoras.

e) Desventajas para el importador:

- El coste financiero es sin duda el inconveniente más destacado por cuanto las sociedades de *leasing* obtienen sus recursos de fuentes bancarias, con lo que el servicio financiero incluye una carga financiera doble: el coste del dinero para la entidad de *leasing* y el coste financiero por aplazamiento aplicados por ella.

9.5 Operaciones de compensación y triangulares

Dentro de las operaciones del comercio internacional, cabe destacar una modalidad específica como es el **comercio por compensación**. Al no haber muchas estadísticas disponibles acerca del volumen que representa sobre el comercio mundial, se estima que puede oscilar entre el 5% y 30% del mismo.

El comercio por compensación se efectúa habitualmente entre países económicamente desarrollados y países en desarrollo de reciente industrialización. Efectuándose un contrato de compensación, mediante el cual el exportador o suministrador de productos (manufacturados, sanitarios, tecnológicos, etc.) se compromete a aceptar que el pago total o parcial de la operación se realice en otros productos a modo de compensación o contrapartida (materias primas, minerales, etc.), en resumidas cuentas se trata de un intercambio de bienes o mercancías entre el vendedor (exportador) y contraparte (comprador).

La venta de los bienes de contrapartida a los usuarios finales se realiza generalmente por sociedades comercializadoras o *trading companies* (*trader*), siendo a veces entidades financieras las cuales proporcionan las divisas necesarias para cobrar la operación de exportación. En general estas sociedades se dedican a un determinado sector como puede ser el siderúrgico, la máquina-herramienta o alimenticio. Poseen delegaciones en los principales países del mundo y tienen banca propia, lo cual les facilita la obtención de préstamos y créditos para sus operaciones. Tradicionalmente las sociedades de *trading* de mayor tamaño se han desarrollado en Japón.

Las razones que mueven al crecimiento del comercio por compensación son:

- La falta de divisas convertibles y dificultades de pago.
- El desarrollo de las exportaciones y apertura a nuevos mercados.
- Permitir a ciertos países exportar mercancías de calidad y diseño bajo, ofreciéndolas en el mercado internacional con un mayor descuento.
- Nivelar las balanzas comerciales entre los Estados.
- Ofrecer un mercado seguro durante un período de tiempo y puede ser negociado por el gobierno que establece cuotas de producción económica en lugar de hacerlo los gerentes de las fábricas individuales que no controlan la disponibilidad de recursos.
- Fomentar la transferencia de tecnología y la creación de empleo.

En algunas ocasiones resulta complicado diferenciar si la mercancía que entra en el territorio de aplicación del impuesto del valor añadido (IVA) (península y Baleares) es una importación de mercancías o una adquisición intracomunitaria de bienes. En este sentido, uno de los supuestos más claros que generan confusión a la hora de determinar si nos encontramos ante una u otra son las **operaciones triangulares**, que trataremos más adelante. No obstante conviene distinguir entre importación y adquisición intracomunitaria.

Una importación de bienes consiste en la entrada en el territorio de la Comunidad, de bienes procedentes de terceros países, es decir, no pertenecientes a la Unión Europea. Dicha operación estará sujeta al pago del IVA en el Estado en el que entran las mercancías, cualquiera que sea el fin al que se destinen los bienes y la condición del importador.

Una adquisición intracomunitaria de bienes es la obtención del poder de disposición sobre bienes muebles corporales expedidos o transportados al territorio de aplicación del impuesto con destino al adquirente, desde otro Estado miembro de la UE. Para considerar que estamos ante una adquisición intracomunitaria de bienes, es necesario que exista un transporte de las mercancías, cuyos lugares de inicio y destino estén situados en los territorios de dos Estados miembros diferentes.

No obstante, la entrada de mercancías en territorio comunitario, procedente de terceros países con destino inmediato a otro país miembro de la Unión Europea, está exenta del pago del IVA en el Estado que importa dichos bienes. Esto es lo que entendemos como **operaciones triangulares**.

9.5.1. Comercio por compensación

El comercio por compensación (*counter trade*) puede definirse como una práctica comercial que implica una vinculación entre ventas y compras internacionales. A través de este tipo de comercio, bien el pago se efectúa en productos en lugar de divisas, bien se exigen ciertos compromisos de compras futuras. Se trata de un movimiento distinto al comercio libre, o intercambio con divisas, ya que el comercio por compensación supone una manera de comerciar lenta, costosa y complicada que generalmente obliga a las empresas a establecer operaciones para tratar con productos que no disponen o que no cuentan con la tecnología e infraestructura suficiente y lejanos a su especialidad. El problema básico es que el acuerdo para recibir productos en alguna forma de trueque implica que esos productos no pueden venderse en el mercado libre a un precio tan alto o por encima del establecido en el acuerdo de comercio por compensación (el valor fijado a los productos de contrapartida o compensación será el límite para su venta a terceros).

En definitiva, el comercio por compensación es una transacción en la cual un vendedor proporciona bienes a un comprador y acuerda contractualmente comprar bienes al comprador en una cantidad igual a un porcentaje acordado del valor contractual de las ventas originales. El intercambio puede tener lugar al mismo tiempo que las exportaciones originales, en cuyo caso el crédito no es el punto fundamental o tener lugar con posterioridad, entonces el período de financiamiento es importante. Según las partes firmantes, el tipo de bienes y servicios de intercambio y el acuerdo de financiamiento tenemos las modalidades de comercio por compensación siguientes:

- **El trueque (Barter)**. Es un acuerdo que regula el intercambio físico de productos entre dos gobiernos sin mediar transferencia alguna de divisas. La operación se materializa a través de un único contrato que regula las dos prestaciones. El intercambio se realiza de forma simultánea sin haber un desfase temporal, sin intervención de tercero (*trader*) y el motivo de su utilización es a causa de la escasez de divisas convertibles en el país del comprador y la imposibilidad de financiación exterior por el país exportador.

- **Compensación en sentido estricto (Compensation)**. Es un convenio contractual entre compañías privadas que engloba aquellas operaciones de productos exportados que pueden ser pagados parcialmente en divisas y en productos. Si los bienes de contrapartida están ligados con los artículos que factura el exportador se trata de una compensación directa (buy back), en cambio será una compensación indirecta si no hay ninguna relación entre los productos de intercambio.

- **Contra-compra (counter purchase)**. Son compras ligadas, bajo el amparo de un acuerdo marco entre compañías privadas, donde el exportador firma con su cliente un contrato de venta normal, pero simultáneamente e independientemente firma otro contrato de futura compra de mercancías a dicho país.

- **Recompra (buy back)**. Se trata de contratos entre compañías privadas y gobiernos, donde acuerdan la compra de productos fabricados por medio de los bienes (de equipo o tecnológicos) de producción exportados. Una situación típica implica la exportación inicial de instalaciones productivas (plantas "llave en mano") o tecnológicas (licencias o patentes) donde el exportador recibe como contrapartida los bienes producidos en dichas instalaciones o con la tecnología cedida en un plazo amplio. Por tanto son contratos jurídicamente distintos y de larga duración, en la mayoría de los casos existe un crédito destinado a financiar el proyecto objeto de la exportación, reembolsado posteriormente en el momento en que los productos obtenidos están disponibles.

- **Cooperación industrial o comercial (offset)**. Suele tratarse de operaciones de gobierno a gobierno, a través de las cuales el exportador se compromete además de realizar un suministro de equipos con elevado nivel tecnológico (material de defensa, telecomunicaciones, etc.) de duración plurianual a efectuar una prestación adicional, como puede ser : utilización de recursos locales (materia prima, mano de obra), concesión de licencias o patentes.

9.5.2. Operaciones triangulares

La operación triangular se define también como *negociación internacional de mercancías*. Se trata de la compra –por un residente– de una mercancía en un país extranjero para vendérsela a otro país, sin entrar en territorio aduanero español (véase la Figura 9.25). La financiación está condicionada a la instrumentación del cobro y pago y a las divisas en que se formalicen los contratos.

Las características fundamentales de las operaciones triangulares son las siguientes:

1. Es la clásica operación que realizan las compañías comerciales o *trading companies*, que actúan en la intermediación del comercio internacional.

2. Los cobros y pagos de la operación suelen liquidarse mediante créditos documentarios, que el comprador extranjero abrirá a favor del comerciante español y éste lo transferirá al vendedor extranjero.

3. El comerciante español sustituirá las facturas del vendedor por las suyas propias, con lo cual el comprador desconocerá quién es el proveedor real.

4. Los sujetos intervinientes son, como mínimo, tres: el comerciante español residente, el comprador y vendedor extranjero.

5. En cuanto a la divisa en la que debe realizarse la operación, lo ideal es que sea en euros; de no ser posible, lo normal es utilizar una divisa neutral y estable, como $USA.

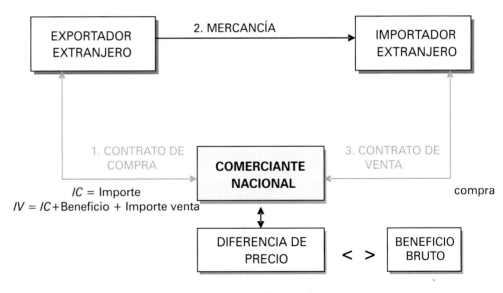

Figura 9.25. **Operación triangular.**

Operativa en la liquidación de la operación

Según los plazos de cobro y pago que tenga el comerciante nacional, tendremos tres tipos de liquidación: la simultánea, la anticipada y la diferida. Y dependiendo de la moneda de cobro y pago surgirán diferentes alternativas de financiación.

En la liquidación simultánea, el pago de la compra se realiza en el mismo momento del cobro de la venta; para ello es necesario instrumentalizar la operación con un crédito documentario transferible (véase la Figura 9.26).

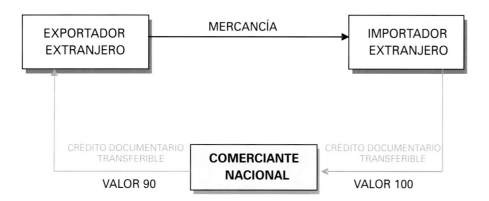

Figura 9.26. **Liquidación simultánea.**

En la liquidación anticipada, el pago de la compra se realiza con anterioridad al cobro de la venta (véase la Figura 9.27).

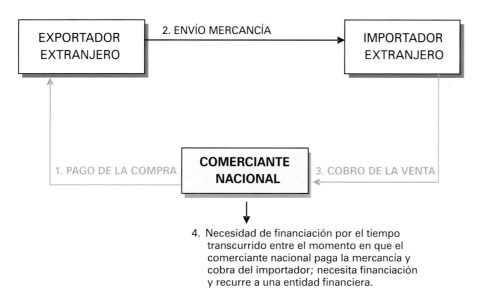

Figura 9.27. **Liquidación anticipada.**

Y en la liquidación diferida, el pago de la compra se realiza con posterioridad al cobro de la venta (véase la Figura 9.28).

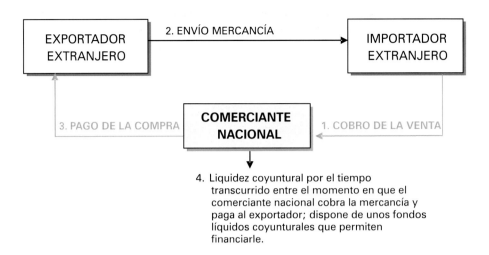

Figura 9.28. **Liquidación diferida.**

Dadas las posibles monedas de facturación de la compra y la venta junto con las opciones de monedas de financiación, podemos tener las combinaciones siguientes (véase el Cuadro 9.8) siendo las alternativas similares a las operaciones de importación y exportación vistas en epígrafes anteriores.

PAGO DE LA COMPRA	COBRO DE LA VENTA	POSIBILIDAD FINANCIERA
Euros	Euros	Euros
Euros	Euros	Divisa
Divisa	Euros	Euros
Divisa	Euros	Divisa
Divisa	Misma divisa	Euros
Divisa	Misma divisa	Misma divisa
Euros	Divisa	Euros
Euros	Divisa	Divisa
Divisa	Distinta divisa	Euros

Cuadro 9.8. **Alternativas de financiación en operaciones triangulares.**

9.1 Japoimpo, S.A., empresa nacional, compra productos a una empresa japonesa con las siguientes características:

- Valor de la mercancía (productos): 1.000.000 (yenes)

- Forma de pago: Al contado con descuento del 2% de los productos por pronto pago, mediante remesa simple de letras a la vista.

- Información del mercado de divisas:

  – Tipo de cambio a plazo (*forward*): 128,57 JPY/EUR

  – Tipo de cambio *spot* (a los 3 meses): 127,60 JPY/EUR

  – Tipo de interés del JPY (Libor): 0,95% + 1% diferencial

Para poder pagar la factura el importador nacional solicita a su banco un préstamo por el importe de la factura en JPY, a devolver en 3 meses (año comercial) sistema simple.

Se pide analizar la alternativa más rentable tanto con seguro de cambio como sin seguro de cambio.

9.2 Japoexpo, S.A., empresa nacional, vende productos a un importador japonés en las siguientes condiciones e información adicional del mercado monetario y de divisas.

- Facturación (importe-moneda): 1.000.000 JPY
- Vencimiento (duración): 3 meses
- Medio de pago: letra/s aceptada/s
- Instrumento mercantil: descuento de letra/s
- Financiación (moneda): euros
- Tipo de interés de descuento Euribor: 5% + 1% diferencial
- Tipo *spot* (provisional): 127,60 JPY/EUR

Riesgos: Japoexpo, S.A. no desea ni comprar una opción de venta de divisas ni contratar un seguro de cambio. Por tanto, asume el riesgo del cambio definitivo a la fecha de vencimiento, ya que según informes técnicos se estima que el JPY va a aumentar su valor con respecto al euro.

Se pide realizar el correspondiente análisis para las hipótesis siguientes:

a) Cambio definitivo al vencimiento de 128,34 JPY/EUR

b) Cambio definitivo al vencimiento de 125,25 JPY/EUR

c) Cambio definitivo al vencimiento de 127,80 JPY/EUR

9.3 Japoexpo, S.A., empresa nacional, vende productos a un importador japonés en las siguientes condiciones e información adicional del mercado monetario y de divisas.

- Facturación (importe-moneda): 1.000.000 euros
- Vencimiento (duración): 3 meses
- Medio de pago: orden de pago al vencimiento
- Instrumento mercantil: póliza de préstamo
- Financiación (moneda): divisa (JPY)
- Tipo de interés Euribor: 5% + 1% diferencial
- Tipo de interés JPY (Libor a 3 meses): 0,95% + 1% diferencial
- Tipo *spot* de contado: 127,80 JPY/EUR
- Riesgos: ninguno

Calcular el coste financiero de la operación si el tipo de cambio a plazo (3 meses) fuese de 126,90 JPY/EUR.

9.4 Dibujar y explicar el esquema de una operación de exportación con facturación en divisas y financiación en euros, con cobertura del riesgo de cambio.

9.5 Dibujar y explicar el esquema de una operación de importación con facturación en euros y financiación en divisa.

Actividades de Refuerzo

9.1 FREXPORT, S.A.

Una empresa española, Frexport, S.A., del sector del cava exporta a EE.UU. mercancías por valor de 2.000.000 $USA. La empresa distribuidora en EE.UU. acuerda pagar la importación a los 120 días de recibir la mercancía en una letra cuyo valor nominal es el equivalente en euros al cambio de fecha de envío de 0,815 EUR/USD. La fecha de expedición o libramiento es el 01-05-20XX y la fecha de vencimiento el 28-08-20XX.

Según información y oferta financiera el tipo de descuento del euro es el 3,25% anual, y el tipo de descuento del dólar el 2,15% anual. El coste de asegurar el riesgo de cambio está en un 5% y el cambio resultante en la fecha de pago según estimaciones estadístico-económicas podría ser de 0,915 EUR/USD.

Dado que entre el envío de la letra por la empresa de EE.UU. y la recepción de aquella por Frexport, S.A. hasta que ésta procede a descontarla en la entidad financiera, han transcurrido 10 días, es decir, el 11-05-20XX, se pide:

a) Proponer o decidir qué opción de financiación le resultaría ventajosa o beneficiosa para Frexport S.A., y su justificación de entre las siguientes alternativas:

– Financiación en euros

– Financiación en dólares con riesgo de cambio

– Financiación en dólares sin riesgo de cambio

b) ¿Qué oferta de contrato de factoring estaría dispuesta a aceptar Frexport, S.A., como mínimo para cambiar la decisión anterior y firmar el contrato?

9.2 LA VELOZ, S.A.

La empresa La Veloz, S.A. desea realizar una exportación al Reino Unido de una partida de camiones por valor de 5 millones de libras. El medio de cobro utilizado será la remesa documentaria pagadera a plazo de 3 meses.

El exportador podrá obtener la aceptación de la letra en el Banco Exterior de España y presentarla para el descuento. También tiene la opción de conseguir financiación en euros o libras esterlinas y dólares USA. El tipo de descuento en libras es Libor + 1,50%; en dólares USA, Libor + 1,75%, y en euros, Euribor + 2,25%.

Según información de los analistas del departamento de financiación internacional se considera que tanto la libra como el dólar mantendrán su cotización con el euro, y en el peor de los casos se podrán apreciar ligeramente, no sobrepasando la centésima durante la duración o plazo de la operación. Determinar cuál es la opción más favorable.

9.3 MUNDIALEXP, S.A.

La empresa Mundialexp, S.A. ha cerrado una operación de exportación con la firma inglesa Galesimp, S.A., y los datos básicos son:

- Importe: 1.000.000 de libras esterlinas
- Forma de pago: por remesa simple a los 90 días de recepción de documentos
- Forma de entrega: F.O.B. Santander
- Mercancía: bolsos y zapatos

Mundialexp, S.A., se encontrará con la siguiente información y análisis técnico:

Análisis técnico e información

1. **Moneda de facturación.** Resulta que el cliente inglés es muy importante y la operación le interesa a Munidialexp, S.A. de manera sobresaliente, por lo que no tiene más remedio que aceptar el riesgo de cambio que supone facturar en una moneda que no es la suya.

2. **Forma de pago.** A pesar de que el riesgo de impago basándose en el sistema de liquidar la transacción es absoluto, Mundialexp, S.A. lo acepta, pues viene trabajando de antiguo con este cliente y tiene en él su confianza total.

3. **Forma de entrega.** El vender en posición F.O.B. Santander no crea ningún problema a Munidialexp, S.A., pues su obligación se circunscribe a colocar la mercancía en tiempo oportuno en el puerto de Santander y en el barco designado por el comprador.

   Estudiadas todas las circunstancias, procede a realizar la operación y embarca la mercancía el 25 de septiembre. Envía los documentos a Galesimp, S.A., que los retira con fecha de 28 de septiembre, por lo que la fecha de pago es el 28 de diciembre.

4. **Financiación.** Mundialexp, S.A. acude al banco financiador para obtener un anticipo del 100% de la operación. El banco financiador, una vez estudiada la operación, accede a ella y pasa las siguientes ofertas:

   a) *Anticipo a cambio provisional.* Tipo de interés 6,5%. El cambio actual EUR/GBP es de 1,450, por lo que realizando este tipo de financiación recibiría el importe equivalente en euros.

   b) *Anticipo con seguro de cambio.* Tipo de interés 6,5%.

   c) *Anticipo a cambio definitivo* (financiación en divisas). Tipo de interés 2% en libras esterlinas. Mundialexp, S.A. procede a estudiar cada una de las alternativas.

5. **Datos técnicos**

   - Tipo de cambio al vencimiento: 1,465 EUR/GBP
   - Tipo de cambio *spot* $USA: 0,751 EUR/$USA
   - Tipo de cambio al vencimiento $USA: 0,760 EUR/$USA
   - Tipo de cambio a plazo *forward:* 0,790 EUR/$USA
   - Seguro de cambio de la libra: 1,455 EUR/GBP

Tarea

Una vez leído todo el enunciado del caso y su análisis técnico junto con los datos e información dados, determinar el coste financiero de cada oferta y seleccionar la opción de financiación más favorable para Mundialexp, S.A.:

9.4 **EXFOSA, S.A.**

La empresa Exfosa, S.A. recibe un pedido de un importador suizo (Kasimport, S.A) para vender *palets* o paletas para el almacén.

Condiciones de ventas:

- Importe: 900.000 euros, convertibles
- Forma de pago: remesa documentaria pagadera a 90 días (3 meses)
- Forma de entrega: CIF Berna

Exfosa se encuentra con la siguiente información y análisis técnico:

Análisis técnico e información

1. **Moneda de facturación.** La moneda de facturación será en euros, ya que imponemos nuestras condiciones por ser clientes anteriores. Se realiza también la investigación de la posible facturación en diversas divisas.

2. **Forma de pago.** Han pactado que sea una remesa documentaria pagadera a 90 días.

3. **Riesgo de la operación.** Existen diversos riesgos:

   a) *El riesgo de insolvencia al comprador.* Creemos no tener mayor problema, pues ya hemos tenido contactos con él y le hemos estudiado anteriormente, por lo que no dudamos de su solvencia financiera.

b) *El riesgo país*. Es mínimo por tratarse de Suiza, con grandes recursos financieros.

c) *El riesgo anterior al embarque*. Este riesgo no es más que la posibilidad de anulación del pedido por parte del comprador. Sería necesario para cubrir este riesgo pedir una cuota de enganche.

d) *El riesgo posterior al embarque*. El principal es cualquier negligencia, error u omisión en el descuento. Otro sería que el comprador se negara a aceptar las letras.

4. **Forma de entrega.** CIF Berna. Esto significa el pago por parte de Exfosa del transporte, flete, seguro y manipulaciones.

5. **Expectativas a la cotización.** Las expectativas para la cotización de las distintas divisas en el momento de pago (*spot* 90 días) auguran una apreciación del euro respecto a las demás divisas de financiación por la nueva política económica del nuevo gobierno español.

6. **Datos técnicos**

Tomar la información del documento adjunto publicado en *La Gaceta del Viernes* (03-12-2004) (Figura 9.29).

- Intereses de descuento (euro, dólar, franco suizo y libra esterlina).
- Tipos de cambio *spot* (contado) EUR/$USA, EUR/CHF, EUR/GBP.
- Tipos de cambio *forward* de las mismas cotizaciones anteriores.

Tarea

Una vez leído todo el enunciado del caso y su análisis técnico, determinar el coste financiero de cada oferta y seleccionar la opción de financiación más favorable para Exfosa, S.A.

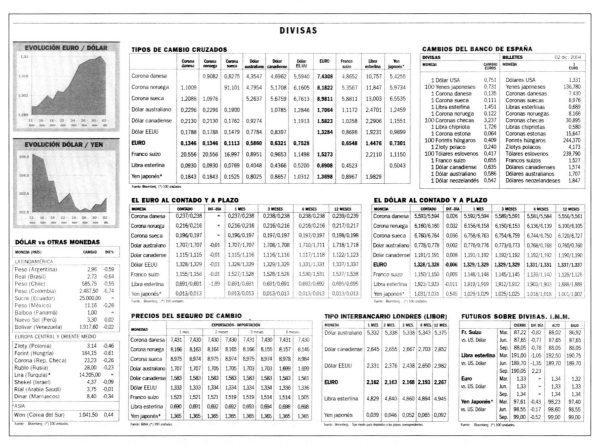

Figura 9.29. Información y datos diversos sobre divisas (fuente: *La Gaceta del Viernes*, 03-12-2004).

9.5 MERCANTES, S.A.

La firma Mercantes, S.A. recibe un pedido de una compañía inglesa. Las características más sobresalientes de la operación son:

- Importe: 1.000.000 de libras esterlinas
- Forma de pago: letra a 90 días avalada por un banco inglés
- Forma de entrega: C&F

Mercantes, S.A. estudia la operación mediante el siguiente:

Análisis técnico e información

1. **Moneda de facturación.** El importador inglés no quiere correr con el riesgo de cambio y se lo traspasa a Mercantes, S.A. que se ve obligada a soportarlo habida cuenta de la importancia del pedido.

2. **Forma de pago.** Han convenido que sea mediante remesa documentaria pagadera a 90 días, pero avalada por un banco inglés de primera categoría, dada la magnitud del pedido.

3. **Forma de entrega.** En este caso, Mercantes, S.A. tiene que concertar el flete, pero el no seguro, que corre a cuenta del importador.

4. **Financiación.** El banco financiador no ve ningún problema en financiar esta operación, habida cuenta de aval existente, y pasa las ofertas siguientes:

   a) Descuento a cambio provisional 7% de interés

   b) Anticipo con seguro de cambio 7% de interés

   c) Descuento en libras esterlinas 5% de interés

   d) Descuento en $USA 1% de interés

   Mercantes, S.A. comienza a analizar cada una de las alternativas.

   a) *Descuento a cambio provisional al 7% en libras esterlinas*, que son 1.440.000 euros; al cambio actual, 1,440 EUR/GBP.

   b) *Anticipo con seguro de cambio.* En el momento en el que Mercantes realiza el estudio, la cotización a plazo de la libra es de 1,540 EUR/GBP (euros por libra) a 90 días.

   c) *Descuento en $USA.* La oferta del banco financiador es financiar en $USA al 1%. Mercantes, S.A. calcula cuántos $USA equivalen a 1.000.000 de libras en los momentos actuales.

   d) *Descuento a cambio definitivo.* Es la clásica financiación en divisas. La oferta que ha pasado el banco financiador es descontar libras al 5%.

5. **Datos técnicos:**

   - Tipo de cambio al vencimiento: 1,435 EUR/GBP
   - Tipo de cambio spot $USA: 0,740 EUR/USD
   - Tipo de cambio al vencimiento: 0,750 EUR/USD
   - Tipo de cambio a plazo (*forward*): 0,760 EUR/USD

Tarea

Una vez leído todo el enunciado del caso y su análisis junto con los datos técnicos e información dada, determinar el coste financiero de cada oferta y seleccionar la opción de financiación más favorable para Mercantes, S.A.

Actividades Complementarias

9.1 Dibujar y explicar el esquema de una operación de exportación con facturación en euros y financiación en divisa.

9.2 Explicar de forma abreviada cuándo existe riesgo de cambio en la financiación de las operaciones, tanto de importación como de exportación.

9.3 Realizar un cuadro comparativo en Word, PowerPoint o similar, con las diferencias entre el contrato de *forfaiting* y *factoring*

9.4 Dibujar y explicar el esquema de una operación triangular de comercio internacional.

9.5 **MODELOEXP, S.A.**

La empresa Modeloexp, S.A., española, recibe un pedido de su cliente suizo, Susimport, S.A. para venderle mercancía (material de construcción, azulejos, baldosas, ladrillos, cemento, etc.) por un importante de 1.000.000 de euros convertibles.

Las condiciones de la venta son:

- Importe: 1.000.000 de euros convertibles
- Forma de pago: remesa documentaria pagadera a 90 días
- Forma de entrega: CIF Ginebra (Suiza)

Modeloexp, S.A. se encuentra con la necesidad de estudiar los siguientes puntos:

Análisis técnico e información

1. **Moneda de facturación.** Se ha decidido por el euro. No cabe duda de que esta decisión es producto de una negociación anterior, en la que el exportador ha impuesto sus condiciones, posiblemente porque su posición en el mercado es fuerte. Al imponer su criterio respecto a la moneda de facturación, ha traspasado el riesgo de cambio del importador suizo, y es éste quien acepta comprar en una moneda que no es la suya.

2. **Forma de pago.** Han convenido que sea una remesa documentaria pagadera a 90 días. El liquidar la operación mediante una remesa documentaria nos lleva a las siguientes conclusiones:

   - El grado de confianza entre Modeloexp, S.A. y Susimport, S.A. es casi mínimo. Por eso, el exportador utiliza un medio de pago que exige la aceptación formal de una letra por parte del importador para hacerse cargo de la mercancía.

   - Sin embargo, y a pesar de que Modeloexp, S.A. contara en su oportunidad con un documento ejecutivo a cargo del importador suizo, esto no le supone ninguna garantía de pago, ya que el comprador para retirar la mercancía solamente precisa aceptar la letra sin desembolso alguno. En resumen, existe un riesgo para el vendedor español, que suponemos que ha sido debidamente ponderado.

3. **Riesgo de la operación.** Diversos son los riesgos que tendrá que estudiar el exportador. Éstos son:

   - Solvencia del comprador.
   - Riesgo país.
   - Riesgo antes del embarque de la mercancía.
   - Riesgo posterior al embarque.

Veamos cada uno de ellos:

   - *Solvencia del comprador.* Posiblemente, la decisión de liquidar la operación por remesa y no por crédito documentario es consecuencia de que ya conoce al importador de operaciones anteriores. En caso contrario, antes de cerrar el contrato deberá obtener información sobre su comprador. Dos son los canales básicos existentes para obtener este tipo de información: el informe típico bancario y el de agencia.

El primero de ellos no es muy recomendable, pues, salvo en raras ocasiones, resulta una información muy vaga y con pocos datos enriquecedores para la toma de una decisión. Además suele obtenerse con mucha demora.

El informe obtenido de agencia es mucho más amplio y se obtiene con mucha rapidez, incluso *on-line* a través de ciertos bancos que tienen acuerdos con prestigiosas agencias internacionales de información.

- *Riesgo país.* Como sabemos, el riesgo país lo conforma el conjunto de una serie de datos objetivos de carácter económico-político, que pueden impedir a un determinado país realizar pagos al exterior por escasez de divisas. Al no ser éste el caso de Suiza, obviamos mayores comentarios.

- *Riesgo antes del embarque de la mercancía.* Este tipo de riesgo, muy típico en las operaciones de exportación, lo constituye la posibilidad de anulación del pedido por parte del importador extranjero. No cabe duda de que este riesgo afecta más a Modeloexp, S.A. según que la mercancía que le han solicitado la tenga o no en el stock, e incluso no teniéndola, que sea tan especializada que si falla Susimport, S.A. no le sea fácil venderla a otro importador.

  Si tiene que fabricar la mercancía para este pedido específico, será conveniente asegurarse de la solvencia moral del comprador extranjero, y en caso de duda solicitarle un anticipo o "cuota de enganche" o un aval bancario de cumplimiento.

  La otra solución, lógicamente, es instrumentar la operación mediante crédito documentario, pero esto no es siempre posible.

- *Riesgo posterior al embarque.* Modeloexp, S.A. está vendiendo con remesa documentaria a 90 días. Esto quiere decir que enviará la mercancía hacia Ginebra y remesará los documentos necesarios para la retirada de la mercancía (factura, carta de porte, certificado o póliza de seguros, etc.) al importador extranjero. Estos documentos los enviará a través de su banco en España.

  El Banco de Modeloexp, S.A. ordenará al Banco de (Ginebra) Susimport, S.A. que entregue los documentos al importador contra la aceptación de una letra a 90 días, que también se acompaña.

  El importador, actuando de mala fe o por circunstancias determinadas, puede:

  - Rechazar los documentos y, por tanto, no aceptar la letra, aduciendo faltas formales aunque sean fácilmente subsanables.
  - No hacerse cargo de los documentos sin mayores explicaciones. Modeloexp, S.A. se encontrará con una mercancía que sigue siendo suya, pero situada en Ginebra (Suiza).
  - Aceptar la letra y retirar la mercancía, procediendo a su impago al vencimiento, bien por mala fe o por haber entrado Susimport, S.A. en un estado de suspensión de pagos, quiebra, quita, etc.

  Este tipo de riesgos son asegurables por CESCE y otras compañías de seguros.

- *Riesgos administrativos.* Debe estudiar Modeloexp, S.A. si los documentos que le exige Geneve Susimport, S.A. son los usuales en el comercio internacional de fácil obtención.

4. **Forma de entrega.** El vendedor en posición CIF le supone al exportador contratar el flete y cubrir los riesgos del transporte de Madrid a Ginebra, aunque desde el punto de vista de comodidad para Modeloexp, S.A es mejor vender en posición *ex-works*, pudiendo obtener ventajas accesorias: descuento en el flete, optimización de pólizas globales de seguro de transporte, etc.

5. **Financiación.** Una vez estudiados todos los temas anteriores, ya está Modeloexp, S.A. en condiciones de obtener financiación para esta venta. Supongamos que es una oferta aislada y que la empresa no tiene una línea de crédito en un banco para este tipo de operaciones. Presupongamos que Modeloexp, S.A. no precisa prefinanciación, bien porque tiene mercancía en *stock* o bien por tener autoliquidez.

En definitiva, la necesidad financiera de Modeloexp, S.A. se centra en captar fondos o movilizar el importe de la letra aceptada a 90 días por parte de Susimp, S.A. Esta financiación la solicita en su banco, que la estudia basándose en la conjunción de criterios, tales como:

- Favorable información de Susimp, S.A.
- Ausencia de defectos legales en la letra y en la operación de exportación.
- Solvencia y seriedad de Modeloexp, S.A.
- Experiencias anteriores.
- Existencia o no de seguro crédito a la exportación.
- Existencia o no de riesgo país, etc.

Una vez aprobada la operación se estudian las ofertas financieras que tiene Modeloexp, S.A.:

- Financiación en euros
- Financiación en divisas

6. **Financiación en euros.** No se tendrán en cuenta en ningún caso las comisiones que los bancos perciben en estas financiaciones, ya que lo que interesa es conocer las diferentes alternativas desde el punto de vista financiero del tipo de interés, pues las comisiones son iguales para financiaciones instrumentadas en euros y en divisas.

La oferta que el banco financiero pasa a Modeloexp, S.A. es financiarle la operación al 4,25% anual en euros.

7. **Financiación en divisas** [datos del punto c) de las Tareas]

Tarea

Una vez leído todo el enunciado del caso y su análisis junto con los datos técnicos e información dada a continuación, determinar:

a) La alternativa más ventajosa o beneficiosa para Modeloexp, S.A. si el coste de asegurar el riesgo de cambio del euro es del 4,75% anual (contrato a plazo o *forward*); sin riesgo de cambio, el tipo de cambio *spot*: es de 0,655 EUR/CHF.

b) La decisión final si Modeloexp, S.A. decide no asegurar el cambio (correr con el riesgo de cambio), basándose en:

- La fortaleza del euro.
- La estabilidad del franco suizo.
- El fuerte diferencial de tipos de interés entre el franco suizo (3,00%) y el euro (4,25%).
- Las pocas posibilidades de que el euro se devalúe con el franco suizo más del 5,50% anual, dentro del plazo de los próximos 80 días; de tal manera que se estima que el tipo de cambio para el vencimiento es de 0,690 EUR/CHF.

c) Enunciar otras posibles modalidades de **financiación en divisas** a estudiar con la información siguiente:

- Tipo de interés $USA: 3%
- Tipo de interés libra esterlina (GBP): 6%
- Tipo de interés corona noruega (NOK): 3,25%
- Tipo de interés corona sueca (SEK): 3,75%

De la información recibida, junto con los siguientes consejos del departamento de análisis mercado de divisas (*forex*): Se elimina el $USA por su alta inestabilidad, se desecha la libra esterlina por su alto tipo de interés y se mantienen como posibilidades la corona noruega y la corona sueca por su fortaleza, hasta decantarse por esta última, cuya oferta es:

- SEK al 3,75% más un *spread* (diferencial) de 1 punto.
- Cambio del SEK con el euro: 0,115 euros por corona sueca.

Crédito oficial a la exportación

Introducción

Las empresas no sólo pueden obtener ayuda financiera o créditos de las entidades financieras privadas, sino que pueden acudir a ciertos organismos públicos para conseguir recursos a través del denominado crédito oficial con los que poder financiar sus operaciones de comercio exterior.

Por tanto, el crédito oficial a la exportación es una medida de política comercial en condiciones favorables en precios (tipos de interés) y plazos, cuyo organismo más representativo a nivel nacional es el ICO (Instituto de Crédito Oficial), que concede ayudas mediante el sistema CARI (Contrato de Ajuste Recíproco de Intereses). Los países que pertenecen a la OCDE (Organización para la Cooperación y el Desarrollo Económicos) han uniformado sus sistemas de ayuda a través del consenso OCDE.

Contenido

Objetivos

▶ *Comprender y conocer las posibilidades de financiación oficial a la exportación a través de grandes instituciones u organismos públicos.*

▶ *Conocer y discernir la finalidad, requisitos, tramitación del sistema CARI y los créditos FAD.*

▶ *Conocer las fases y procedimientos de tramitación y funcionamiento de las licitaciones o concurso internacional.*

10.1 Antecedentes del crédito oficial a la exportación

Instituto de Crédito Oficial (ICO)
P.º del Prado, n.º 4
28014-Madrid
http://www.ico.es

Surge en el año 1960, al iniciarse una política crediticia dirigida a estimular la financiación exterior a través de la banca privada, al mismo tiempo que se pretende activar determinados sectores a los que se concedía una atención preferente, como era el caso de los sectores de maquinaria y herramienta y construcción naval.

En una primera fase (1960-1970) los criterios de actuación son confusos, sujetos a modificaciones y provisionalidad y no existe un modelo de financiación claro. Esto propicia la entrada de **Entidades Oficiales de Crédito**, a través del **Banco de Crédito Industrial** y luego del **Banco de Crédito a la Construcción y del Banco Hipotecario de España**, aunque estos dos en menor medida. Nos encontramos con un criterio de subsidiariedad que es necesario cuestionar, debido tanto a la cuantía del crédito como a la modalidad de las inversiones atendidas por aquél.

Estos aspectos, junto con el sistema de financiación utilizado por la banca privada para la asignación de recursos del sector exportador como el redescuento de letras y créditos, que impedía un adecuado control de la oferta monetaria, así como la insuficiencia de financiación y la preferencia de la banca por las operaciones a corto plazo y en última instancia, la aparición del asunto Matesa, fueron los factores que determinaron la revisión de la estructura financiera de la exportación. El caso Matesa consistió a finales de los años sesenta en una exportación fraudulenta de telares que supuestamente fabricaba la empresa Matesa (Maquinaria Textil del Norte de España), radicada en Pamplona. La estafa consistía en cobrar por adelantado los incentivos o fondos oficiales que se daban a los pedidos de exportación sin transacción real de productos, y en ella estuvieron involucrados algunos ministros.

La Ley 13/1971, de 19 de junio, estableció los principios que han de regir la actuación de las Entidades de Crédito en el sector de la exportación. Según dicha ley, los créditos a la exportación serían atendidos por el **Banco Exterior de España,** la **Banca privada** y las **Cajas de Ahorro**.

La ley no introdujo novedades en cuanto a las vías de financiación, pero sí modificó el proceso. Así, en lo referente a la banca privada, estableció que una porción de sus coeficientes de inversión debería ser cubierta con créditos a la exportación, que se concederían en condiciones más favorables que las normales. En cuanto al crédito oficial, seria el Banco Exterior de España el responsable directo de su distribución a través de los fondos que anualmente facilitara el **Instituto de Crédito Oficial (ICO)** por una cuantía máximas equivalente al exceso sobre su coeficiente de inversión, que debería ser cubierto íntegramente con créditos destinados a la exportación.

Se ampliaron enormemente las modalidades de crédito, pero el problema de fondo no se solucionó, que era la captación de fondos para atender la fuerte demanda de créditos. A ello hay que añadir también la escasa retribución de los créditos procedentes del crédito oficial. Esta escasez de fondos, que obligó a una mayor presencia del crédito oficial, junto al elevado riesgo que el crédito oficial, más concretamente el ICO, venía asumiendo en la valoración del tipo de cambio de las divisas en las que se formaliza su endeudamiento internacional, fueron las causas más importantes que impulsaron a **modificar en 1983** el comportamiento del crédito oficial de exportación.

A partir de esta fecha, el **crédito oficial a la exportación se estructura** del siguiente modo. En primer lugar, la financiación realizada por las instituciones privadas, a través del **coeficiente de inversiones** vigente para las instituciones financieras. En segundo lugar, a través del Banco Exterior de España, que recibía **dotaciones del ICO**, al igual que cualquiera otra entidad oficial del crédito. Además, como ya hemos dicho, tiene que cubrir la totalidad de su coeficiente de inversión con créditos a la exportación. En tercer lugar, mediante la **concesión de subvenciones** a los intereses de los créditos. Este sistema fue implantado en 1983, y consiste básicamente en que el ICO financia la diferencia entre el coste en el mercado de los recursos y el interés obtenido del préstamo para financiar la exportación, más un margen porcentual. Es decir:

> **Financiación del ICO = Coste de mercado de los recursos – (Tipo de interés de la financiación a la exportación + Margen porcentual financiación del ICO)**

El tipo de mercado de los recursos lo determina el ICO a partir del tipo de interés del interbancario en cada divisa. El tipo de interés del crédito se fija en el marco del *consenso de la OCDE*, y el margen porcentual anual dependerá de las condiciones del crédito y mercado.

A diferencia de los anteriores, este sistema es libre y pueden participar en él todas las entidades financieras españolas o extranjeras, establecidas o no en España. Por supuesto, estos créditos deberán ser aprobados por el Ministerio de Economía y Hacienda, no siendo computables en el coeficiente de inversión.

Por último, cabría mencionar también el Fondo de Ayuda del Desarrollo, que la OCDE define como el conjunto de flujos suministrados por agencias oficiales, incluyendo los gobiernos locales, o por agencias ejecutivas a países en vías de desarrollo en instituciones multilaterales que cumplen las funciones de promover el desarrollo y el bienestar económico de los países en desarrollo, tener el carácter confesional; es decir, sus condiciones financieras deben ser más blandas que las operaciones con países desarrollados y que su instrumentación corra a cargo del ICO, que actúa como agente financiero del gobierno, una vez que el crédito ha sido aprobado por el Consejo de Ministros.

Los mecanismos financieros actuales se basan legalmente en:

- Sistema de subvención. Ley 11/1983 y RD 322/1987.
- Coeficiente de inversión del Banco Exterior de España (BEE). Ley 13/1971 y RD 321/1987.
- Crédito oficial a la exportación. Ley 13/1971.
- El consenso OCDE (1976).

10.1.1. El consenso OCDE (1976)

La normativa que regula este tipo de financiación se ajusta al *Consenso OCDE*. Este *consenso*, que entró en vigor en 1976, es un acuerdo entre los países de la OCDE que señala las condiciones básicas que deben cumplir estas facilidades financieras. El acuerdo se conoce como "*Directrices en materia de Crédito Oficial a la Exportación con Apoyo Oficial*" y su fin es evitar la *competencia desleal*. Las normas de la OCDE establecen las máximas ventajas que pueden otorgar los gobiernos prestamistas: tipos de interés, plazos de amortización, etc. Desde 1976 el *consenso OCDE* tuvo dos reformas importantes:

- El *Paquete de Helsinki*, de 1992, que se ocupó de las condiciones de la financiación concesional.
- La Reforma de 1 de septiembre de 1994, que reclasificó a los países a efectos de plazos de amortización y tipos de interés de los créditos a conceder. Así, si **antes de 1994** se clasificaban en **tres grupos**, que se correspondían con los países **ricos**, **intermedios** y **de menor desarrollo**, a partir de esa fecha quedaron clasificados en dos:

  1. **Países del Grupo I**, cuyo PNB es superior a 4.715 dólares per cápita.
  2. **Países del Grupo II**, el resto de los países.

  En el caso de los primeros, el plazo de amortización de los créditos no puede superar los 5 años. En el caso de los segundos, puede llegar a los 10 años.

El crédito Oficial a la Exportación es ya de larga tradición en España, si bien no en su forma actual. Nace en la década de 1950 y estaba basado en las líneas de redescuento que el Banco de

España ponía a disposición de los bancos para redescontar los créditos, a tipos de interés privilegiados, que aquéllos concedían a los exportadores. Posteriormente evoluciona hacia el sistema de coeficiente de inversión obligatorio, mediante el cual se forzaba a la banca a destinar determinado porcentaje de sus recursos ajenos a financiar las actividades exportadoras a tipos de interés ostensiblemente inferiores a los de mercado.

La entrada de España en la CEE (Comunidad Económica Europea) obliga a eliminar este procedimiento financiero y, después de un período transitorio, se llega a la configuración actual.

10.2 El crédito a la exportación

Es un crédito que cuenta con apoyo oficial y que se otorga para financiar el importe de un contrato de exportación de bienes y servicios españoles.

Se pueden financiar contratos de exportación de bienes y servicios españoles, pero no de todo tipo de bienes: **sólo de bienes de equipo y plantas *llave en mano*.** Quedan excluidos **los bienes agrícolas y de consumo y también los bienes militares.**

Las ventajas del apoyo oficial se manifiestan en que, a través del Instituto de Crédito Oficial (ICO), se concede un **seguro del tipo de interés**. Ello permite que los **tipos de interés de estos créditos sean normalmente inferiores a los de mercado, fijos y conocidos desde el inicio de la operación, y se pueda contar con plazos de amortización largos −superiores a los dos años.**

Por otra parte, existe la posibilidad de contratar un *seguro de crédito a la exportación* para riesgos políticos y extraordinarios, entre otros, por cuenta del Estado, en la *Compañía Española de Seguro de Crédito a la Exportación* (CESCE).

10.2.1. Estructura del crédito oficial a la exportación

El crédito oficial está constituido por un conjunto de entidades −sociedades anónimas de propiedad pública− que actúan como instrumento de las autoridades económicas tratando de complementar la iniciativa privada. Sus operaciones activas se centran en la financiación a medio y largo plazo de aquellos sectores que se consideren prioritarios. Su actuación debe basarse en los principios de equilibrio financiero de las entidades, rentabilidad de las operaciones emprendidas y coordinación y complementariedad con los créditos privados. Del total de activos del sistema crediticio frente a los sectores público y privado, la parte proporcionada por las entidades oficiales asciende al 6,2% del saldo de dicha magnitud, en diciembre de 1985.

La estructura del crédito oficial está constituida básicamente por el Instituto de Crédito Oficial (ICO), que es el órgano permanente de relación con la autoridad monetaria y el encargado de la inspección, coordinación y control de las entidades oficiales de crédito, así como de suministrarles gran parte de su financiación. Éstas, que tienen la forma de sociedades anónimas y actúan especializadas por sectores, son las siguientes: Banco de Crédito Industrial y Banco de Crédito Local. El crédito social pesquero fue absorbido por el Banco de Crédito Industrial. El Banco Hipotecario de España ha absorbido al Banco de Crédito de la Construcción.

Otros sujetos intervinientes (véase el Cuadro 10.1) nacionales en relación con el crédito oficial son: el exportador, banco financiador, CESCE, S.A. y la Dirección General de Política Comercial (DGPC). Los intervinientes por parte extranjera son: el importador, prestatario, garante y entidad supervisora.

ESPAÑA	EXTRANJERO
Exportador	Importador
Banco financiador	Prestatario
Dirección General de Política Crédito Oficial de la Secretaría de Estado de Comercio (DGPC)	Garante
Instituto de Crédito Oficial (ICO)	Entidad supervisora
CESCE, S.A.	

Cuadro 10.1. **Estructura del crédito oficial.**

10.2.2. Clases de crédito oficial

La clasificación del crédito oficial se puede hacer atendiendo a dos criterios o puntos de vista: según el objeto (bien o producto) de financiación y según el sujeto (persona) de intervención.

Según **objeto de financiación**, pueden ser:

- **Crédito de preunificación genérica o de capital circulante.** Con una vida máxima de un año, este crédito financia el capital circulante de las empresas exportadoras. La entidad que concedía dicho crédito lo hacía tradicionalmente de acuerdo con los informes que le facilitaba el Banco de España. Basándose en ellos, la entidad prestamista concedía un crédito hasta un máximo que venía determinado por un porcentaje variable en función de la mercancía a exportar, de lo exportado en el periodo anterior.

    No obstante, este tipo de crédito desapareció en España a partir del 1 de enero de 1986, puesto que se considera en la mayoría de los países una subvención encubierta a la exportación. Esta eliminación, sin embargo, no se ha realizado bruscamente, sino que se estableció un calendario para reducirlo progresivamente, a partir de 1981.

- **Créditos de refinanciación de exportaciones con contratos específicos.** Estos créditos financian tanto bienes de consumo e intermedios como materias primas y bienes de equipo. Dentro de estos últimos podemos distinguir dos variantes:

    - Crédito a comprador extranjero.
    - Crédito a vendedor, a medio y a largo plazo.

- **Créditos de posfinanciacion o créditos comerciales.** Dentro de estos créditos podemos destacar:

    - Los créditos a la exportación de bienes de equipo, que pueden ser tanto a comprador como a vendedor.
    - Los créditos a la explotación de bienes de consumo, productos intermedios y materias primas.

- **Créditos para fomentar la exportación.** Estos créditos abarcan tres modalidades diferentes, cuyo objetivo es financiar inversiones para la promoción exterior:

    - Créditos para la creación de redes comerciales en el extranjero.
    - Créditos de financiación para mantener el *stock* y existencias en el extranjero.
    - Créditos para el montaje o transformación de productos enviados al extranjero.

Los créditos a la exportación que se financian por estos mecanismos son los incluidos en el ámbito de aplicación de los acuerdos multilaterales sobre créditos a la exportación en los que España es partícipe (Consenso OCDE).

Es de destacar que es un sistema de utilización voluntaria por parte de la banca y obligatorio para el Banco Exterior de España en lo que le afecta para cubrir su coeficiente de inversión.

Se puede acoger cualquier clase de exportaciones de equipos de bienes y servicios, salvo las de productos agrícolas y equipos militares. La única condición es que el plazo de reembolso de estas exportaciones sea de dos o más años.

Según el sujeto, pueden ser:

- **Crédito al suministrador nacional.** La figura de crédito al suministrador es aquella mediante la cual el beneficiario directo del crédito es el exportador nacional. Le permite, pues, al exportador efectuar un calendario de amortización del crédito acorde con los reembolsos que tiene que hacer el importador.

El importe del crédito tiene que ser como máximo el 85% del precio pactado, ya que el otro 15% lo tiene que pagar el importador al contado con fondos que no procedan del crédito español.

En esta modalidad, el único prestatario ante la entidad financiera es el exportador, siendo el banco financiado ajeno a las relaciones comerciales entre comprador y vendedor.

La ventaja para el exportador es que vendiendo con un plazo dilatado de cobro (más de dos años) monetiza el importe de la operación al contado. En cambio, podemos pensar que existen dos inconvenientes que se le presentan al exportador:

- El riesgo recae en él exclusivamente.
- Deteriora los ratios de su balance.

Cabe también montar la operación mediante el descuento de efectos (letras, pagarés, etc.) a cargo del importador. Este documento puede ser con recurso contra el exportador, en caso de impago del importador, o *a forfait* (sin recurso).

En esta modalidad, quien asume ante la entidad financiadora prestamista la condición de prestatario es el exportador. El importador sólo queda vinculado con el exportador en virtud de la operación comercial contratada.

El consenso OCDE exige que el 15% del importe del contrato comercial provenga de fondos distintos del crédito; por ejemplo, de un pago anticipado. La entidad financiadora otorga un crédito por el 85% al exportador —suministrador nacional—. El crédito puede instrumentarse en un descuento de los efectos en que se documentará la operación comercial. Más tarde, el importador pagará el importe aplazado del contrato comercial, aplicándose a la cancelación de la operación de financiación —normalmente mediante la domiciliación bancaria previa de los efectos de la operación comercial.

Las observaciones al crédito de suministrador nacional son las siguientes:

- Si el importador no efectúa los pagos, el exportador deberá cancelar con sus propios fondos el crédito suministrador. El exportador es el prestatario, por lo que no puede alegar morosidad del importador para no hacer frente a sus obligaciones.
- Como garantía del crédito, el exportador cede normalmente las letras de cambio al banco financiador mediante endoso, y éste se encarga de la gestión de cobro.
- Esta modalidad de crédito permite la financiación al exportador tanto de la fase de prefinanciación como la de financiación propiamente dicha.

El resumen del proceso operativo conforme a la Figura 10.1 es el siguiente. Primero, se firma el contrato comercial entre ambas partes, importador y exportador (1). A continuación, el importador realiza un pago anticipado del importe de la operación al exportador (2). Seguidamente, se firma el contrato de crédito o préstamo concedido al exportador por la entidad financiera (3). Una vez firmado el contrato, el exportador realiza el envío de la mercancía según condiciones pactadas en la exportación (transporte, *incoterm*, plazos, etc.) (4). Después, la entidad financiera realiza el abono del crédito en la cuenta del exportador, del cual puede disponer según su conveniencia (5). Una vez recibido el envío, el importador realiza el pago del aplazamiento pendiente de la compra al exportador (6). Por último, el exportador reembolsa o devuelve el crédito concedido (capital más intereses) a la entidad financiera al vencimiento (7).

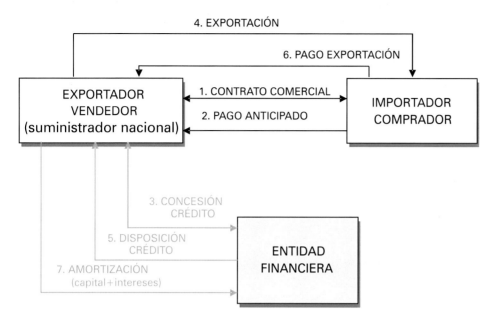

Figura 10.1. **Operativa del crédito al suministrador nacional.**

Crédito al comprador extranjero

En esta modalidad, el crédito lo concede la entidad financiera directamente al importador extranjero, si bien el beneficiario de su importe es el exportador. El banco financiador firma el convenio de crédito con el comprador extranjero y éste es el que ordena a la entidad financiera que con el cargo al crédito vaya efectuando los pagos que correspondan al exportador –según el contrato suscrito– durante el período de fabricación y a la entrega de los bienes exportados.

En esta modalidad crediticia el exportador actúa de una manera sumamente cómoda. Cobra al contado y no tiene riesgo alguno, ya que es simplemente beneficiario del crédito. No obstante, no se puede dar prioridad a una sobre otra, ya que la bondad de cada una depende de numerosos factores, incluso comerciales.

En este caso, es el importador el que se obliga ante la entidad financiadora, si bien, y así sucede normalmente, aparece una entidad financiera diferente al importador, normalmente del mismo país, que asumirá la obligación de pago en nombre de éste.

Esta modalidad sólo entra en vigor cuando el exportador recibe el pago anticipado –al menos del 15% del importe del contrato comercial–. En esta modalidad, podemos observar que es la mejor modalidad para el exportador, dado que no asume ninguna responsabilidad en el reembolso del crédito. Los fondos le son abonados directamente por la entidad financiadora, por cuenta y orden del prestatario, normalmente contra presentación de los documentos pactados en el contrato comercial.

El resumen del proceso operativo conforme a la Figura 10.2 es el siguiente. Primero, se firma el contrato de compraventa o exportación entre exportador e importador (1). Seguidamente, el importador realiza el pago anticipado hacia el exportador y, como mínimo, el 15% del importe del contrato comercial (2). A continuación, se firma el convenio de crédito o préstamo entre las entidades financieras del exportador y del importador (3). Una vez firmado el contrato, la entidad financiera del exportador realiza el abono del crédito en su cuenta, estando a su disponibilidad (4). Al vencimiento, la entidad financiera del importador realiza el adeudo del crédito en su cuenta (5).

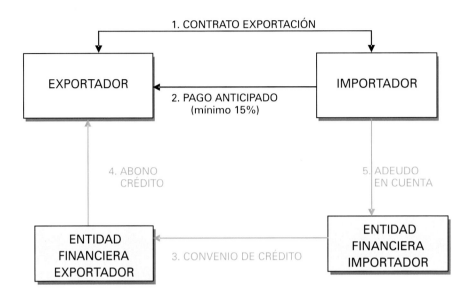

Figura 10.2. **Operativa del crédito al comprador extranjero.**

Líneas de crédito

Las líneas de crédito son otorgadas por las entidades financieras a un comprador extranjero o una entidad financiera del exterior (véase la Figura 10.3). Pueden ser para una operación concreta, donde existe un solo importador y varios suministradores nacionales. Para el importador, en este caso, no cabe la menor duda de que es más ágil y operativa la línea que montar una operación de crédito para cada operación concreta. En definitiva, es una variante del crédito comprador, pero que engloba a diversos suministradores.

También estas líneas pueden ser aplicadas por una entidad financiera española a una entidad financiera extranjera con objeto de poner el crédito a disposición de importadores que tengan interés en adquirir bienes en España. La línea puede estar condicionada a importantes mínimos por operación, por plazo, etc. La condición más fundamental es que la entidad financiera y la entidad prestamista presten su acuerdo para cada operación que se pretenda imputar a la línea.

En esa modalidad, existe un solo acreditado para la entidad financiera española y múltiples deudores para la entidad financiera tomadora del préstamo, que es la que, en definitiva, toma el riesgo cerca de los importadores.

El crédito comprador admite a su vez dos modalidades: el **convenio de crédito individual,** utilizado para un contrato de exportación concreto, y la **línea de crédito.** Ésta consiste en un límite global de crédito con cargo al cual pueden imputarse operaciones de financiación sobre distintos contratos comerciales, existentes o no en el momento de formalizar la línea.

La línea de crédito permite la financiación de un conjunto de contratos comerciales establecidos entre diversos exportadores e importadores. Es un sistema más ágil que el del crédito individual para cada operación, pues no se negocia cada contrato de crédito por separado, sino un único acuerdo global –aunque los contratos comerciales si se negocien por separado–. Las líneas de crédito se utilizan frecuentemente en los créditos de gobierno a gobierno.

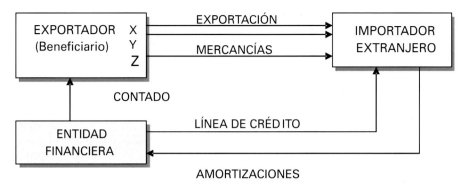

a) Línea de crédito otorgada a un comprador extranjero

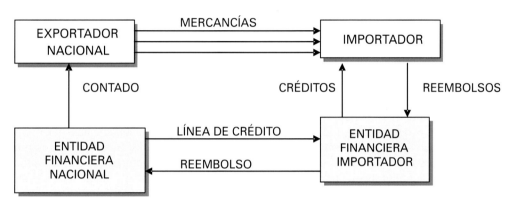

b) Línea de crédito otorgada a entidad financiera del importador

Figura 10.3. **Operativas de líneas de crédito.**

10.3 Empleo de los recursos y condiciones del crédito oficial

Dado el carácter y finalidad de las **Entidades Oficiales de Crédito (EOC)**, la fuente original de su entidad eran las **autorizaciones de crédito** que, en el marco de los Presupuestos Generales del Estado, fijaba para cada ejercicio el Consejo de Ministros.

La determinación de estas autorizaciones se realizaba teniendo en cuenta tanto las previsiones necesarias respecto a la cuantía y características de los recursos que podían obtener, el período, como el volumen de pago ya comprometido de ejercicios anteriores, y su distribución por líneas marcaban cuáles eran las prioridades de las autoridades económicas en cada momento. En este sentido, cabe señalar que era esta distribución *a priori*, que en ocasiones se modificaba a lo largo del ejercicio, la que condicionaba el crecimiento más o menos rápido de una u otra de las posibilidades líneas de crédito, y, por lo tanto, el de la entidad oficial que específicamente se dedique a ella.

Las frecuentes modificaciones que se producían en dichas autorizaciones y los desequilibrios que la presión alcista de las mismas ocasionaba en los recursos disponibles para la financiación del crédito oficial, han impulsado, en la línea señalada en el apartado anterior, la medida de suprimir, a partir de 1984, todas las normas referentes a dichas autorizaciones. Con ello, las políticas de las distintas entidades oficiales se liberalizan y ya no dependerán de las autorizaciones, sino de su propia estimación de los recursos disponibles.

La otra modificación importante, en el sentido de flexibilizar el funcionamiento de las EOC, afecta a los tipos de interés que se aplican a sus operaciones.

La actuación inversora de las distintas entidades, circunscritas a los campos señalados en sus designaciones, se realiza a unos tipos de interés privilegiados y a mayores plazos que los créditos privados.

Ambos hechos, plazos y tipos de interés, pueden acarrear consecuencias graves para el funcionamiento del crédito oficial si se tiene en cuenta que la captación de recursos, tal como se señala en otra parte, se hace de forma creciente a precios de mercado, y que sus plazos son generalmente inferiores a la medida de sus operaciones crediticias.

Como se señalaba antes, la limitación impuesta a las entidades para la fijación del precio de sus préstamos fue parcialmente levantada en 1984. En efecto, en ese año se estableció un nuevo sistema en los intereses aplicables a las operaciones activas; éstos pueden moverse en una banda de fluctuación cuyo límite inferior será el 11% y el superior podrá fluctuar con el coste de los recursos captados en el mercado de capitales, y que para el año 1985 se ha fijado en el 17%. Dentro de esta banda, los tipos medios de interés de los préstamos formalizados por las EOC han sido de 11,8 y 12,6%, en 1984 y 1985, respectivamente.

Si se tiene en cuenta el volumen de créditos concedidos en cada una de las líneas –existen todavía líneas con tipos inferiores al 8%–, resulta que, en el año 1985, un 25% de los créditos se formalizaron a un tipo inferior al 12%. Para el mismo período, el tipo medio de los créditos de la banca, a más de tres años, fue del 16,7%. Conviene tener en cuenta, además, que el plazo de créditos concedidos por las EOC es sensiblemente mayor que el de los concedidos por la banca. Así, sobre datos de 1985, un 36% del total de las formalizaciones fue por un período entre 6 y 10 años, mientras que un 31% lo fue por períodos entre 11 y 15 años.

Las **condiciones de tipos de interés** que se aplican a los créditos a la exportación con apoyo oficial no pueden ser inferiores a las que se establecen por los acuerdos multilaterales en materia de exportación con apoyo oficial en los que España participa. Nuestro país, concretamente, está adherido al acuerdo general suscrito en la OCDE, así como a los sectoriales conformados con el mismo organismo. Estos tipos de interés mínimos están establecidos según la moneda del crédito, país importador y plazo.

La característica más sobresaliente de estos créditos, respecto al tipo de interés, es su invariabilidad desde que se formaliza el crédito hasta el vencimiento definitivo.

Los tipos de interés aplicables a los créditos a la exportación con apoyo oficial son mínimos y fijos para toda la vida del crédito. Su cálculo se regula según las normas del *consenso de la OCDE*. En principio están relacionados con los llamados **tipos de interés comerciales de referencia** –en inglés, *commercial interest reference rates,* y de ahí las siglas **CIRR**, comúnmente utilizadas–. Los CIRR están basados en el rendimiento en el mercado secundario de títulos públicos con vencimiento a medio y largo plazo. El CIRR varía mensualmente y depende de cada moneda y del plazo de amortización. En resumen, los tipos de interés de los créditos oficiales a la exportación se caracterizan por que:

- Son tipos mínimos.
- Son conocidos.
- Son fijos para toda la vida del crédito.
- Normalmente son inferiores a los de mercado.

Las **condiciones en los reembolsos** de los créditos son las siguientes: independientemente de la figura del crédito que se adopte para cada operación, el principal deberá ser reembolsado mediante cuotas iguales consecutivas de un máximo de seis meses de duración entre cada una. Respecto a los tipos de interés prevalece, también, esta obligación, pero sus cuotas semestrales son decrecientes.

En cuanto al reembolso del crédito, el principal del crédito y los intereses se amortizan mediante cuotas iguales y consecutivas, en períodos iguales y no superiores a los seis meses. La primera de las cuotas se hace efectiva en un plazo no superior a los seis meses a contar desde que el exportador cumple sus obligaciones contractuales.

En cuanto al plazo de reembolso, depende de tres factores: la naturaleza del bien a exportar, el país de destino y, en ocasiones, del importe total de la operación.

El plazo como mínimo es de dos años, pudiendo llegar a ocho años y medio y, en casos excepcionales, como en el de la venta de buques de más de 100 TRB, a los doce.

La decisión sobre el plazo de amortización, en función de cada operación concreta, corresponde a la Administración, a través de la Dirección General de Política Comercial (DGPC).

Las condiciones del porcentaje como límite máximo financiable según la clase de bienes y servicios a exportar, junto con el importe del crédito otorgado con el límite máximo permitido total, pueden observarse de forma resumida en el Cuadro 10.2.

CLASES DE BIENES Y SERVICIOS	LÍMITE MÁXIMO FINANCIABLE	IMPORTE DEL CRÉDITO (LÍMITE MÁXIMO PERMITIDO)
• Bienes y servicios nacionales de nueva fabricación • Bienes usados	• 100% valor FOB (contado) • 100%	El 100% del valor de bienes y servicios exportados. El 85% con 15% de pago anticipado o contado. El 80% con 20% de pago anticipado o contado.
• Bienes y servicios de otro país excepto el importador	• 10% valor FOB de bienes y servicios exportados (con el límite del importe del pago anticipado). • El exceso de material extranjero no objeto de apoyo oficial se deduce de la base de bienes y servicios nacionales.	85%
• Gastos locales — Importe de bienes y servicios del importador — Fletes y seguros de transporte (país importador)	• 15% valor FOB contado de bienes exportados (con el límite del importe del pago anticipado). Excepcionalmente puede llegar al 100% de bienes y servicios nacionales previa autorización CESCE.	100%
• Comisiones comerciales	• 5% valor FOB contado	
• Prima de seguro CESCE	• 100%; con el límite del 100% del valor de bienes y servicios exportados.	85%
• Comisiones financieras e intereses devengados y capitalizados durante el período de utilización del crédito comprador	• 100%; con autorización de la Dirección General de Política Comercial, con el límite del 100% del valor de los bienes y servicios exportados.	

Cuadro 10.2. **Condiciones aplicables en el cálculo de la base financiera y límite del crédito.**

Actividad resuelta 10.1

En una de las ferias internacionales celebradas en China, dos empresas nacionales, Expofinan, S.A. y Expotorno, S.A., consiguen los siguientes contratos:

Contrato 1:

- Exportador: Expofinan, S.A.
- Importador: Morrison, S.A. (Reino Unido)
- Objeto del contrato: 100.000 botellas de aceite de Jaén
- Importe del contrato: 150.000 GBP (libras esterlinas)

Contrato 2:

- Exportador: Expotorno, S.A.
- Importador: Asian-Electric, S.A. (Indonesia)
- Objeto del contrato: 10 tornos eléctricos de fabricación de piezas y planchas metálicas.
- Importe: 900.000 $USA (valor CIF)
- Desglose de la operación:
  - Bienes y servicios nuevos a exportar: 800.000 $USA
  - Bienes y servicios extranjeros incorporados en origen: 100.000 $USA
  - Bienes y servicios suministrados por el país importador: 60.000 $USA
  - Flete y seguro de transporte procedente del país importador: 40.000 $USA
- Prima de seguro CESCE: 40.000 $USA

Se pide:

a) Modalidad de crédito más adecuada para los contratos que sean susceptibles de financiación con crédito oficial a la exportación.

b) Confeccionar un cuadro comparativo con la cantidad máxima financiable, el crédito otorgable y el tipo de interés aplicable a los créditos.

SOLUCIÓN

a) En el contrato 1, al ser de bienes agrícolas, no sería posible la financiación de éstos a través del COE (crédito oficial a la exportación) ya que no se trata de bienes de equipo, asimilables a plantas *llave en mano* o servicios.

En cambio, en el contrato 2, al tratarse de bienes de equipo, éstos sí son objeto de financiación, y lo aconsejable es realizarlo mediante un *crédito al comprador extranjero* cuyos datos de la solicitud serán:

- Modalidad: comprador
- Importe: 85% sobre los conceptos integrados en la base de financiación y un pago anticipado o al contado del 15%.
- Plazo de amortización: 5 años.
- Tipo de interés: Consenso OCDE

b) Cuadro comparativo:

CLASE DE BIENES Y SERVICIOS	PRECIOS DE CONTRATO	BASE FINANCIACIÓN	IMPORTE CRÉDITO Límite máximo: 100% 800.000
Bienes y servicios exportados Bienes y servicios extranjeros	800.000 100.000	**+800.000** (100%) Lím. (800.000 · 10%)= 80.000 **−20.000** (exceso a deducir)	780.000 · 85% = 663.000
Gastos locales • Importe bienes y servicios Importados • Fletes y seguro transporte (país importador)	60.000 40.000	**+100.000** (100%) (60.000 + 40.000) Lím. (800.000 · 15%FOB) = 120.000	100.000 · 100% = 100.000
Prima de seguro CESCE	40.000	**+40.000** (100%)	40.000 · 85% = 34.000
TOTALES		920.000	**797.000**

- Como el importe total del crédito **no supera** el máximo del 100% del valor FOB de los bienes y servicios a exportar de 800.000 $USA, la cifra de **797.000 $USA** será la definitiva como **cantidad del crédito a otorgar**.

- El tipo de **interés** aplicable será el **"CIRR" del dólar USA**, a cinco años, para el período fijado como plazo de amortización o devolución del crédito.

Actividad resuelta 10.2

Se realiza una exportación a un país de la Categoría II (plazo máximo de amortización de los créditos de 10 años), cuyo contrato contiene los siguientes datos:

- Exportador: Expotubos, S.A.
- Importador: Tuboxpan, S.A.
- Objeto del contrato: tuberías y equipos de canalización de agua
- Importe del contrato comercial: 230.000 $USA
- Desglose de la operación:
    - Bienes y servicios de nueva fabricación: 140.000 $USA
    - Bienes y servicios extranjeros: 30.000 $USA
    - Flete concertado con empresa nacional (exportador): 12.000 $USA
    - Prima de seguro CESCE: 8.000 $USA
    - Gastos locales: 30.000 $USA
    - Comisiones comerciales: 10.000 $USA

Se pide confeccionar un cuadro comparativo con el importe máximo financiable y crédito otorgable.

SOLUCIÓN

BIENES Y SERVICIOS	PRECIO DE CONTRATO	BASE FINANCIABLE		IMPORTE CRÉDITO (Límite máx.: 200.000)	
Bienes y servicios de nueva fabricación	140.000	+140.000 (100%)		119.000	(85%)
		Lím. (200.000 · 15%) =			
Bienes y servicios extranjeros	30.000	+30.000 (no hay exceso)		25.500	(85%)
Flete empresa nacional	12.000	+12.000 (100%)		10.200	(85%)
		Lím. (200.000 · 5%) =			
Comisiones comerciales	10.000	+10.000 (no hay exceso)		8.500	(85%)
Prima de seguro CESCE	8.000	+8.000 (100%)		6.800	(85%)
Bienes y servicios exportados	**200.000**	200.000		170.000	(85%)
		Lím. (200.000 · 15%) =			
Gastos locales	30.000	+30.000 (no hay exceso)		30.000	(100%)
Importe contrato comercial	230.000	**230.000**		**200.000**	

En este caso, Expotubos, S.A. consigue la financiación en su totalidad de los bienes y servicios a exportar por valor o importe del crédito de 200.000 $USA, es decir, el 100%, siendo la situación más favorable para el exportador.

10.4 El convenio de ajuste recíproco de intereses (CARI)

El problema que se plantea en las operaciones de exportación con pago aplazado, especialmente cuando es a medio y largo plazo, es la obtención del *funding* de las entidades financieras cuando éstas tienen que prestar a tipo de interés fijo y a largo plazo. El sistema de fijación de intereses en los créditos a la exportación, dentro del consejo, se efectúa sobre la base de unos tipos de interés mínimos en función de las características de los países compradores.

Como resulta que los países importadores son en general de menor desarrollo, los tipos mínimos están muy por debajo de los de mercado.

Bajo esas condiciones resultaba difícil estimular y entrar en operaciones a largo plazo a tipo de interés fijo, y además, por debajo del mercado. Para solucionar este problema se creó el CARI (convenio de ajuste recíproco de interés).

El CARI es un convenio que firman la entidad financiera y el Instituto de Crédito Oficial (ICO), en virtud del cual el ICO garantiza a la entidad un margen financiero para toda la vida.

El prestatario paga un tipo de interés fijo desde que firma hasta que finaliza la operación, y a través del mecanismo de ajuste se compensan intereses. Si el tipo de interés de mercado es superior al préstamo, el ICO paga la diferencia a la entidad financiera. La base de referencia para realizar el interés es a seis meses.

El comité de ayuda al desarrollo de la OCDE define la ayuda oficial al desarrollo como el conjunto de flujos financieros suministrados por agencias oficiales, incluyendo gobiernos locales, o por sus agencias ejecutivas, a países en vías de desarrollo e instituciones multilaterales que cumplan las condiciones.

Las características básicas de la ayuda al desarrollo se basa en créditos *blandos* (bajo tipo de interés), de antigua tradición en el comercio entre los países desarrollados y aquellos en vías de desarrollo. El CARI es un seguro de tipo de interés para la entidad bancaria financiadora de un crédito oficial a la exportación. El Instituto de Crédito Oficial (ICO) se compromete a abonar al banco un rendimiento constante durante la vida del crédito. El ICO abona al banco la diferencia entre el tipo de interés a aplicar al crédito oficial a la exportación, conforme a lo establecido por el consenso OCDE y el de mercado. Si el tipo de interés de mercado es menor que el del crédito, será el banco el que abone al ICO la diferencia –aunque el banco siempre conserva un rendimiento–. De ahí deriva el carácter de contrato *recíproco*.

En resumen, las características del CARI son las siguientes:

- Hay un contrato entre el banco financiador y el ICO.
- Se trata de un contrato recíproco y voluntario.
- Sólo se aplica cuando hay un crédito oficial a la exportación, con independencia de la modalidad de éste.
- El rendimiento asegurado por el ICO, pagadero a los bancos financiadores, se sitúa entre el 0,40% de mínimo –para importes en euros superiores a 10 millones de dólares y duración menor de tres años– y el 0,70% –para importes en divisas inferiores a 10 millones y duración superior a cinco años.

El ICO exige para proceder a la formalización de un CARI cuando el contrato de exportación está debidamente firmado y el convenio de crédito también está firmado, con las condiciones financieras acordes con las del ICO y con los certificados del exportador en los que acredite la existencia o no del importe y porcentaje que representan dentro de la exportación los materiales extranjeros, gastos locales y posibles comisiones locales. En resumen, el crédito estará disponible después de que se cumplan las siguientes circunstancias:

- Firma del contrato comercial.
- Firma del Convenio CARI entre el banco financiador y el ICO.

  Un modelo de orden ministerial de convenio CARI se puede descargar desde la página web http://www.thomsonparaninfo.com.

- Firma del convenio de crédito entre el banco y el prestatario.
- Contratación de la póliza de seguro –que se verá más adelante.
- Cobro del pago anticipado –mínimo 15%.

10.4.1. Ajuste de intereses (fórmula)

El resultado neto de la operación de ajuste de intereses se liquida en la divisa en que esté denominado el correspondiente crédito a la exportación. Este resultado neto es la diferencia entre el tipo de interés básico para la entidad financiadora más un porcentaje anual (*spread*) y el interés activo sobre el capital vivo. El margen porcentual anual aplicado a compensar los costes de gestión de la entidad financiadora lo fija el Ministerio de Comercio y Turismo en función de las condiciones del crédito a la exportación y de las circunstancias del mercado. La fórmula aritmética para su determinación se muestra un poco más adelante.

Al realizar los ajustes pertinentes, si el tipo de interés interbancario es mayor que el tipo de interés del crédito, el ICO abona la diferencia.

Si el tipo de interés interbancario es menor que el tipo de interés del crédito, la entidad financiera abona al ICO la diferencia.

Las obligaciones de las partes aparecen en el contrato de ajuste recíproco de intereses, con intervienen del ICO, por un lado, y la entidad financiera, por otro. La entidad financiera se obliga a conceder créditos en las condiciones pactadas. La Administración (personificada en el ICO) se compromete a compensarla, en su caso, de los costes en que pudiera incurrir.

Para la formalización y firma del CARI, los documentos que precisa el ICO son:

- El contrato comercial debidamente firmado por las partes.
- El convenio del crédito.
- Los certificados emitidos por el exportador, en los que se acredite la existencia del importe y porcentaje que representan dentro de la exportación, de materiales extranjeros, gastos locales y comisiones comerciales.

Para realizar el **ajuste de intereses**, utilizamos la **fórmula** siguiente:

$$A = \frac{C \cdot N \cdot (IM + S)}{360} - \frac{C \cdot N \cdot IC}{360}$$

donde:

A = Ajuste o diferencia de intereses.

C = Capital vivo del crédito sobre el que se practica el ajuste.

N = Período de cálculo, expresado en días.

IM = Tipo de interés del mercado (para entidad financiadora).

IC = Tipo de interés contractual (tipo activo).

S = *spread* o diferencial.

También puede expresarse de forma abreviada:

$$A = \frac{C \cdot N}{360} [IM - IC + S]$$

$$A = \frac{C \cdot N}{360} [IM + S - IC]$$

El *spread* o diferencial significa el tanto o tipo porcentual sobre el capital vivo o principal no amortizado que se reconoce a favor de la entidad financiera. En el Cuadro 10.3 observamos el porcentaje de *spread* aplicado según la duración e importe del crédito otorgado.

DURACIÓN DEL CRÉDITO	IMPORTE DEL CRÉDITO			
	HASTA 10 M $USA (o equivalente)		MÁS DE 10 M $USA (o equivalente)	
	EUROS	DIVISAS	EUROS	DIVISAS
Hasta 3 años	0,45	0,50	0,40	0,45
Entre 3 y 5 años	0,50	0,60	0,45	0,55
Más de 5 años	0,55	0,70	0,50	0,65

Cuadro 10.3. **Porcentaje de *spread* según duración e importe del crédito.**

10.4.2. Actividades CARI

En cuanto al volumen de contratos CARI según los países financiados y el tipo de producto comercializado (véase el Cuadro 10.4), deducimos que este tipo de contratos mayoritariamente se celebran con países sudamericanos y con China. En cuanto a los productos, los pisos *llave en mano* y buques acaparan el mayor porcentaje de financiación.

POR PAÍSES		POR PRODUCTOS	
		Pisos *llave en mano*	31%
México	29%	Buques	15%
China	22%	Equipos de telecomunicación	8%
Argentina	4%	Obras públicas (carreteras, puentes, túneles)	4%
Filipinas	4%	Equipos eléctricos	4%
Honduras	5%	Equipos informáticos	2%
Otros	18%	Materias primas	5%
		Otros	18%

Cuadro 10.4. **Porcentaje de actividades CARI por países y productos.**

10.5 Los créditos FAD (fondo de ayuda al desarrollo)

Los créditos FAD son unos créditos *blandos* que pueden concederse a países en vías de desarrollo (PVD), que sirven como instrumento de política comercial para facilitar la entrada de las empresas españolas en los mercados de los países en vías de desarrollo (PVD), adoptando la modalidad de créditos comprador.

La OCDE define la *ayuda al desarrollo* como el conjunto de flujos financieros suministrados por entidades oficiales a PVD y que cumplan las siguientes condiciones:

- Tener como finalidad principal la promoción del crecimiento económico y el bienestar social de los países en vías de desarrollo.

- Que sus condiciones financieras sean significativamente más rentables que las utilizadas usualmente en las operaciones comerciales con los PVD.

Los créditos FAD están **regulados** por el consenso OCDE. La OCDE distingue entre créditos de *ayuda ligada*, créditos de *ayuda parcialmente ligada* y créditos *no ligados*, que explicaremos en el Epígrafe 10.5.1.

Una comisión interministerial se encarga de la **administración** de los créditos FAD. Esta comisión está formada por los siguientes miembros:

- *Presidencia*: Secretaría del Estado de Comercio.

- *Vicepresidencias*:

  – Asuntos Exteriores.

  – Comercio y Turismo.

  – Economía y Hacienda.

- *Secretario*: ICO.

Los recursos de crédito FAD **proceden** de dotaciones anuales asignadas en los Presupuestos Generales del Estado.

La UNCTAD (Conferencia de las Naciones Unidas sobre Comercio y Desarrollo) propuso que los países desarrollados transfieran recursos financieros a los PVD hasta el objetivo del 0,7% del PNB (Producto Nacional Bruto) como ayuda oficial al desarrollo (AOD), todo por razones de solidaridad de los ricos hacia los más pobres.

La **formalización** se realiza por medio del ICO, que negocia y redacta los convenios con las autoridades del país prestatario, para formalizar el convenio. Asimismo, el ICO y la autoridad del país comprador firman el convenio de crédito. El convenio puede entrar en vigor en el momento de la firma, o bien queda pendiente de cumplir los requisitos del país comprador.

La **imputación** del contrato comercial la realiza el propio agente financiero prestatario, ajustado a modelo dirigido al ICO, adjuntando copia del contrato comercial. El ICO realiza la reserva de crédito, efectuando la correspondiente comunicación al prestatario y al exportador.

Las disposiciones se efectúan por medio de una autorización u orden de pago, que emite el prestatario autorizando al ICO para que, con cargo al límite disponible del crédito, pague al exportador a través del banco pagador. El banco pagador es seleccionado a libre elección del exportador. Las funciones del banco pagador son emitir la certificación vinculante de acuerdo con la autorización de pago y realizar el abono de fondos, en la divisa que figure en el contrato comercial, que suele ser la misma del convenio de crédito.

Las actividades del FAD están resumidas en el Cuadro 10.5, del cual deducimos que la divisa en la que se materializa este tipo de financiación mayoritariamente según los países es el dólar, y los porcentajes más altos de productos financiados con FAD son equipos eléctricos y obras públicas, mientras que el menor porcentaje es para buques (caso contrario al CARI).

POR PAÍSES		POR PRODUCTOS	
Guinea conakry	(dólar)	Equipos eléctricos	22%
Marruecos	(euros)	Obras públicas	20%
Mauritania	(dólar)	Pisos *llave en mano*	15%
Honduras	(dólar)	Educación, sociales	12%
Polonia	(dólar)	Equipos telecomunicación	8%
Perú	(euros)	Buques	8%
Argentina	(dólar)		

Cuadro 10.5. **Actividades FAD por países y productos.**

10.5.1. Clases de créditos FAD

En una primera clasificación distinguimos dos grandes grupos: los sujetos a consenso OCDE (con apoyo oficial) y los no sujetos (con apoyo privado). En consecuencia, los créditos FAD pueden ser:

- *Sujetos a consenso OCDE:* El consenso es un acuerdo sobre las directrices en materia de créditos a la exportación con apoyo oficial por la Organización para la Cooperación y el Desarrollo Económicos (OCDE). Y en este grupo se divide en ayuda ligada o vinculada a créditos FAD, componentes ligados al FAD y ayuda no ligada.

  – *Ayuda ligada* (créditos FAD): Son préstamos blandos que concede el Estado español, vinculados a la adquisición de bienes de equipo y servicios exportados de origen español (incluyendo flete y seguro, prima de seguro, bienes y servicios extranjeros incorporados a la exportación española y gastos locales). A su vez, se clasifican:

    • Según el montante o porcentaje de financiación:

      a) *Crédito singular:* si la financiación es por la totalidad y un proyecto concreto.

      b) *Crédito asociado o comercial:* si la financiación es parcial como complemento de un crédito oficial.

    • Según la instrumentalización:

      a) *Crédito específico:* financia un proyecto determinado, cuyos beneficiarios son los países clasificados como países en vías de desarrollo (PVD) según la relación elaborada por el Comité de Ayuda al Desarrollo de la OCDE y cuyo PNB per cápita (producto nacional bruto por habitante) no sobrepase los 3.035 $USA; si es superior, quedan descalificados para obtener préstamos del Banco Mundial de 17 a 20 años y es revisado anualmente. El prestatario o garante ha de ser el propio Estado o empresas que tengan la consideración de públicas.

b) *Línea de crédito:* financia un conjunto de proyectos vinculados o que se imputan a dicha línea.

— *Componentes ligados al FAD:* Son ayudas concedidas con cargo al FAD bajo la modalidad de donaciones y no vinculadas de una forma más directa con la adquisición de bienes y servicios. A su vez, se clasifican en:

- *Contribuciones:* utilización de fondos FAD como contribución con Organismos Multilaterales de Desarrollo de los que España es socio.

- *Línea FEV (fondos de estudios de viabilidad):* Utilización de fondos FAD para financiar la realización de estudios de viabilidad por empresas consultoras españolas, es decir, favorecer que las empresas españolas ejecuten proyectos en el exterior. A su vez, se clasifican en:

  a) *Modalidad pública:* donación concedida a un país para que éste contrate con un consultor español la realización de un estudio o proyecto.

  b) *Modalidad multilateral:* Aportaciones a los fondos de consultoría de los Organismos Multilaterales de Desarrollo de los que España (a través del Ministerio de Economía y Hacienda) es socio, tales como el BID (Banco Industrial de Desarrollo), Grupo Banco Mundial, etc.

- *Línea L-500:* Fondos para la contratación de servicios de consultoría para la identificación, evaluación y seguimiento de proyectos financiados con cargo al FAD.

— *No ligada:* Contribuciones a las instituciones financieras internacionales.

- *No sujetos a consenso OCDE:* Consiste en ayuda privada, concretada a través de póliza de seguro CESCE. En virtud de ésta, la empresa española exportadora cubre el riesgo de no se adjudicataria de un proyecto para el cual ha contratado con una consultora española la realización de un estudio de viabilidad. Esta modalidad se utiliza para proyectos privados en los que no hay un gobierno implicado.

10.5.2. Trámites y criterios de concesión de créditos FAD

La tramitación (véase la Figura 10.4) ha de realizarse mediante la solicitud del exportador a la Secretaría del Estado de Comercio (por medio de la Dirección General de Política Comercial, DGPC), que remitirá al exportador un formulario estandarizado. La DGPC, a su vez, trasladará la evaluación de la solicitud a la Comisión Interministerial del FAD. Si el informe de la comisión es favorable, se trasladará al Consejo de Ministros, el cual finalmente aprobará o denegará la concesión del crédito, siendo facultad privativa del citado Consejo de Ministros.

El Consejo de Ministros designará al ICO (Instituto de Crédito Oficial) como agente financiero del Estado para negociar y firmar el convenio de crédito FAD definitivo con el correspondiente agente financiero del país prestatario.

Los criterios de concesión de los créditos FAD son:

- Pertenencia del país receptor a un área prioritaria.
- Que el proyecto contribuya al desarrollo del país.
- Que incorpore tecnología avanzada o elevado valor añadido nacional.
- Que tenga orientación hacia los bienes de equipo.
- Que genere una corriente exportadora.
- Diversificación de sectores y empresas.
- Situación de la empresa y sector exportador.

- Importancia de la apertura de nuevos mercados
- Que cumpla con los requisitos de la OCDE.
- Criterios restrictivos: evitar que financie el 100%; nivel de solvencia del país, y evitar la acumulación de créditos sobre el mismo país.

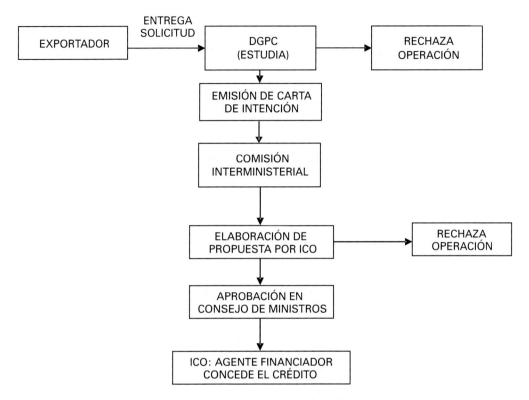

Figura 10.4. **Proceso de tramitación de crédito FAD.**

10.6 Licitaciones y concursos internacionales

Una **licitación** es una subasta a la que concurren las partes interesadas en ofertar un precio, sobre la necesidad de suministro de bienes y servicios, proyectos y ejecución de obras, instalaciones, etc. para determinados organismos públicos, cuya adjudicación recae en la empresa con la mejor oferta.

Cuando estos organismos y las empresas que concurren son de ámbito superior al nacional, estamos ante una **licitación o concurso internacional**.

Aparte de esto, los contratos de suministros de bienes de equipo llevan aparejada la prestación de servicios, tales como el proceso de instalación, la puesta en funcionamiento, el mantenimiento y servicio postventa.

A veces, las empresas interesadas en la participación en contratos de concurso internacional buscan establecerse en el país o países donde se van a realizar los proyectos, bien mediante la apertura de un establecimiento propio o bien a través de intermediarios del propio país, como pueden ser grandes distribuidores, agentes o representantes. Esta estrategia reporta grandes ventajas para la empresa, ya que establecerse en un país implica una mayor facilidad en el cumplimiento de obligaciones contractuales de la prestación de servicios, en cuanto a sistemas de almacenamiento de los productos, suministro de repuestos más ágil y sencillo, con la consiguiente reducción de costes. Por otro lado cierta ventaja otorgada a los productos originarios del país debido al contacto directo con los fabricantes locales y mejor conocimiento del entorno local para obtener información de máxima relevancia durante el proceso de licitación.

Los proyectos financiados or las IFMAD (Instituciones Financieras Multilaterales de Ayuda al Desarrollo) así como otros organismos públicos, que veremos en los epígrafes siguientes, posibilitan muchas oportunidades en todos los sectores y países, las cuales requieren rigurosidad, sistematización en el tratamiento de información disponible al respecto. Pocas empresas saben que los IFMAD adquieren bienes y servicios por un importe anual aproximado de sesenta mil millones de dólares y que estas compras abarcan un amplio abanico dc productos, desde tiendas de campaña hasta sistemas de riego, desde vacunas a motosierras. Menor aún es el número de exportadores familiarizados con los procedimientos de compra de estos organismos.

En cuanto a los **tipos de contrato**, pueden ser unos de gran importancia y cierta magnitud tanto en millones de dólares como en tipo de bienes de cierta complejidad, los cuales sólo se adjudican por medio de la licitación pública o concurso internacional. Otros contratos son para casos especiales, como contratos pequeños, con número limitado y conocido de proveedores, que son adjudicados mediante licitación internacional limitada. Otras adquisiciones de bienes o productos a granel con especificaciones estandarizadas se adjudican con una simple comparación de precios.

10.6.1. Instituciones y organizaciones convocantes de proyectos

Las instituciones y organismos que convocan y adjudican licitaciones de proyectos, según el ámbito territorial y relevancia de actuación, las dividimos en tres niveles de mayor a menor amplitud: nivel internacional, nivel europeo (la Unión Europea, UE) y nivel nacional, regional y local.

Nivel internacional

Dentro de este nivel vamos a estudiar las siguientes instituciones: las Naciones Unidas y las Instituciones Financieras Multilaterales de Ayuda al Desarrollo (IFMAD).

Naciones Unidas

La misión o actividad principal de esta organización es el mantenimiento de la paz, para lo cual ha venido realizando más adquisiciones durante los últimos años. Las compras son realizadas por la División de compras de la Secretaría de la ONU en Nueva York, según los requerimientos técnicos establecidos por la División de Administración sobre el terreno y logística del Departamento de Operaciones de Mantenimiento de la Paz (**UNFALD**) y por los responsables de las misiones sobre el propio lugar o país necesitado.

Cada vez en mayor proporción se tiende a realizar las adquisiciones en el propio lugar necesitado con la finalidad de acercar el centro de compras al sitio donde se llevan a cabo las operaciones y crear oportunidades de negocio en los países en desarrollo.

La mayoría de los contratos son de pequeña cuantía.

El contrato medio no sobrepasa los 10.000 dólares, y tan sólo un 2% del total de los contratos supera los 100.000 dólares.

Existen aproximadamente 30 agencias que llevan a cabo sus compras de forma independiente. Pero sólo unas pocas concentran el grueso de las adquisiciones de todo el volumen de proyectos. Entre ellas cabe destacar las siguientes:

Sede de las Naciones Unidas
First Avenue at 46th street
New York, NY-10017
www.ungm.org
www.un.org/spanish

SERVICIO DE COMPRAS DE
LAS NACIONES UNIDAS

Inscripción como Proveedor
en el portal:
www.ungm.org
Registro en otras agencias:
www.iapso.org
www.reliefweb.int
http://unbiz.un.int

- **IAPSO:** Oficina de servicios interinstitucionales para compras y suministros, dentro del programa para el desarrollo, PNUD (Programa de Naciones Unidas para el Desarrollo). Es una agencia coordinadora dentro del PNUD creada en 1978 y establecida en Copenhague, que se ocupa de reunir, analizar y distribuir información sobre las necesidades de compra de bienes de uso común de los diferentes organismos de las Naciones Unidas y de buscar nuevas fuentes de aprovisionamiento. Su objetivo es reducir costes en las adquisiciones comunes y conseguir mejores condiciones de los proveedores en cuanto a calidad, precios y plazos de entrega.

- **UNOPS:** Oficina de servicios para proyectos: de ayuda al desarrollo (Copenhague). Es una agencia que se encarga de gestionar los programas de ayuda al desarrollo, realizar compras de equipos de cierta complejidad y/o los destinados a grandes proyectos financiados por los programas de Naciones Unidas (NN.UU.), de los Bancos de desarrollo y algunos proyectos vinculados a los programas de los países nórdicos y Japón.

Otras agencias y programas no menos importantes son:

- **UNFPA:** Fondo para población
- **PAHO:** Organización Panamericana de la Salud
- **OMS:** Organización Mundial de la Salud
- **ACNUR:** Alto Comisionado para los Refugiados
- **UNICEF:** Fondo de las Naciones Unidas para la Infancia
- **División Adquisiciones de la NN.UU. en P.D.** (países en desarrollo)
- **WFP:** Programa Mundial de Alimentos

IFMAD (Instituciones Financieras Multilaterales de Ayuda al Desarrollo).

Estas instituciones dedican anualmente una parte muy importante de su presupuesto a la dotación de fondos para la realización de proyectos que contribuyan al desarrollo de los países emergentes y en vías de desarrollo (PVD). Estos proyectos son realizados mediante la convocatoria de concursos públicos internacionales de consultoría, obras y suministros por las empresas de los países miembros de dichas instituciones que aprovechan de esta manera las oportunidades comerciales que las subvenciones realizadas por sus gobiernos les ofrecen.

El esquema de funcionamiento de estas instituciones es bastante similar, basándose en el modelo del primer gran Grupo Mundial que está integrado por:

- **BIRF (IBRD):** Banco Internacional de Reconstrucción y Fomento (*The International Bank for Reconstruction and Development*).
- **AIF (IDA):** Asociación Internacional de Fomento (*The International Development Association*).
- **CFI (IFC):** Corporación Financiera Internacional (*The International Finance Corporation*).
- **MIGA (OMGI):** Organismo Multilateral de Garantía de Inversiones (*The Multilateral Investment Guarantee Agency*).
- **CIADI (ICSID):** Centro Internacional de Arreglo de Diferencias, relativas a inversiones (*The International Centre for Settlement of Investment Disputes*).

El **BIRF** se creó al final de la Segunda Guerra Mundial con dos claros objetivos: ayudar a la reconstrucción de la economía de los países devastados y masacrados por la guerra y a combatir la pobreza y contribuir al desarrollo de los países más pobres (PVD) permitiendo la autonomía y control del medio ambiente, sus recursos, por sí mismos.

En cuanto a las actividades, misiones, asistencia, etc. más importantes del Grupo Banco Mundial se resumen en el Cuadro 10.6.

ORGANISMO	ACTIVIDADES
BIRF	• Concesión de créditos para fines productivos y estimulación del crecimiento económico de las PVD. • Proyectos centralizados de preparación de préstamos, diagnósticos, evaluaciones, etc. contratados por los jefes de proyecto (*Task Managers*). • Préstamos amortizables en un plazo de 15 a 20 años y con un período de unos 5 años sin devolución del capital (período de gracia).
AIF	• Concesión de préstamos a los países más pobres de los PVD, con plazos de amortización más amplios 35 a 40 años y condiciones más blandas; con un período de 10 años sin devolución de capital. • Exentos del pago de intereses. • Esta asociación se financia con las aportaciones y donaciones de los países desarrollados más ricos.
CFI	• Presta asistencia técnica financiera, análisis para inversiones directas, participando en el capital riesgo de empresas privadas, promoviendo y fomentando el sector privado o las PYMES (pequeñas y medianas empresas). • Presta asistencia técnica a las privatizaciones, suele contratar auditorías, consultoras industriales o medioambientales.
MIGA	• Ofrece contratos de diseño o asistencia puntual para dar cobertura al inversor contra los riesgos políticos del país destino de la inversión.

Cuadro 10.6. **Organismos y actividades del Grupo Banco Mundial.**

Con posterioridad al Banco Mundial (**BM**) surgieron los llamados bancos regionales de desarrollo, cuya diferencia más importante radica en la estructura de su poder de voto. Como el BM, al igual que el Fondo Monetario Internacional, está dominado por los países desarrollados, motivó a los PVD a promover la creación de los bancos regionales en los que el poder del voto les es más favorable; fundamentalmente son:

- **BERD:** Banco Europeo de Reconstrucción y Desarrollo
- **BID:** Banco Interamericano de Desarrollo (Latinoamérica y Caribe)
- **BAsD:** Banco Asiático de Desarrollo
- **BAfD:** Banco Africano de Desarrollo

Los objetivos y características más importantes de cada uno de ellos se reflejan en el Cuadro 10.7.

BANCO	OBJETIVOS-CARACTERÍSTICAS
BERD	• Banco de inversiones y desarrollo regional de Europa del Este, Rusia y la CEI (Comunidad de Estados independientes). • Pretende ayudar a construir economías de mercado y la consolidación de la democracia en 27 países desde la Europa de la ampliación hasta los países de Asia central. • Financia fundamentalmente a empresas privadas, bancos y otras instituciones financieras, mediante capital-riesgo e inversiones en bancos, fondos y compañías ya existentes.
BID	• Pretende contribuir e impulsar el progreso económico y social de América Latina y el Caribe. • Dentro del BID se encuentran: CII (Corporación Interamericana de Inversiones) y el FOMIN (Fondo Multilateral de Inversiones).
BAsD	• Pretende promover las inversiones públicas y privadas en la región mediante concesión de fondos y asistencia técnica y consultoría para la preparación, financiación y ejecución de proyectos y programas de desarrollo, incluyendo la formación de propuestas para proyectos específicos.

Cuadro 10.7. **Objetivos y características de Bancos Regionales de Desarrollo.**

BANCO	OBJETIVOS-CARACTERÍSTICAS
BAfD	• Pretende combatir la pobreza y mejorar la vida de la población del continente africano; proporciona recursos financieros y asistencia técnica para el progreso económico y social de los países de la región.

Cuadro 10.7. **Objetivos y características de Bancos Regionales de Desarrollo. (Cont.)**

Nivel europeo (LA UE: UNIÓN EUROPEA)

La Unión Europea, a diferencia de las IFMAD, no concede préstamos sino donaciones. Alrededor del 50% del total de la ayuda oficial o pública al desarrollo proviene de la UE y de sus Estados miembros.

La UE, Estados miembros y datos estadísticos				
Estado	Año de ingreso	Población en millones	Superficie (km²)	PIB (millardos euro) 2003
Alemania	1958/1990	82,4	357.021	2129,2
Francia	1958	59,6	551.695	1557,2
Reino Unido	1973	59,3	244.820	1588,7
Italia	1958	57,3	301.320	1300,9
España	1986	44,0	504.782	743,0
Polonia	2004	38,2	312.685	185,2
Países Bajos	1958	16,2	41.526	453,8
Grecia	1981	11,0	131.940	153,5
Bélgica	1958	10,4	30.510	267,5
Portugal	1986	10,4	92.931	130,8
República Checa	2004	10,2	78.866	75,7
Hungría	2004	10,1	93.030	73,2
Suecia	1995	8,9	449.964	267,4
Austria	1995	8,1	83.858	224,3
Dinamarca	1973	5,4	43.094	187,8
Eslovaquia	2004	5,4	48.845	28,8
Finlandia	1995	5,2	337.030	143,4
Irlanda	1973	4,0	70.280	131,9
Lituania	2004	3,5	65.200	16,1
Letonia	2004	2,3	64.589	9,2
Eslovenia	2004	2,0	20.253	24,5
Estonia	2004	1,4	45.226	7,4
Chipre	2004	0,7	9.250	11,3
Luxemburgo	1958	0,4	2.586	23,5
Malta	2004	0,4	316	4,4
Total (EU-25)	2004	456,0	3.973.597	9738,0

Las diferentes formas de cooperación de la UE con los PVD se llevan a cabo a través de una serie de acuerdos regionales y bilaterales con las diferentes áreas del mundo y mediante un conjunto de instrumentos de carácter general para todos los PVD.

La aplicación de la ayuda al exterior la realiza a través de la oficina de cooperación **Europe Aid**, creada el 1 de enero de 2001 mediante una decisión de la Comisión Europea, y tiene encomendados dos grandes objetivos:

a) Ocuparse de la aplicación del conjunto de los instrumentos de la ayuda exterior de la Comisión, financiada con cargo al Presupuesto Comunitario y a los Fondos Europeos de Desarrollo.

b) Responsabilizarse de todas las fases del ciclo de las operaciones:

- Definición y gestión de los proyectos y programas.
- Preparación de las decisiones de financiación.
- Aplicación y control de los fondos.
- Evaluación de los proyectos y programas.

La UE permite acceder de forma gratuita a una base de datos que registra las licitaciones diarias convocadas por todos los países miembros de la Unión, a través de la **plataforma TED** (*Tenders Electronic Daily*) **en Internet**, cuya dirección es http://ted.eur-op.eu.int

Algunos de los programas establecidos por la Dirección General de Relaciones Exteriores y por la Dirección General de Desarrollo pertenecientes a la oficina Europe Aid y adoptados por la Comisión Europea son:

- Programas MEDA y ALA: Son proyectos de lenta ejecución.
- FED: Fondo Europeo de Desarrollo.
- Programa TACIS: Contratación centralizada en Bruselas. Son proyectos grandes a licitar en consorcio con Europeos del Norte o de gran especialización de la empresa contratista (ingeniería, medio ambiente, eléctricas, etc.). Generalmente lugares de ejecución difíciles e incómodos para españoles.
- Programas CARDS/OBNOVA/EAR: Proyectos de ayuda a la región balcánica con tres unidades, descentralizadas en su ejecución.
- Fondos de Preacceso para países de la ampliación: Programa PHARE (fondos estructurales, de cohesión y desarrollo regional); programa IPSA (proyectos grandes, de ingeniería, necesitando especialización del contratista principal); programa SAPARD (proyectos de desarrollo rural para firmas especializadas).
- Otros programas: ECHO (aprovisionamiento y alimentos); TWINNING PHARE.

Nivel nacional, regional y local

Dentro de este tercer nivel vamos a estudiar los siguientes organismos y entidades: las agencias bilaterales de ayuda al desarrollo, el Instituto Español de Comercio Exterior (ICEX) y la Compañía Española de Financiación del Desarrollo (COFIDES).

Agencias bilaterales de ayuda al desarrollo

Como complemento de las agencias multilaterales, cuyo grado de información y ayuda es más amplio, están las agencias bilaterales, que privilegian a organizaciones no gubernamentales y que están orientadas a la ayuda humanitaria de tipo asistencial, suministros, obras y servicios. Si bien, al igual que las multilaterales, incluyen en sus programas la prestación de fondos para financiar proyectos.

Edificio del ICEX
P.º de la Castellana, n.º 14-16
Madrid
Tf: 91.3496100
www.icex.es

COFIDES
C/ Príncipe de Vergara ,
n.º 132 , plta. 9 y 12
28002-Madrid
Tf: 91.74554480 - 91.5626008
Fx: 91-7451656
www.cofides.es

Distribución del
compromiso
aprobado por
COFIDES en 2003
por sectores

	%
Automoción	23
Infraestructuras	20
Construcción	14
Telecomunicaciones	13
Hostelería	9
Agroalimentario	6
Ind. química	4
Otros	11

Distribución del
compromiso
aprobado por
COFIDES en 2003
por países de destino

	%
México	52
Brasil	17
República Checa	14
El Salvador	7
China	3
Kazajistán	2
Tailandia	2
Otros	3

En España tenemos la Agencia Española de Cooperación Internacional **(AECI)**, que contribuye a los siguientes fines:

- Propiciar el crecimiento económico equitativo.

- Contribuir al progreso social, cultural, institucional y político de los PVD y, en especial, de los de ascendiente hispano.

- Fomentar la cooperación cultural y científica de los PVD.

- Asegurar la concentración con las políticas de desarrollo con los países desarrollados, especialmente en el ámbito de la UE.

Está estructurada en tres direcciones generales: Dirección General de Cooperación con Iberoamérica, Dirección General de Cooperación con África, Asia y Europa y Dirección General de Relaciones Culturales y Científicas.

Otras agencias bilaterales en otros países son: **DFID** (Gran Bretaña), **GTZ** (Alemania) y **USAID** (EE.UU.).

EL ICEX (Instituto Español de Comercio Exterior)

Es un ente público con personalidad jurídica propia, que presta su asistencia a la empresa española con el fin de fomentar sus exportaciones y su implantación en el exterior. Para ello diseña y ejecuta programas de promoción e inversión y acopia y difunde información sobre la oferta española y los mercados exteriores.

Mantiene acuerdos con el **BERD**, **BID** y **BafD**, mediante los cuales pone a su disposición fondos dirigidos a la contratación de firmas consultoras españolas.

Estos fondos fiduciarios de consultoría, dotados con cargo a la línea de financiación **FEV (fondo de estudios de viabilidad)** de la Secretaría de Estado de Comercio y Turismo del Ministerio de Economía, están destinados a la contratación de empresas consultoras españolas por las instituciones antes mencionadas, para la elaboración de estudios previos de programas y proyectos susceptibles de ser financiados por parte de institución contratante. Los estudios resultantes de dichos trabajos podrían, posteriormente, beneficiar a las empresas contratistas españolas en las siguientes fases del ciclo de proyectos, por ejemplo, en la licitación de obras.

COFIDES (Compañía Española de Financiación del Desarrollo)

COFIDES, S.A. es una sociedad anónima de capital mixto (público y privado) creada en 1988, cuyo objetivo es el fomento de las inversiones productivas de empresas españolas en PVD, para contribuir con criterios de rentabilidad tanto al desarrollo económico de esos países como a la internacionalización de la economía española.

Sólo apoya proyectos de inversión en los que la empresa española asuma una participación en el capital social de la empresa que se crea o se amplía en el país receptor.

La mayoría de los proyectos apoyados pertenecen al sector industrial o agroindustrial, con posibilidades de crecimiento para la internacionalización de empresas españolas en la gestión de infraestructuras, servicios públicos en términos privados o el turismo y actividades relacionadas con éste.

COFIDES también actúa en el campo de la asesoría financiera y de inversiones y de la consultoría. Los productos que ofrece para la fase de inversión de los proyectos son:

- Préstamos a medio y largo plazo al inversor español.

- Préstamos a medio y largo plazo a la empresa que se crea en el país receptor.

- Participaciones en el capital de la empresa que se crea en el país receptor.

10.6.2. Fases y procedimientos en la adjudicación de proyectos

El **ciclo de vida** o calendario de actuaciones de un proyecto en la licitación o concurso internacional puede variar de unos organismos a otros. No obstante, podemos utilizar el del Banco Mundial como ejemplo y pauta de actuación para las demás IFMAD, que contempla los siguientes **procedimientos**:

- Estudios preliminares, programación del proyecto (IFMAD)
- Identificación del proyecto (Gobierno solicitante e IFMAD)
- Preparación del proyecto (Gobierno solicitante)
- Análisis del proyecto (IFMAD)
- Negociación de la financiación y decisión de la IFMAD
- Implementación del proyecto y supervisión
- Evaluación del proyecto

El ciclo marca el calendario de las acciones de marketing de la empresa participante a medida que vayan surgiendo las demandas de suministros, obras y servicios (consultoría).

Por tanto, desde el punto de vista de las empresas suministradoras dividimos todo el proceso de participación de un concurso internacional en cuatro fases, según la Figura 10.5.

Otras oficinas, programas y comisiones regionales
Departamentos de las Naciones Unidas
www.un.org/spanish/map.htm

Oficinas fuera de la Sede

Oficina de las Naciones Unidas en Ginebra (UNOG)
Oficina de las Naciones Unidas en Viena (UNOV)
Oficina de las Naciones Unidas en Nairobi (UNON)

Comisiones regionales

Comisión Económica para Europa (CEE)
Comisión Económica y Social para Asia y el Pacífico (CESAP)
Comisión Económica para América Latina y el Caribe (CEPAL)
Comisión Económica y Social para Asia Occidental (CESAO)

Órganos establecidos por el Consejo de Seguridad

Tribunal Penal Internacional para la ex Yugoslavia (TPIY)
Tribunal Penal Internacional para Rwanda (TPIR)
Comisión de las Naciones Unidas de Vigilancia, Verificación e Inspección (UNMOVIC)

Órganos Subsidiarios y de Expertos de la Asamblea General

Comisión Consultiva en Asuntos Administrativos y de Presupuesto (CCAAP)
Comisión de Administración Pública Internacional (CAPI)
Dependencia Común de Inspección (DCI)

Programas y Fondos de las Naciones Unidas

Alto Comisionado de las Naciones Unidas para los Refugiados (ACNUR)
Fondo de las Naciones Unidas para la Infancia (UNICEF)

Otras entidades de las Naciones Unidas

Oficina de la ONU de Servicios para Proyectos (UNOPS)
Universidad de las Naciones Unidas (UNU)

Institutos de Investigación y Capacitación

Instituto de la ONU de Investigación sobre el Desarme (UNIDIR)
Instituto de las Naciones Unidas para Formación Profesional e Investigaciones (UNITAR)
Instituto Internacional de Investigaciones y Capacitación para la Promoción de la Mujer (INSTRAW)

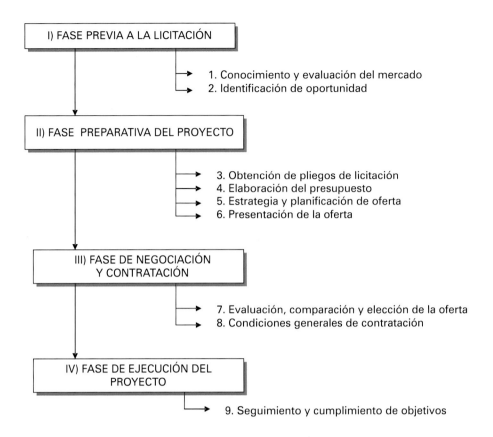

Figura 10.5. **Fases y subfases de adjudicación de proyectos.**

Otros datos de la UE (Unión Europea)	
Consejo	Secretariado general: Bruselas Presidencia rotatoria: Ursula Plassnik, Austria. Primer Semestre 2006.
Comisión	Sede: Bruselas Presidente: José Manuel Durao Barroso
Parlamento	Sedes: Estrasburgo, Bruselas, Luxemburgo Presidente: Josep Borrell
Banco Central Europeo	Fráncfort del Meno
Superficie	3.975.000 km² (1 de mayo de 2004)
Población	455 millones (1 de mayo de 2004)
Densidad	114 hab./km²
Moneda	Euro (€ EUR)
Huso horario	UTC −1 bis +2, −4 bis +4 con zonas externas
Himno	Himno Europeo
Día de Europa	9 de mayo
Idiomas más hablados (2000)	Alemán 24%, francés 16%, inglés 16%, italiano 16%, español 11%, neerlandés 6%, griego 3%, portugués 3%, sueco 2%, catalán 1%, danés 1%, finés 1%
Dominio Internet	.eu

I. Fase previa a la licitación

Esta primera fase incluye las subfases de conocimiento previo y evaluación del mercado y la identificación de oportunidades de negocio.

1. Conocimiento y evaluación del mercado. En esta subfase la empresa que pretenda acudir a una licitación internacional debe investigar, analizar el volumen de negocio y tipo de obras, suministros y servicios que se ofrece, así como la disponibilidad e influencia del tamaño de la empresa en la participación de presentarse a un proyecto demandado por la institución u organismo correspondiente.

   Volumen de negocio

   El importe anual aproximado del total de contratos incluidos en proyectos financiados asciende aproximadamente a 60.000 millones de dólares USA. El Banco Mundial realiza al año aproximadamente 40.000 contratos de obra y suministro por un valor de 20 billones de dólares USA y, por el contrario, 2.500 contratos anuales de consultoría por un valor de 1,5 billones.

   Tamaño de la empresa

   No debe ser un criterio determinante ya que la mayoría de las licitaciones convocadas por Naciones Unidas es de pequeña cuantía (10.000 dólares el contrato medio).

   Las licitaciones convocadas por los organismos multilaterales financieros exigen unas herramientas de marketing mayores que las convocadas por organismos de Naciones Unidas.

2. Identificación de oportunidades. Esta subfase implica la localización de las fuentes de información donde identificar las licitaciones internacionales, dado que todas se anuncian en publicaciones periódicas, por medio de boletines, por Internet o servicios de información. Por consiguiente, las fuentes de información pueden ser:

   - El **ICEX**: Departamento especializado en localización de información: bases, pliegos, etc., y con personal con amplia experiencia y especializado.
   - Página web de **COFIDES**: http://www.cofides.es
   - Diario Oficial de las Comunidades Europeas, Serie s (DOCE); página web: http://ted.eur-op.eu.int
   - Los manuales *Procurement Guidelines* facilitados por las secretarías técnicas de las propias IFMAD, en sus delegaciones, revistas especializadas internacionales.
   - Personal especializado de las oficinas comerciales españolas en el exterior (**OFCOMES**) y en especial en las ciudades de Nueva York y Copenhague, donde se encuentran las oficinas de compra de las Naciones Unidas (**IAPSO** y **UNOPS**).
   - En el *Development Business* para proyectos financiados por el Banco Mundial. BID, BasD y BafD.

   Por regla general la información y datos más significativos e interesantes que ofrecen son:

   - Identificación de los compradores y fuentes de financiación, siendo los compradores los gobiernos de los PVD y las distintas agencias de Naciones Unidas. La financiación si se trata de préstamos, identificación de éstos, del prestatario, del proyecto y contrato, o bien financiación con recursos propios, aportación anual de los Estados contribuyentes y/o por medio de contribuciones especiales.
   - Identificación del organismo que adjudica la licitación. La adjudicación de los proyectos financiados por la ONU la llevan a cabo las oficinas de compra centralizadas o en el país de destino.

   Los financiados por la Unión Europea son adjudicados por los organismos competentes dentro de la Comisión Europea.

   - Sistema de adquisición de los pliegos de licitación, coste de éstos, fecha límite de adquisición, plazo de presentación de solicitud, contenido del programa con fijación de objetivos, requisitos, descripción de los bienes y servicios objeto de la licitación.

- Fechas de inicio y límite de presentación de ofertas e importe y documentación base para la elaboración de propuestas, maqueta y requisitos (jurídicos, económicos, técnicos).
- Otras fuentes de información adicional y lugar de posible inspección y verificación de los documentos de licitación, composición del jurado, incompatibilidades.

II. Fase preparativa del proyecto

Esta segunda fase comprende las subfases por orden cronológico: primero la obtención de los pliegos de licitación, a continuación la elaboración de un presupuesto, seguido del planteamiento de una estrategia y planificación de la oferta, y por último presentar y registrar la oferta junto con sus documentos ante la institución correspondiente.

3. Obtención de pliegos de licitación. Una vez identificado el concurso objeto de interés se deberán recoger los pliegos de licitación, es decir, los documentos donde se desarrollan las bases de la convocatoria, y ha de ser lo antes posible ya que los plazos para presentación de las ofertas suelen ser bastante limitados (entre uno y dos meses).

   La dirección y el coste de los pliegos se suele indicar en los avisos de licitación o a través de las fuentes de información enumeradas en el epígrafe anterior. En España los medios más comunes para su obtención pueden ser:

   - Por medio del agente distribuidor o representante en el país o las delegaciones de las oficinas de adjudicación.
   - A través del servicio de compra de pliegos de ICEX-BISE.
   - A través de páginas web de Internet.

4. Elaboración del presupuesto. Del estudio y análisis de los pliegos observaremos el dato del presupuesto o importe máximo previsto incluido el IVA y otros tributos, y a partir de él la empresa interesada deberá elaborar una previsión de precios y costes tanto si el presupuesto disponible para los productos objeto de contratación viene especificado en los avisos de licitación o pliegos como si no. Dicho presupuesto le servirá a la empresa de guía y toma de decisión de presentarse o no a la licitación ya que constituirá su oferta en base a dicho presupuesto, y la misma es la variable fundamental a la hora de seleccionar la oferta y concursante ganador.

   A la hora de calcular los costes, también es preciso tener en cuenta que las condiciones de entrega generalmente exigidas son las que rigen de acuerdo con los **INCOTERMS 2000** de la Cámara de Comercio. Un modelo de presupuesto sencillo podría ser el propuesto en el Cuadro 10.8.

5. Estrategia y planificación de la oferta. Normalmente los pliegos de la licitación siguen el modelo estándar establecido por las IFMAD, cuyo índice es el siguiente:

   1. Datos de la licitación (entidad organizadora y participantes).
   2. Instrucciones pasa los licitantes (objetivos y procedimientos).
   3. Condiciones generales y especiales del contrato.
      - Fechas de inicio y límite de presentación de la documentación.
      - Lugar y horarios de presentación de la documentación.
      - Documentación a presentar (planos, certificados, maqueta, balances, etc.).
   4. Lista de productos y servicios y plan de entrega.
   5. Especificaciones técnicas.
   6. Requisitos para empresas seleccionadas y adjudicataria.
   7. Impresos, formularios para presentar la oferta.
   8. Criterios de selección y anuncio de empresas seleccionadas.

COSTES	PORCENTAJE	IMPORTE
Coste variable bruto del producto	**17,48**	**2.367.02**
• Costes materiales	13,53	1.831.50
• Coste mano de obra directa	2,08	282.04
• Costes directos de producción	1,87	253.48
Costes variables del producto		
• Devolución de impuestos y tasas	4,18	565.87
Margen contribución	**5,34**	**723.40**
VALOR EXW (puesto en taller, fábrica o almacén)		
• Costes seguro de cambio		
• Costes seguro de crédito		
• Costes comisión agente		
• Costes embalaje, documentación exportación		
• Costes adecuación producto mercado destino		
• Gastos financieros aplazamiento de pago		
VALOR EN CIF O CIP (Coste seguro, flete o transporte multimodal)		
• Coste transporte internacional		
• Coste seguro		

Cuadro 10.8. **Modelo de presupuesto.**

Junto con el índice y análisis de los pliegos, el presupuesto elaborado anteriormente, la empresa designará a un coordinador o jefe de proyectos que se encargará de ordenar en el tiempo las distintas actividades para preparar una oferta junto con toda la documentación estableciendo un cronograma y fijando las siguientes tareas:

1. Definir y concretar al máximo las funciones y responsabilidades del equipo que vaya a preparar la documentación de la oferta.

2. Fijar un tiempo y orden escrupuloso para la realización de cada actividad.

3. Prever un plazo de tiempo para:

   • Edición, revisión, fotocopia y encuadernación de documentación.

   • Legalización de documentos.

   • Soporte de archivo y envío de la documentación.

   • Presentación por parte del agente, distribuidor o representante local.

4. Envío rápido de la oferta cumpliendo y siguiendo estrictamente el manual de procedimiento de la IFMAD.

6. Presentación de la oferta. La oferta no sólo consiste en la fijación de un precio o presupuesto, sino en la presentación de una serie de impresos, documentación y a veces muestras, maquetas, planos, etc. Los modelos de impresos suelen facilitarse con los pliegos de licitación y pueden agruparse en dos categorías:

1. Documentación administrativa: Son escritos o documentos destinados a determinar la elegibilidad del licitante.

2. Documentación técnica-económica: Son escritos que garantizan las especificaciones técnicas de los productos o que cumplen con ciertos requisitos e información de la empresa, metodología, organigrama, datos económicos, etc.

III. Fase de negociación y contratación

En esta fase, con anterioridad a la contratación habrá un proceso de negociación, donde la agencia o institución ejecutoria evaluará y comparará todas las ofertas comprobando que la empresa cumple con los requisitos exigidos, solicitando y contrastando con las distintas empresas la documentación pertinente. El paso posterior es la iniciación del proceso de preparación del contrato en el cual se fijarán las condiciones y cláusulas de obligado cumplimiento para ambas partes.

7. Evaluación, comparación y elección de la oferta. Normalmente todas las ofertas son evaluadas y comparadas por la Agencia ejecutoria con elección de la más económica (competitiva) o baja. No obstante, en la mayoría de los casos además debe ser aprobada por la IFMAD correspondiente.

    Después de la oferta elegida se verificarán y comprobarán otros aspectos fijados en los pliegos de licitación y otras consideraciones o criterios de selección, y de cumplirlos se procederá a su adjudicación y contratación; como pueden ser:

    - La superioridad técnica de la posventa clasificada.
    - Experiencia previa relevante en el país o en el sector.
    - El *currículum vitae* de los profesionales de la empresa o de los vinculados a ella.
    - La predisposición para asociarse o colaborar con empresas locales.
    - La comprensión de las peculiaridades locales y de la lengua local.
    - Dominio absoluto de las normas que regulan el procedimiento de contratación de la IFMAD y su cumplimiento. A veces el mínimo fallo formal puede significar el descarte definitivo de la oferta.

8. Condiciones generales de contratación. Una vez finalizado el trámite de selección de la empresa adjudicataria, la sociedad seleccionada deberá firmar un documento formal con el comprador, que es el denominado contrato, donde se recogen las condiciones especificadas por el comprador en los pliegos de licitación, los compromisos asumidos por la empresa en su oferta, las condiciones generales de contratación, que son todas las obligaciones y derechos de cada parte, para lo que se suele utilizar un modelo estandarizado en todas las IFMAD, y de no ser anulado o reemplazado por alguna cláusula, ambas partes se obligan a su cumplimiento.

    Los contratos son de tres tipos:

    1. De obra: Que contempla obra civil de todo tipo, construcciones, infraestructuras, etc.
    2. De suministro: Suministro de equipamiento en general y productos o mercancías.
    3. De servicios: Estudios de viabilidad, asistencia técnica, consultoría, control y seguimiento de obras.
    4. En algunos casos (contratos de obra sobre todo) se solicitan garantías provisionales con la presentación de la oferta y garantías de ejecución (en el caso de atribuírsele el contrato) en caso de incumplimiento contractual, cuyo coste debe cubrir aproximadamente el 10% del valor total del contrato. En otros casos (BAfD), para participar en un contrato de servicio es necesario estar previamente inscrito en el registro DACON.

IV. Fase de ejecución del proyecyo

Esta última fase, una vez firmado el contrato, implica el seguimiento y cumplimiento de los objetivos y condiciones fijados en él.

9. Seguimiento y cumplimiento de objetivos. La empresa adjudicataria, una vez iniciado el proyecto, debe cumplir todo lo especificado en el contrato, tanto desde el punto de vista técnico-físico, como en lo relativo a alcanzar las metas propuestas en los plazos fijados;

DACON:

Database of consulting companies.

Base de datos perteneciente al World Bank (BM) que contiene firmas consultoras con un mínimo de cinco profesionales empleados.

para ello debe periódicamente supervisar el avance del proyecto, verificar el cumplimiento del contrato y asesorar o sugerir soluciones en los problemas que surjan.

10.6.3. Tipo de documentación a presentar en una oferta

Por regla general, todos los escritos o documentos que se presenten deberán ser en papel membreteado de la empresa y con firma autógrafa del representante legal de la misma. Según el tipo de licitación y organismo licitador podrá ser más o menos extenso el número de documentos solicitados. No obstante, una muestra de los más comunes, a modo de ejemplo, es la siguiente.

Documentación solicitada que se entrega en el acto de presentación de apertura de proposiciones de la licitación pública internacional por convocatoria número 06450xxx-yyy-2004.

a) **Documentación administrativa**, que consiste en lo siguiente:

1. Copia en original de la escritura pública de la empresa, donde se acredite su existencia y personalidad jurídica de conformidad con lo establecido en la normativa vigente.

2. Copia legible de una identificación oficial vigente del representante legal de la empresa, presentando el original para su cotejo, donde conste el NIF, credencial para votar, cédula profesional, DNI, pasaporte u otro documento de identificación.

3. Carta original manifestando que se conoce el contenido de las bases o pliegos de licitación.

4. Escrito original certificando carecer de antecedentes penales y no encontrarse en situación de delito penal.

5. Carta original manifestando conocer la Ley de Adquisiciones, Arrendamientos y Servicios del Sector Público y su Reglamento, así como sus alcances legales.

6. Escrito de autorización y carta con poder simple, para la persona que asista a los actos de licitación en representación del apoderado legal de la empresa.

7. Escrito de declaración de integridad, donde se manifieste que por sí mismo o a través de tercera persona se abstendrá de adoptar conductas para que el organismo o agencia licitadora altere las evaluaciones de las propuestas, el resultado del procedimiento u otros aspectos que otorguen condiciones más ventajosas con relación a los demás participantes.

b) **Documentación técnica**, que consiste en lo siguiente:

1. Copia del recibo oficial del pago de las bases de la licitación.

2. Carta original del licitante donde manifieste que cuenta con los conocimientos, el soporte especializado y las herramientas metodológicas, programáticas, de planeación y administración para el logro del alcance del proyecto.

3. Propuesta técnica en papel membreteado en la que detallen:

   - Número y nombre de las partidas en las que participa.
   - Descripción de las características y especificaciones de las partidas en las que participa.

4. Escrito original garantizando en la/s partida/s en las que participa: cumplir con los tiempos de ejecución del proyecto, personal capacitado, servicios proporcionados de idénticas características y calidad que los requeridos.

5. *Currículum vitae* de la empresa donde conste: logotipo, datos de identificación, gama de productos y servicios ofrecidos y estructura organizacional y organigrama.

6. Carta del licitante en original donde se compromete a presentar una póliza de garantía de los servicios prestados.

7. Escrito de confidencialidad de la información que le sea proporcionada.

8. Carta/s en original de clientes del sector y grado de satisfacción.

9. Escrito presentando el programa de trabajo.

10. Escritos de metodologías para llevar a cabo el proyecto, *Currículum vitae* del gerente del proyecto, los directores y principales analistas y organigrama del equipo de trabajo.

10.6.4. Participación de empresas en proyectos

Las empresas que quieran participar en proyectos internacionales deben tener en cuenta los objetivos que pretenden alcanzar las medidas de participación, estructura organizativa y capacidades empresariales con las que cuentan y localización de medios de apoyo e información que fomenten la presencia en proyectos internacionales.

Objetivos y medidas de participación

La falta de participación de las empresas españolas en las licitaciones internacionales se debe a tres factores: una falta de información sobre las oportunidades del mercado, una escasa vocación internacional y una falta de adaptación entre la composición sectorial de la producción y la exportación. Para paliarlo las empresas deben plantearse y proponerse la realización de los siguientes objetivos o metas:

- Conocer las principales necesidades y proyectos de los países prestatarios (cuáles son los países en vías de desarrollo y sus carencias), intentando mantener su presencia en dichos países, por medio de delegaciones, sucursales, agentes, representantes o distribuidores.

- Familiarizarse con los objetivos y políticas regionales, locales y sectoriales de las IFMAD y otros organismos convocantes de concursos y proyectos.

- Identificar los proyectos de posible interés y las oportunidades ofertadas.

- Ejercitarse en los procedimientos de licitación y contratación de las IFMAD, estableciendo objetivos comerciales generales, sectoriales y por mercados.

Para alcanzar estas metas, las medidas de tipo práctico que debe adoptar la empresa son:

1. Familiarizarse con las agencias ejecutoras de los países prestatarios que se encargan de seleccionar e identificar los proyectos; esto implica contactar y visitar a los encargados en las sedes centrales de las IFMAD, conectar con los funcionarios responsables de planificación y programación en los países prestatarios, contactar y negociar con representantes, distribuidores, agentes o subcontratistas locales o internacionales y obtener información sobre las personas encargadas del proyecto en todas las instituciones implicadas (registro o fichero de clientes) y en todas las fases junto con el cronograma.

2. Abonarse a fuentes de información sobre proyectos de desarrollo como el *Development Business* de la ONU (Naciones Unidas) o boletines de información que publica cada institución para analizar y estudiar la planificación y programación de las IFMAD en los distintos países y analizar y estudiar los procedimientos y pliegos de licitación y contratación de las IFMAD.

3. Estar en contacto con los organismos del Ministerio de Comercio y Turismo encargados de la financiación multilateral, Secretaría de Estado de Comercio, el ICEX, COFIDES, agentes, representantes o distribuidores en España, con la finalidad de definir la estrategia de internacionalización en la selección de mercados, definir las políticas de precio, producto y distribución y obtener información acerca de las características de los bienes y servicios a suministrar, y en especial las particularidades locales.

Páginas web con información sobre empresas de comercio exterior.

Buscador de empresas internacionales:

http://www.comfind.com

Revista de comercio internacional:

http://www.cgtd.com

Normas, aranceles y régimen de comercio:

http://mkaccdb.eu.int

Estructura y capacidades empresariales

En la evaluación y selección de una oferta, además del dato numérico o precio, se tienen en cuenta otros criterios referentes a la estructura y elementos que posee la empresa, según el Cuadro 10.9:

CAPACIDAD TÉCNICA	CAPACIDAD ECONÓMICA-FINANCIERA
• Especialización y amplia gama de productos. • Instalación final del producto y puesta en funcionamiento. • Servicios de mantenimiento y repuestos.	• Posicionamiento de la empresa en el sector. • Valoración de la competencia y margen de maniobra. • Solidez financiera (ratios de solvencia y liquidez). • Estructura de costes de producción, transporte, seguros y personal.
CAPACIDAD PROFESIONAL	CAPACIDAD SOCIAL
• Experiencia internacional en la realización de proyectos similares. • Equipos de profesionales con la cualificación necesaria para el desarrollo del proyecto.	• Conocimiento de la sociedad, cultura, costumbres, religión del país y localidad. • Conocimiento de idiomas, presentación de la documentación en inglés o francés, e interrelación social.

Cuadro 10.9. **Criterios en la selección de empresa.**

Instrumentos de apoyo y promoción empresarial

Para contribuir en la potenciación y fomento de la actividad exportadora y licitación internacional de las empresas españolas, surgen organismos como el ICEX, junto con la cámara oficial de comercio e industria y otras de las comunidades autónomas, si bien el primero es el que ofrece un abanico de mecanismos de ayuda, encargado de configurar, organizar y ejecutar las acciones de fomento necesarias a través de los siguientes instrumentos:

- Participación en ferias internacionales: Sirven para dar a conocer el producto, evaluar su aceptación en el mercado, informarse sobre la oferta competidora, impulsar una imagen de marca o de calidad y contactar con distribuidores y potenciales compradores. El ICEX organiza dos tipos de ferias muy importantes:
  - *Expotecnia*: Consiste en una gran exposición de la industria española que reúne a las empresas más representativas del sector de bienes de equipo y tecnología.
  - *Expoconsumo*: Consiste en una exposición monográfica en la que participan exclusivamente empresas españolas de los sectores de bienes de consumo, servicios y productos agroalimentarios cuyo fin es una promoción comercial de los mismos.

- Misiones comerciales: Son programas de viajes colectivos generalmente de carácter sectorial que organiza el ICEX en colaboración con las cámaras de comercio, asociaciones o agrupaciones de exportadores y las oficinas comerciales de España en el exterior. Pueden ser de dos tipos:
  - *Inversas:* Ofrecen a los importadores y medios de comunicación extranjeros la oportunidad de viajar a España.
  - *Directas:* Reúnen a un grupo de empresas españolas de un sector para viajar a los mercados exteriores, pudiendo ser a la vez misiones exposición-degustación, jornadas técnicas, misiones de estudio y viajes de prospección de mercados.

- Planes sectoriales de promoción exterior, durante tres años, para determinados mercados y tipos de productos realizados por el ICEX.
  - *Plan de iniciación a la promoción exterior:* PIPE 2000 (es un programa de apoyo a la PYME para iniciar o consolidar su salida a los mercados exteriores).

● Programas de Consorcios de exportación ICEX. Se trata de una agrupación temporal de empresas exportadoras generalmente pertenecientes al mismo sector y cuyo objetivo común es la introducción o consolidación de sus productos en los mercados exteriores.

● Inversiones en el exterior y cooperación empresarial. Suponen inversiones directas en el exterior de gran complejidad en el proceso de internacionalización de una PYME, que requiere un fuerte apoyo institucional canalizado a través de la División de Inversiones y Cooperación Empresarial del ICEX.

– *El Fondo de Ayuda Integral a Proyectos (FAIP).* Dirigido a fomentar la participación de empresas españolas en concursos y licitaciones internacionales mediante la financiación de parte de los gastos de preparación y presentación de ofertas técnicas. Si el proyecto es adjudicado la empresa deberá devolver la subvención concedida. Este programa prima las ofertas que utilicen fuentes de financiación multilateral.

El FAIP es un programa dirigido a las pequeñas y medianas empresas españolas de consultoría e ingeniería y contratistas de proyectos civiles e industriales para fomentar su participación en concursos o licitaciones internacionales. No es un programa aplicable a proyectos que se lleven a cabo en países de la Unión Europea.

Es un programa de iniciativa empresarial para empresas españolas de ingeniería, consultoría y contratistas de proyectos civiles e industriales. Los requisitos para poder acceder a este programa son:

● Ofertas de proyectos *llave en mano*.

● Ofertas de suministro de bienes de equipo a medida.

● Oferta de asistencias técnicas ligadas a programas de inversión concretos, y que puedan inducir posteriores exportaciones de bienes y/o servicios de origen español.

● Ofertas que supongan la creación de asociaciones o consorcios entre empresas españolas buscando soluciones llave en mano con el mayor porcentaje de bienes y servicios de origen español que sea posible.

● Deberán ser concursos o licitaciones oficialmente convocados, tanto públicos como privados. No se contempla la fase de precalificación ni los estudios de viabilidad.

● La empresa española debe acudir en competencia con firmas extranjeras.

● Cuando distintas empresas españolas se asocian para ofertar conjuntamente, la solicitud de ayuda debe ser presentada por la que actúe como líder del consorcio o contratista principal, y deberá ir acompañada por autorización escrita de las demás empresas a las que represente.

● Las empresas beneficiarias de la ayuda se comprometen a renunciar a ésta (o a devolverla si ya hubiera sido liquidada) en caso de resultar adjudicatarias del contrato.

● Las solicitudes deben ser presentadas en el Instituto como mínimo 30 días antes de la fecha prevista para presentación de la oferta ante el cliente.

● Se considerarán con carácter prioritario las licitaciones con financiación multilateral y las licitaciones para proyectos que exijan esquemas de *project finance*.

● La empresa deberá justificar la actividad realizada dentro de un plazo máximo de dos meses a partir de la fecha oficial de presentación de la oferta.

Como requisitos formales, las empresas deberán estar al corriente en el cumplimiento de sus obligaciones fiscales, y en materia laboral y de Seguridad Social. Los beneficiarios del programa deberán comunicar, en el momento de presentar su solicitud, si han recibido, van a recibir o han solicitado alguna ayuda de comunidades autónomas u otros organismos públicos o privados, en el ejercicio presente o en el inmediato anterior.

Este programa es compatible con los demás programas del Instituto, aunque un mismo concepto sólo puede ser financiado mediante un instrumento. Además, es compatible con programas similares de otros organismos excepto para los mismos conceptos de gasto, para los que la empresa deberá elegir a qué institución presenta el gasto, pero no se podrán sumar. El contenido del programa se puede descargar de la página web: http://www.thomsonparaninfo.com.

- *Programa de apoyo a proyectos de inversión (PAPI).* Se centra en las fases de preparación y puesta en marcha de proyectos de inversión o de cooperación empresarial en el exterior mediante la financiación parcial de los estudios de viabilidad, planes de formación y de asistencia técnica en el período inicial de proyecto.

- *Otros programas, el ASIST (los viajes de asistencia técnica) y la línea de crédito ICEX-ICO (Instituto de Crédito Oficial).*

Actividades de Apoyo

10.1 En una de las ferias internacionales celebradas en México, una empresa nacional, Expoméjico, S.A., consigue el siguiente contrato:

- Exportador: Expoméjico, S.A.
- Importador: Agrimpor, S.A. (México)
- Objeto del contrato: tractores y maquinaria agrícola
- Importe total: 1.500.000 $USA (valor CIF)
- Desglose de la operación:

  - Bienes y servicios españoles nuevos a exportar: 900.000 $USA
  - Bienes y servicios extranjeros incorporados en origen: 100.000 $USA
  - Gasto local: 50.000 $USA. Datos aportados por el exportador acerca del gasto local:

    - Bienes y servicios suministrados por el país importador: 30.000 $USA
    - Flete y seguro de transporte por compañía mexicana, del país importador: 20.000 $USA

  - Datos aportados por el exportador acerca de las comisiones comerciales: se elevan a 60.000 $USA. En el desglose han sido incluidas en el concepto de bienes y servicios españoles.

  Se pide confeccionar un cuadro comparativo con la cantidad máxima financiable, el crédito otorgable y el tipo de interés aplicable a los créditos.

10.2 Una empresa nacional realiza una exportación a un país de la categoría I (plazo máximo de amortización de los créditos en 5 años, ampliables a 8,5 en caso excepcional), cuyo contrato contiene los siguientes datos:

- Exportador: Gruexpor, S.A.
- Importador: Cemen, S.A. (Argentina)
- Objeto del contrato: maquinaria pesada para la construcción
- Importe del contrato comercial: 200 millones de euros
- Desglose de factura (importes en millones de euros):

  - Bienes y servicios nacionales de nueva fabricación: 120
  - Bienes y servicios de terceros países y UE: 40
  - Flete contratado con una naviera de Argentina: 15
  - Seguro contratado con empresa nacional (CESCE): 8
  - Comisiones comerciales: 17

- El importador ha entregado pagos anticipados por valor de 20 millones de euros.
- El período de aplazamiento del pago es de 5 años.

Se pide:

a) Confeccionar un cuadro comparativo con la cantidad máxima financiable y crédito otorgable.

b) La cantidad que cobra al contado el exportador nacional.

c) La forma de pago por el importador de la cantidad no financiable a través del crédito oficial.

d) Las medidas que puede adoptar el exportador si Cemen, S.A. no paga los efectos a su vencimiento.

Actividades de Refuerzo

10.1 ¿Por qué y por quiénes está constituido el crédito oficial?

10.2 ¿Qué clases de crédito oficial existen?

10.3 Enunciar los tipos de crédito oficial.

10.4 ¿Qué tipo de interés se aplica a estas financiaciones?

10.5 ¿Cuántas modalidades de crédito a la exportación existen?

10.6 ¿Qué significan las siglas CARI? ¿Cuál es su finalidad?

10.7 ¿Qué es el crédito mixto?

10.8 ¿Qué suelen indicar los avisos de licitación?

10.9 ¿Qué efectúa el consenso OCDE?

10.10 ¿Cómo se denominan a los créditos de antigua tradición?

10.11 ¿Dónde se puede proporcionar más información acerca del funcionamiento de los fondos FAIP e ICEX?

10.12 ¿Qué son las expotecnias, expoconsumos y otras ferias patrocinadas por el ICEX?

10.13 ¿Quiénes subvencionan parcialmente misiones comerciales periódicas, sectoriales o multisectoriales?

10.14 El ICEX u otras instituciones (cámaras de comercio, por ejemplo) ¿qué financian?

10.15 La fuente principal de identificación de las oportunidades de concurso en proyectos, son los avisos específicos de licitación. ¿Dónde se publican?

10.16 ¿Qué significan las siglas FAD?

10.17 Citar las actividades de los FAD.

10.18 ¿Qué significa crédito al comprador?

10.19 ¿Qué significan las siglas IFMADS? ¿Cuál es su función?

10.20 ¿Qué significan las siglas OCDE?

10.21 En la fase de negociación de una licitación o concurso internacional, ¿se deben evaluar y comparar las ofertas? Justificar la respuesta.

10.22 ¿Qué se hace en la fase de ejecución de una licitación internacional? Enunciar las tres características básicas.

10.23 ¿En qué consisten los pliegos de una licitación internacional? ¿Cómo puede obtenerlos una empresa?

10.24 Enumerar todas las fases del proceso de un proyecto de licitación o concurso internacional.

10.25 ¿Qué se entiende por una licitación o concurso internacional en operaciones de comercio exterior?

Actividades Complementarias

10.1 Leer, subrayar y analizar los documentos de las Figuras 10.6 y 10.7, realizar un resumen y, por grupos, establecer un debate en el aula exponiendo las conclusiones más significativas.

10.2 En relación con el documento de las Figuras 10.6 y 10.7, contestar las siguientes preguntas:

a) ¿Cuáles son las empresas que vendieron los vehículos (camiones, todoterrenos, tanquetas y aviones C-212 y CN-235)?

b) ¿Cuáles son los países que están atravesando cruentas guerras?

c) ¿Cuáles son los objetivos principales de las empresas suministradoras?

d) ¿Cuál es el objetivo de la Corporación Financiera Internacional (CFI)?

e) ¿Cuáles son los bancos que han sido creados para fomentar el desarrollo económico de los países más pobres?

f) ¿Consideras razonable la crítica expuesta? ¿Cuál sería tu planteamiento?

10.3 Localizar normativa actualizada (Ley, Real Decreto, Orden, etc.) por Internet, boletines especializados u otra fuente de información sobre el crédito a la exportación, CARI, FAD y compárala con la expuesta en el Modelo de Orden Ministerial de convenio CARI, localizado en la página web del libro, realizando un resumen con las diferencias y similitudes encontradas.

ECONOMÍA NACIONAL

De armas tomar

Los créditos FAD se emplean con frecuencia para financiar la venta de material militar a los países pobres

Con cargo a los FAD se han vendido camiones, tanquetas y todoterrenos, aviones C-212 y CN-235, patrulleras y munición.

CARLOS GÓMEZ GIL

Quizás uno de los aspectos más llamativos en la gestión realizada de los créditos del fondo de ayuda al desarrollo (FAD), prácticamente desde su creación, ha sido su empleo para la venta de material militar, en cantidades muy apreciables hacia los países más pobres del mundo. Y ello a pesar de figurar expresamente entre los criterios vigentes para su concesión, el "evitar la financiación de material militar", y siendo operaciones prohibidas por la normativa internacional que define las operaciones de ayuda oficial al desarrollo (AOD).

Así, el entonces ministro de Relaciones con las Cortes, Virgilio Zapatero, contestaba en 1991 por escrito a una pregunta de un senador sobre el tema: "No parece que la financiación de armamento con cargo a recursos del FAD sea la más recomendable, salvo excepciones", y continuaba: "Por otra parte, esta financiación no sería computable como ayuda oficial al desarrollo de acuerdo con lo establecido en el Comité del Fondo de Ayuda al Desarrollo de la OCDE".

La utilización de estos fondos por parte del Gobierno para la venta de material militar ha venido siendo conocida por distintos responsables políticos. El secretario de Estado de Cooperación Internacional, Inocencio Arias, en la Comisión de Asuntos Exteriores del Congreso de los Diputados del 22 de octubre de 1992, tras manifestar su acuerdo para huir ante cualquier tentación de destinar los créditos FAD a la venta de armas, exponía: "Creo que las cantidades españolas que se han destinado a armamento han sido ínfimas", para continuar con una deliciosa disertación sobre lo que debe ser considerado como armamento y lo que no, llegando a afirmar que "las patrulleras que ha adquirido Marruecos con cargo a créditos FAD (sic) qué duda cabe que son armamento, pero pueden ser utilizadas para muchas cosas: para vigilar el Estrecho en el caso de pateras".

Pero la realidad ha sido otra muy distinta y mucho más preocupante. En el período 1980-1990, España ha utilizado créditos FAD para la venta de material militar por un importe superior a los 61.767 millones de pesetas. Para tener una idea de lo que significa esta cantidad, tengamos en cuenta que representa una cuarta parte del total del FAD formalizado en el mismo período, que asciende a 247.996 millones de pesetas, según datos oficiales procedentes del Tribunal de Cuentas.

Larga lista

Hasta 1985, Egipto y Marruecos eran prácticamente los únicos países a los que se les vendía material militar con estos créditos, ampliándose posteriormente la lista hasta llegar a un total de 16. Precisamente la operación con Egipto, firmada por el Gobierno de la UCD en los años 1979 y 1980, fue calificada en su día como "el contrato del siglo", si bien unos años más tarde Egipto se negó a proceder a los pagos pendientes, siendo uno de los factores que intervinieron en la crisis de Enasa, que había vendido numerosos camiones, tanquetas y vehículos militares a este país mediante estos créditos preferenciales.

Entre el material militar vendido se encuentran vehículos como camiones, tanquetas y todoterrenos; aviones C-212 y CN-235 de la empresa CASA, hangares y simuladores tácticos para ejércitos del aire; patrulleras y buques de guerra, munición, bombas y armamento de todo tipo, así como equipos de transmisiones y comunicaciones. El análisis de la distribución de estos créditos por países refleja datos muy llamativos. Por un lado, podemos establecer un primer grupo al que todos los créditos FAD que España les ha destinado en ese período (1980-1990) han sido para la venta de material militar, destacando el hecho de que entre estos países estén algunos de los más pobres del mundo. Así, tenemos a Somalia, Santo Tomé, Lesoto, Egipto, Tailandia, países que han recibido toda la ayuda al desarrollo en créditos FAC por parte de España para la venta de material militar, y prácticamente Zimbabue, que recibió el 93% de los FAD para estos fines. En un segundo lugar estarían aquellos otros países que han recibido porcentajes intermedios de sus FAD para la venta de equipos militares, como es el caso de Marruecos (37%), Mozambique (30%) y Panamá (43%). Por último, un tercer grupo lo formarían aquellos países que han recibido porcentajes más reducidos de sus FAD para estos fines, como Angola (19%), Cabo Verde (18,5%), Bolivia (16,5%), Uganda (13%), México (11,4%) y Ecuador (4%).

Sobresale el hecho de que en esta lista figuran países que han sufrido o están atravesando cruentas y sangrientas guerras civiles, como Angola, Somalia, Lesoto, Mozambique, Uganda o Zimbabue. También destaca, como antes se ha señalado, que en esta lista de 16 países figuren algunos de los más pobres del mundo, países con rentas *per cápita* de 80 dólares anuales (unas 8.200 pesetas al cambio de 1990) por habitante en el año 1990, como es el caso de Mozambique; Somalia, con 150 dólares, o Uganda, con 220 dólares, muchos de los cuales ocupan las últimas posiciones en el IDH (índice de desarrollo humano) elaborado por el PNUD.

En el año 1991 el Congreso de los Diputados aprobó una moción mediante la cual se instaba al Gobierno a no realizar ningún tipo de operación de venta de armamento y material militar a países en vías de desarrollo utilizando créditos FAD, asumiendo el Gobierno este compromiso, limitándose desde entonces de manera importante estas operaciones, si bien todavía siguen apareciendo créditos para la venta de equipos militares destinados a varios ministerios de Defensa o Interior en países como Bolivia, Uganda, Honduras, México, Angola, Cabo Verde y Mozambique. Sin embargo, la mayor preocupación en la continuación de este tipo de operaciones se centra en las líneas de crédito vigentes con varios países. Son operaciones que, por su naturaleza y tramitación administrativa, diferente a las operaciones de créditos específicos que son aprobados directamente por el Consejo de Ministros, y por su elevada cuantía, de varios miles de millones de pesetas, pueden contener ventas de equipos y material militar con mucha facilidad. De hecho no se viene facilitando información detallada sobre las empresas y operaciones aplicadas a estas líneas de crédito, habiéndose podido destacar la participación en ellas de empresas vinculadas con la fabricación de armamento.

Bienes de equipo

Otro peligro añadido se deriva de la propia naturaleza del FAD centrada primordialmente en la venta de bienes de equipo con un alto componente de valor añadido, lo que facilita su concesión para la venta de materiales y productos susceptibles de doble uso, tales como las telecomunicaciones y los equipos de transmisiones, los vehículos de transporte, las plantas de productos químicos y las fábricas de equipos y componentes diversos, lo que debería de llevar a una delimitación precisa en el uso de estos bienes y equipos.

Destaca también en estos años la importante diferencia existente entre el FAD concedido, autorizado por el Consejo de Ministros, y los desembolsos netos, esto es, el dinero que efectivamente se dedica cada año al FAD: un elevado porcentaje de créditos aprobados no llega nunca a materializarse.

Sorprenden particularmente los datos correspondientes al año 1986, cuando únicamente se desembolsaron 980 millones de pesetas de los más de 25.000 millones concedidos, es decir, aprobados por el Consejo de Ministros y listos para su tramitación (12.675 según la Secretaría de Estado de Comercio), lo que significó que ese año los créditos FAD representaran el porcentaje más bajo en AOD de toda su historia, con apenas un 3,4%. Sin embargo, desde su creación los FAD llegaron a representar casi las tres cuartas partes del total de la AOD en el año 1978, sufriendo posteriormente oscilaciones que variaron del 51,3% del año 1981, al 12,6% de 1987, para volver con fuerza a situarse por encima del 40% desde el año 1990, alcanzando el 49% en el año 1992. Los importantes porcentajes alcanzados en los años 1981 y 1982 están muy ligados a la venta de equipos militares a Egipto mediante estos créditos.

Parece, por tanto, evidente que la verdadera repercusión de los FAD está relacionada no tanto con la concesión de los créditos, sino con el desembolso neto de éstos, que se produce tras finalizar todo un complicado y laborioso proceso de tramitación que, como vemos, lleva a que muchos de ellos no lleguen finalmente a materializarse.

Asuntos Exteriores

Parece urgente que todos los criterios y normativas que rigen la AOD de nuestro país se ajusten a la normativa internacional, con arreglo a lo suscrito en el CAD (Comité de Ayuda al Desarrollo). Los créditos FAD deberían respetar también esta normativa y los criterios del CAD, así como lo aprobado por el Parlamento. Al mismo tiempo, el Ministerio de Asuntos Exteriores debería de pasar a tener una mayor responsabilidad sobre el FAD, utilizándolo como instrumento privilegiado de la política exterior española.

También deberían de pasar a formar parte de la comisión del FAD organizaciones de ayuda al desarrollo con experiencia contrastada, la Federación Española de Municipios y Provincias, junto a representantes de las empresas españolas y en especial de las pequeñas y medianas empresas *(pyme)*, para incrementar su conocimiento y utilización por las pequeñas empresas.

El gran desafío de los FAD está en que pasen a priorizar aquellos programas fundamentales para la CAD en los países más pobres, atendiendo programas orientados hacia la mujer en el Tercer Mundo, primando programas de carácter medioambiental en los que intervengan empresas españolas, atendiendo a los grupos más desfavorecidos, potenciando el desarrollo educativo, sanitario, social y cultural, dotando de infraestructuras básicas o aliviando situaciones de emergencia. Sólo entonces podremos denominar a estos créditos fondo de ayuda al desarrollo.

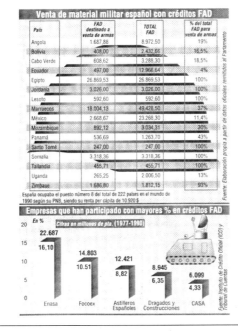

Venta de material militar español con créditos FAD

País	FAD destinado a venta de armas	TOTAL FAD	% del total FAD para venta de armas
Angola	1.687,88	8.972,50	19%
Bolivia	408,00	2.432,66	16,5%
Cabo Verde	608,62	3.288,30	18,5%
Ecuador	497,00	12.966,64	4%
Egipto	26.869,53	26.869,53	100%
Jordania	3.026,00	3.026,00	100%
Lesoto	592,60	592,60	100%
Marruecos	18.004,13	49.428,60	37%
México	2.668,67	23.268,30	11,4%
Mozambique	892,12	3.034,31	30%
Panamá	536,69	1.263,70	43%
Santo Tomé	247,00	247,00	100%
Somalia	3.318,36	3.318,36	100%
Tailandia	455,71	455,71	100%
Uganda	265,25	2.006,50	13%
Zimbaue	1.686,80	1.812,15	93%

España ocupa el puesto número 8 del total de a 222 países en el mundo de 1990 según su PNB, siendo su renta per cápita de 10 920 $

Fuente: Elaboración propia a partir de datos oficiales remitidos al Parlamento

Empresas que han participado con mayores % en créditos FAD

En % Cifras en millones de pta. (1977-1990)

| | 22.687 | 16,10 | 14.803 | 12.421 | 10.51 | 8,82 | 8.945 | 6,35 | 6.099 | 4,33 |

Enasa · Focoex · Astilleros Españoles · Dragados y Construcciones · CASA

Fuente: Instituto de Crédito Oficial (ICO) y Tribunal de Cuentas

Figura 10.6. **Finalidad de los créditos FAD, Fondo de Ayuda al Desarrollo**
(fuente: *El País*, 24-04-1994; autor: Carlos G. Gil).

Todo queda en casa

Las empresas públicas son las primeras beneficiarias de los FAD

C. G. G.

Dieciocho años después de que se crearan los créditos con cargo a los Fondos de Ayuda al Desarrollo (FAD), pueden hacerse algunas valoraciones de interés, tanto sobre su eficacia en la eliminación de la pobreza de los países subdesarrollados a los que va dirigido como en su virtualidad como instrumento de potenciación y apoyo de las exportaciones de las empresas españolas.

Precisamente en este último aspecto aparece un dato relevante como es el alto grado de concentración de créditos en unas pocas empresas, siendo precisamente las empresas públicas las que mayor utilización hacen de este instrumento para financiar exportaciones a países en vías de desarrollo (PVD).

Ello se debe al tipo de bienes de equipo que son exportados, así como que las empresas públicas conocen mejor el procedimiento administrativo que regula su actuación e incluso pueden acceder también con mayor facilidad a todos los responsables de su adjudicación.

Desde su creación han obtenido créditos FAD cerca de 1.100 empresas españolas.

Sin embargo, solamente cinco empresas se han repartido la mayor parte de las "disposiciones", o dinero prestado por el FAD, prácticamente la mitad. Estas cinco empresas han participado en el 46% de todas las disposiciones de créditos en el periodo de 1977 a 1990, destacando sobre todas ENASA, que obtuvo el 16%. A continuación figura Focoex, empresa pública dedicada al fomento del comercio exterior, que obtuvo el 10%, seguida de Astilleros Españoles (AESA), con otro 9%, y de Dragados y Construcciones, que obtuvo algo

> Desde su creación han obtenido créditos cerca de 1.100 empresas españolas.
> Sólo cinco se han repartido prácticamente la mitad del dinero

más del 6%. En este grupo de cinco empresas privilegiadas se sitúa en último lugar CASA, que obtuvo el 4% de todas las formalizaciones. Salvo Dragados y Construcciones, el resto de las empresas son o han sido empresas públicas, que han utilizado créditos FAD para la venta de material militar, salvo en el caso de Focoex, que ha exportado bienes de distinta naturaleza. El dato de que sean empresas dedicadas al armamento las que han participado en un mayor porcentaje en las disposiciones efectuadas en los créditos FAD viene a apoyar el hecho de que hayan sido utilizados frecuentemente para la venta de armas a los países pobres.

Otras empresas como Alcatel, Telefónica, Land Rover Santana, Elecnor, Foster Wheeler, Agromán, Iniexport, Huarte, AT&T, Telettra o Sainco han obtenido importantes contratos.

En el año 1992, los créditos

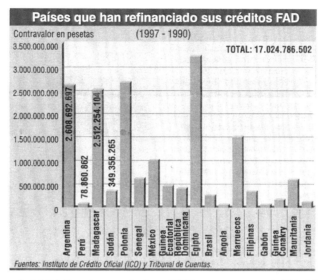

Países que han refinanciado sus créditos FAD
Contravalor en pesetas (1997 - 1990)
TOTAL: 17.024.786.502

Fuentes: Instituto de Crédito Oficial (ICO) y Tribunal de Cuentas.

FAD representaron el 43% del total de la Ayuda Oficial al Desarrollo (AOD), con unos desembolsos netos de 111.814 millones de pesetas, según datos del ICO. Los créditos FAD son créditos concesionales de tipo bilateral y han de devolverse integramente; son concesionales, luego se rigen en su adjudicación por criterios definidos por instituciones internacionales de ayuda al desarrollo, a las que España pertenece; y son bilaterales, esto es, de país a país, eligiendo el Gobierno español el país destinatario y los programas y criterios para su utilización. Además forman parte de la llamada "ayuda ligada", es decir que debe ser empleada en la adquisición de bienes suministrados exclusivamente por empresas españolas.

Desde su creación hasta 1990, el número total de países beneficiados con créditos FAD se eleva a 55, de los cuales 18 lo han sido en una sola ocasión. Los créditos FAD formalizados con los países latinoamericanos, hasta 1990, suponen un 39% del total, mientras que con el norte de África ascienden a un 32,2%. Su distribución geográfica es un buen exponente de la política exterior desarrollada por el Gobierno español en estos años.

El reparto geográfico de estos créditos debe analizarse atendiendo a dos periodos distintos. Por un lado, el periodo 1977-1990, en que destacan tres países del Magreb entre los principales países beneficiarios de créditos FAD según el total del crédito formalizado, con un 10% sobre el total, y que son Marruecos, Argelia y Egipto. A continuación se situaría China, en un cuarto lugar y con un 7% del total de los créditos formalizados, seguida de Cuba, con un 6%, y México, con otro 5%.

Sin embargo, a partir del año 1991 se produce un importante cambio, ya que México, Argentina y China pasan a situarse entre los principales beneficiarios, en detrimento claro de los países del Magreb, según datos del ICO. En 1991 México es el primer país beneficiario de créditos FAD, obteniendo el 39% de todos los créditos concedidos (42.991 millones de pesetas), seguido de Marruecos, que obtuvo el 18% (19.804 millones), situándose China en tercer lugar, al obtener el 16% de todos los créditos concedidos, que representaron 17.367 millones de pesetas. En 1992 es China el país más beneficiado, al obtener el 23% de todos los créditos concedidos (26.025 millones de pesetas), seguida de México, que obtuvo el 12% (13.569 millones), situándose en tercer lugar Argentina con 9.804 millones, el 9% de los créditos.

El caso de China es paradigmático. Se encuentra fuera de lo que pueden ser los intereses estratégicos de la política de cooperación española aprobada por el Gobierno y las Cortes Españolas, pero desde la matanza de Tiannanmen en 1989, y a pesar de los embargos comerciales que se impusieron para propiciar la apertura política y la libertad de multitud de detenidos y encarcelados, los créditos FAD concedidos por España han pasado de los 8.000 millones de 1989 a los 26.025 millones de 1992.

Carlos Gómez Gil es sociólogo y miembro del Centro de Investigaciones para la Paz.

Figura 10.7. **Finalidad y empleo de los créditos FAD, Fondos de Ayuda al Desarrollo**
(fuente: *El País,* 24-04-1994; autor: Carlos G. Gil).

El seguro de crédito a la exportación

Introducción

Aparte del riesgo de cambio inherente a toda operación internacional, por variaciones en el tipo de cambio, existen otros riesgos a los que las empresas están expuestas, tales como los riesgos políticos o extraordinarios que supongan pérdidas parciales o totales de la operación para la empresa. Por tanto, surge la necesidad de dar cobertura a dichos riesgos, y así se crea el SCE (seguro de crédito a la exportación) para indemnizar las posibles pérdidas que las empresas exportadoras y las entidades financieras puedan sufrir por los créditos derivados de las operaciones de exportación.

En España la cobertura es por cuenta del Estado a través de la Compañía Española de Seguros de Crédito a la Exportación (CESCE, S.A.). La ley obliga a que el contrato de seguro quede formalizado por escrito en un documento denominado póliza en la cual se recogen las condiciones que regulan la relación entre las partes que intervienen en el contrato, existiendo diversas modalidades según la cobertura (riesgo, alcance, objeto, importes, etc.).

Contenido

11.1. **El seguro de crédito a la exportación**
11.2. **Riesgos en el comercio exterior**
11.3. **Operaciones asegurables**
11.4. **Sujetos y elementos que intervienen en la póliza**
11.5. **Modalidades de póliza**
11.6. **Proceso de contratación**
11.7. **El siniestro e indemnización**
Actividades de Apoyo
Actividades de Refuerzo
Actividades Complementarias

Objetivos

▶ *Conocer los riesgos, operaciones asegurables y los sujetos intervinientes en una póliza de seguro.*

▶ *Instruir al alumno/a en la gestión de las pólizas o modalidades de seguro de crédito a la exportación y fundamentalmente la póliza abierta de gestión de exportación (PAGEX) y póliza 100, seguro de crédito a la exportación para PYMES.*

11.1 El seguro de crédito a la exportación

Otra Normativa:

SEGURO CRÉDITO EXPORTACIÓN

- Orden 04/01/1972, (BOE 05/01) Inscripción de CESCE en el registro especial de entidades aseguradoras.
- Ley 37/1988, de 28/12 (BOE 29/12) PGE para 1989 modificando preceptos de la ley 10/1970.
- Orden 19/04/1991, (BOE núm. 97 23/04) Riesgos derivados del comercio internacional que puede asumir el Estado.
- Orden 12/02/1998 Principios y reglas liberalizadoras en la UE.

ACTIVIDAD ASEGURADORA

- Ley 50/1980, 08/10 (BOE núm. 250 17/10) Ley de Contrato de Seguro
- Ley 33/1984, 02/08 (BOE 04/08 y 30/10) Ley de Ordenación del Seguro Privado
- Real Decreto 1348/1985, 01/08 (BOE 03, 05 y 06 /08) Reglamento de ordenación del Seguro Privado
- Ley 21/1990, 19/12 (BOE 20/12) Adaptación del derecho español a la directiva 88/357/CE.

Con mayor frecuencia las empresas definen entre sus objetivos el inicio o ampliación de su actividad exportadora, la cual no está exenta de complejidad y riesgos debido a las circunstancias de: la fuerte competencia, crisis de solvencia pública y privada, desconocimiento cultural, económico y político de países con normas de contratación peculiar, la multiplicidad de medios de pago, fluctuaciones del tipo de cambio y el entorno globalizador más complejo. Todas estas circunstancias suponen riesgos de comercialización que pueden ser trasladados a un asegurador a través del contrato de seguro de crédito a la exportación (SCE). La normativa fundamental aplicable a este seguro es:

- Ley 10/1970, de 4 de julio (BOE 07/07) de modificación del régimen del SCE, atribuyendo con carácter exclusivo, la gestión del mismo cuando se realiza por cuenta del Estado a CESCE S.A.
- Real Decreto 3138/1971, de 22 de diciembre (BOE 23/12) del Ministerio de Hacienda por el que se regula el SCE.
- Ley 4/1990 de 29 de junio (BOE núm. 156, 30/06) de Presupuestos Generales del Estado para 1990 con modificaciones sustanciales en el régimen del SCE, tal que los riesgos derivados del comercio internacional, en las diferentes modalidades del SCE pueden ser cubiertos por cualquier entidad de seguros autorizada para operar en el ramo del seguro de crédito o en el de caución.
- Real Decreto 1327/1999, de 31de julio (BOE núm. 211, 03/09) por el que se introducen los últimos preceptos necesarios para la plena adaptación de la legislación española a la directiva 98/29/CE, que establece la armonización de las principales disposiciones sobre el SCE por cuenta del Estado a medio y largo plazo.

La Compañía Española de Seguros de Crédito a la Exportación, Sociedad Anónima (CESCE), gestiona en nombre propio y por cuenta del Estado, con carácter exclusivo, la cobertura de los riesgos que sean asumidos por el Estado.

El Seguro de Crédito a la Exportación (SCE) es un instrumento que busca la expansión del comercio internacional, al liberar a estas transacciones de la carga derivada de una excesiva acumulación de riesgos mediante su cobertura en un alto porcentaje. Como características fundamentales destacamos las siguientes:

El SCE tiene por finalidad la cobertura, establecida por el asegurador en favor del asegurado, de los riesgos a que se halla sometido el comercio de exportación, bien sean de naturaleza comercial, bien de carácter político o extraordinario.

Es un instrumento esencial en los mecanismos de fomento público a la exportación.

Mediante el SCE se indemnizan las pérdidas que las empresas exportadoras y las entidades financieras experimenten en los créditos derivados de operaciones de exportación, bien directamente, bien por operaciones conexas.

En el SCE por cuenta del Estado, es preciso que los bienes y servicios exportados sean de origen español. Se admite también en la cobertura del seguro, materiales y servicios extranjeros por un importe no superior al 10% del precio de la exportación y la cobertura de *gastos locales* en un importe equivalente al precio de adquisición (PA).

Como en todo contrato de seguros, el asegurado se obliga al pago de una prima. También, como en todo contrato de seguros, la cobertura del riesgo en ningún caso alcanzará el importe total de la operación asegurada.

Constituye un instrumento de asistencia técnica, de cooperación y fomento público de la actividad exportadora. Tiene por objeto la cobertura de los riesgos a que se halla sometido el comercio exterior y depende en gran medida de la política económica de la Administración.

Se instrumenta a través de una figura contractual: el contrato de seguro de crédito a la exportación, (o póliza).

11.1.1. El contrato de seguro de crédito a la exportación

Es un contrato de seguro por el que el asegurador se obliga, mediante el cobro de una prima, y para el caso de que el riesgo objeto de cobertura se materialice en siniestro, a indemnizar al asegurado el daño sufrido, dentro de los límites pactados. Es un seguro de daños provocados por la insolvencia del deudor. En la práctica, como en la ley, el contrato de seguro se denomina póliza.

El proceso de contratación se inicia con la solicitud por parte del interesado y finaliza con la emisión y firma de la póliza por ambas partes (véase la Figura 11.1).

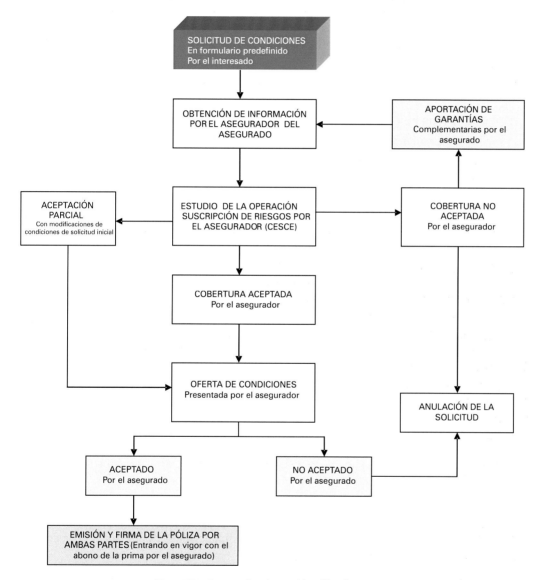

Figura 11.1. **Proceso de contratación póliza de seguro.**

11.2 Riesgos en el comercio exterior

Los **riesgos** en el comercio exterior, de forma resumida, son el *riesgo de crédito* (insolvencia de derecho, de hecho y morosidad prolongada) y el *riesgo de resolución de un contrato.*

Según su **categoría**, los riesgos pueden ser: riesgos *comerciales*, riesgos *políticos* y riesgos *especiales*.

Según su **tratamiento legal**, los riesgos se dividen en grandes riesgos y riesgos de masa.

La forma de desplazar el riesgo es a través del contrato de seguro de crédito a la exportación.

La titularidad en la asunción del riesgo en el contrato de seguro de crédito a la exportación puede ser: por el asegurador, en nombre y por cuenta propia del mismo, o también en nombre propio y por cuenta del Estado, y en descubierto obligatorio, (parte no cubierta).

Como ampliación de lo expuesto, existen dos riesgos fundamentales con los que cualquier exportador se enfrenta. Cada uno de estos riesgos adquiere distinta dimensión según la fase contractual en la que se encuentra la operación de exportación:

1. Desde la firma del contrato hasta la expedición de la mercancía (*riesgo de resolución de contrato*). Durante esta fase el exportador asume el riesgo de no poder efectuar la exportación porque se produzca alguna de las siguientes situaciones:

    • Que el contrato de exportación sea unilateralmente resuelto por el comprador.

    • Que las autoridades del país de destino adopten medidas que hagan imposible la exportación.

    • Que se sucedan hechos catastróficos o extraordinarios en el país de destino.

2. Desde la expedición de la mercancía hasta su cobro (*riesgo de crédito*). Durante esta fase el exportador asume el riesgo de impago del deudor o el avalista, en su caso, de la parte aplazada:

    • Por morosidad prolongada o insolvencia del deudor.

    • Por falta de transferencia.

    Este riesgo aumentará cuanto mayor sea el aplazamiento de pago, y si las operaciones de contado están exentas de los riesgos de insolvencia y transferencia.

Además de estos riesgos básicos CESCE cubre igualmente los riesgos de inversión en el exterior, las fianzas (a fiadores y exportadores) y la proyección de mercados y asistencia a ferias.

Página Web con informes de Riesgo País

http://www.e-informa.com

11.3 Operaciones asegurables

El seguro de crédito a la exportación (SCE) se contrata para cubrir las siguientes operaciones y situaciones:

• Operaciones de exportación de bienes y servicios.

• Créditos a la exportación concedidos por entidades financieras sobre operaciones de exportación tanto de prefinanciación como de posfinanciación y confirmación de créditos documentarios irrevocables.

• Operaciones que impliquen promoción o fomento de las ventas al exterior.

• Operaciones triangulares realizadas por empresas españolas, previa conformidad de la autoridad económica administrativa.

• El seguro de crédito a la exportación *por cuenta del Estado*.

El Estado se reserva el derecho de asumir la cobertura de riesgos susceptibles de inclusión en las diferentes modalidades del SCE, a través de la Compañía Española de Seguros de Crédito a la Exportación (CESCE, S.A). Dichos riesgos son los resultantes de alguna de las situaciones siguientes:

Otras compañías estatales de seguros:
Alemania: HERMES
Francia: COFACE
Reino Unido: ECGD
Italia: SACE

- Guerra civil o internacional, revolución, revuelta, acontecimientos políticos extraordinarios, crisis económicas de especial gravedad sucedidas fuera de España que supongan un incumplimiento de contratos por cualquiera de las partes, una omisión o retrasos en los pagos o situaciones de requisas, destrucción, expropiación o avería del objeto de la inversión o de los bienes objeto del contrato o utilizados en su ejecución.

- Incumplimiento contractual imputable a una entidad pública extranjera.

- Medidas adoptadas por las autoridades españolas que den lugar al incumplimiento de los contratos o impidan o alteren la recepción de pagos.

- El incumplimiento contractual imputable a entidad privada extranjera, así como la insolvencia que origine una pérdida en la fase previa a la expedición o con posterioridad a esta última, siempre que la duración de alguno de los riesgos correspondientes supere los 36 meses.

11.4 Sujetos y elementos que intervienen en la póliza

Los sujetos que intervienen en las pólizas son:

- El **asegurado**: Es el titular de los derechos que derivan del contrato de seguro, en especial el derecho a ser indemnizado en caso de siniestro. En el seguro de crédito a la exportación, tomador del seguro y asegurado suelen ser la misma persona.

  El SCE puede ser suscrito por las empresas exportadoras o por las entidades financieras que intervengan en operaciones de exportación, asumiendo por ello cierto tipo de riesgos expresamente determinados.

- El **tomador del seguro**: Es la persona, física o jurídica, que contrata el seguro generalmente por cuenta ajena. Le corresponden las obligaciones y deberes que derivan del contrato del seguro.

- El **asegurador**: Cualquier entidad de seguros autorizada para operar en el ramo del seguro de crédito. Genéricamente en España opera la Compañía de Seguros de Crédito a la Exportación (CESCE, S.A.).

  Fue creada en 1971. Opera por cuenta propia en cualquier ramo del seguro –excepto vida– y por cuenta propia y del Estado en la cobertura de riesgos derivados del comercio internacional que asume el Estado según la legislación vigente. Su presidente es nombrado por el Consejo de Ministros. El Estado participa en su capital social con el 50,25%. El resto del capital es propiedad de los grandes bancos españoles. Sus recursos proceden del cobro de primas, recobros de siniestros y rentas patrimoniales.

  Existen dos tipos de comisiones:

  a) La de riesgos políticos y extraordinarios, que se ocupa de los seguros en que la cobertura de riesgos se realiza por cuenta del Estado; y

  b) La de riesgos comerciales, que se ocupa del resto.

  Tiene su domicilio social en el EDIFICIO CESCE, c/ Velázquez, 74, 28001, Madrid.

- El **beneficiario**, que es la persona, física o jurídica, designada por el asegurado como destinatario de la indemnización que proceda en caso de producirse un siniestro amparado por el contrato de seguro.

Los elementos que constan en las pólizas son:

- El **objeto asegurado**: el bien expuesto al riesgo que ampara la póliza, en el seguro de crédito a la exportación; el objeto asegurado es en términos generales el derecho de crédito que el asegurado ostenta contra su deudor.

- El **riesgo**: es la posibilidad de que se produzca un suceso o una situación causantes de un daño.

- **Suma asegurada:** límite máximo de la indemnización a pagar por el asegurador en cada siniestro.

11.5 Modalidades de póliza

En este epígrafe vamos a estudiar primero las pólizas en función del aplazamiento de pago, igual o inferior a tres años, es decir, a corto plazo, resumidas en el Cuadro 11.3, junto con algunos modelos de impresos para la solicitud genérica de póliza, otros relacionados con la póliza PAGEX y póliza abierta de crédito interior que se pueden descargar desde la pagina web http://www.thomsonparaninfo.com. A continuación se muestra otro cuadro resumen de otras pólizas para operaciones con aplazamiento de pago superior a tres años, es decir, a largo plazo, que veremos en el cuadro 11.4 y sus correspondientes gráficos.

Finalmente analizamos otros tipos de pólizas en función del sujeto asegurado, teniendo póliza de compradores públicos y privados.

11.5.1. Póliza abierta de gestión de exportaciones (PAGEX)

La póliza abierta de gestión de exportaciones (PAGEX) fue creada especialmente para todas las empresas que venden a plazos generalmente cortos, pudiendo cubrir riesgos con aplazamiento de pago de hasta tres años. Se adapta especialmente a aquellas sociedades con un importante número de clientes en distintos mercados con los que mantenga un flujo regular de ventas.

Cubre los riesgos (comerciales y políticos) otorgados por el exportador (véanse los Cuadros 11.1 y 11.2). Los riesgos comerciales se producen por insolvencia de derecho del deudor (quiebra, suspensión de pagos), o por retrasos en el pago (morosidad prolongada o insolvencia de hecho). Los riesgos políticos o catastróficos ocurren por falta de transferencia, impago de los compradores públicos, o por retraso en los pagos o insolvencia derivada de graves crisis económicas. En estos casos, se ofrece alternativamente cobertura sobre la totalidad de las exportaciones, un conjunto de mercados, un determinado mercado y ciertas formas de pago. La operativa de la póliza es la siguiente.

1. *Petición* por parte del exportador *de* una determinada *cobertura* y *emisión* por CESCE de los suplementos de clasificación.

   Con carácter previo a cualquier exportación, el asegurado solicita a CESCE la cobertura del riesgo de un determinado cliente.

   La cifra de exportaciones realizadas al amparo de un límite de riesgo puede ser superior a éste en función de la rotación de las ventas, es decir, a la vista del importe de las expediciones, su frecuencia y los plazos de cobro.

   Para obtener una cobertura integral de sus ventas, el exportador puede proponer un aumento del límite de riesgo cuando estime que sus necesidades pueden ser superiores al límite de riesgo que tiene asegurado.

2. *Notificación de expediciones.* Para que las ventas realizadas por el exportador queden aseguradas en el marco de la póliza abierta, éstas tienen que ser comunicadas a CESCE en los plazos establecidos en el contrato.

3. *Primas.* Se dividen en dos categorías:

   - Primas por riesgos comerciales.
   - Primas por riesgos políticos.

La prima se calcula en tanto por mil sobre el giro del negocio asegurado.

Tipo de riesgo	Garantía de la indemnización	Plazo
Insolvencia de derecho	100% sobre el porcentaje de cobertura.	Diez días después de que resulte probada la insolvencia de derecho.
Insolvencia de hecho	100% sobre el porcentaje de cobertura cuando el deudor sea residente en un país del Grupo A.	Seis meses a partir de la fecha de recepción de la comunicación del impago.
	60% cuando el deudor sea residente en un país del Grupo B. 40% restante.	Seis meses a partir de la fecha de recepción de la comunicación del impago. Once meses a partir de la comunicación de impago.
No retirada de la mercancía	60% sobre el porcentaje de cobertura.	Seis meses a partir de la fecha de recepción de la comunicación del impago.
La distinción entre países A y B se fija en condición particular a la póliza.		

Cuadro 11.1. **Análisis de riesgos comerciales.**

Tipo de riesgo	Garantía de la indemnización	Plazo
Todos los casos	100% sobre el porcentaje de cobertura.	Seis meses a partir de la fecha de recepción de la comunicación del impago.

Cuadro 11.2. **Análisis de riesgos políticos.**

4. *Cobertura*. La cobertura alcanza porcentajes importantes. Sin embargo, siempre queda una pequeña parte del riesgo por cuenta del asegurado.

5. *Incidencias de pago*. En el caso de impago, el asegurado notifica a CESCE esta circunstancia en el plazo máximo de 60 días a contar desde la fecha del vencimiento y, lógicamente, suspende nuevos envíos a este comprador que ha provocado incidencias.

6. *Pago de indemnizaciones*. Se efectúa por CESCE dentro de los 30 días siguientes al transcurso del plazo establecido en el cuadro 11.1 y 11.2.

7. *Recobros*. La gestión de CESCE no termina con el pago de las indemnizaciones, sino que realiza gestiones de recobro desde el mismo momento de la notificación de impago.

Los gastos en que, eventualmente, incurra el asegurado en sus gestiones de recobro son identificados por CESCE en el mismo porcentaje utilizado para el crédito impagado.

Otras pólizas a corto plazo son las que aparecen en el Cuadro 11.3.

A CORTO PLAZO
PÓLIZA ABIERTA DE GESTIÓN DE EXPORTACIONES (PAGEX) • Contratación de la cobertura de todas o parte de sus operaciones de exportación, con todos o con algunos de sus mercados o clientes. • Cobertura de operaciones con aplazamiento de pago inferior al año y excepcionalmente 36 meses. • Cada póliza se adapta a las necesidades de cada exportador, es un servicio a medida. • Los riesgos comerciales se cubren al 85% como máximo y los políticos al 99%. • Modelo documental de póliza (véanse los Documentos 1 al 7 de la página web).

Cuadro 11.3. **Otras modalidades de póliza de seguro de crédito a la exportación a corto plazo.**

PÓLIZA 100 SEGURO DE CRÉDITO A LA EXPORTACIÓN PARA PYMES

• Simplicidad administrativa, sin obligación del asegurado de notificar sus ventas al asegurador, al contrario de la póliza abierta. • Mínimo coste: Un solo pago y exención de gastos de estudio de solvencia de los diez primeros deudores presentados. • Cobertura global de todas sus exportaciones sin limitación de países de destino o tipo de clientes importadores. • Asesoramiento sobre instrumentos adecuados para operar en los distintos países. • Dirigido a empresas con volúmenes de facturación anual inferiores a 1.200.000 euros.	• Los riesgos comerciales se cubren al 85% máximo. • Los riesgos políticos se cubren al 99% máximo.

PÓLIZA ABIERTA DE CRÉDITO INTERIOR (PACI)

• Diseñada para empresas con un número importante de clientes y un flujo regular de ventas. • Cubre las ventas a crédito de bienes o prestación de servicios en el mercado nacional. • Además informa sobre clientes y gestiona los recobros.	• El porcentaje máximo de cobertura es el 80%.

PÓLIZA DE CRÉDITO AL SUMINISTRADOR A CORTO PLAZO

• Asegura las exportaciones ocasionales (con aplazamiento de pago inferior al año y excepcionalmente hasta 3 años) o con clientes no habituales. • Se podrá contratar para actividades complejas de producción, realización de obras, etc., tanto si el comprador es público como si es privado. • Tiene la posibilidad de cubrir el riesgo de resolución de contrato.	• Los riesgos comerciales cubiertos al 85% máximo. • Los riesgos políticos cubiertos al 99% máximo.

PÓLIZA ABIERTA DE SEGURO DE CAUCIÓN

• Se emite un aval a favor del asegurado que garantiza el cumplimiento de las obligaciones legales o contractuales asumidas por el tomador del seguro, ante un ente público o privado (garantías de licitación, ejecución de obras, suministros o prestación de servicios).	• En caso de incumplimiento CESCE hace efectivo el aval en sus propios términos, plazos y condiciones.

Cuadro 11.3. **Otras modalidades de póliza de seguro de crédito a la exportación a corto plazo. (Cont.)**

Actividad resuelta 11.1

Una empresa que va a realizar una póliza Pagex dispone de los siguientes datos:

- Límite de riesgo con un deudor: 200.000 €
- Condiciones de pago: 90 días
- Ventas al año con el importador-deudor: 800.000 €

¿Cuáles serían las indemnizaciones máximas por riesgos comerciales y políticos?

SOLUCIÓN

El número de veces estimadas de ventas a realizar en el año, teniendo en cuenta la frecuencia de pago cada 90 días (1 trimestre); implica cuatro rotaciones: 4.200.000 = 800.000 €

La máxima indemnización por riesgos comerciales: 85% de 200.000 € = **170.000 €**

La máxima indemnización por riesgos políticos: 99% de 200.000 € = **198.000 €**

Actividad resuelta 11.2

Una empresa va a realizar una póliza PACI y se dispone de los siguientes datos:

- Límite de riesgo con el deudor: 200.000 €
- Condiciones de pago: 90 días.
- Ventas al año con ese deudor: 800.000 €

¿Cuál sería el importe máximo de indemnización?

SOLUCIÓN

El número de veces de ventas posibles a realizar en el año en condiciones de pago a 90 días, implica una rotación de cuatro veces al año, lo cual supone tener cubiertas todas las expediciones:

La máxima indemnización: 80% de 200.000 € = **160.000 €**

Actividad resuelta 11.3

Una empresa que va a realizar una póliza de crédito suministrador a corto plazo dispone de los siguientes datos:

- Importe del contrato a precio de venta: 200.000 €
- Importe del contrato a precio de coste: 180.000 €
- Objeto del contrato: maquinaria agrícola
- Condiciones de pago: 20% anticipado, 75% a 90 días y 5% restante a la puesta en marcha de la maquinaria.

¿Cuál sería el importe máximo a cubrir por riesgo de resolución de contrato, riesgos comerciales y riesgos políticos?

SOLUCIÓN

Máxima indemnización por resolución de contrato: 85% (75% + 5%) · 180.000 = 122.400 €

Máxima indemnización por riesgos comerciales: 85% · 75% · 200.000 = 127.500 €

Máxima indemnización por riesgos políticos: 99% · 75% · 200.000 = 148.500 €

El 20% anticipado queda fuera de cobertura por su cobro anterior al nacimiento del riesgo.

El 5% de puesta en marcha no se incluye en riesgo comercial y político por considerarlo retención de garantía quedando sin cobertura en riesgo de crédito.

Las pólizas correspondientes a operaciones a medio y largo plazo se pueden identificar en siguiente cuadro resumen (Cuadro 11.4) seguidas de sus correspondientes gráficos representativos del proceso de la operación.

OPERACIONES A MEDIO Y LARGO PLAZO	
PÓLIZA DE CRÉDITO COMPRADOR (Figura 11.2)	
• Se indemnizan las pérdidas de la entidad financiera que financia al comprador el precio aplazado. • Para financiaciones superiores a 3 años. • El seguro se hace en la misma divisa de financiación, por lo que se hace cargo del riesgo de cambio.	• Importe asegurable: 85% valor de la operación • Riesgo comercial: 94% máximo • Riesgo político: 99% máximo
PÓLIZA DE CRÉDITO SUMINISTRADOR (Figura 11.3)	
• Se indemnizan las pérdidas del exportador derivadas del impago del precio aplazado tanto por causas comerciales como políticas, en aplazamientos superiores a 3 años.	• Importe asegurable: 85% valor de operación con límites para material extranjero, gastos locales, comisiones comerciales.
PÓLIZA DE OBRAS Y TRABAJOS EN EL EXTRANJERO (Figura 11.4)	

• Cubre a los contratistas españoles las pérdidas en el supuesto de paralización de los trabajos, resolución de contrato, negativa a certificar, impago de certificaciones y pérdida total o parcial de maquinaria.	• Importe asegurable:
	  – Riesgo de obra, el máximo fijado en póliza.
	  – Para maquinaria, el precio de adquisición.

PÓLIZA DE EJECUCIÓN DE FIANZAS (Figura 11.5)	
• Asegura al exportador o al fiador frente a los riesgos de ejecución indebida o retención unilateral por parte del comprador o autoridades del país extranjero de las fianzas cubiertas, siempre y cuando el exportador haya cumplido sus obligaciones contractuales.	• Importe asegurable: Importe de las fianzas aseguradas. • Riesgo comercial y político: 99% máximo.
PÓLIZA INDIVIDUAL/ABIERTA DE SEGURO DE CRÉDITOS DOCUMENTARIOS (Figura 11.6)	
• Aplicada en operaciones cuyo pago se realiza mediante la apertura de un crédito documentario irrevocable que ha sido confirmado por una entidad financiera española. • Existen dos tipos de póliza: individual y abierta, según se asegure una o varias operaciones determinadas o quede abierta para todas las que se realicen.	• A falta de pago por parte de la entidad financiera emisora, la confirmante será indemnizada por el 99% del importe impagado.
PÓLIZA DE SEGURO DE INVERSIONES EN EL EXTERIOR	
• Asegura inversiones con una duración mínima de 5 años, materializadas en creación de empresas, participación en empresas extranjeras y préstamos a las mismas.	• Sólo se cubren los riesgos políticos al 99% máximo.
PÓLIZA DE GARANTÍAS BANCARIAS (Figura 11.7)	
• Cubre la pérdida neta definitiva que pueda experimentar la entidad financiera asegurada como consecuencia de la falta de reembolso total o parcial del crédito de prefinanciación o financiación.	• Importe asegurable: El principal de los créditos. • Sólo se cubren los riesgos comerciales al 94% máximo.
PÓLIZA INDIVIDUAL DE RESOLUCIÓN DE CONTRATO	
• Cubre al exportador de la pérdida neta definitiva que se produce cuando la ejecución del contrato queda interrumpida o imposibilitada con anterioridad al nacimiento del riesgo del crédito.	• Riesgos comerciales: 85% máximo hasta 3 años; superior a 3 años, el 94% máximo. • Riesgos políticos: 99% máximo.
PÓLIZA PARA OPERACIONES DE COMPENSACIÓN (Figura 11.8)	
• Se indemnizan las pérdidas del exportador derivadas de la falta de entrega de los bienes de contrapartida por causas políticas.	• Sólo se cubren los riesgos políticos al 99% máximo.

Cuadro 11.4. **Otras modalidades de póliza de SCE a medio y largo plazo.**

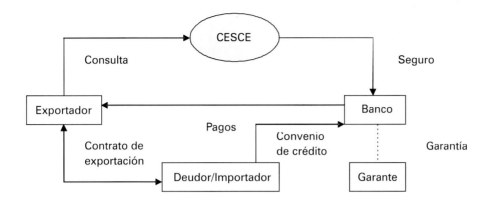

Figura 11.2. **Proceso de cobertura de un crédito a comprador.**

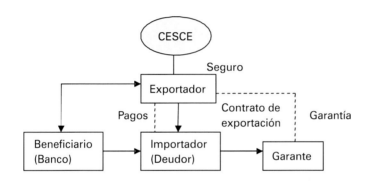

Figura 11.3. **Proceso de cobertura de un crédito a suministrador.**

(1) Riesgo de resolución de contrato e impago.

(2) Riesgo de incautación o no repatriacción de la maquinaria.

(3) Riesgo de falta de transferencia a España del fondo de maniobra

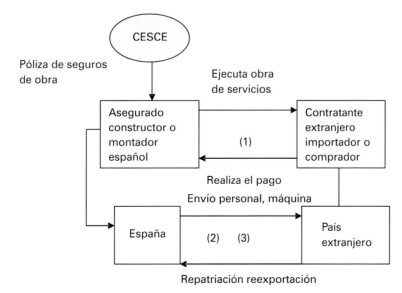

Figura 11.4. **Proceso de cobertura de obras y trabajos en el extranjero.**

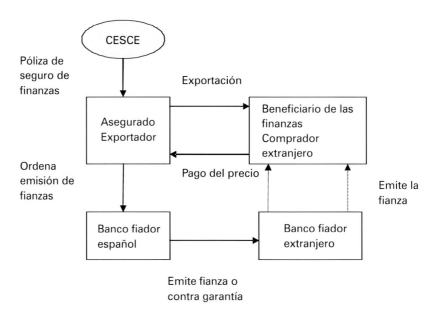

Figura 11.5. **Póliza a exportadores por ejecución de fianzas.**

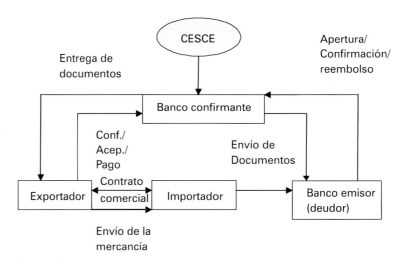

Figura 11.6. **Póliza de seguro de créditos documentarios.**

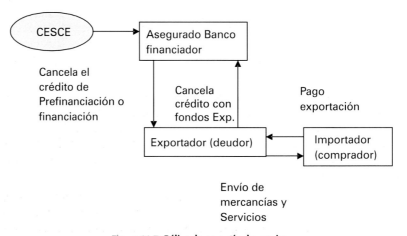

Figura 11.7. **Póliza de garantías bancarias.**

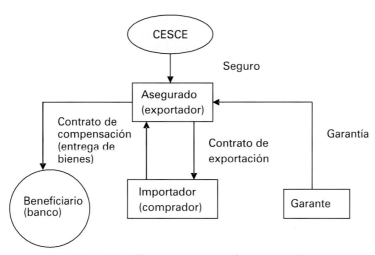

Figura 11.8. **Póliza para operaciones de compensación.**

11.5.2. Póliza de compradores públicos y privados

La Directiva 98/29/CE del Consejo de 7 de mayo de 1998 deroga las Directivas 70/509/CEE y 70/510/CEE del Consejo de 27 de octubre de 1970 referente a la adopción de una póliza común de seguro de crédito para operaciones a medio y largo plazo con compradores públicos y compradores privados respectivamente.

Debido a que los diferentes sistemas de seguro de crédito a la exportación vigentes en los Estados miembros pueden ocasionar en terceros mercados, distorsiones de la competencia entre empresas de la Comunidad, fue aprobada la Directiva 71/86/CEE del Consejo de 1 de febrero de 1971 referente a la armonización de las disposiciones esenciales en materia de garantía de las operaciones a corto plazo (riesgo político) con compradores públicos y con compradores privados. La armonización de los diversos sistemas de seguro de crédito a la exportación podría facilitar la cooperación entre las empresas de los diferentes Estados miembros. También al existir diferentes categorías de operaciones, la armonización puede realizarse, bien mediante pólizas comunes, o bien mediante disposiciones comunes sobre los elementos juzgados esenciales desde el punto de vista de la competencia, estas disposiciones armonizadas se refieren solamente a la garantía de riesgo político.

Siguiendo en esta línea unificadora se aprueba la Directiva 98/29/CE, del Consejo sobre la armonización de las principales disposiciones sobre el seguro de crédito a la exportación para operaciones a medio y largo plazo, la cual pretende armonizar los distintos sistemas públicos de seguro de crédito a la exportación a medio y largo plazo, con el fin de evitar las distorsiones de competencia entre las empresas europeas. Se aplica a la cobertura de operaciones relativas a las exportaciones de bienes y/o servicios originarios de un Estado miembro realizadas por cuenta directa o indirecta de uno o más Estados miembros o con su apoyo, con una duración total de riesgo igual o superior a dos años.

Su objetivo esencial es fijar los principios comunes que deben ser respetados por los aseguradores en materia de seguro de crédito a la exportación contemplados en los cuatro capítulos del anexo de la directiva y se refieren a: los elementos constitutivos de la garantía (principios generales y definición, alcance de la garantía, causas de siniestros y exclusión de la garantía, indemnización de los siniestros), las primas, las políticas de cobertura nacionales y los procedimientos de notificación.

Los Estados miembros garantizarán que todo ente (público o privado) que proporcione directa o indirectamente cobertura en forma de seguro de crédito a la exportación o de garantía o refinanciación por cuenta del Estado o con el apoyo de éste (denominados los "aseguradores") regule con arreglo al anexo de la Directiva, las operaciones de exportación destinados a países no comunitarios. Este requisito se cumplirá tanto en las operaciones financiadas con crédito de comprador como con crédito de suministrador o pagadas al contado.

- Tipos de compradores (deudores)

Todo ente que, bajo cualquier forma, represente al poder público y que no pueda, ni judicial ni administrativamente, ser declarado insolvente será considerado **comprador (deudor) público**. Podrá tratarse de un comprador soberano, es decir, de un ente que represente la credibilidad financiera del Estado, por ejemplo, el ministerio de finanzas o el banco central, o de cualquier otro ente público subordinado tal como organismos regionales, municipales o instituciones públicas de otro tipo. Para determinar de qué tipo de comprador se trata, el asegurador tendrá en cuenta:

- La personalidad jurídica del comprador.
- Las fuentes de financiación y de ingresos del comprador teniendo en cuenta que un comprador público puede también liquidar sus deudas mediante recursos no asociados a fondos del gobierno central, por ejemplo, ingresos obtenidos mediante gravámenes locales, o mediante la prestación de servicios públicos.
- El grado de influencia o de control que puedan ejercitar sobre el comprador los poderes públicos del país de establecimiento.

Todo ente que no sea público conforme a los criterios mencionados será considerado en principio **comprador privado**.

- Riesgos cubiertos

a) Riesgo político de los compradores privados derivado de:

Cualquier medida o decisión del gobierno de un país distinto del país del asegurador o del país del asegurado, en particular las medidas y decisiones de las autoridades públicas que se consideren intervenciones de los poderes públicos, que impida el cumplimiento del contrato de préstamo o comercial.

La moratoria general decretada por el gobierno del país del comprador o por el de un tercero a través del cual vaya a efectuarse el pago relativo al contrato de préstamo o comercial.

Por acontecimientos políticos, dificultades económicas o medidas legislativas o administrativas que produzcan o adopten fuera del país del asegurador y que impidan o retrasen la transferencia de fondos pagados en el marco del contrato de préstamo o comercial.

Por disposiciones legales adoptadas en el país del comprador que declaren liberatorios los pagos efectuados por el comprador en moneda local aunque, como consecuencia de flluctuaciones de los tipos de cambio, al ser convertidas en pagos en la moneda del contrato comercial o préstamo, ya no cubran el importe de la deuda en la fecha de la transferencia de fondos.

Por casos de fuerza mayor que se registran fuera del país del asegurador, como podrían ser las guerras (incluidas las guerras civiles), revoluciones, revueltas, alteraciones del orden público, ciclones, inundaciones, terremotos, erupciones volcánicas, maremotos y accidentes nucleares, siempre que sus efectos no estén cubiertos de otro modo.

b) Riesgo político de compradores públicos derivado, además de las causas del apartado a) por: Incumplimiento del deudor y, en su caso, de su garante y decisión del comprador beneficiario de un crédito suministrador de suspender o rescindir el contrato comercial o de rehusar la aceptación de las mercancías o los servicios sin estar facultado para ello.

c) Riesgo comercial de los compradores privados derivado, además de las causas del apartado a) y b) por: Insolvencia de derecho o de hecho del deudor privado, y en su caso, de su garante.

d) Riesgo de resolución de contrato y de crédito, siempre que la interrupción o falta de cobro se deba directa y exclusivamente a una o varias causas de los apartados anteriores.

11.6 Proceso de contratación

Hay que diferenciar entre pólizas flotantes o abiertas (**PAGEX**) y las de carácter individual, ya que las primeras requieren la formalización de suplementos de clasificación y límites de riesgo para cada deudor del asegurado. El proceso contempla las siguientes fases:

1. **Inicio**: Solicitud de condiciones, que ha de presentarla el interesado al asegurador, mediante un formulario predefinido facilitado por éste y los modelos de pólizas en la pág. web. http://www.thomsonparaninfo.com, sin carácter vinculante para el solicitante.

2. **Estudio** o análisis de la operación: Realizado por el asegurador, que puede solicitar la información que juzgue oportuna, con el fin de suscribir los riesgos objeto de cobertura estableciendo las medidas de aseguramiento adecuadas, debiendo solicitarla el asegurado con la máxima antelación posible respecto al momento de su utilización.

3. **Oferta** de condiciones, con tres casos posibles:

   a) Que la cobertura y medidas protectoras sean aceptadas en las condiciones establecidas.

   b) Que sean aceptadas con alguna modificación sobre las condiciones solicitadas.

   c) Que no sean aceptadas, pudiendo cancelar la solicitud o exigiendo aportación de garantías complementarias para su aceptación.

Estimada favorablemente la solicitud se presenta una propuesta de condiciones para la formalización del contrato, manteniéndola un plazo no inferior a 15 días.

11.7 El siniestro e indemnización

El **siniestro** es la materialización del riesgo. Los deberes del asegurado en relación con el siniestro son:

a) Deber de aclaración del siniestro dentro del plazo que señala la ley de siete días desde que tuvo conocimiento de él o en el plazo mayor que señale la póliza.

b) Deber de información al asegurador sobre las circunstancias y consecuencias del siniestro.

c) Deber de aminorar las consecuencias del siniestro. Los gastos que se originen por el cumplimiento de este deber son indemnizables por el asegurador hasta el **límite pactado**, y en defecto de pacto, hasta el límite de la suma asegurada.

La **indemnización** será igual al producto del riesgo total por un porcentaje de cobertura menos la franquicia aplicada.

Producido el siniestro, nace para el asegurador la obligación de indemnizar el daño sufrido por el asegurado, dentro de los límites pactados. Los límites se establecen en función de la participación del asegurado en el riesgo asegurado, y en función de la participación del asegurado en el daño resultante del siniestro.

Los **límites pactados** en función de la **participación del asegurado** en el **riesgo** asegurado son:

a) En materia de seguro de crédito a la exportación la cobertura no puede alcanzar en ningún caso al riesgo total de la operación.

b) Un determinado porcentaje del riesgo, denominado *descubierto obligatorio*, debe ser asumido directa y necesariamente por el asegurado.

c) El porcentaje de riesgo asumido por el asegurador se denomina porcentaje de cobertura y su aplicación al riesgo total de la operación determina la *suma asegurada*, límite máximo de la obligación de indemnizar a cargo del asegurador.

Situaciones que inciden sobre la indemnización:

a) Discusiones comerciales e impago de prima implica la suspensión de cobertura.

b) Incumplimiento de deberes o conducta negligente o culposa implica reducción de la indemnización.

c) Conducta dolosa y fraudulenta implica pérdida del derecho de indemnización.

Los **límites pactados** en función de la **participación del asegurado en el daño** resultante del siniestro son:

a) Es lo que se denomina **franquicia** en la práctica aseguradora y puede consistir en una cantidad predeterminada por las partes o en un porcentaje del daño, igualmente acordado por las partes.

b) Mientras que el descubierto obligatorio resulta de una disposición reglamentaria (Decreto 3138/1971 y Orden Ministerial de 19-04-91), la franquicia es voluntaria y tan sólo se da en la medida en que las partes la hayan acordado.

Actividades de Apoyo

11.1 Una empresa que va a realizar una póliza Pagex dispone de los siguientes datos:

- Límite de riesgo con un deudor: 400.000 €
- Condiciones de pago: 90 días
- Ventas al año con el importador-deudor: 1.000.000 €

¿Cuáles serían las indemnizaciones máximas por riesgos comerciales y políticos?

11.2 Una empresa va a realizar una póliza PACI y dispone de los siguientes datos:

- Límite de riesgo con el deudor: 400.000 €
- Condiciones de pago: 90 días.
- Ventas al año con ese deudor: 900.000 €

¿Cuál sería el importe máximo de indemnización?

11.3 Una empresa que va a realizar una póliza de crédito suministrador a corto plazo dispone de los siguientes datos:

- Importe del contrato a precio de venta: 400.000 €
- Importe del contrato a precio de coste: 360.000 €
- Objeto del contrato: maquinaria de construcción
- Condiciones de pago: 20% anticipado, 75% a 90 días y 5% restante a la puesta en marcha de la maquinaria.

¿Cuál sería el importe máximo a cubrir por riesgo de resolución de contrato, riesgos comerciales y riesgos políticos?

Actividades de Refuerzo

11.1 ¿Qué es el seguro de crédito a la exportación o SCE?

11.2 ¿Qué significan las siglas CESCE? ¿Cuáles son sus funciones o finalidad dentro del SCE?

11.3 ¿Qué tipos de gestiones realiza CESCE?

11.4 Citar las clases de riesgos asegurables.

11.5 Citar las modalidades de pólizas.

11.6 ¿Cuáles son las operaciones asegurables?

11.7 ¿En qué situaciones o casos quedará suspendida la cobertura del SCE?

11.8 ¿En qué se diferencian el riesgo por resolución de contrato y el riesgo de crédito?

11.9 Realizar un cuadro o esquema en el que se describa el proceso de contratación de una póliza del SCE.

11.10 Enunciar los tipos de pólizas de compradores privados.

11.11 ¿Qué gestión termina con el pago de las indemnizaciones?

11.12 ¿Qué son las pólizas de carácter político y extraordinario?

11.13 ¿Qué son las pólizas de compradores públicos?

11.14 ¿Mediante qué tipo de póliza podemos asegurar el riesgo de cancelación de pedido antes de la entrega de mercancía?

11.15 Explicar las diferencias básicas entre la póliza abierta de gestión de exportaciones (PAGEX) y la póliza 100.

11.16 ¿Puede cualquier empresa contratar una póliza 100?

11.17 ¿Qué partes intervienen en el SCE y cuáles son sus obligaciones?

11.18 En una guerra civil, una póliza ¿sería de carácter político y extraordinario?

11.19 ¿Qué tipo de póliza nos asegura frente a los riesgos políticos derivados de la creación de una nueva empresa en el extranjero?

11.1 Hacer un cuadro en tratamiento de textos Word o similar que contenga los tipos de riesgos comerciales.

11.2 Hacer un cuadro en tratamiento de textos Word o similar que contenga los tipos de riesgos políticos.

11.3 Realizar una simulación con los datos y la ayuda que proporcione el profesor/a en la confección de los formularios (son los que aparecen en la página web. www.thomson-paraninfo.com) de solicitud de la póliza 100 y póliza PAGEX para una determinada empresa.

11.4 En relación con el documento adjunto de la Figura 11.9, contestar las siguientes cuestiones:

a) ¿A quiénes fundamentalmente está dirigida la póliza?

b) ¿Qué riesgos cubre?

c) ¿Cuánto tiempo hace que se implantó?

d) ¿Cuáles son sus puntos o aspectos innovadores?

e) ¿Qué ventajas o beneficios reporta?

f) ¿Qué características más significativas destacarías de la póliza?

g) Citar los organismos (siglas), empresas y personas que aparecen en el artículo.

Actividades
Complementarias

Comercio Exterior

Seguro de crédito a la exportación para 'pyme'

RAMÓN ZÚÑIGA

La Compañia Española de Seguros de Crédito a la Exportación (CESCE) ha creado un seguro de crédito a la exportación especial para pequeñas y medianas empresas *(pymes)*. La nueva póliza ha sido diseñada exclusivamente para *pymes* que exportan productos y servicios por un valor que no sobrepase los 100 millones de pesetas anuales.

"La Póliza 100 es una apuesta que hace CESCE por las *pymes*" que no contaban hasta ahora con seguros específicos para sus exportaciones, explica el director general de la entidad, Javier Valero. "Su característica principal", agrega, "es su simplicidad. Los seguros que hay en el mercado son muy complejos, lo que obliga a estas sociedades a dedicar un alto porcentaje de sus recursos humanos al seguimiento de los mismos".

"No obstante", aclara el directivo, "a la Póliza 100 también se pueden acoger otras firmas que tengan poca capacidad exportadora, por grandes que éstas sean". Según el Instituto de Comercio Exterior (Icex), cerca de 17.000 sociedades españolas venden en el extranjero mercancías cuyo valor no supera la barrera de los 100 millones año.

Para suscribir este innovador seguro, que está en el mercado desde el pasado 15 de noviembre, los empresarios sólo deben informar de las características del producto que van a vender, del cliente que lo compra, del país de destino y de la cifra de negocio. Su vigencia es anual. Se concede en un plazo de 15 días. Cubre los riesgos de impagos por motivos comerciales y políticos. Y la prima no supera el 1,5% sobre el valor asegurado.

Para garantizar el buen fin de las transacciones comerciales, CESCE dispone de una base de datos informática de clientes, conectada a su vez con otras bases de datos internacionales. Gracias a ellas puede conocer en un tiempo muy breve cuál es la solvencia de los compradores y de sus garantes. Además, la aseguradora cuenta con una red formada por 600 agencias de información fuera de España que actúan como colaboradoras.

Según Valero, otro aspecto que contribuye a la simplicidad de su producto es que, "al contrario de lo que ocurre con las pólizas normales, que obligan al tomador a informar periódicamente a la aseguradora sobre cómo marcha el negocio, con la Póliza 100 el empresario sólo debe ponerse en contacto con nosotros en caso de que se produzca un siniestro".

La CESCE tampoco limita el número de clientes que una empresa española pueda tener en el extranjero, ni el número de países de destino. "Esto también es una novedad en Europa", asegura Valero.

Para los bancos, la Póliza 100 supone también un beneficio y una tranquilidad porque tienen asegurados de forma eficaz los prestamos que conceden a sus clientes. "En definitiva, son los bancos y cajas los que están trabajando con las *pymes*. Ya que nosotros aseguramos a sus clientes, estamos estableciendo acuerdos con ellos que les informan de las ventajas de nuestra póliza. Ya lo hemos hecho con La Caixa y el Banco de Sabadell", concluye.

Características de la póliza 100

▶ **Riesgos cubiertos:**
- Insolvencia de hecho.
- Insolvencia de derecho.

▶ **Productos:**
- Cualquier producto y prestación de servicios.

▶ **Plazos de crédito:**
- Hasta un año.

▶ **Porcentajes de cobertura:**
- Comerciales: 85%
- Políticos: 95%

▶ **Países:**
- Prácticamente, la totalidad del mundo. (201 países).

▶ **Coste de la prima:**
- Hasta el 1,5% de la póliza.

▶ **Condiciones de contrato:**
- Volumen de exportación de la empresa.
- Lista de clientes.
- Cifra de riesgo a contratar.
- Concesión en 15 días.
- Informes posteriores con CESCE sólo en caso de siniestro.

Figura 11.9. Documento de prensa sobre el SCE para pyme (fuente: *El País*, 10-12-1995; autor: Ramón Zúñiga).

Gestión financiera informatizada

Introducción

Hoy en día, con la utilización de los medios informáticos (hoja de cálculo, base de datos, programas específicos financieros, contables, compraventa), muchos de los cálculos se pueden simplificar, lo que permite el ahorro de tiempo y la posibilidad de cambio de datos, variables, obtención de resultados de forma automática con análisis y modificaciones o correcciones instantáneas mejorando la toma de decisiones.

También las aplicaciones de tratamiento de textos (Word) y de diseño, dibujo y presentaciones (PowerPoint, Corel-Draw) permiten elaborar tareas o trabajos documentales con un alto grado de claridad, limpieza y estética y de uso ya habitual y generalizado en casi todas las empresas e individualmente.

Esta capítulo es de tipo práctico y eminentemente procedimental, y en él se aplican algunos programas a los capítulos vistos anteriormente. El alumno/a debe conocer la parte teórica y poseer destreza en el manejo del programa visto en el módulo 6: Aplicaciones informáticas de propósito general del mismo ciclo profesional.

Contenido

12.1. **Actividades en hoja de cálculo Excel**
12.2. **Actividades en Word/PowerPoint**
Actividades de Apoyo
Actividades de Refuerzo
Actividades Complementarias

Objetivos

▶ *Diseñar y confeccionar tablas automatizadas con EXCEL en aplicaciones a operaciones financieras (rentas, préstamos).*

▶ *Diseñar, componer, confeccionar diapositivas en PowerPoint relativas a un tema o trabajo concreto, junto con su presentación y exposición, utilizando todos los recursos del programa. Realización de tablas y resúmenes con Word.*

12.1 Actividades en hoja de cálculo Excel

Con la hoja de cálculo, una tabla rectangular en forma de rejilla (intersección de filas y columnas), podemos realizar cálculos sencillos y complejos a partir de la introducción de unos datos, como texto, números o gráficos, permitiendo almacenarlos, recuperarlos y realizar nuevas variaciones recalculando y analizando los nuevos resultados.

Las actividades desarrolladas a continuación corresponden a la versión Office 2000, cuyo conocimiento o el de otra similar es imprescindible. No obstante se presentan unos modelos con el encabezamiento de filas y columnas para que, situando los datos, fórmulas y funciones en la misma celda que la muestra, se puedan obtener los mismos resultados comprobando la coincidencia.

En las actividades propuestas se puede optar por un diseño y edición personal y con formato, estilo y aspecto de la hoja propio (tipo, tamaño de letra, color, ancho fila, columna, etc.), situando los datos donde convenga, pero manteniendo los principios teóricos y formulación correspondiente, tanto aritméticamente como con EXCEL.

Actividad resuelta 12.1

Realizar una tabla con hoja de cálculo Excel que automatice el cálculo del **valor actual de una renta unitaria pospagable** para distintos tipos de interés y duraciones (desde 1 hasta 20 años), sabiendo que la fórmula financiera es:

$$\frac{1 - (1 + i)^{-n}}{i}$$

SOLUCIÓN

	A	B	C	D	E	F	G
1							
2							
3	TABLA	CÁLCULO DEL VALOR ACTUAL DE UNA RENTA UNITARIA POSPAGABLE					
4		i					
5	n	7%	8%	9%	10%	11%	12%
6							
7	1	0,93457944	0,92592593	0,91743119	0,90909091	0,90090090	0,89285714
8	2	1,80801817	1,78326475	1,75911119	1,73553719	1,71252333	1,69005102
9	3	2,62431604	2,57709699	2,53129467	2,48685199	2,44371472	2,40183127
10	4	3,38721126	3,31212684	3,23971988	3,16986545	3,10244569	3,03734935
11	5	4,10019744	3,99271004	3,88965126	3,79078677	3,69589702	3,60477620
12	6	4,76653966	4,62287966	4,48591859	4,35526070	4,23053785	4,11140732
13	7	5,38928940	5,20637006	5,03295284	4,86841882	4,71219626	4,56375654
14	8	5,97129851	5,74663894	5,53481911	5,33492620	5,14612276	4,96763977
15	9	6,51523225	6,24688791	5,99524689	5,75902382	5,53704753	5,32824979
16	10	7,02358154	6,71008140	6,41765770	6,14456711	5,88923201	5,65022303
17	11	7,49867434	7,13896426	6,80519055	6,49506101	6,20651533	5,93769913
18	12	7,94268630	7,53607802	7,16072528	6,81369182	6,49235615	6,19437423
19	13	8,35765074	7,90377594	7,48690392	7,10335620	6,74987040	6,42354842
20	14	8,74546799	8,24423698	7,78615039	7,36668746	6,98186523	6,62816823
21	15	9,10791401	8,55947869	8,06068843	7,60607951	7,19086958	6,81086449
22	16	9,44664860	8,85136916	8,31255819	7,82370864	7,37916178	6,97398615
23	17	9,76322299	9,12163811	8,54363137	8,02155331	7,54879440	7,11963049
24	18	10,05908691	9,37188714	8,75562511	8,20141210	7,70161657	7,24967008
25	19	10,33559524	9,60359920	8,95011478	8,36492009	7,83929421	7,36577686
26	20	10,59401425	9,81814741	9,12854567	8,51356372	7,96332812	7,46944362
27							
28							
29					celda D7:	=VA($D$5;A7;-1)	
30							
31				celda C7 :	=VA($C$5;A7;-1)		
32		Función :	Celda B7 :	=VA($B$5;A7;-1)			
33		Fórmula :	Celda A8 :	=A7+1			

Observaciones

1. Se ha dispuesto en columnas el tipo de interés y por filas la duración, las cuáles pueden ser cambiadas, con la correspondiente transformación de la fórmula.

2. Se puede ampliar dicha hoja o cambiar su orientación para períodos más amplios y tipos de interés diversos, ya que una vez introducida la función "guía" en la fila siete y celda de cada tipo de interés por columna, con copiarlas en el resto de las celdas queda automatizada la tabla.

Actividad resuelta 12.2

Realizar una tabla con hoja de cálculo Excel que automatice el cálculo de las **cuotas mensuales** (*préstamo simple*) a pagar para cualquier cantidad de capital prestado, distintos tipos de interés mensual (según datos) y duraciones anuales (desde 5 hasta 25 años).

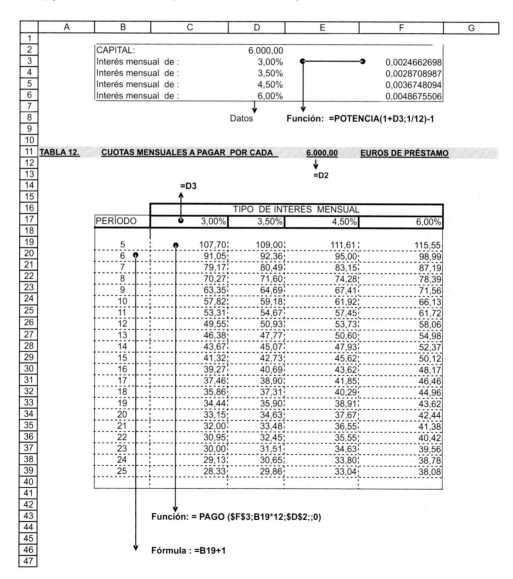

Actividad resuelta 12.3

Confeccionar un **cuadro amortización de préstamo sistema francés**:

- No fraccionado: anual; sin comisiones

- ANUALIDAD = TÉRMINO AMORTIZATIVO

INFORMACIÓN DE DATOS:

CAPITAL	1.000.000	(Celda D15)
TASA DE INTERÉS ANUAL	10%	
PLAZO DE AMORTIZACIÓN	10	
ANUALIDAD	162.745,39	(Celda D18)

PERÍODO	INTERÉS	AMORTIZACIÓN	ANUALIDAD	CAP. AMORTIZADO	CAP. PENDIENTE
0					1.000.000,00
1	100.000,00	- 62.745,39	- 162.745,39	- 62.745,39	937.254,61
2	93.725,46	- 69.019,93	- 162.745,39	- 131.765,33	868.234,67
3	86.823,47	- 75.921,93	- 162.745,39	- 207.687,26	792.312,74
4	79.231,27	- 83.514,12	- 162.745,39	- 291.201,38	708.798,62
5	70.879,86	- 91.865,53	- 162.745,39	- 383.066,91	616.933,09
6	61.693,31	- 101.052,09	- 162.745,39	- 484.119,00	515.881,00
7	51.588,10	- 111.157,29	- 162.745,39	- 595.276,29	404.723,71
8	40.472,37	- 122.273,02	- 162.745,39	- 717.549,31	282.450,69
9	28.245,07	- 134.500,33	- 162.745,39	- 852.049,64	147.950,36
10	14.795,04	- 147.950,36	- 162.745,39	- 1.000.000,00	0,00
TOTAL	627.453,95				

FÓRMULAS EXCEL	FÓRMULAS FINANCIERAS
Anualidad:	
CELDA D18: =PAGO(D16;D17;D15;;0)	$C_o \cdot i \, / \, (1- (1+i)$elevado a $-n)$
CELDA B24: =F23*$D$16	$I_s = C_{s-1} \cdot i$
CELDA C24: =D24+B24	$A_s = a - I_s$
	a (constante)
CELDA D24: =$D$18	
CELDA E24: =E23+C24	$K_s = K_{s-1} + A_s$
CELDA F24: =$F$23+E24	$C_s = C_o - K_s$
CELDA A25: =A24+1	

Las fórmulas son válidas, situando el período 0 en la fila 23.
Copiando las fórmulas de la fila sombreada (24) en el resto de filas obtenemos el cuadro de amortización automatizado.

Actividad resuelta 12.4

Confeccionar un **cuadro amortización de préstamo sistema americano:**

- No fraccionado: anual

- ANUALIDAD = TÉRMINO AMORTIZATIVO

INFORMACIÓN DE DATOS:

CAPITAL	1.000.000	(Celda 15)
TASA DE INTERÉS ANUAL	10%	
PLAZO DE AMORTIZACIÓN	10	
ANUALIDAD	constante salvo la última	

PERÍODO	INTERÉS	AMORTIZACIÓN	ANUALIDAD	CAP. AMORTIZADO	CAP. PENDIENTE
0					1.000.000,00
1	100.000,00	-	100.000,00	-	1.000.000,00
2	100.000,00	-	100.000,00	-	1.000.000,00
3	100.000,00	-	100.000,00	-	1.000.000,00
4	100.000,00	-	100.000,00	-	1.000.000,00
5	100.000,00	-	100.000,00	-	1.000.000,00
6	100.000,00	-	100.000,00	-	1.000.000,00
7	100.000,00	-	100.000,00	-	1.000.000,00
8	100.000,00	-	100.000,00	-	1.000.000,00
9	100.000,00	-	100.000,00	-	1.000.000,00
10	100.000,00	1.000.000,00	1.100.000,00	1.000.000,00	-

TOTAL   1.000.000,00

FÓRMULAS EXCEL	FÓRMULAS FINANCIERAS
CELDA B24: =$D$15*$D$16	$I_s = C_o \cdot i$
CELDA D24: =B24	$a_s = I_s$
CELDA F24: =$D$15	$C_s = C_o$
CELDA C33: =D15	$A_n = C_o$
CELDA D33: =B33+C33	$a_n = A_n + I_n$
CELDA E33: =$D$15	$K_n = C_o$

Las fórmulas son validas, situando el período 0 (cero), como la activ. 12.3 en la fila 23.

Copiando las fórmulas de la fila sombreada (24) en el resto de filas obtenemos el cuadro de amortización automatizado.

Actividad resuelta 12.5

Confeccionar un **cuadro amortización de préstamo sistema cuota de amortización constante:**

- No fraccionado: anual

- ANUALIDAD = TÉRMINO AMORTIZATIVO

INFORMACIÓN DE DATOS:

CAPITAL	1.000.000	(Celda D15)
TASA DE INTERÉS ANUAL	10%	
PLAZO DE AMORTIZACIÓN	10	
ANUALIDAD	variable	

PERÍODO	INTERÉS	AMORTIZACIÓN	ANUALIDAD	CAP. AMORTIZADO	CAP. PENDIENTE
0					1.000.000,00
1	100.000,00	100.000,00	200.000,00	100.000,00	900.000,00
2	90.000,00	100.000,00	190.000,00	200.000,00	800.000,00
3	80.000,00	100.000,00	180.000,00	300.000,00	700.000,00
4	70.000,00	100.000,00	170.000,00	400.000,00	600.000,00
5	60.000,00	100.000,00	160.000,00	500.000,00	500.000,00
6	50.000,00	100.000,00	150.000,00	600.000,00	400.000,00
7	40.000,00	100.000,00	140.000,00	700.000,00	300.000,00
8	30.000,00	100.000,00	130.000,00	800.000,00	200.000,00
9	20.000,00	100.000,00	120.000,00	900.000,00	100.000,00
10	10.000,00	100.000,00	110.000,00	1.000.000,00	-
TOTAL	550.000,00				

FORMULAS EXCEL	FORMULAS FINANCIERAS
Cuota de amortición:	
CELDA C24: =$D$15/$D$17	$A = Co/n$
CELDA B24: =F23*$D$16	$Is = Cs-1 \cdot i$
CELDA D24: =B24+C24	$a_s = A + Is$
CELDA E24: =C24*A24	$Ks = A \cdot s$
CELDA F24: =$D$15-E24	$Cs = Co - Ks$
CELDA A25: =A24+1	

Las fórmulas son válidas, situando el período 0 en la fila 23.

Copiando las fórmulas de la fila sombreada (24) en el resto de filas obtenemos el cuadro de amortización automatizado.

Actividad resuelta 12.6

Confeccionar el cuadro de intereses de descuento de forma automatizada junto con el **cálculo de efectivo liquido de una remesa de letras** al descuento.

DATOS:

RELACIÓN DE EFECTOS CEDIDOS AL DESCUENTO

BANCO SANTINO S.A
Remesa de 4 Efectos cedidos para su descuento por
Azul y Blanco S.L. Centro Comercial "Loranca" Fuenlabrada fecha: 30/3/2006

Nº	LIBRADO	PLAZA	F. EMISIÓN	F. ACEPTACIÓN	VENCIMIENTO	F.VENCIMIENTO	NOMINAL
OA870770	Clean S.L	Madrid	14/4/2006	14/4/2006	90 d/f	13/7/2006	3.423,40 €
OA0197075	Clean S.L	Madrid	14/4/2006	24/4/2006	3 m/f	14/7/2006	2.000,30 €
OA0789804	Perfumería LOLY S.L	Toledo	14/4/2006	24/4/2006	90 d/v	23/7/2006	1.500,67 €
OA0789805	Perfumería LOLY S.L	Toledo	14/4/2006	24/4/2006	3 m/v	24/7/2006	2.500,67 €
						TOTAL	9.425,04 €

CÁLCULO DE INTERESES DE DESCUENTO

FECHA DE DESCUENTO	24/4/2006
TASA DE INTERÉS DE DESCUENTO	**5%**
PORCENTAJE DE COMISIÓN S/NOMINAL	**0,001**
GASTOS FIJOS DE CORREO Y GESTIÓN	**3 €**

Solución

NOMINAL	F.VENCIMIENTO	F.DESCUENTO	DIAS	INTERÉS.DTO	COMISIÓN	G.FIJOS	EFECTIVO.LÍQ
3.423,40 €	13/7/2006	24/4/2006	80	38,04 €	3,42 €	3 €	3.378,94 €
2.000,30 €	14/7/2006	24/4/2006	81	22,50 €	2,00 €	3 €	1.972,80 €
1.500,67 €	23/7/2006	24/4/2006	90	18,76 €	1,50 €	3 €	1.477,41 €
2.500,67 €	24/7/2006	24/4/2006	91	31,61 €	2,50 €	3 €	2.463,56 €
			TOTALES	110,91 €	9,43 €	12 €	9.292,71 €

```
Esta segunda tabla se automatiza el calculo con las siguientes fórmulas:
Celda A28:  =H14
Celda B28:  =G14
Celda C28:  =$D$21
Celda D28:  =B28-C28
Celda E28:  =A28*$D$22*D28/360
Celda F28:  =$D$23*A28
Celda G28:  =$D$24
Celda H28:  =A28-E28-F28-G28
```

Para que las fórmulas espuestas sean válidas situar:

1. Los encabezados (N.º, librado, plaza, etc.) de la primera tabla en la fila 13.

2. Los datos: fecha de descuento, tasa de interés, porcentaje de comisión y gastos fijos en las filas 21, 22, 23 y 24 respectivamente y columna D.

3. Los encabezados (nominal, F. vencimiento, etc.) de la segunda tabla en la fila 27.

Actividad resuelta 12.7

Confeccionar el cuadro de automatización del **cálculo de intereses** en cuenta corriente.

LIQUIDACIÓN CUENTA CORRIENTE A 30/06/05

| FECHA | CONCEPTO | CAPITALES | | | FECHA VALOR EN NUMERO | DÍAS | NUMEROS COMERCIALES | SIGNO |
		DEBE	HABER	SALDO				
11/1/2005	Saldo a su favor		50.000,00	50.000,00	38.363,00	170	85.000	H
21/2/2005	Su entrega en efvo.		55.000,00	105.000,00	38.404,00	129	135.450	H
21/2/2005	Transferencia a Segovia	63.000,00		42.000,00	38.404,00	129	54.180	H
4/4/2005	Líquido negociación		122.000,00	164.000,00	38.446,00	87	142.680	H
30/5/2005	Su cheque	100.000,00		64.000,00	38.502,00	31	19.840	H
30/6/2005	Saldo a cuenta nueva			64.000,00	38.533,00		437.150	H
30/6/2005	Intereses a su favor		3.035,76	67.035,76				H

Tasa de interés: %	2,5%
Base días año comercial	360
Divisor fijo	**144**

```
La tabla se obtiene con automatización del cálculo de las siguientes celdas:
Celda E12: =D12-C12
Celda F12:  =A12  ( con formato en número )
Celda G12: =$F$17-F12
Celda H12: =E12*G12/100
Celda D18: =H17/C23
Celda E18: =E17+D18-C18
Celda H17: =SUMA(H12:H16)
Celda C23: =C22/100/C21
Celda I12: =SI(E12>0;"H";"D")
```

Para que las fórmulas espuestas sean válidas situar:

1. Los encabezados (fecha, concepto, debe, etc.) de la primera tabla en la fila 11.
2. Los datos de la segunda tabla: tasa de interés, base días año comercial en las filas 21 y 22 respectivamente y columna C.

12.2 Actividades en Word/PowerPoint

El procesador de textos Word nos permite realizar operaciones de texto con multitud de posibilidades en el formato del documento, tablas, tipos de letras, incluir imágenes, corregir errores de ortografía, buscar sinónimos; también crear diferentes tipos de documentos: cartas, informes, exámenes, artículos de revistas, redacciones, apuntes, libros, etc.

El programa PowerPoint ofrece múltiples opciones para crear presentaciones atrayentes como apoyo al conferenciante o en la exposición de un proyecto, informe o cualquier otro trabajo, sirviéndose de imágenes acompañadas de sonidos, vídeos o simplemente texto unido a imágenes prediseñadas para captar la atención del receptor.

Las actividades desarrolladas (Actividades resueltas 12.8 y 12.9) son unos modelos de muestra sobre determinados temas del libro y módulo de financiación internacional; conviene practicarlas, incluso ampliarlas y cambiarlas de formato junto con un presentación personalizada y propia creatividad. Estas actividades se pueden descargar de la página web http://www.thomsonparaninfo.com.

Se proponen algunas actividades de refuerzo a modo de práctica y ampliación del manejo de los programas, para fomentar la originalidad y creatividad individual.

12.1 Elaborar el cuadro de amortización (préstamo francés) en hoja de cálculo Excel, con los datos siguientes del préstamo:

- Importe: 200.000 €
- Tipo de interés nominal: 6,05%
- Plazo: 3 años
- Amortización: mensual, pospagable
- Comisión de apertura: 0,8%
- Comisión de gestión: 0,4%
- Gastos fijos bancarios: 500 €
- Gastos adicionales: 700 €
- Comisión de cancelación anticipada: 1,5%

12.2 Elaborar el cuadro de amortización (cuotas de amortización constante) en hoja de cálculo Excel, con los datos siguientes del préstamo:

- Importe: 270.000 €
- Tipo de interés nominal: 6,2%
- Plazo: 5 años
- Amortización: mensual, pospagable
- Comisión de apertura: 0,7%
- Comisión de gestión: 0,5%
- Gastos fijos bancarios: 570 €
- Gastos adicionales: 750 €
- Comisión de cancelación anticipada: 1%

12.3 Elaborar un cuadro o tabla de cálculo automatizado con Excel del efectivo líquido para una remesa de 10 letras comerciales comenzando la primera por 1.000 euros e incremento sucesivo de 500 euros para las restantes; con descuento de 30 días para las dos primeras, 60 días las dos siguientes, 90 días otras dos, 120 días otras dos y 180 días las dos últimas letras; tomando como referente de cuadro y modelo del capítulo 02, Epígrafe 2.4.3, Actividad resuelta 2.6; para un tipo de descuento del 8%, comisión del 2 por mil (mínimo 10 euros) y gastos de gestión de 2 euros por título.

12.4 Diseñar y confeccionar con el PowerPoint 9 diapositivas referentes al tema: Crédito Oficial a la exportación.

12.5 Diseñar y confeccionar con el PowerPoint o Word un organigrama de tipo parcial de una empresa.

12.6 Realizar con tratamiento de textos Word o similar un cuadro o tabla resumen comparativo entre el contrato de *factoring* y el de *forfaiting*.

12.1 Diseñar y obtener con Excel el cálculo del valor final de una renta unitaria pospagable (duración: 20 años, y seis tipos de interés: 7, 8, 9, 10, 11 y 12%).

12.2 Diseñar y obtener con Excel una tabla de obtención de cuotas mensuales a pagar por cada 10.000 € de préstamo (préstamo simple) en distintos tramos de duración y tasa de interés (duración: 25 años, y tipos de interés: 5, 6, 7, 8 y 9%).

12.3 Diseñar y obtener con Excel un cuadro de amortización de préstamo francés, no fraccionado con comisiones (capital: 100.000 euros; tipo de interés: 6% anual; plazo: 20 años; comisión de apertura: 0,5%; comisión de gestión: 1%).

12.4 Diseñar y obtener con Excel un cuadro de amortización de préstamo francés, fraccionado cuatrimestral con comisiones (capital: 100.000 euros; tipo de interés: 6% anual; plazo: 15 años; liquidación de intereses cuatrimestrales; comisión de apertura: 0,5%; comisión de gestión: 1%; gastos fijos bancarios: 200 euros; comisión de cancelación, 2%).

12.5 Diseñar y obtener con Excel un cuadro de amortización de préstamo: cuotas de amortización constantes.

12.6 Diseñar y obtener con Excel el cálculo del efectivo líquido de una remesa de letras, con los siguientes datos:

LIBRADO	PLAZA	F. EMISIÓN	F. ACEPTACIÓN	VENCIMIENTO	NOMINAL (€)
Modeloexp, S.A	Madrid	14/04/2006	14/04/2006	90 D/F	1.000
Modeloexp, S.A	Madrid	14/04/2006	19/04/2006	3 M/F	2.000
FinanzExp, S.L	Segovia	14/04/2006	24/04/2006	120 D/F	3.000
FinanzExp, S.L	Segovia	14/04/2006	29/04/2006	4 M/V	4.000

Fecha de descuento: 30 de abril de 2006; tasa de interés de descuento anual: 5,25%; porcentaje de comisión: uno por mil, y gastos fijos de gestión: 1€ por título.

12.7 Diseñar y obtener con Excel el cálculo de intereses de cuenta corriente para una tasa de interés anual del 2,75% y retención de rendimientos sobre el capital del 18%, con los siguientes datos :

FECHA	CONCEPTO	DEBE	HABER
01/01/2006	Saldo a su favor		60.000
15/02/2006	Su entrega en efectivo		10.000
15/02/2006	Pago cheque n.º 123.456.78	70.000	
05/04/2006	Líquido negociación letras		100.000
30/05/2006	Su transferencia 236 a xxx	30.000	
30/06/2006	Cobro talón n.º 987.543.12		20.000
30/06/2006	Saldo a cuenta nueva		90.000

12.8 Diseñar y confeccionar con PowerPoint 6 diapositivas referentes al tema *factoring*.

12.9 Diseñar y confeccionar con el PowerPoint 10 diapositivas utilizando todos los recursos del programa y conocimientos teóricos sobre el tema Seguro de Crédito a la Exportación.

Actividades Complementarias

12.1 Diseñar y obtener con Excel un cuadro de amortización de préstamo francés, fraccionado mensual con comisiones (capital: 200.000 euros; tipo de interés: 6,5% anual; plazo: 20 años; liquidación de intereses mensuales; comisión de apertura: 0,5%; comisión de gestión: 1%; gastos fijos bancarios: 200 €; comisión de cancelación: 2%).

12.2 Realizar cuadros comparativos de análisis de las distintas opciones en financiación internacional, utilizando hoja de cálculo Excel y automatización de resultados, junto con un informe en Word sobre la decisión en la elección de la alternativa más rentable

DATOS E INFORMACIÓN OBTENIDOS DE LA PRENSA, BOLETINES Y ENTIDADES	
FACTURACIÓN EUROS	1.000.000,00
FACTURACIÓN DOLARES	755.058,89
FACTURACIÓN LIBRAS	695.216,91
FACTURACIÓN YENES	1.197.604,79
TIPO DE INTERÉS EURO (EURIBOR)	2,5%
TIPO DE INTERÉS LIBOR $USA + SPREAD	3,5%
TIPO DE INTERÉS LIBOR GBP + SPREAD	4,35%
TIPO DE INTERÉS LIBOR JPY + SPREAD	1,5%
TIPO DE CAMBIO SPOT EUR/USD (Negociación)	1,324400
TIPO DE CAMBIO SPOT EUR/GBP (Negociación)	1,438400
TIPO DE CAMBIO SPOT EUR/JPY (Negociación)	0,835000
TIPO FORWARD EUR/USD	1,330700
TIPO FORWARD EUR/GBP	1,456500
TIPO FORWARD EUR/JPY	0,850000
TIPO HIPOTÉTICO SPOT EUR/$USA (Vencimiento)	1,328500
TIPO HIPOTÉTICO SPOT EUR/GBP (Vencimiento)	1,442500
TIPO HIPOTÉTICO SPOT EUR/JPY (Vencimiento)	0,008250
TIEMPO ANTICIPADO	90/360
DURACIÓN (DÍAS)	90

Cuestionario de repaso-recordatorio **Bloque III**

BIII.1 Los sujetos financiadores en una importación suelen ser:

a) El propio importador y entidad financiera
b) El propio exportador-proveedor y entidad financiera
c) Una entidad financiera y una sociedad de *leasing*.

BIII.2 En la financiación concedida por el exportador extranjero suele hacerse en:

a) Una póliza de crédito y póliza de préstamo
b) Crédito documentario y póliza de crédito
c) Una remesa documentaria de letras y crédito documentario

BIII.3 El coste financiero en la financiación y facturación de la misma divisa de una importación es:

a) Tipo de interés Libor + diferencial
b) Tipo de interés Euribor + diferencial
c) Tipo de interés Libor + diferencial + seguro de cambio

BIII.4 El coste financiero en la financiación y facturación en la misma divisa de una exportación es:

a) Tipo de interés Libor ± seguro de cambio
b) Tipo de interés Euribor
c) Tipo de interés Libor

BIII.5 El contrato de *factoring* es un tipo especial de financiación en:

a) La importación
b) Operación triangular
c) La exportación

BIII.6 La operación que permite al importador disponer de un producto con carácter de arrendamiento es por medio de un contrato de:

a) *Leasing*
b) *Factoring*
c) *Forfaiting*

BIII.7 Los tipos de interés aplicables al crédito oficial a la exportación son:

a) Los tipos de mercado

b) Los tipos de interés comerciales de referencia

c) El tipo de interés legal del di-nero

BIII.8 La fórmula aplicable en la obtención del ajuste o diferencias de interés en un CARI es:

a) $A = (C \cdot N/360)(IM - S + IC)$

b) $A = (360/C \cdot N)(IM - IC + S)$

c) $A = (IM - IC + S)(C \cdot N / 360)$

BIII.9 La aprobación de un crédito FAD corresponde a:

a) El ICO

b) Consejo de Ministros

c) La DGPC

BIII.10 El término CESCE corresponde a:

a) Una institución de licitación de proyectos internacionales

b) Una compañía de seguros de crédito a la exportación

c) Una compañía de crédito oficial

BIII.11 El beneficiario en una póliza de seguro es:

a) La persona física o jurídica que contrata el seguro

b) El titular de los derechos derivados del contrato de seguro

c) La persona física o jurídica con derecho a percibir la indemnización.

BIII.12 La póliza de crédito suministrador puede ser:

a) A corto plazo

b) A largo plazo

c) A tanto corto y largo plazo

BIII.13 La indemnización a percibir por un siniestro será:

a) Riesgo total más la franquicia correspondiente

b) El producto del riesgo total por un porcentaje de cobertura menos la franquicia

c) El producto del riesgo total por un porcentaje de cobertura más la franquicia.

BIII.14 La expresión = VA($D$17; A19; −1) de Excel se utilizará para:

a) Obtener el valor actual de una renta unitaria pospagable

b) Obtener la anualidad de un préstamo por sistema francés

c) Obtener el valor actual de una renta unitaria prepagable

BIII.15 La expresión de la hoja de cálculo Excel que permite obtener la anualidad constante en un préstamo sistema francés podría ser:

a) = PAGO (D16; D17; D15; 0)

b) = POTENCIA (1 + D16; 1/12) −1

c) = VF ($D$17; A19; −1)

Apéndice

VOCABULARIO REFERENTE AL MERCADO DE DIVISAS

Aro-Waro. Son las opciones asiáticas. El precio de *strike* será la media aritmética o la media aritmética ponderada de los precios del subyacente (respectivamente) durante la vida de la opción.

Barrier options/Opciones barrera. Tipo de opciones cuya rentabilidad a vencimiento no depende únicamente del precio a vencimiento sino que además están condicionadas a que durante la vida de la opción el subyacente haya alcanzado un determinado nivel.

Bid rate/Cambio comprador. Precio de demanda: precio al cual la entidad que cotiza el cambio está dispuesta a pagar por la moneda de referencia. Ejemplo: en una cotización *spot* de EUR/USD de 1,0222/27, el cambio 1,0222 sería el cambio comprador y 1,0027 el cambio vendedor. En el cambio vendedor sólo se expresan los dos últimos decimales, ya que el resto no suele variar con respecto al cambio comprador.

Big figure/Figura. En un cambio *spot* es la unidad decimal que no cambia tan a menudo de la cotización. En el ejemplo anterior de la cotización EUR/USD 1,0222/27, los dos primeros decimales del cambio comprador, 02, serían la figura.

Broken date/Fecha rota. Es aquella operación financiera contratada a una fecha distinta de las habituales (de uno a doce meses vencimiento de la fecha de contratación).

Choice. Término utilizado cuando el precio de compra y venta de una operación coinciden. Ejemplo: en el caso de un *spot* y una cotización EUR/USD sería 1,0225 *choice*; es decir, se puede comprar y vender euros a ese precio mientras el operador no diga *off*.

Commercial paper/Papel comercial. Se instrumenta en forma de pagarés que reconocen una deuda a un vencimiento determinado y que tiene como sujetos al emisor, el tomador, el *dealer* y el banco agente.

*Convertible currency/***Divisa convertible.** Es aquella que puede ser libremente convertida a otras divisas sin ninguna restricción de control de cambios.

*Cross rate/***Cruce.** Normalmente todas las divisas se cotizan con relación al dólar USA. Se denomina cruce al cambio cruzado con otra moneda que no sea el dólar USA. Ejemplo: con unas cotizaciones de EUR/USD y USD/JPY tendríamos el cruce de EUR/JPY o JPY/EUR indistintamente.

Currency swap. Operación financiera en virtud de la cual dos partes acuerdan intercambiarse dos o más divisas, a largo plazo, con intercambio del pago de intereses de las divisas respectivas y con un tipo de cambio prefijado al vencimiento.

*Direct change/***Cambio directo.** Es aquel en que el valor de una unidad monetaria extranjera está referenciado en términos de moneda nacional. Ejemplo: la cotización es EUR/USD, es decir, lo que compramos y vendemos en esa cotización es euros.

*Discount/***Descuento.** Se dice que una divisa está a descuento en una operación FWD (*forward*, a plazo) cuando el tipo de interés de esta divisa es mayor que el del dólar USA.

*EONIA (***Euro Overnight Indexed Average***).* Tipo interés medio efectivo del *overnight* del euro cotizado en el interbancario durante la sesión del día.

EURIBOR (Euro Interbank Offer Rate). Tipo de interés de referencia para el euro para cada uno de los períodos mensuales hasta el año (precio al que se prestan dinero entre sí las principales entidades).

Financiaciones. Son aquellos préstamos internacionales cuya concesión va ligada a una operación comercial. Generalmente son concedidos a importadores y exportadores por los bancos de su propio país.

Fixing. El cambio comprador y vendedor que una entidad aplica a sus operaciones en divisas en un día determinado. Ejemplo: el Banco Central Europeo (BCE) en su página de Reuters ECB37 indica los cambios diarios del euro contra las restantes monedas.

*Forex/***Mercado de divisas.** Nombre con el que se conoce al mercado de cambios. Es el más global de todos los mercados pues actúa las 24 horas del día de forma continua.

*Forward/***Plazo.** Operaciones liquidables a más de dos días hábiles a partir de la fecha de contratación. Ejemplo de dos meses FWD: EUR/USD (euro contra dólar USA) 46,1/46,3.

*Grand figure/***Gran figura.** En un cambio *spot* es el número correspondiente a las unidades y que rara vez cambia en su cotización. Ejemplo: EUR/USD 1,0222/27 (la parte entera del cambio comprador, el 1, sería la gran figura).

IRS (Interest Rate Swap). Es una operación financiera en virtud de la cual dos partes acuerdan intercambiarse flujos de pagos en concepto de intereses sobre un importe determinado y un plazo fijado (una parte se compromete a pagar a la otra intereses calculados en base a un tipo fijo y a su vez recibir intereses calculados en base a tipos flotantes).

*I give-yours-I sell/***Vendo-doy-tuyos.** Cualquiera de estas tres formas es utilizada cuando queremos vender al precio *bid* –comprador– que otra entidad cotiza.

*I take-mine-I buy/***Compro-míos-me llevo.** Cualquiera de estas tres formas es utilizada cuando queremos comprar al precio *ask* –vendedor– que otra entidad cotiza.

*Indirect change/***Cambio indirecto.** Es aquel en que el valor de una unidad monetaria nacional está referenciado en términos de moneda extranjera. Ejemplo: la cotización sería USD/EUR, siglas al revés DIRECT CHANGE, y lo que compraríamos o venderíamos sería dólares USA.

*International loan/***Préstamo internacional.** Es el que obtiene un residente en un país en moneda distinta a la suya propia.

***Long position*/Posición larga.** Cuando el total individualizado de compras y ventas de una o varias divisas es positivo (estamos largos y hay que prestarlos en el mercado).

Look-back options. El valor intrínseco final de una opción dependerá del valor máximo o mínimo experimentado por el subyacente a lo largo de la vida de la opción (según sea *look-back price* o *look-back strike*). Utilizado en *spot* y *forward* principalmente como instrumento de compraventa para evitar las regulaciones de los países con divisas no convertibles. No hay entrega física de divisas, sólo liquidación por diferencias de cambio al vencimiento.

***Non-convertible currency*/Divisa no convertible.** Es aquella que no tiene esta condición, ya sea por limitaciones absolutas o temporales.

OTC (over-the-counter). Se utiliza este mercado cuando un cliente/entidad quiere realizar una operación financiera a la medida de sus necesidades, es decir, a la carta, pues lo que está buscando específicamente no lo pueden dar los mercados organizados.

Off. Término utilizado por el operador financiero cuando su precio *deja de tener validez.*

***Offer rate*/Cambio vendedor.** Precio de oferta: precio al cual la entidad que cotiza el cambio está dispuesta a vender la moneda de referencia. Ejemplo: en una cotización *spot* de EUR/USD 1,0222/27, el cambio 1,0227 sería el cambio vendedor.

***Option*/Opción.** Es un contrato que concede el derecho pero no la obligación de comprar o vender un activo a un cambio estipulado durante un determinado período de tiempo o en una fecha determinada.

Outright. Operación a plazo contratada directamente que consta del cambio *spot* (en el momento en que se realiza la operación más/menos los puntos FWD del período solicitado). Ejemplo: con una cotización del EUR/USD 1,0222/27 y en dos meses FWD de 0,00461-0,00463 el cambio *outright* a dos meses de la fecha de contratación sería de 1,02681-1,02733.

Overnight. Es aquella operación que comienza el mismo día de la contratación y acaba al día siguiente hábil.

***Point*/Punto.** En un cambio de *spot* es la unidad decimal más variable en cada momento de la cotización. Ejemplo: en la siguiente cotización de EUR/USD 1,0222/27 (cambio comprador 1,0222 y cambio vendedor 1,0227), los dos últimos decimales de ambos, 22 y 27, serían los puntos.

***Position*/Posición.** Saldo resultante del total de las operaciones realizadas durante todos los días en la sala de tesorería de una entidad financiera (operaciones de *spot*, *forward*, *swap*, depósitos, etc.) en un momento dado (generalmente al final de la jornada diaria).

***Premium*/Premio.** Se dice que una divisa está a premio en una operación *forward* cuando el tipo de interés de esta divisa es menor que el del dólar USA.

***Purchasing power parity*/Paridad del poder adquisitivo.** Se le conoce como PPP. Es la teoría que relaciona el nivel de precios relativos de un país respecto a otro, a los precios mundiales de bienes, con el tipo de cambio existente en una situación de equilibrio de pagos.

Rating. Es el aspecto más importante que mide la calificación crediticia. Y es el dato que mide el menor o mayor riesgo de crédito que tiene el inversor o comprador que ha prestado sus fondos a la entidad calificada. Moody's y Standard & Poors son las agencias más importantes.

Seguro de cambio. Es exactamente lo mismo que un *outright* pero el que lo realiza es un importador/exportador con un banco delegado.

***Short position*/Posición corta.** Se produce cuando el total individualizado de compras y ventas de una o varias divisas es negativo (estamos cortos y hay que salir a tomarlos en el mercado).

***Sinthetic*/Sintético.** Es la operación financiera que utilizamos para convertir activos y pasivos de una moneda extranjera en otra sin incurrir en riesgo de cambio. Generalmente a través del *swap* en divisas.

***Spot*/Contado.** Cambio actual de una divisa contra otra, liquidable a los dos días hábiles de la fecha de contratación. Ejemplo: EUR/USD (euro contra dólar USA) 1,0222-27 o también se puede representar 1,0222/27.

***Spot*/Next.** Es aquella operación que comienza en los días hábiles siguientes a la fecha de contratación y acaba el tercer día hábil posterior a la misma.

Spread. Diferencia entre el cambio comprador y el cambio vendedor en una cotización. Ejemplo: en la siguiente cotización de EUR/USD 1,0222/27, la diferencia entre 22 y 27 (5 puntos sería el *spread*).

***Strike price*/Precio de ejercicio.** Es un elemento de una opción y se define como el precio de compra o de venta garantizado en el contrato de la opción.

***Ticket*/Boleta.** Es la hoja (física o electrónica) que rellena en su totalidad el cambista con los datos de la operación que acaba de realizar.

***Tom*/Next.** Es aquella operación que comienza el día siguiente hábil a la fecha de contratación y termina a los dos días hábiles posteriores a ésta.

***Value date*/Fecha de valor.** Toda operación financiera tiene una fecha de valor, que, por ejemplo, en operaciones de *spot* son dos días hábiles a partir de la fecha de contratación de la operación.

***Yield curve*/Curva de rendimiento.** Los tipos de interés para cada vencimiento distinto de un activo financiero. Un gráfico de esta curva contiene los tipos de interés en el eje vertical, al mismo tiempo que reserva para el vencimiento el eje horizontal.